John D. Fage/Roland Oliver
Kurze Geschichte Afrikas

John D. Fage/Roland Oliver

Kurze Geschichte Afrikas

Aus dem Englischen von Thomas Brückner

Edition Trickster im Peter Hammer Verlag

Originaltitel: *A short history of Africa*
Penguin Books, London

Für die deutsche Ausgabe schrieben die Autoren ein aktuelles Nachwort zu den Entwicklungen bis 2001. Die umfangreiche Literaturempfehlungsliste und das Kartenmaterial wurden eigens für diese Ausgabe neu erstellt.

John D. Fage (geb. 1921) und *Roland Oliver* (geb. 1923) übernahmen 1963 die Professur an neugegründeten Lehrstühlen für Afrikanische Geschichte: Roland Oliver an der University of London, John Fage an der University of Birmingham. Neben zahlreichen Veröffentlichungen zur Geschichte Afrikas haben sie das *Journal of African History* (1969-73) und die achtbändige *Cambridge History of Africa* (1975-86) herausgegeben.

Gefördert von Brot für alle, der kirchlichen Zentralstelle für Entwicklungsaufgaben der evangelischen Kirchen der Schweiz.

Die Deutsche Bibliothek – CIP-Einheitsaufnahme
Ein Titeldatensatz für die Publikation ist bei der Deutschen Bibliothek erhältlich.

6. Auflage mit Postscript 1995

Umschlaggestaltung: Magdalene Krumbeck, Wuppertal
Lektorat: Werner Petermann, München
Karten: Peter Meyer Verlag, Frankfurt
Satz: Data System, Wuppertal
Druck: Clausen & Bosse, Leck
ISBN 3-87294-901-2
www.peter-hammer-verlag.de

Inhalt

Karten

Vorwort

Die erste Ausgabe dieses Buches wurde im Jahr 1961 verfasst. Damals war die afrikabezogene Geschichtswissenschaft noch nicht einmal fünfzehn Jahre alt. In Großbritannien gab es lediglich vier diesbezügliche akademische Stellen, von denen wir zwei innehatten. Die erste wissenschaftliche Zeitschrift, die sich der Veröffentlichung neuer Forschungsergebnisse zur afrikanischen Geschichte widmete, war ein Jahr zuvor gegründet worden. Wir beide waren die Herausgeber. In der Hand voll Universitäten, die es damals auf dem afrikanischen Kontinent gab, begannen die Dozenten für allgemeine Geschichte, die fast alle nicht aus Afrika kamen, Studiengänge einzurichten, in denen afrikanische Geschichte einen wesentlichen Schwerpunkt darstellte. Wir hofften, mit diesem schmalen Büchlein der Geschichte eines Kontinents eine gewisse Einheit und Form zu verleihen, die bis vor kurzer Zeit zumeist nur in Teilen untersucht worden war, als Bestandteil dieses oder jene europäischen Reiches, dieser oder jener missionarischen oder kommerziellen Einflusssphäre. 1961 stand Afrika vor der ersten Welle der Dekolonisierung und es war klar, dass es eines der dringendsten Bedürfnisse der jungen, unabhängigen Staaten sein musste, mehr über seine afrikanischen Nachbarn zu erfahren. Und auch die Außenwelt musste lernen, diesen Kontinent als Ganzes zu denken.

Seit 1961 hat die Kenntnis der afrikanischen Vergangenheit große Fortschritte zu verzeichnen. Vier Jahrzehnte voller folgenschwerer Ereignisse müssen zur Geschichte dieses Kontinents hinzugerechnet werden.

Wir haben uns jedoch bemüht, die Proportionen des Gesamttextes im Wesentlichen beizubehalten. Hauptsächlich auf Grund der politischen Situation in den verschiedenen Teilen Afrikas ist der Kenntniszuwachs in sehr unterschiedlichem Maße erfolgt. Hätten wir die herausragenden Forschungsergebnisse in vollem Umfang einbezogen, so hätte dies bedeutet, unsere Grundlinie zu verlassen. Wir sind davon überzeugt, dass die Stärke dieses Buches in seiner allgemeinverständlichen Ausrichtung liegt, weshalb wir uns bemüht haben, diese zu erhalten.

R. O.
J. D. F.

1 Die Jäger

Die am weitesten verbreitete Vorstellung von Afrika ist gleichzeitig diejenige, die am wenigsten der Wahrheit entspricht. Bei dem Gedanken, Afrika sei der *Dunkle Kontinent,* handelt es sich um eine engstirnige und überhebliche europäische Auffassung, die vor allem deshalb Verbreitung erlangte, weil Afrika der letzte Kontinent war, der dem Blick der Außenwelt aufgeschlossen wurde, und auch der letzte, der die volle Wucht der Einflussnahme europäischer Menschen, Ideen und Technologien zu spüren bekam, jenes für den Gang der Weltgeschichte zwischen dem 16. und dem frühen 20. Jahrhundert so kennzeichnenden Prozesses. Dennoch war Afrika zu Beginn dieser modernen Periode der Geschichte keineswegs der rückständigste Kontinent. Die Australier lebten, zu der Zeit, als die Europäer erstmals mit ihnen in Berührung kamen, noch immer als Jäger und Sammler und verwendeten Steinwerkzeuge, die denen vergleichbar sind, von denen sich die meisten europäischen und afrikanischen Völker bereits während der Kulturen des Jungpaläolithikums, vor neuntausend bis sechstausend Jahren also, getrennt hatten. Ähnlich den Bewohnern Australiens benutzten auch die fortgeschritteneren amerikanischen Ureinwohner noch im 16. Jahrhundert polierte Steinwerkzeuge, waren also neolithische oder jungsteinzeitliche Kultivatoren. Nur einige wenige begannen gerade die Verwendung von Metallen zu lernen. Eine weit größere Zahl aber waren noch immer mesolithische Jäger und Sammler. Im Vergleich dazu waren die Afrikaner der gleichen Periode – von einigen Ausnahmen abgesehen – Bauern, die Eisenwerkzeuge benutzten. Infolgedessen waren sie zahlreicher. Im gesamten nördlichen Drittel des Kontinents lebte die Mehrzahl im Einflussbereich der urbanisierten Zivilisation des Islam. Und selbst in den zwei Dritteln des Kontinents südlich davon waren die meisten afrikanischen Völker in Staaten und Gemeinschaften organisiert, die stark genug waren, bis ins ausgehende 19. Jahrhundert ausländische Eindringlinge und Zuwanderer abzuwehren. Zugegeben, ein großer Teil Afrikas erwies sich als unzugänglich und der Gesundheit abträglich, doch galt das nicht in größerem Maße als zum Beispiel in Panama oder Peru. Der eigentliche Grund dafür, warum die Europäer nicht in das Innere des Kontinents vordrangen und beispielsweise von den Goldminen des westlichen und südöstlichen Afrika Besitz ergriffen, bestand darin, dass die Afrikaner in diesen Gebieten bereits ausreichend organisiert waren, um diese Ressourcen selbst auszubeuten und den Fernhandel zu kontrollieren. Weitgehend war es der große Fortschritt früherer Jahrhunderte, der die Afrikaner in die Lage versetzte, dem Zeitalter der Moderne so lange zu widerstehen.

Seit dem Beginn der Geschichtsschreibung war deshalb die Rückständigkeit Afrikas immer nur eine relative Rückständigkeit, die im Vergleich zum Hauptstrom menschlicher Entwicklung in den bevorzugten Gebieten Europas und Asiens zu werten ist. In der Zeit vor dem Beginn der Geschichtsschreibung aber – zumindest in den langen Jahrtausenden des Paläolithikums oder der Altsteinzeit – war Afrika weder relativ noch überhaupt rückständig: der Kontinent bildete die Vorhut menschlicher Entwicklung.

Heute sind die Archäologen weitgehend davon überzeugt, dass sich die Vorfahren des Menschen in Afrika, genauer: im östlichen Äquatorialafrika, von den anderen Primaten schieden. Äquatorialafrika ist auch heute noch die Heimstatt der engsten Verwandten des Menschen, des Schimpansen und des Gorillas. Bis heute sind die fossilen Überreste der unmittelbaren hominiden Vorfahren des Menschen, des so genannten Australopithecus, nur auf oder nahe den Hochlandsavannen des östlichen und südlichen Afrika gefunden worden. Ihr Alter wird auf ungefähr vier bis fünf Millionen Jahre geschätzt. Gegenwärtig herrscht Übereinstimmung darüber, dass der Unterschied zwischen dem Menschen und anderen Hominiden darin besteht, dass der Mensch Werkzeuge schuf und verwendete. Legt man dies zugrunde, dann waren wiederum Ostafrikaner die ersten Menschen. Ihre ältesten Vertreter lebten vor ungefähr zweieinhalb Millionen Jahren. Vor ungefähr anderthalb Millionen Jahren hatte die menschliche Spezies jenes Stadium erreicht, das von der Wissenschaft als *Homo erectus* bezeichnet wird. Die Schädelkapazität des *Homo erectus* belief sich auf ungefähr zwei Drittel der Schädelkapazität des modernen Menschen. Wahrscheinlich zogen erst in dieser Periode menschliche Populationen nach Norden in die Breiten der Sahara und nach Nordafrika und weiter über die Landenge von Suez nach Asien.

Die frühesten Steinwerkzeuge, benannt nach den berühmten Fundstellen in der Olduwai-Schlucht in Nord-Tansania, in der sie erstmals in größeren Stückzahlen von Louis und Mary Leakey ausgegraben wurden, waren aus runden Kopf- oder Kieselsteinen gefertigt, die man geteilt und dann an den Rändern abgeflacht hatte, so dass eine Schneidfläche entstand. Einige der Absplitterungen wurden zu scharfen Stücken, mit denen man Haut und Sehnen durchstechen konnte, sowie zu kleineren Schabwerkzeugen weiter verarbeitet. Im Wesentlichen war das die Ausrüstung eines Fleischers. Sie markierte den Übergang des Menschen vom Vegetarier zum Fleischesser und von einer Lebensweise, die sich hauptsächlich auf das Sammeln von Wurzeln, Früchten und Nüssen beschränkte, zu einer in zunehmendem Maße von der Jagd bestimmten. Die meisten Fundstellen, die Werkzeuge dieser Art enthielten, sind im östlichen und südlichen Afrika freigelegt worden. Die wenigen, die weiter entfernt in Israel und Marokko entdeckt wurden, scheinen zu einer deutlich späteren Periode der menschlichen Entwicklung zu gehören. Man weiß zwar, dass ein paar frühe Vertreter des *Homo erectus* in Indonesien und China gelebt und ebenfalls Spaltwerkzeuge verwendet haben, die entfernt an die von Olduwai erinnern, doch ist es sehr wahrscheinlich, dass sie in die Zeit datiert werden müssen, in welcher der Mensch zum ersten Mal seine Wiege in Afrika verließ.

Vor ungefähr 1,4 Millionen Jahren wurden diese frühesten menschlichen Werkzeuge im ostafrikanischen Kernland von einer völlig neuen Werkzeuggeneration abgelöst, die unter der Bezeichnung Acheuléen bekannt geworden ist und sich über die gesamte westliche Hälfte der Alten Welt verbreiten sollte. Ihr herausragendes Werkzeug war jenes geheimnisvolle, pfirsichförmige Steinwerkzeug, das man irreführend als „Faustkeil“ bezeichnet hat. Niemand vermag genau zu sagen, wofür es benutzt wurde. Professor Desmond

Clark hat es, nach langen praktischen Versuchen, als Allzweckwerkzeug zum Häuten und Zerteilen von Fleisch beschrieben. Für über 750 000 Jahre blieb es der markanteste und am weitesten verbreitete Artefakt menschlicher Entwicklung. Dieses Werkzeug ist überall gefunden worden: von Indien bis Spanien und von England bis zum Kap der Guten Hoffnung. Von den Regionen des Erdballs, die zu dieser Zeit bereits bevölkert waren, blieben nur der Ferne Osten und Zentralasien außerhalb seines Einflusses. Die aufeinander folgenden Technologien, die für die Fertigung eines „Faustkeils" in Gebrauch kamen, sind – und das entspricht der sprichwörtlichen Perversität der Archäologen – nach zwei französischen Dörfern, Chelles und St. Acheul, benannt worden, die dafür die „Leitformen" lieferten. Dabei war Europa überhaupt nicht das Zentrum, in dem sich diese Fertigkeiten herausgebildet haben. Die Chelléen-Acheuléen-Abfolge findet man überall in Europa, Asien und Afrika, und es bestehen wenig Zweifel daran, dass sich das Zentrum der Entwicklung in Afrika befand. In Afrika sind weit mehr Faustkeile gefunden worden als irgendwo sonst auf der Welt. Zudem sind sie die bei weitem ältesten. Zwei der ergiebigsten Faustkeilfundstellen der Welt befinden sich in Olorgesaile, knapp siebzig Kilometer südlich von Nairobi, und in der Olduwai-Schlucht, unweit von Olorgesaile kurz hinter der Grenze zu Tansania. Und nur in Ostafrika sowie an einem Fundort in Marokko lässt sich die Evolution von Steinwerkzeugen und Faustkeilen als singulärer, fortlaufender Prozess beobachten.

Im Verlauf der ungefähr einen Million Jahre, in denen die Menschen im Westteil der Alten Welt Acheuléen-Werkzeuge herstellten, entwickelten sie sich zugleich vom *Homo erectus* zum *Homo sapiens*. Auch hier gibt es wiederum kaum einen Zweifel, dass Afrika diesen Prozess anführte. Dafür spricht nicht nur, dass der Mensch in Afrika eine längere Geschichte vorzuweisen hat. Der Wildbestand im afrikanischen Wiegenland der Menschheit lag zehnmal höher als selbst unter den günstigsten Bedingungen anderswo, und allein diese Tatsache spricht für eine höhere Bevölkerungsdichte und damit für eine schnellere Evolution. Während es nur wenige Skelettfunde für die frühesten Formen des *Homo sapiens* gibt, besteht andererseits keinerlei Zweifel daran, dass zwei der jüngeren Entwicklungsstufen – die des *Homo sapiens neandertaliensis* und des *Homo sapiens sapiens* – in Afrika weit eher erreicht wurden als in Europa; in beiden Fällen mehr als einhunderttausend Jahre früher.

Zu diesem Zeitpunkt, wenn nicht bereits eher, hatte der Mensch gelernt, das Feuer zu beherrschen und ging schrittweise dazu über, seine Lagerstätten im Freien zugunsten von Höhlen und Felslagern zu verlassen, die vergleichsweise höheren Komfort und größere Dauerhaftigkeit versprachen. Das waren jedoch lediglich zwei Anzeichen einer weit bedeutenderen Fähigkeit: der zur Anpassung an unterschiedliche Umweltbedingungen, die sich zugleich in der Evolution der Werkzeuge niederschlug. Die Veränderungen, die in dieser Periode einsetzten, kennzeichnen den Übergang von der Älteren zur Mittleren Altsteinzeit. Überall machten der alte Acheuléen-Faustkeil und die weitgehend unbestimmbaren kleineren Werkzeuge einer Reihe von neuen Werkzeugtypen Platz, die jeweils einem besonderen Bereich der Umwelt angepasst waren. Jedoch dienten diese Werkzeugtypen nicht ausschließlich einem Zweck: zwischen den verschiedenen Typen gab es durchaus größere Überschneidungen. In Afrika kann man allerdings mindestens drei große regionale Traditionen voneinander unterscheiden. Die erste, die ganz Afrika nördlich der Sahara umfasst, wird, wie ihr Gegenstück nördlich des Mittelmeeres, als Moustérien bezeichnet. Zur zweiten Tradition gehören schwerere, aus dem Waldland stammende Werkzeuge, die mehr zum Graben und Mahlen als für die Jagd gedacht waren. Man bezeichnet sie für gewöhnlich als Sangoen oder Sango-Kultur. Sie ist in den Waldgebieten um den Äquatorgürtel beheimatet und erstreckt sich vom südlichen Westafrika bis zur Wasserscheide von Sambesi und Kongo. Die dritte oder Fauresmith-Tradition weist Werkzeuge auf, die für das offene Land geeignet sind. Sie war vom nördlichen Ostafrika bis zum Kap der Guten Hoffnung verbreitet.

Den größten Teil der Mittleren Altsteinzeit bestanden die charakteristischen Werkzeuge dieser drei regionalen Traditionen aus Gesteinssplittern, die zunächst aus großen Steinen herausgeschlagen und nachfolgend an den Rändern bearbeitet wurden, sodass Werkzeuge entstanden, die für die unterschiedlichen Verwendungszwecke wie Töten und Häuten, das Zerkleinern und Abschaben von Fleisch,

Haut und Sehnen, das Ausgraben und Mahlen von Wurzeln sowie die Bearbeitung von Holz und anderen Materialien eingesetzt werden konnten. Erst viel später, gegen Ende der Mittleren Altsteinzeit, entstanden Klingen, die dadurch hergestellt wurden, dass man von einem sorgfältig vorbereiteten Stein Schicht um Schicht abtrug. Was die Effektivität solcher Schneidwerkzeuge wie Beitel und Meißel, Messer und Rasierklingen anging, markierte das einen großen Fortschritt. Dies wiederum führte vor ungefähr dreißigtausend Jahren zu einem Entwicklungsstadium der materiellen Kultur, das als Jungpaläolithikum (Jüngere Altsteinzeit) bezeichnet wird. Ihr herausragendes Kennzeichen war, dass die meisten steinernen Artefakte Mikrolithen waren, das heißt, kleine, scharfe Bestandteile von aus Stein, Holz und verschiedenen Bindematerialien zusammengesetzten Werkzeugen. In dieser Phase wurden die Werkzeuge noch mehr den ganz unterschiedlichen Umweltbedingungen angepasst als früher, doch können die drei großen Traditionen der Mittleren Altsteinzeit noch immer unterschieden werden. Das Moustérien hatte sich zum Atérien weiterentwickelt, die Sango- zur Lupemba-Kultur und Fauresmith war in Stillbay übergegangen. In allen drei Traditionen lässt sich beobachten, dass die wachsende Vielfalt und Komplexität der Werkzeuge mit einem Rückgang der Steinbearbeitungstechniken einher ging, doch bildete sich im Zusammenhang mit der neuen Funktionalität eine Erfindungsgabe heraus, die den Rahmen des materiellen Lebens des Menschen und seiner Einbildungskraft stark erweiterte. So stand die Knochennadel am Beginn der Schneiderkunst. Mit der Schnur entstand die Möglichkeit zur Entwicklung des Bogens: Atérien-Pfeilspitzen waren möglicherweise die ersten, die auf der Welt überhaupt zum Einsatz kamen. Ebenfalls in der Jüngeren Altsteinzeit verwendeten Männer und Frauen erstmals Kosmetika. Die beredten Flecken von rotem Ocker zeugen von einem Selbstbewusstsein und einem kulturellen Niveau, das man vielleicht dem „Wissen um Gut und Böse“ gleichsetzen könnte.

In der Periode der territorialen Ausdehnung und regionalen Spezialisierung, wie sie durch die materiellen Kulturen des Moustérien, Sangoen und Fauresmith und ihrer jungpaläolithischen Nachfolger verkörpert wird, trat die körperliche Entwicklung des Menschen in Afrika und der übrigen Welt in das Stadium des *Homo sapiens* ein. Heutzutage besteht keinerlei Notwendigkeit mehr, von Kriegen zu sprechen, die zur Auslöschung rivalisierender menschlicher Gattungen geführt hätten. Wir sollten uns vielmehr einen langen, sich dahinziehenden Prozess vorstellen, in dem sich die Charakteristika des *Homo sapiens* mittels genetischer Übertragung verbreiteten. Zur gleichen Zeit, als grundlegendere Unterschiede allmählich verschwanden, führte die spezialisierte Ausrichtung auf besondere Umweltbedingungen ebenfalls zu genetischen Konsequenzen, jedoch von weit geringerem Ausmaß, die sich am besten mit den Begriffen „Rasse" oder „körperliche Erscheinung" umschreiben lassen. Hier muss man sich – wie bei den Traditionen der materiellen Kultur – immer der Tatsache bewusst sein, dass es keine feststehenden Grenzen gibt. Wo immer Rassen einander begegnen, entstehen weite Interaktionsbereiche, an deren Rändern sich die Stereotypen bis zur Unkenntlichkeit vermischen. Dennoch lassen sich, diesen Einwand berücksichtigend, in Afrika zweckmäßig vier große Bevölkerungskategorien unterscheiden, die wahrscheinlich ihren Ursprung in der Mittleren und der Jüngeren Altsteinzeit haben. Zunächst, und von den anderen am deutlichsten geschieden, gab es Völker, die nördlich der Sahara und östlich des Nils lebten, und deren nächste Beziehungen zu den Völkern Südwestasiens – Arabiens, Palästinas, Syriens und des westlichen Mesopotamiens – bestehen. Von mittlerer Größe und bräunlicher Hautfarbe, werden diese Völker in der älteren Literatur (einschließlich früherer Ausgaben dieses Buches) als kaukasoid bezeichnet. Allerdings ist afroasiatisch eine weit treffendere Bezeichnung. Als zweites sind die Völker der subsaharischen Savannen und Regenwaldränder zu erwähnen, die in feuchten Klimaphasen nach Norden bis in die Breiten der Sahara vordrangen. Hoch gewachsen, von leichtem Körperbau und dunkler Hautfarbe, mit gekräuseltem schwarzem Haar, waren das die schwarzen Afrikaner. Drittens gab es Völker, die an das Leben im Regenwald angepasst waren, klein von Wuchs und von heller Hautfarbe: die Pygmäen. Als viertes sind die Völker der östlichen und südlichen Savannen zu nennen; von mittlerer Größe und gelblicher Hautfarbe, mit Haaren, die in Büscheln wuchsen: die Buschleute. Obwohl sie der äußeren Erscheinung nach sehr unterschiedlich sind, weisen die drei letztgenannten Gruppen ein ganz ähnliches Blutgruppenmuster auf. Die Blutgruppe ist bekanntlich dasjenige aller physiologischen Merkmale des Menschen, das am eindeutigsten genetisch ist. Man kann sie deshalb als drei Varianten eines afrikanischen Grundtypus betrachten, die durch spezialisierende Anpassung an unterschiedliche Umweltbedingungen entstanden sind. Die Afroasiaten haben, obwohl sie wie der Rest der Menschheit afrikanischen Ursprungs sind, einen Großteil ihrer Evolution bis hin zum *Homo sapiens* außerhalb des afrikanischen Hauptstroms durchlaufen: dafür ist die während eines Großteils der fraglichen Zeit bestehende Wüstenzone der Sahara eine ausreichende Erklärung.

Dennoch, trotz ihrer vergleichsweisen geographischen Isolation, spielten die afroasiatischen Völker Afrikas in der Geschichte Afrikas als entscheidendes menschliches Bindeglied zwischen Afrika und der Außenwelt eine bedeutende Rolle. Natürlich trat diese Rolle in Ausnahmezeiten am klarsten hervor, wenn, zum Beispiel auf Grund klimatischer Ursachen, die Wüstenzone besonders schmal war und die Bevölkerungen nördlich und südlich der Wüste einander mühelos begegnen und miteinander in Austausch treten konnten. Tatsächlich gab es eine solche Phase gegen Ende des Jungpaläolithikums. In ihrem Verlauf wurden die Grundlagen für die umfangreichste aller wirtschaftlichen Revolutionen gelegt: für den Übergang von der Jagd zur Nahrungsmittelproduktion. Es war zugleich die Zeit, in der sich der Monsunregengürtel nordwärts in Richtung der Wüsten Afrikas und Arabiens verschob und sie vorübergehend in Parklandschaften mit großem Wildreichtum und Strömen und Flüssen, die von den Gebirgsmassiven der Zentralsahara nord- und südwärts flossen, verwandelte. Dies war nicht nur eine Zeit nie da gewesener Möglichkeiten für Jäger; in dieser Zeit setzte mit dem Fischfang auch eine große neue Entwicklung in der wildbeuterischen Existenzform der Jäger und Sammler ein. In der ganzen nördlichen Hälfte des afrikanischen Kontinents sammelten sich an den Flussufern und Seen beachtliche Populationen, die ein nahezu sesshaftes Leben zu führen begannen, das sich auf Fischfang gründete und in dem Jagen und Sammeln zu Randbetätigungen wurden.

Unter diesen außergewöhnlichen Umständen erlangten die Flussläufe und Meeresufer in Nordafrika eine besondere Bedeutung. Es waren Kommunikationswege, über die sich der Austausch zwischen den afroasiatischen und den schwarzafrikanischen Bevölkerungsgruppen mühelos bewerkstelligen ließ. Entlang dieser Routen konnten sich Entwicklungen in der neuen gewässernahen Lebensweise über die ganze Region verbreiten. Die Küste des Roten Meeres stellte eine Kommunikationsader dar, das Einzugsgebiet des Nils eine zweite. Die ostwärts strömenden Zuflüsse des oberen Nils trennte eine schmale Wasserscheide von den Flüssen, die nach Westen zum Tschadsee flossen, der damals ein riesiges Binnenmeer war, das den größten Teil der Zentralregion der heutigen Republik Tschad einnahm. Im Westen entwässerte dieser See in den Benue und Niger. Auf dem Höhepunkt der Feuchtphase, um das Jahr 7000 v. Chr., war der Nil möglicherweise über einen Nebenfluss, den Sobat, mit dem Turkanasee (Lake Rudolph) und den nördlichen Seen des Ostafrikanischen Grabenbruchs verbunden. Im letztgenannten Gebiet lässt sich an den Wohnstätten der Menschen, die sich hauptsächlich vom Fischfang ernährten, eine bemerkenswerte Fähigkeit zur Herstellung von Klingenwerkzeugen nachweisen, die man als Kenia-Capsien bezeichnet. Die Capsien-Klinge verfügte, vor allem wenn sie aus dem natürlichen, vulkanischen Glas Obsidian hergestellt wurde, über eine Schneidfläche, die so scharf war wie die eines stählernen Messers oder Meißels. Sie eignete sich vor allem zur Knochenbearbeitung, und schon bald wurden Knochenharpunen zu einem Kennzeichen der späten jungpaläolithischen Gemeinschaften vom kenianischen Grabenbruch bis zu den Zuflüssen des oberen Nils. Irgendwo entlang dieser Linie, möglicherweise in einer zentralen Region wie dem oberen Niltal, kam es zu der erstaunlichen Erfindung der Töpferei – mit Sicherheit des ersten Beispiels des Töpferhandwerks in Afrika. Diese „Wellenlinien"-Töpferei der frühen afrikanischen Fischergemeinschaften wurde ebenso wie die Knochenharpune im Einzugsgebiet von Nil und Niger nach nahezu ein und dem selben Standardmuster gefertigt und verziert und veranschaulicht damit, wie leicht sich neue Vorstellungen und Techniken in Gemeinschaften verbreiteten, die ansonsten sehr unterschiedliche materielle Kulturen und ethnische Ursprünge hatten.

So war Afrika bereits vor sieben- oder achttausend Jahren, am Ende der rein nutznießerischen Daseinsweise des Menschen als Jäger und Sammler und zu Beginn des sesshaften Lebens mit Landwirtschaft und Viehzucht, von den Vorfahren der vier wichtigen Menschentypen bewohnt, die auch für die historische Zeit als indigen gelten können – Buschleute und Pygmäen, Schwarzafrikaner und Afroasiaten. Von diesen vier waren am Ende des Jungpaläolithikums die Buschleute, die das gesamte Savannenland südlich einer gedachten Linie zwischen Somalia und Zentralangola bewohnt zu haben scheinen, wahrscheinlich immer noch am weitesten verbreitet. Im Waldland nordwestlich dieser Linie lebten die Pygmäen, die vielleicht eher dem Waldleben angepasste Buschleute waren als an das Waldleben angepasste Schwarzafrikaner. Die schwarzen Afrikaner dieser Periode waren wahrscheinlich hauptsächlich Bewohner der Savannen und der Waldgebiete nördlich des äquatorialen Regenwaldes, vom Atlantik bis zum Fuß des äthiopischen Hochlands. Es kann gut sein, dass die schwarzen Afrikaner in dieser Zeit hauptsächlich das freie Land bewohnten, da man einige ihrer ältesten zuordenbaren Überreste weit nördlich in der Sahara gefunden hat. Es ist auch bezeichnend, dass der ufernahe Fischfang – als Spielart des von ihnen bevorzugten jägerischen Daseins – in dieser Phase weder in den Waldgebieten des Kongo-Einzugsgebiets heimisch wurde, noch über die Kette der großen Seen nach Süden vordrang. Für die Dauer der Feuchtphase wird die durchlässigste Grenze Schwarzafrikas die zu den afroasiatischen Völkern im Norden und vor allem im Osten gewesen sein. Mit Sicherheit waren die afroasiatischen und die schwarzen Afrikaner geographisch am meisten im Vorteil, wenn es darum ging, von den enormen Entwicklungen zu profitieren, die mit der Domestizierung von Pflanzen und Tieren noch einher gehen sollten, und in dieser Zeit der großen Veränderungen bescherte die Lehrzeit als Fischer-Jäger-Sammler und Töpfer den Schwarzafrikanern einen enormen Vorteil gegenüber den weiter südlich lebenden Völkern.

2 Die Bauern

Wie wir gesehen haben, entwickelten sich die Vorfahren des Menschen vor ungefähr vier bis fünf Millionen Jahren zu Hominiden, die vom Jagen und Sammeln lebten. Vor ein paar hunderttausend Jahren erreichten sie jene Stufe der körperlichen Entwicklung, die wir als die des modernen Menschen, des Homo sapiens, bezeichnen. Verglichen damit sind erst einige zehntausend Jahre vergangen, seitdem der Homo sapiens den Boden zu kultivieren begann und damit die dritte Revolution in der Geschichte der Menschheit einläutete. Die Nahrungsmittelherstellung – die bedachte Auswahl und Kultivierung essbarer Pflanzen, die zuvor im wilden Zustand lediglich gesammelt oder ausgegraben worden waren, sowie die Zähmung und Zucht bestimmter Tiere, die bis dahin nur auf freier Wildbahn gelebt hatten – machte ein sesshaftes Dorfleben – im Unterschied zum Aufenthalt im Jagdlager – möglich. Es ermöglichte die Anhäufung materieller Dinge in einem Umfang, der für den nomadisierenden Jäger oder Sammler nur eine Belastung dargestellt hätte. Vor allem aber war damit zum ersten Mal eine Bevölkerungsdichte erreichbar, die danach berechnet werden konnte, wie viele Menschen auf den Quadratkilometer kamen und nicht umgekehrt. Das bedeutete natürlich keinesfalls, dass überall ganz plötzlich eine Revolution in der Nahrungsmittelproduktion einsetzte. In Ägypten aber verhielt es sich mit Sicherheit so. Wir wissen inzwischen, dass die dynastische Epoche nur wenig mehr als tausend Jahre nach dem Anbau der ersten Feldfrüchte erreicht wurde; doch dies war auf die einmaligen Bedingungen im Überflutungsgebiet des Nils zurückzuführen. An anderen Stellen in Afrika erfolgte der Übergang schrittweise, und die Anfänge von Landwirtschaft und Viehzucht blieben über lange Zeit nur eine alternative Ergänzung zu den älteren Tätigkeiten der Jagd und des Fischfangs. Wie dem auch sei, es gibt keinen Zweifel daran, dass sich, wie in der übrigen Welt so auch in Afrika, die für die historische

Zeit grundlegenden Populationsmuster mit der Verbreitung der revolutionären Methoden in der Nahrungsmittelproduktion herausbildeten.

Die Revolution in der Nahrungsmittelherstellung scheint die afrikanische Entwicklung in drei entscheidenden Phasen beeinflusst zu haben. Beginnend im siebten vorchristlichen Jahrtausend und im vierten Jahrtausend an Stärke gewinnend, war diese Revolution für das große Bevölkerungswachstum im unteren Niltal verantwortlich. Die dortige Bevölkerung bestand wiederum hauptsächlich aus Afroasiaten. Vielleicht schon im vierten Jahrtausend setzte sich die Revolution südlich der Sahara fort, gewann aber mit Sicherheit erst im zweiten und ersten Jahrtausend vor der Zeitenwende so an Stoßkraft, dass sie die Schwarzafrikaner im gesamten Savannengürtel zwischen der Wüste und dem äquatorialen Regenwald an die Spitze der Entwicklung brachte. In der dritten Phase, die mit dem Beginn der Landwirtschaft in Waldlichtungen und Waldsavannen verbunden zu sein scheint, begannen schwarze Bevölkerungsgruppen, die aus der westafrikanischen Savanne kamen, sich auch südlich vom Äquator auszubreiten und dort ebenfalls zur vorherrschenden Population zu werden. Wir wollen diese drei Phasen jetzt eingehender untersuchen.

Die Archäologen sehen sich den Übergang zur Nahrungsmittelproduktion mittlerweile genauer als früher an. Erkennbar sind zunächst eine intensive Sammeltätigkeit, die mehr oder weniger unbewusste Auswahl wilder Nahrungspflanzen und die beginnende Domestikation (mittels Fütterung) bestimmter Tiere. In gewissem Sinne befand sich deshalb jede Region, die das Stadium intensiven Sammelns erreicht hatte, wie es durch das Vorhandensein neolithischer Erntewerkzeuge gekennzeichnet ist, auf dem Weg zur Nahrungsmittelproduktion. Dies wiederum bedeutete für das zweite vorchristliche Jahrtausend, dass nahezu das gesamte Afrika nördlich der Sahara sich auf dieser Entwicklungsstufe befand.

Es ist bekannt, dass die intensiv betriebene Sammeltätigkeit im Wadi Kubbaniya in der Nähe von Assuan bis 16 000 v. Chr. zurückreicht. Diese Region liegt mehr oder weniger an der Grenzlinie zwischen zwei unterschiedlichen klimatischen und pflanzengeografischen Zonen – der des Winterregens im Norden und der des Sommerregens im Süden. Die natürliche Vegetation weist Arten aus beiden Zonen auf. Unter diesen Umständen scheint die These, dass die Nahrungsmittelproduktion nördlich der Sahara ihren Anfang nahm und später, nach einer durch die Kultivierung neuer Pflanzen bedingten Verzögerung, südlich der Wüste neu entwickelt wurde, nicht länger haltbar. Die Lehre, die uns Orte wie das Wadi Kubbaniya vermitteln, lautet, dass die ersten Versuche zur Nahrungsmittelherstellung auf beiden Seiten der Sahara mehr oder weniger gleichzeitig begannen, aber nicht mehr als eine marginale Tätigkeit darstellten. Lediglich die Endstufen der Bodennutzung wurden im Norden etwas früher erreicht als im Süden.

Nach gegenwärtigem Kenntnisstand setzte die Nahrungsmittelproduktion mit der Kultivierung von Weizen und Gerste und der Herdenhaltung von Ziegen und Rindern in Tell es-Sudan, der Ausgrabungsstätte im Jordantal in der Nähe von Jericho, immer noch rund zweitausend Jahre früher ein als die ältesten vergleichbaren Entwicklungen in Afrika. Da aber im Nabta-Becken in der ägyptischen Westwüste und nahe der Grenze zum Sudan im ausgehenden 7. Jahrtausend v. Chr. Rinder gezüchtet und zwei Sorten Gerste angebaut wurden, erscheint die zeitliche Diskrepanz nicht so groß. Es sieht so aus, als seien zumindest die domestizierten Tiere aus Westasien eingeführt worden, da es in Afrika keine Wildformen dieser Haustiere gab.

Möglicherweise ist die Tatsache bezeichnend, dass die frühesten ägyptischen Nahrungsmittelhersteller ihre Siedlungen nicht auf der Talsohle anlegten, wo in dieser Zeit Sumpfland und Urwald noch immer große Probleme bereitet hätten, sondern auf den hoch gelegenen Terrassen am Rande der Gebiete, die heute Wüste sind und damals trockene Steppe waren, vor allem entlang der Seitenwadis, die heute ausgetrocknet sind, damals aber saisonal Wasser führten. Die klassischen, jungsteinzeitlichen Fundstellen von Deir Tasa, Badari, Merimde und al-Omari liegen alle am Rande des Niltals und des Deltas, und nicht in der Überflutungsebene. Die aufschlussreichsten aller bisher ausgegrabenen Ansiedlungen sind jene des nördlichen Faijum, einer natürlichen Senke, die einst mit dem Niltal verbunden war, in der sich ein See ausbreitete. An den Hängen ist eine Reihe früherer Uferstände nachweisbar, die schrittweise von einem Niveau, das nahezu einhundert Meter über dem gegenwärtigen lag, abfallen. Die ständig tiefer sinkenden Ufer wurden von paläolithischen Jägern bewohnt, die bis in die römische Zeit immer wieder hierher kamen. Es besteht deshalb kein Zweifel daran, dass die frühesten neolithischen Ansiedlungen übersehen worden sind. Menschen des Neolithikums errichteten ihre ersten Siedlungen am See, als dessen Wasserspiegel ungefähr sechzig Meter höher lag als heute. Mit Hilfe der Radiokarbonmethode ist ihr Alter auf das 5. Jahrtausend v. Chr. festgelegt worden. Zu den überlieferten Werkzeugen gehören geschliffene Steinäxte und sägeförmige Steinsicheln. Die versunkenen, mit Stroh ausgeschlagenen Silos enthielten Gerste und Emmerweizen. Die ausgeklügelte Vorratshaltung beweist, dass die Gemeinschaften sesshaft waren. Zur Jagd wurden Pfeil und Bogen verwendet, und die Reste beinerner Fischgeräte erinnern an die sudanische Feuchtphase. Die jungsteinzeitlichen Menschen des Faijum verwendeten eine grobe, nicht verzierte Keramik und waren in der Lage, Leinenstoffe zu weben. Von der Küste des Roten Meeres und aus dem libyschen Grenzgebiet bezogen sie Muscheln und grünen Feldspat für die Herstellung von Perlen und Anhängern. Dass diese Siedler Eindringlinge waren, beweist die Tatsache, dass auch nach ihrer Ansiedlung noch spätpaläolithische Jäger durch das Tal zogen. Zu guter Letzt vermischten sich die beiden Bevölkerungselemente miteinander. Die Neuankömmlinge übernahmen ein paar der Splitterwerkzeuge und die scharfen Pfeilspitzen der Jäger, die sich wiederum die Anbaugeräte der Nahrungsmittelhersteller aneigneten.

An allen Grabungsstätten wird deutlich, dass die frühen ägyptischen Talrandsiedler schon bald unter der im ausgehenden fünften und beginnenden vierten Jahrtausend fortschreitenden Austrocknung zu leiden begannen. Der vorrückende Flugsand der Wüste regte die Bewohner von Tasia und Badari in Mittelägypten dazu an, ins Tal hinabzuziehen und die Überflutungsebene zu roden – mit so erstaunlichen Folgen für die Geschichte der Welt. Von diesem Augenblick an belegen die Funde der prädynastischen Periode ein phänomenales Bevölkerungswachstum. Höchstschätzungen, die vielleicht etwas übertrieben sind, sprechen von zwanzigtausend Menschen, die das Niltal am Ende des Paläolithikums ernähren konnte.

Die Bevölkerung des zweitausend Jahre jüngeren Alten Reiches ist unterschiedlich geschätzt worden: zwischen drei und sechs Millionen Menschen. Die physischen Typen, die man in prädynastischen und frühdynastischen Gräbern fand, sind erstaunlich gleichbleibend und zeigen, dass die alten ägyptischen Bauern von kleinem und leichtem Körperbau waren, der sich kaum von dem der heutigen Beja in den Bergen am Roten Meer oder der Danakil und Somali am Horn von Afrika unterscheidet. Wir wissen, dass ihre Sprache zur afroasiatischen (oder, wie die ältere Bezeichnung lautet, semitohamitischen) Sprachfamilie gehörte, die die Berbersprachen Nordwestafrikas und die kuschitischen Sprachen Nordostafrikas einschließt. Das nachfolgende Bevölkerungswachstum war im Wesentlichen das natürliche Wachstum der in Nord- und Ostafrika bereits vorhandenen afroasiatischen Bevölkerung, ein Wachstum, das auf die außerordentliche Zunahme der Nahrungsmittelvorräte zurückzuführen ist, was sowohl durch den Anbau von Weizen und Gerste als auch durch die fortwährende Bodenerneuerung in der Überflutungsebene des Nils möglich wurde.

Neben Weizen und Gerste gab es in Ägypten von der frühesten Jungsteinzeit an domestizierte Ziegen, Schafe, Schweine und Rinder wie auch Flachs und verschiedene Gemüse und Futterpflanzen. Es waren aber vor allem die Gerste und der Weizen, von denen die revolutionärste Wirkung ausging. Die Verbreitung der revolutionären Methoden in der Nahrungsmittelproduktion über ganz Afrika hing hingegen von der Nutzbarmachung alternativer Zerealien ab, die den tropischen Klimabedingungen besser angepasst waren als Gerste und Weizen. Zumindest aber hatte das Schwemmland des Niltals nirgendwo auf der Welt seinesgleichen. Westlich von Ägypten sieht es so aus, als hätte sich die Tierhaltung – das pastorale Element in der ägyptischen Nahrungsmittelproduktion – bereits im sechsten Jahrtausend bis nach Libyen und im fünften Jahrtausend bis nach Tunesien, Algerien und Marokko verbreitet. Zunächst wurden Ziegen und Schafe in Herden gehalten. Rinder kamen erst ungefähr ein Jahrtausend später hinzu. In der ganzen Region waren die Werkzeuge der frühesten Nahrungsmittelhersteller eindeutig lokalen Ursprungs. Sie gehörten zur einheimischen Capsien-Tradition. Es besteht demzufolge keinerlei Notwendigkeit für die Behauptung, dass eine große Migrationsbewegung mit der Verbreitung der Haustiere einherging. Mehr noch, bis zur Einführung der Landwirtschaft verging noch sehr viel Zeit. Die Viehhaltung wurde neben der Jagd praktiziert. Letztere blieb mindestens bis ins 2. Jahrtausend v. Chr. das dominante wirtschaftliche Element.

Nilaufwärts, weiter nach Schwarzafrika hinein, macht die mit der Radiokarbonmethode datierte Grabungsstätte von Shaheinab in der Nähe von Khartum deutlich, dass die am Nilufer siedelnden Gemeinschaften seit dem frühen vierten Jahrtausend steinzeitliche Werkzeuge herstellten, die denen aus Oberägypten ähnlich waren, während im nahe gelegenen Kadero, das in die gleiche Zeit gehört, Rinder und Schafe in großer Zahl gehalten wurden und zudem Sorghum und Hirse regelmäßige Verwendung fanden. Als sicher gilt, dass weiter westlich die Praxis der Nahrungsmittelherstellung mit nomadisierenden Hirten die Zentralsahara durchquerte. Den Beweis dafür liefern hauptsächlich die Felsunterstände mit gemalten Szenen und Ritzdarstellungen aus dem Hirtenleben, sowie die dort gefundenen Ablagerungen, die ins fünfte bis 4. Jahrtausend v. Chr. zu datieren sind. Das war gegen Ende der Feuchtphase der Sahara. Im ausgehenden vierten Jahrtausend zogen die Hirtennomaden südwärts in die Savannen des subsaharischen Afrika. Es lässt sich mit einiger Sicherheit sagen, dass die Hirtennomaden mit den kultivierten Zerealien des Nordens vertraut gewesen sind und mit wilden Nutzpflanzen zu experimentieren begannen, die sie südlich der Wüste fanden.

Die Hirse[1] ist die älteste zereale Nutzpflanze des subsaharischen Afrika. In Westafrika aber gab es westlich des großen Nigerbogen auch Reis (*Oryza glaberrima*). Diese Getreidearten stammen aus dem subsaharischen Afrika, genauer: aus der lichten Waldsavanne, die sich vom Senegal bis zum oberen Nil erstreckt und dann südwärts bis nach Norduganda und hinein nach Nordkenia. Einige Forscher bezweifeln die originäre und unabhängige Erfindung der Landwirtschaft in dieser Region des subsaharischen Afrika, zieht man jedoch die Dauer des Kultivierungsprozesses in Betracht, so verlieren solche

1 Vor allem die vielen Sorghumarten (Guineahirse oder große Hirse), dazu Pennisetum (Binsen- oder Perlhirse) und Eleusine corocana

Zweifel viel von ihrer früheren Bedeutung. Wir können feststellen, dass die Entstehung wahrhaft bäuerlicher Gemeinschaften im Westen der Sahara-Region später erfolgte als im Osten des Gebiets. In den Breiten der Sahara lebten seit dem fünften Jahrtausend Hirtennomaden. Die ersten Zeugnisse der Landwirtschaft im subsaharischen Gürtel, im zentralen Teil des heutigen Ghana, datieren aus dem frühen zweiten Jahrtausend und, in Nordnigeria und Südmauretanien, aus der zweiten Hälfte des zweiten Jahrtausends. Die einzige gut entwickelte bäuerliche Zivilisation, von der man einst annahm, dass sie sich in der Steinzeit herausgebildet habe, ist die der so genannten Nok-Kultur in Nordnigeria. Die ersten archäologischen Funde stammten aus Ablagerungen, die auf Grund des Zinnabbaus auf dem Jos-Plateau sehr in Unordnung gebracht waren. Neben jungsteinzeitlichen Werkzeugen erschienen Terrakottaskulpturen von hoher künstlerischer Qualität. Jüngere Forschungen an unberührten Ausgrabungsstellen im Taruga-Tal südlich des Plateaus zeigten aber schlüssig, dass die Nok-Kultur eine durch und durch eisenzeitliche Erscheinung war.

Die subsaharische Savanne bildet, obwohl sie sich vom Atlantik im Westen bis in das äthiopische Hochland im Osten erstreckt, einen Gürtel, der selten mehr als eintausend Kilometer breit ist. Er stellt den Übergang dar von der Trockenwüste im Norden zur Äquatorregion mit ihrer hohen Luftfeuchtigkeit im Süden. Nur im nördlichen Ostafrika, wo Hochebenen den Äquatorialgürtel von Nord nach Süd durchziehen, gibt es einen schmalen Korridor offenen Landes, der die nördlich gelegenen Savannen mit denen in der Mitte und im Süden des Subkontinents verbindet. In diesem Korridor haben die Archäologen bislang erst eine einzige Niederlassung identifizieren können, die mit Sicherheit von Nahrungsmittelproduzenten stammt: den Begründern der jungsteinzeitlichen Viehhalterkulturen des östlichen Grabenbruchs. Diese Menschen besiedelten während des 2. Jahrtausends v. Chr. Teile des Turkanasee-Beckens und hatten sich ein Jahrtausend später südwärts bis in das westliche Hochland verbreitet. Wahrscheinlich sprachen sie kuschitische Sprachen aus dem südöstlichen Zweig der afroasiatischen Sprachfamilie. Wir wissen nicht, wie weit die jungsteinzeitlichen Hirtennomaden Ostafrikas nach Süden vorgedrungen sind, doch scheint es wahrscheinlich, dass südlich von Zentraltansania der größte Teil der Populationen noch immer als Jäger und Sammler lebte.

Südlich des Sudangürtels und westlich des ostafrikanischen Hochlandes lag der äquatoriale Regenwald, an dessen Rändern sich feuchtes Waldland erstreckte. Die Schwierigkeiten der Nahrungsmittelproduktion waren demzufolge völlig andere. Hier fehlte ausreichend Sonnenlicht für die sudanischen Zerealien, während Panosomiasis und Futterknappheit die Haltung von Haustieren verhinderten. Deshalb beruhte der Übergang zur Nahrungsmittelherstellung hier mehr auf Gemüseanbau denn auf Landwirtschaft, mehr auf dem Pflanzen als auf der Aussaat, mehr auf Wurzeln und Früchten denn auf Körnerfrüchten, mehr auf dem Roden als auf dem Pflügen, und mehr auf der Kombination dieser Tätigkeiten mit dem Fischfang denn der Jagd. Unter diesen Bedingungen gehen die Anfänge der Nahrungsmittelproduktion, da sie kaum von der Tätigkeit des Sammelns zu unterscheiden sind, möglicherweise weiter zurück als die Anfänge der Landwirtschaft und der Viehzucht im Norden und Osten. Dennoch scheint sich der Fortschritt zu einer im Wesentlichen bäuerlichen Lebensweise erst im Verlauf des 1. Jahrtausends v. Chr. abgezeichnet zu haben und dürfte selbst dann noch durch die begrenzte Anzahl einheimischer Waldnutzpflanzen beeinträchtigt gewesen sein. Verschiedene kleine Jamsarten waren unzweifelhaft ebenso einheimischen Ursprungs wie Ölpalme, Sheabutterbaum (*Butyrospermum Parkii*), Kaffernkartoffel und verschiedene Bohnen- und Erbsenarten. Es ist eine bemerkenswerte Tatsache, dass die wirklich wichtigen Waldnutzpflanzen des heutigen Afrika ihren Ursprung auf anderen Kontinenten haben. Heute sind Mais und Maniok die Grundnahrungsmittel der Regenwaldgebiete der Guineaküste und des Kongo sowie ihrer feuchten Randgebiete. Beide gelangten im 16. und 17. Jahrhundert unserer Zeitrechnung aus Süd- und Mittelamerika nach Afrika. Diesen Spätankömmlingen aus der Neuen Welt waren im gleichen Gebiet Früchte aus Südostasien vorausgegangen: die Banane, der asiatische Jams (*Dioscorea*) und der Kokosjams (*Colocasia*). Es ist unwahrscheinlich, dass diese südostasiatischen Pflanzen Afrika lange vor dem Beginn der christlichen Zeitrechnung erreichten. Es hat also den Anschein, als ob die Nahrungsmittelproduktion in Westafrika und im westlichen Zentralafrika zu Beginn eine sehr prekäre Angelegenheit gewesen ist, was sich erst änderte, als sie verstärkt betrieben wurde, was nahezu zeitgleich mit der Einführung südostasiatischer Nutzpflanzen und dem Anbruch der Eisenzeit geschehen sein mag. Im südlichen und östlichen Zentralafrika, von Südtansania, Mosambik und Malawi bis nach Sambia, Simbabwe und Südafrika scheinen die Umwälzungen in der Nahrungsmittelproduktion ein durchweg eisenzeitliches Ereignis gewesen zu sein.

Diese Schlussfolgerungen über die Verbreitung der Nahrungsmittelproduktion stehen nicht nur im Einklang mit den vorherrschenden Ansichten der Archäologen und Botaniker. Sie stimmen in einigen wichtigen Punkten auch mit den Forschungsergebnissen der vergleichenden Sprachwissenschaft über die Beziehungen afrikanischer Sprachgruppen überein. Danach sieht es so aus, als habe es, abgesehen von den semitohamitischen Sprachen der afroasiatischen Völker im Norden und Nordosten und den Khoisansprachen der Buschvölker im Süden und Osten, in Afrika zwei hauptsächliche Sprachgruppen gegeben: die Niger-Kongo-Sprachen, die man früher als Westsudanische Sprachen bezeichnete, und die Nilosaharanischen Sprachen, die früher als Ostsudanische Sprachen bezeichnet worden sind. Die meisten Niger-Kongo-Sprachen werden in Westafrika gesprochen, im Gebiet zwischen Senegal und Kamerun. Eine Untergruppe der Niger-Kongo-Sprachen ist weit nach Osten bis zum Uele gezogen, während Teile einer anderen Untergruppe sich von Kamerun aus südöstlich über das ganze Afrika südlich des Äquators verbreitet haben: dieser Zweig schließt alle Bantusprachen ein. Die meisten Niger-Kongo-Sprachen, jene oft eingeschlossen, die in den angrenzenden Gebieten gesprochen werden, unterscheiden sich deutlich voneinander – und das so sehr, dass es nach Ansicht vieler Sprachwissenschaftler zu der Annahme berechtigt, dass sie sich seit mindesten fünftausend Jahren auseinander entwickelt haben, das heißt, mindestens seit der Zeit, als ihre Sprecher mit der Nahrungsmittelproduktion begannen. Im scharfen Kontrast zu diesen uralten Unterschieden stehen die heute von den Afrikanern im größten Teil des subäquatorialen Afrika gesprochenen Bantusprachen, die eine derart enge Beziehung zueinander aufweisen, dass man übereinstimmend davon ausgeht, dass sie sich über eine sehr viel kürzere Zeitspanne hin auseinander entwickelt haben. Dies trifft besonders stark auf die Bantusprachen des östlichen und südlichen Afrika zu, für die ein Verbreitungszeitraum von zweitausend Jahren wahrscheinlich ist.

Die Verbreitung der Sprachen legt mit einiger Sicherheit nahe, dass die Niger-Kongo-Sprachen ursprünglich in Westafrika, westlich von Kamerun, beheimatet waren, von wo aus sie sich auf Kosten der weiter östlich sitzenden nilosaharanischen Sprachen und zugleich in südöstlicher Richtung in den Bereich der Bantusprachen hinein ausbreiteten. Die Schlussfolgerung liegt demnach nahe, dass die schwarzen Völker, die in der westlichen Hälfte des sudanischen Gürtels lebten, den Übergang zur Nahrungsmittelherstellung unter den Bedingungen des feuchten Waldlandes erfolgreicher bewältigten als jene, die in der östlichen Hälfte lebten. Dadurch waren sie in der Lage, in immer größerer Zahl in weite Gebiete südlich der zweiten Gruppe hineinzudrängen. Wahrscheinlich wurden die Voraussetzungen für diese Bevölkerungsexpansion mit der Kultivierung von Jams und Ölpalme an den Rändern des Regenwaldes der Guineaküste im dritten und 2. Jahrtausend v. Chr. gelegt. Mit der Entwicklung fastneolithischer Rodungswerkzeuge aus grob behauenem und geschliffenem Stein wurde es möglich, mit diesen Nahrungsmitteln tiefer in den Regenwald vorzudringen, indem man dem Verlauf der Flüsse und der Meeresküste folgte, wo sich den Fischern Proteinquellen boten. Es ist ebenfalls vorstellbar, dass die ursprüngliche Ausbreitung der bantusprachigen Völker von der Region um den Kamerunberg ausging und von dort aus ostwärts entlang der nördlichen Ränder des Kongo-Regenwaldes wie auch südwärts in die Waldgebiete hinein verlief.

Da die zweite Phase der Ausbreitung der Bantusprachen zeitlich mit dem Beginn der Eisenzeit im subsaharanischen Afrika zusammenzufallen scheint, ist es nur natürlich, die Frage zu stellen, wie weit diese beiden Ereignisse miteinander zusammenhängen. Es bestehen zum Beispiel in der frühesten Eisenzeit unzweifelhafte Ähnlichkeiten zwischen den Töpferwaren großer Gebiete Ost- und Zentralafrikas, die sich mit der These der plötzlichen Expansion einer früheisenzeitlichen Bevölkerung, die zuvor auf ein weit kleineres Gebiet beschränkt war, vereinbaren ließen. Es hat mehr und mehr den Anschein, als hätten sich bantusprachige Populationen bereits vor Ende der Steinzeit sowohl im Kongo-Regenwald als auch an seinen nördlichen Rändern angesiedelt, und als hätten sie das Wissen um die Eisenbearbeitung gerade rechtzeitig erlangt, sodass es ihnen bei ihrem Vordringen nach Süden helfen konnte. Die Verbreitung der Bantusprachen über das gesamte Afrika südlich des Äquators ist so komplett, dass man vom Bevölkerungszuwachs einer erfolgreich eindringenden Gruppe ausgehen muss, nicht von einer Eroberung. Die wesentliche Bedeutung der Eisenbearbeitung bestand demzufolge wahrscheinlich in der Verbesserung der Rodungswerkzeuge wie Äxten und Hacken, auch wenn eiserne Waffen ohne Zweifel für die Jagd und im Krieg von Bedeutung waren. Urteilt man nach der Lage der frühesten eisenzeitlichen Fundorte, dann sieht es insgesamt so aus, als ob die frühen Eisen bearbeitenden Bauern feuchte Umweltbedingungen bevorzugten, da sie ihre Siedlungen an Flussläufen, Seeufern, in Bergtälern und an Meeresküsten anlegten. Der Fischfang spielte in vielen Ökonomien der frühen Eisenzeit mit Sicherheit eine große Rolle und war wahrscheinlich mit der Kultivation von Sorghum, Jams sowie verschiedener Bohnen- und Erbsenarten verbunden. Die früheren Jäger-Sammler-Populationen der ausgehenden Eisenzeit wie auch der Jäger und Hirten des östlichen Rift Valley scheinen demnach häufig und ungestört im Besitz ihrer trockeneren Savannenlandschaften geblieben zu sein, in denen sie Herden von Wildtieren domestizierten. Erst allmählich, als die Jäger bereits vom Handel angezogen worden waren und nachdem sie sich bei den Eisen benutzenden Bauern niedergelassen hatten, begann ihre sprachliche und kulturelle Absorption.

Inzwischen sind von den Fundstellen der frühen Eisenzeit im Afrika südlich des Äquators einige hundert Radiokarbondaten verfügbar, und es ist ziemlich sicher, dass sich die Kenntnis der Eisenbearbeitung zwischen dem ersten und 5. Jahrhundert n. Chr. über den größten Teil dieses riesigen Gebiets verbreitete. Lediglich im Zwischenseengebiet, an den westlichen Ufern des Victoriasees und den angrenzenden Hochländern von Rwanda und Burundi konnten deutlich frühere eisenzeitliche Daten festgestellt werden. Einige scheinen bis in die erste Hälfte des 1. Jahrtausends v. Chr. zurückzugehen; damit wären sie älter als die frühesten bekannten eisenzeitlichen Funde überall sonst in Afrika. Wenn dem so ist, dann kann das nur heißen, dass der gesamte Komplex aus Erzabbau, Eisenverhüttung und Eisenbearbeitung im tropischen Afrika unabhängig entwickelt wurde. Dies ist allerdings noch nicht als gesicherte These akzeptiert: es bedarf der Sammlung weiterer Daten aus einem größeren Gebiet. Zumindest aber muss das Zwischenseengebiet als Ausgangsregion für die Verbreitung des Wissens um die Eisenbearbeitung auf dem restlichen Subkontinent angesehen werden – nach einem Vorlauf von mehreren Jahrhunderten, in denen eine Eisen verwendende, bantusprachige Bevölkerung in dieser einmalig fruchtbaren und vorteilhaften Umwelt zahlenmäßig an Stärke gewonnen hatte.

Etwa im 5. Jahrhundert n. Chr. hatte fast ganz Afrika mit dem Übergang zu einer eisenzeitlichen Landwirtschaft begonnen, ein Prozess, der im 10. Jahrhundert in dem Sinne als abgeschlossen gelten konnte, als die meisten anfänglich noch überlebenden Enklaven von Jägern und Sammlern bzw. Jägern und Hirten von den Gesellschaften ihrer bäuerlichen Nachbarn absorbiert worden waren. Immerhin blieb eine große Region hier die Ausnahme. Sie erstreckte sich über den Südwesten des Kontinents vom südlichen Angola über Namibia und Botswana bis zur Kapprovinz des heutigen Südafrika. Der größte Teil dieses Gebietes war zu trocken, um für die Bantu-Feldbauern interessant zu sein. In diesem Gebiet gab es entlang der südlichen Küste eine kleine Region mit ausreichendem Niederschlag, doch fiel der Regen hier nicht im Sommer, woran die Bantu-Landwirtschaft angepasst war, sondern zu anderen Zeiten im Jahr. Aus diesen Gründen blieb der Südwesten Afrikas das letzte Rückzugsgebiet der Wildbeuter bzw. Jäger und Hirten, die die alten Khoisansprachen sprachen, gering an der Zahl waren und keine eisernen Waffen besaßen. Die Existenz eines Machtvakuums im Hinterland der Kaphalbinsel sollte in der späteren afrikanischen Geschichte noch größte Bedeutung gewinnen.

3 Die städtische Zivilisation

Lediglich in einem kleinen Winkel Afrikas führte die Nahrungsmittelproduktion unmittelbar zur Verstädterung. Als die Menschen der Tasia- und der Badari-Kultur wahrscheinlich Ende des fünften Jahrtausends in die Überflutungsebene hinunter zogen, wurden schnell ähnlich sesshafte Dorfbewohner aus ihnen, wie es die Bewohner der von Flinders Petrie in El Amrah und Naqada ausgegrabenen Fundorte waren. Die dort freigelegten Friedhöfe belegen eine Bevölkerungszunahme in einer Größenordnung, die bereits einer Umwälzung gleichkommt. Die Dörfer waren bewehrt, und die Malereien auf Töpfen aus El Amrah zeigen Gefangene, deren Hände auf dem Rücken zusammengebunden sind. Auch sind größere Papyrusboote auf ihnen zu erkennen, die möglicherweise im Handel über vergleichsweise große Entfernungen und bei Kaperfahrten zum Einsatz kamen. Gesichert ist, dass El Amrah Gold und Kupfer aus den Gebirgen am Roten Meer importierte, sowie Obsidian, das vielleicht aus dem Hochland des fernen Äthiopien stammte. Aus Alabaster gearbeitete Krüge und Vasen lassen es wahrscheinlich erscheinen, dass es bereits Handwerker gab, die einzig auf diese Tätigkeiten spezialisiert waren. Die Toten wurden mit reichlichen Grabbeigaben bestattet, an denen sich ablesen lässt, dass sich diese Menschen stark mit einem Leben nach dem Tode beschäftigt haben.

In der Mitte des vierten Jahrtausends, als die Kultur von Gerzeh die von El Amrah ablöste, wurden aus den größeren Dörfern langsam bereits kleinere Städte, deren rechteckige Lehmhäuser, mit ihren starken Holztüren und Fensterrahmen, schon sehr den Häusern in vielen nahöstlichen Städten der Neuzeit zu ähneln begannen. Das Ägypten der Gerzeh-Zeit unterhielt ausgedehnte Handelsverbindungen. Das Niltal stand möglicherweise in ständiger Verbindung mit anderen Zentren der Zivilisation, beispielsweise Mesopotamien, die sich ebenfalls schnell entwickelten. Von den ägäischen Inseln wurden regelmäßig Silber und Blei eingeführt. Schiffszimmerleute stellten Wasserfahrzeuge mit bis zu sechzig Rudern her. Die Friedhöfe der Gerzeh-Kultur belegen, dass sich große Unterschiede im Wohlstand herausgebildet hatten. Ein spezialisierter Steinschneider konnte jetzt unter Umständen ein ganzes Jahr damit zubringen, eine einzige Vase aus poliertem Porphyr zum Schmuck des Hauses eines Wohlhabenden oder seiner eigenen Grabstätte herzustellen.

Es steht fest, dass das prädynastische Ägypten im ausgehenden vierten Jahrtausend, was die Bevölkerungsdichte sowie die wirtschaftlichen und künstlerischen Leistungen angeht, auf einem höheren Entwicklungsstand angelangt war, als ihn nahezu das gesamte übrige Afrika in den folgenden fünf Jahrtausenden erreichen sollte. In gewissem Sinne ist die Geschichte des alten Ägypten deshalb ohne Bedeutung für Afrika als Ganzes. Nicht so bedeutungslos ist jedoch die Gesamtheit religiös-politischer Vorstellungen, die sich am Beginn des dynastischen Zeitalters mit beeindruckender Schnelligkeit herauszubilden begannen. Darüber, wo genau diese Vorstellungen ihren Ursprung hatten, sind die Auffassungen weit auseinander gegangen. Auffallend ist dabei, dass keine der Ausgrabungen, die an Gerzeh-Fundorten durchgeführt wurden, etwas zutage gefördert hat, das älter als das Königsgrab der dynastischen Zeit sein könnte. Andererseits haben jüngste Erkenntnisse in der dynastischen Chronologie eine zeitliche Parallelität der frühesten Königsdynastien Mesopotamiens zur 5. Dynastie in Ägypten erbracht: die Theorie vom asiatischen Ursprung der religiös-politischen Vorstellungen, wie sie zum Beispiel noch Flinders Petrie vehement vertreten hat, wird so gesehen sehr problematisch.

Insgesamt scheint es mehr als wahrscheinlich, dass die ägyptische Vorstellung vom Königtum ihren Ursprung in Ägypten selbst hatte, und dass diese sich nach der politischen Einigung des Landes unter der 1. Dynastie sehr schnell entwickelte. Zumindest scheinen die archäologischen Untersuchungen darüber eindeutigen Aufschluss zu geben. Das frühste dynastische Grabmal – das des Narmer bei Abydos – war ein mit Ziegeln ausgemauerter Schacht von ungefähr acht mal fünf mal drei Metern. Es stellte eine beeindruckende Weiterentwicklung des am reichsten ausgestatteten Grabmals der Gerzeh-Kultur dar, vor allem deshalb, weil den Pharao menschliche Opfer ins Grab begleiteten, die man tötete und mit ihrem Herrn begrub, damit sie ihm auch im nächsten Leben dienten. Das Grab des Pharao Djer aus der 1. Dynastie enthält halb so viele Bestattungen wie ein ganzer Friedhof aus den Zeiten von El Amrah oder Gerzeh. Das Grabmal des Djoser aus der 3. Dynastie war mit zehntausend Steinvasen reichhaltiger ausgestattet als jeder Stadtfriedhof aus prädynastischer Zeit. Und die große Pyramide in Gizeh, die in der 4. Dynastie für den Pharao Khufer (Cheops) errichtet wurde, gerade mal fünfhundert Jahre nach der Regierungszeit Narmers, war 146 Meter hoch, bestand aus über 2,3 Millionen Steinblöcken mit einem durchschnittlichen Gewicht von zweieinhalb Tonnen und kostete, dem glaubwürdigen Bericht Herodots zufolge, zwanzig Jahre lang die Arbeitskraft von einhunderttausend Menschen.

Es wäre demnach der organisatorische Siegeszug der frühen Pharaonen, der im Wesentlichen für die Herausbildung des Gottkönigtums verantwortlich war, das schließlich in großen Teilen des übrigen Afrika zum Vermächtnis Ägyptens werden sollte. Schätzungen haben ergeben, dass ägyptische Bauern im 3. Jahrtausend v. Chr. in der Lage waren, ungefähr dreimal mehr zu produzieren, als ihre eigenen Bedürfnisse erforderten. In einem rigorosen, auf Frondiensten beruhenden System konnte der Überschuss in die beeindruckenden Zeugnisse öffentlicher Gebäude umgewandelt und darüber hinaus zum Erhalt einer zahlenmäßig starken Klasse aus Adligen, Priestern und Beamten verwendet werden, deren Führer im Umkreis des lebenden Pharaos und der Grabstätten seiner Vorgänger eine höfische Lebensweise entfalteten, die immer komplizierter wurde. Der letzte, lebenswichtige Schritt in der erstaunlich raschen Entwicklung Ägyptens von einem mit Urwald bedeckten, sumpfigen Tal zum Schauplatz einer komplexen, einheitlichen Gesellschaft aus mehreren Millionen Menschen war die politische Einheit. Daraus lässt sich zumindest schlussfolgern, dass die politisch-religiösen Vorstellungen und Praktiken, die in späterer Zeit weite Verbreitung fanden, ihren Ursprung auf diesem einmalig fruchtbaren Boden nahmen und sich nachfolgend weiter entwickelten. Später, sehr viel später, wurden diese Vorstellungen und Praktiken weitergereicht, zunächst nach Nubien und, wiederum

Jahrzehnte und Jahrhunderte später, an entferntere Gegenden Afrikas, in denen, meist durch Übernahme dieser Ideen und Praktiken von den Nachbarn, sich eine kleine Dynastie nach der anderen daran machte, die bereits weitgehend modifizierte Form der ägyptischen Staatsidee ihrerseits in Anwendung zu bringen. So geschah es denn, dass über viertausend Jahre nach dem Höhepunkt des Alten Reichs ein Monomotapa, der südlich des Sambesi herrschte, seine „Königin-Schwester" ehelichte, oder dass der Omukama von Bunyoro im westlichen Uganda bei seiner Thronbesteigung in zeremonieller Weise „auf die Völker" schoss, indem er Pfeile in die vier Himmelsrichtungen schickte. Zu der Zeit, da in Ägypten diese Bräuche entstanden, hatte man in Uganda und Simbabwe zur Bodenbearbeitung noch keinerlei Werkzeug benutzt, das weiter entwickelt war als der urzeitliche Grabstock, und die dortigen menschlichen Gemeinschaften waren zweifellos viel zu klein und lebten zu weit verstreut, als dass sie einer Führung bedurft hätten, die über die des Familienpatriarchen hinausging.

Demzufolge ist die Bedeutung des alten Ägypten für Afrika eine grundlegend andere als für Europa. Sie lässt sich nur im Lichte der archäologischen und historischen Zeugnisse der Beziehungen Ägyptens zu den Ländern des Südens untersuchen. Mit Sicherheit waren diese frühesten Kontakte Handelsverbindungen. Wie wir gesehen haben, war die Ausbeutung der nubischen Goldminen in den Bergen zwischen Nil und Rotem Meer bereits in prädynastischer Zeit in vollem Gange. Zumindest seit Beginn der dynastischen Epoche bestanden regelmäßige Kontakte mit den Küsten Eritreas, Somalias und Südarabiens, wo der Weihrauch wuchs, der in so unerhört großen Mengen in den Tempeln Ägyptens verbrannt wurde. Seit dem Ende des dritten Jahrtausends nahmen große Expeditionen ab und an den Seeweg, doch waren die Überlandrouten durch Nubien mit Sicherheit weit älter und berührten, indem sie den Flussläufen von Nil und Atbara folgten, bereits die Gebiete der schwarzen Afrikaner. Dies kann mit einiger Gewissheit für die frühdynastische Zeit angenommen werden. In Ägypten waren die eigenen Vorkommen an Elfenbein und Hartholz erschöpft. Deshalb mussten diese und andere Rohstoffe aus dem schwarzafrikanischen Süden bezogen werden.

Eine Inschrift von etwa 2275 v. Chr. berichtet von einem gewissen Herkhuf, einem Untertanen des Pharao Merenra, der vier große Expeditionen in den Süden unternahm, von deren letzter er mit dreihundert Eseln zurückkehrte, die mit Weihrauch, Ebenholz, Häuten und Wurfhölzern sowie einem Pygmäen, mit dem er das Herz seines Herrn erfreuen wollte, beladen waren. Er war also möglicherweise den Blauen Nil hinauf bis in das heutige Südäthiopien gezogen. Es kann aber auch sein, dass er dem Lauf des Weißen Nils und des Bahr-al-Ghazal bis in das Gebiet des Kongo-Regenwaldes gefolgt war. Das Wurfholz ist noch immer die charakeristische Waffe der alten schwarzafrikanischen Völker, die südlich von Khartum zu beiden Seiten des Weißen Nils siedeln.

Handelsunternehmungen wie die des Herkhuf beeinflussten zweifelsohne die materielle Kultur in einem großen Gebiet. Es ist möglich, dass die Ägypter sowohl Huftiere als auch Gemüsesamen zur Aussaat in der Regenzeit mit sich führten. Auch können Haustiere als Tauschobjekte Verwendung gefunden und so zur Beschleunigung der Nahrungsmittelproduktion südlich der Sahara beigetragen haben. Leute, die in das Lager des Kaufmannes kamen, um einen Elefantenstoßzahn oder ein Leopardenfell zu tauschen, dürften schon damals das eine oder andere ägyptische Musikinstrument oder einen verzierten Korb erworben und anschließend nachgebildet haben. Nur in jenen Teilen Nubiens, die in zunehmendem Maße zum Objekt einer direkten ägyptischen Kolonisation wurden, übten ägyptische Glaubensvorstellungen und gesellschaftliche Organisationsformen einen tiefer gehenden Einfluss aus. In Buhen, nahe dem 2. Katarakt in Unternubien, gab es um die Mitte des 3. Jahrtausends v. Chr. eine befestigte Stadt, in die man Kupfererz aus der Wüste westlich des Nils brachte, das hier eingeschmolzen und dann flussabwärts verschifft wurde. Anfang des zweiten Jahrtausends entstand kurz oberhalb des 3. Katarakts das unabhängige aber stark von Ägypten geprägte Königreich Kusch mit der Hauptstadt Kerma. Kusch wurde von Menschen mit stark schwarzafrikanischem Einschlag bewohnt, deren Sprache zur nilo-saharanischen Sprachfamilie gehörte. Kusch war für Ägypten deshalb wichtig, weil es die südlichen Handelsrouten kontrollierte, die entlang des Flusses verliefen und besonders im

Gebiet der Katarakte für Raubüberfälle anfällig waren, weil die Boote dort von Menschenhand über die Stromschnellen bewegt werden mussten. Bis zum Ende des 2. Jahrtausends v. Chr. hatte sich der ägyptische Einfluss auf Kusch zur direkten imperialen Herrschaft ausgeweitet. Zu dieser Zeit war Theben, das heutige Luxor, die Hauptstadt Ägyptens, und die Pharaonen der 18., 19. und 20. Dynastie, die ihre traditionellen Expansionswege nach Asien durch das aufkommende Hethiterreich bedroht sahen, wandten ihre Aufmerksamkeit zunehmend dem Süden zu. Nubien wurde zwischen dem 1. und 3. Katarakt vollständig unterworfen. Einer Berechnung zufolge belief sich der Goldertrag der nubischen Bergwerke auf vierzigtausend Kilogramm jährlich, eine Menge, die bis ins 19. Jahrhundert in der Weltproduktion niemals wieder erreicht werden sollte. Und südlich des 3. Katarakts befand sich, in der Region Dongola, eine ganze Reihe ägyptischer Städte, die alle über Tempel und eine priesterliche Hierarchie verfügten, den bedeutsamen Ableger des thebanischen Amun-Tempels am Djebel Barkal unweit des 4. Katarakts eingeschlossen. Möglicherweise entstammte die Dynastie der unabhängigen, wenngleich stark ägyptisierten Könige, die Kusch über ein Jahrtausend hinweg – tatsächlich bis zur Mitte des 4. Jh. n. Chr. – zunächst von Napata und später von Meroë aus regierten, der Familie des Hohenpriesters von Djebel Barkal. Zu Beginn des 1. Jts. v. Chr. befand sich Ägypten im Niedergang. Im Norden etablierten sich die Assyrer in der Nachfolge der Hethiter als stärkste Macht. Unterägypten fiel in wachsendem Maße seinen libyschen Söldnertruppen zum Opfer, die im Nildelta eine Reihe kurzlebiger Dynastien errichteten. Ausgrabungen von Reisner und Dows Dunham im tiefen Süden bei Napata haben gezeigt, dass die ersten königlichen Grabstätten dort aus dem 9. Jh. v. Chr. datieren. Ein Jahrhundert später waren diese Herrscher von Kusch stark genug geworden, um Ägypten zu erobern. Fünf Mitglieder dieser Herrscherfamilie sind als 25. pharaonische Dynastie in die Geschichte Ägyptens eingegangen. Für kurze Zeit wurde Napata zur Hauptstadt der alten Welt, in der die sudanischen Könige mit Tyros und Sidon, Israel und Judah für kurze Zeit gemeinsame Sache machten, um der wachsenden Macht Assyriens zu begegnen. Das Ende Ägyptens kam jäh. Im Jahre 676

v. Chr., als der Pharao Taharqa regierte, besetzten die Assyrer unter Asarhaddon Unterägypten. 666 drangen sie unter Assurbanipal nach Oberägypten vor und brachten einige Jahre später erstmals Theben zu Fall. Taharqa zog sich in den Süden, nach Kusch, zurück, wo noch immer das ägyptisierte Königreich bestand. Während das eigentliche Ägypten nacheinander den Assyrern, Persern, Griechen und Römern zum Opfer fiel, bewahrte Kusch, der frühere Vasallenstaat Ägyptens, standhaft einen Rest der ägyptischen Zivilisation. Folgt man der traditionellen Sicht westlicher Historiker, dann ging es mit Ägypten bergab bis zu einem ruhmlosen und zu lange hinausgezögerten Ende. Folgt man den sehr unterschiedlichen Sichtweisen der afrikanischen Geschichte, dann fand zwischen Ägypten und Schwarzafrika eine Annäherung statt, in einer Zeit, da zumindest ein Teil des schwarzen Afrika besser als je zuvor dafür gerüstet war, die Einflüsse einer städtischen Zivilisation aufzunehmen und zu verarbeiten.

In der langen Zeit seiner Existenz als ägyptische Kolonie und auch während der zwei oder drei Jahrhunderte seiner Unabhängigkeit war Kusch im Wesentlichen ein Staat, der sich räumlich auf die unmittelbare Umgebung des Flusses beschränkte und von Bauern und Fischern bevölkert wurde, die nur selten die engen Grenzen des Flusstales überschritten. Etwa im 5. Jh. v. Chr. aber begann Kusch seine Grenze weiter nach Süden vorzuschieben, bis über die Wüste hinaus in das damals dicht bewaldete Gebiet am Nordrand der Zone mit sommerlichen Regenfällen. Die Hauptstadt wurde von Napata ins südlichere Meroë verlegt, das ein wenig oberhalb des Zusammenflusses von Nil und Atbara lag. Das Dreieck, das die beiden Flüsse bilden, und das heute unter dem Namen Butana bekannt ist, war, nachdem es erst einmal von seinem Baumbestand befreit war, ideales Weideland, sodass der Staat bei der Nahrungsmittelproduktion auf eine breitere Grundlage zurückgreifen konnte und außerdem, solange der Waldbestand noch nicht aufgebraucht war, über eine Brennstoffquelle für die Eisenindustrie verfügte, die sich in dieser Periode in Kusch entwickelte. Die Kuschiten hatten wahrscheinlich die Technik der Eisenbearbeitung von ihren assyrischen Feinden übernommen, deren Eisenwaffen sie aus Ägypten vertrieben hatten. Ägypten verfügte weder über Eisenerz noch über die zur Verhüttung nötigen Brennstoffe. Im nördlichen Kusch gab es zwar Eisenerzlager, aber auch hier mangelte es an Feuerung. Hingegen war in der Südregion von Kusch beides im Überfluss vorhanden. Mit Eisenspeer und Eisenhacke war Meroë in der Lage, nicht nur für den Selbsterhalt zu sorgen, sondern weit in den sudanischen Gürtel Afrikas hinein Handel zu treiben und Eroberungszüge zu unternehmen.

Aus den archäologischen Zeugnissen, die Garstang und Dows Dunham ausgegraben haben, geht hervor, dass die Blütezeit Meroës zwischen der Mitte des 3. Jh. v. Chr. und dem Beginn der christlichen Ära lag. Sie fiel mehr oder weniger mit der Herrschaft der Ptolemäer in Ägypten zusammen und war möglicherweise mit dem Wiederaufschwung des Handels verbunden, als der persische Einfluss vom hellenistischen Alexandria abgelöst wurde. Der Reichtum Meroës gründete sich wahrscheinlich auf den Export der traditionellen afrikanischen Handelsgüter – Elfenbein, seltene Felle und Häute, Straußenfedern, Ebenholz und wahrscheinlich auch Gold; hinzu kamen Sklaven, die es aus einem riesigen innerafrikanischen Gebiet bezog, das sich vom äthiopischen Hochland auf der einen bis zum Niger auf der anderen Seite erstreckt haben könnte. Es war dies in jedem Fall eine Blütezeit für den Monumentalbau. Meroë erlebte damals die Wiedergeburt der ägyptischen Bildhauerkunst und eine Rückkehr zu Grabinschriften in ägyptischen Hieroglyphen. Die Epoche erlebte auch die Erfindung der meroitischen Schreibschrift, die bis heute noch nicht richtig entziffert ist. In dieser Zeit war die Eisenindustrie bereits voll etabliert: einer der bedeutsamsten Tempel aus dieser Zeit erhebt sich auf einem Schlackenhügel. Neben den mediterranen Einflüssen gab es auch solche aus dem Osten. In den Grabstätten fand man Stoffreste aus Baumwolle. Wasserspeicher und Sammelbecken weisen auf ein mindestens so weit entferntes Einflussgebiet wie Südarabien hin. Das Relief eines Königs von Kusch, der auf einem Elefanten sitzt, lässt vermuten, dass zumindest ein indischer Künstler in Meroë lebte. Dennoch bezog die meroitische Zivilisation ihre grundlegenden Anregungen aus dem alten Ägypten. Die Götter, die man in den Tempeln Meroës verehrte, waren die Götter Ägyptens. Seine Könige bezeichneten sich als Könige von Ober- und

Unterägypten und führten weiterhin das hingebungsvolle, hohepriesterliche Leben der ägytischen Pharaonen, heirateten ihre Königin-Schwester, ehrten ihre Königin-Mutter und führten ihr Volk bei den Aussaat- und Erntezeremonien an. Sie wurden von ihren Untertanen als Götter verehrt, und man erwartete von ihnen, dass sie in ihrem Verhalten jenen kapriziösen Absolutismus an den Tag legten, der für ein göttliches Wesen als kennzeichnend galt.

Gesichert ist, dass es um die materiellen Grundlagen der meroitischen Zivilisation in der Mitte des ersten nachchristlichen Jahrhunderts nicht mehr so gut bestellt war. Aus der Reihe der Könige, die vor dem Untergang des Reichs noch regierten, verfügten lediglich zehn über Architekten, die des Lesens und Schreibens so weit kundig waren, um die königlichen Namen der Nachwelt zu überliefern, und die letzten sechs Herrscher hatten nicht einmal Maurer, die ihre kleinen Ziegelpyramiden mit einer dünnen Steinschicht hätten verkleiden können. Die Ursache für diese Armut Meroës war mit ziemlicher Sicherheit der Aufstieg eines rivalisierenden Reiches, das sich ebenfalls auf Handel gründete und dessen Zentrum in Aksum im nördlichen Winkel des äthiopischen Hochlandes lag. Die Ursprünge des Königreichs von Aksum liegen noch immer im Dunkeln. Es ist möglich, dass dieses Königreich lediglich der erfolgreichste einer Reihe von Stadtstaaten war, die seit dem 4. Jh. v. Chr. unter der semitischsprachigen Bevölkerung des nordäthiopischen Hochlandes entstanden waren. Erstmals fand es im Schifffahrtshandbuch eines alexandrinischen Seemanns Erwähnung, dem *Periplus des Roten Meeres*, das im frühen zweiten Jahrhundert verfasst wurde. Zu diesem Zeitpunkt war Aksum zum größten Umschlagplatz für Elfenbein in ganz Nordostafrika geworden. Die Hauptstadt wuchs zu einer Stadt mit großartigen Steinmonumenten heran – dazu gehörten Paläste, Tempel und aus dem Felsen herausgemeißelte Steinobelisken. Der König trieb mit den Griechen von Alexandria Handel, sprach deren Sprache und aß von goldenen und silbernen Tellern. Mit importierten Eisenwaffen ausgerüstet, drangen seine Jäger und Karawanenhändler auf der Höhe von Khartum bereits in die Gegenden westlich des Nils vor. Im zweiten und dritten Jahrhundert nahm die Macht Aksums kontinuierlich zu. Mitte des vierten Jahrhunderts konvertierten die Herrscher zum Christentum, und ihre Armeen unternahmen nahezu zeitgleich den letzten und entscheidenden Vorstoß nach Kusch, brannten Meroë nieder und besiegelten den endgültigen Zusammenbruch dieses Königreichs. Schon vor der aksumitischen Invasion hatte das Königreich Kusch seinen Reichtum, der sich auf den Exporthandel gestützt hatte, verloren und war dem Vordringen der Nuba ausgesetzt gewesen, Nomaden, die ein nilo-saharanisches Idiom sprachen, aus dem Bergland westlich des mittleren Nils, das noch heute ihren Namen trägt. Die Nuba waren in mehreren Wellen über Kusch gekommen, aus denen schließlich drei neue Königreiche hervorgingen, Nachfolgestaaten Meroës, deren Herrscher im 6. und 7. Jahrhundert zum Christentum übertraten. Der aksumitische Schlag erfolgte zeitgleich mit den chaotischen Anfängen der Nuba-Angriffe, wahrscheinlich handelte es sich dabei sogar um einen Präventivschlag, der die Nuba von weiteren Eroberungen weiter östlich abhalten sollte. Darin zumindest war er erfolgreich. Die Nuba blieben im Niltal. Das Christentum gelangte über Ägypten zu ihnen. In der Zwischenzeit hatte Aksum den Handel entlang der gesamten Küste des Roten Meeres bis zur ägyptischen Grenze an sich gerissen. Es sollte bis ins neunte Jahrhundert die vorherrschende Macht in Nordostafrika sein.

Bleibt die Frage, worin während der eintausend Jahre seiner Herrschaft über den nördlichen und zentralen Sudan der Einfluss des Königreichs Kusch auf die benachbarten Regionen Afrikas bestanden haben könnte. Hier, in einem Teil Afrikas, der sich bis in die Regionen südlich der Sahara erstreckte und in der Mehrzahl von Schwarzafrikanern bevölkert war, führte ein großes und mächtiges Königreich die Traditionen der Pharaonen fort, bis sich schließlich eine Population von Ackerbauern und Viehzüchtern herauszubilden begann, die sich über die gesamte subsaharische Savanne verteilte und der die Staatskunst, die Meroë von Ägypten übernommen hatte, nicht mehr gänzlich unwichtig war. Vor einiger Zeit trat A. J. Arkell, der führende Archäologe und Historiker des Sudan, mit der These hervor, dass sich die Königsfamilie von Meroë nach der Niederlage, die Aksum dem Reich bereitet hatte, nach Westen in die Region von Kordofan und Darfur zurückgezogen habe, wo an Fundorten, die noch der Erschließung bedürfen, Töpferware und Ziegelbauten im meroitischen Stil vermutet werden und wo die königlichen Besitzmarken in den Brandzeichen, die die Hirtennomaden dieser Region ihren Kamelen einbrennen, weiterleben. Zu Ausgrabungen in Darfur kam es nicht, und inzwischen scheint der Wissenszuwachs einen derart konkreten Transfer ganzer Systeme von einer Region in die andere als Erklärungsmuster entbehrlich zu machen. Es reicht, wenn man weiß, dass Meroë, vor allem nach seiner Ausdehnung über die weite Ebene von Butana, zu einem Staat herangewachsen war, der große und wohlhabende Gemeinschaften von Hirtennomaden einschloss, deren Mobilität die der bäuerlichen Bevölkerung des Niltals bei weitem überschritt. Über solche Gemeinschaften konnten sich politische Vorstellungen frei verbreiten und einer Vielzahl von Gegebenheiten und Umständen angepasst werden. So konnten Ideen oder Institutionen, die an den Ufern des Nils als nützlich galten, nach zahllosen Veränderungen an die Ufer von Niger und Senegal gelangen oder gar südwärts ins Afrika der Bantu übermittelt werden.

4 Die sudanische Zivilisation

Vom Roten Meer über die ganze Breite Afrikas südlich der Sahara bis an die Mündung des Senegal und über das zentrale Hochland Bantu-Afrikas von den Quellen des Nils bis hinab nach Simbabwe erstreckt sich die sudanische[1] Zivilisation. Das zentrale Merkmal dieser Zivilisation bestand in der Einbindung der hier lebenden afrikanischen Völker in Staaten, deren Institutionen einander so ähnlich waren, dass sie einen gemeinsamen Ursprung haben müssen. An der Spitze dieser Staaten standen Könige, denen göttliche Ehren zuteil und göttliche Kräfte zugeschrieben wurden. Im typischen Fall führte der König ein vor dem gewöhnlichen Volk strikt geheim gehaltenes Leben: öffentliche Audienzen gewährte er hinter einem Vorhang; nicht einmal seine vertrautesten Höflinge durften ihn essen oder trinken sehen. Jedes Jahr bearbeitete der König das erste Stück Land und säte die ersten Samen. Von seinem körperlichen Wohlergehen hingen die Fruchtbarkeit des Landes und die regelmäßigen Regenfälle ab. Der sakrale König konnte keines natürlichen Todes sterben. Ob nun bei ernsthafter Erkrankung oder in extrem hohem Alter: sein Tod musste durch Verabreichung von Gift oder rituelles Ersticken beschleunigt werden. Nach dem Tod wurde der königliche Leichnam einbalsamiert. Bestattungszeremonien umfassten häufig auch Menschenopfer. Reliquien wie Haare und Fingernägel waren Teil des Kults um das königliche Grabmal und wurden als solche aufbewahrt. Die großen Rituale dieser sakralen Königtümer waren oftmals mit dem Erscheinen des neuen Mondes verbunden, und nahezu überall wurde ein heiliges Feuer als Hauptsymbol für das Leben des Königs und seine Autorität am Brennen gehalten und bewacht.

1 Der deutsche Ethnologe H. Baumann bezeichnete sie als ‚jungsudanische Kultur', um sie von der älteren Zivilisation der ersten schwarzafrikanischen Bauern zu unterscheiden, für die er den Begriff ‚altnigritische' Kultur verwendete.

Die Untertanen eines sakralen Königs zählten von einigen Tausend bis zu über einer Million Menschen. Die meisten Königreiche waren aber klein, und es ist nur zu wahrscheinlich, dass die wenigen großen in einem langen Prozess entstanden, der erfolgreiche Eroberungen und die nachfolgende Absorption schwächerer Nachbarstaaten beinhaltete. Die Reichsbildung erfolgte zumeist über den Zusammenschluss einzelner Territorien, wobei sich ein oder mehrere größere politische Einheiten um ein Zentrum gruppierten, während eine Reihe kleinerer sich auf die Peripherie verteilte. Doch selbst die kleineren Königreiche unterschieden sich deutlich von den lockeren Familien- und Lineage-Verbänden jener Gesellschaften, die keine derartige Organisationsform kannten. Der „sudanische" Staat war kein Feudalstaat. Er gründete sich nicht auf die erbliche Stellung und Macht bedeutender Familien. Dem Wesen nach handelte es sich bei dieser Staatsform um eine Art Theokratie unter einem Priesterkönig und seinen rituellen Helfern. Und im Zuge seiner weiteren Entwicklung tendierte der erfolgreiche „sudanische" Staat eher zur Bürokratie – einer Bürokratie ohne Papier, Tinte, Schreibtische und Telefone –, in der die Macht von Beamten ausgeübt wurde, die ihr Amt der Gnade des Königs verdankten und nach Belieben, auf Grund eines Nickens des göttlichen Hauptes oder einer Silbe aus dem göttlichen Mund, von Posten zu Posten versetzt, befördert, degradiert oder auch abgesetzt werden konnten. Um die Person des Königs kreiste eine Galaxie von adligen Amtsträgern, die so zahlreich waren, wie es die wirtschaftliche Organisation des betreffenden Staates erlaubte. Die hervorragendsten Ämter waren in aller Regel die der Königin-Mutter, der Königin-Schwester und einer begrenzten Zahl adliger „Hauptfrauen" des Herrschers. An der Spitze der Verwaltung standen einige wenige hohe Beamte. Oftmals waren es vier an der Zahl. Von ihnen war eine niedere Hierarchie von Provinz- und Distriktbeamten abhängig, die sich zumeist aus den Pagen, Söhnen oder Neffen der hohen Beamten rekrutierte, die am Königshof ausgebildet worden waren. Die Hauptaufgabe eines solchen Verwaltungsapparats bestand in der Tributerhebung für den Lebensunterhalt des Königs und der halbstädtischen Einwohner seiner Hauptstadt – das waren einerseits Konsumartikel wie Bier und Nahrungsmittel,

Dienstleistungen (Arbeit) oder persönlicher Bedarf (Frauen), auf der anderen Seite handelte es sich um Fernhandelsgüter wie Elfenbein, Häute und Felle, Gold, Kupfer, Salz und Kolanüsse. In gewisser Weise stand der Exporthandel immer unter königlichem Monopol. Künstler, Handwerker und andere Spezialisten wurden in der Hauptstadt angesiedelt und stellten ein wichtiges Attribut der königlichen Macht dar: häufig entwickelten die Herrscher dieser Staaten selbst das Bedürfnis, zumindest mit der geheimnisvollen Kunst des Schmieds gleichgesetzt zu werden.

In vieler Hinsicht sah der „sudanische" Staat aus wie ein Überbau auf der Grundlage einer Lineage-Organisation und nicht wie eine Gesellschaft, die sich auf natürliche Weise daraus entwickelt hatte. Ausgehend von seinen ethnologischen Daten kam zum Beispiel Baumann zu dem Schluss, dass diese Gebiete Afrikas zu einer späteren Zeit von Völkern überrannt worden waren, die über eine höhere Kultur verfügten als die ursprünglichen Gesellschaften bäuerlicher Kultivatoren. Dazu muss zunächst einmal deutlich gesagt werden, dass die ethnologische Methode des Vergleichs der politischen Institutionen zahlreicher Staaten, die zu ganz unterschiedlichen Zeiten entstanden waren, nur mit großer Vorsicht angewendet werden darf, weil ihre Daten sich auf deskriptive Informationen gründen, die zum einen von sehr unterschiedlicher Qualität sind und, zum anderen, meist aus einer historisch späten Epoche jener Staaten stammen. Diese Methode kann lediglich die erste Diagnose eines Problemfelds liefern, für das die Geschichtswissenschaft eine Antwort finden muss, wenn das überhaupt möglich ist. Der Historiker darf sich nicht damit zufrieden geben, vage Bemerkungen über „Eroberungswellen" zu machen. Das Problem muss über die bekannte Geschichte der betreffenden Staaten angegangen werden. Anschließend sind, wo immer dies möglich ist, chronologische Beweise zu finden. So gesehen hatten sich die meisten „sudanischen" Staaten, die, als sie zum ersten Mal von schriftkundigen Beobachtern beschrieben wurden, ein großes Territorium und ausgeklügelte politische Strukturen aufzuweisen hatten, in den vorangehenden Jahrhunderten aus vergleichsweise unbedeutenden Anfängen entwickelt. Dennoch scheint gesichert zu sein, dass zumindest in drei weit von einander entfernten

Gegenden „sudanische" Staaten gegen Ende des ersten nachchristlichen Jahrtausends ein recht hohes Entwicklungsstadium erreicht hatten. Die erste schriftliche Erwähnung des Königreichs Ghana, dessen Zentrum ungefähr achthundert Kilometer nordwestlich der Grenze des heutigen Staats gleichen Namens lag, stammt von al-Fazari, einem arabischen Autor des neunten Jahrhunderts. Zwei Jahrhunderte später, als Ghana durch seinen Goldexport nach Nordafrika bereits der ganzen muslimischen Welt ein Begriff war, beschrieb der maurische Geograph al-Bakri aus Cordoba folgendes Königsritual:

> Die Audienz wird durch das Schlagen einer Trommel angekündigt, die sie *dubā* heißen, und die aus einem langen, hohlen Baumstamm gefertigt ist. Wenn die Leute sich ... (dem König) nähern, fallen sie auf die Knie und werfen sich Staub über den Kopf, denn das ist ihre Art, Respekt zu zeigen ... Die Religion des Volkes von Ghana ist das Heidentum und die Götzenverehrung. Stirbt ihr König, dann errichten sie über der Stelle, an der sein Grabmal stehen soll, einen mächtigen Bau aus *saj*-Holz. Dann tragen sie ihn herbei auf einem Bett, das mit ein paar Teppichen bedeckt ist und setzen ihn in dem Bauwerk nieder. Ihm zur Seite stellen sie seinen Schmuck, seine Waffen und die Gefäße, die er zum Essen und Trinken benutzte. Sie sind mit verschiedenen Speisen und verschiedenem Gebräu gefüllt. Auch die Männer, die ihm die Speisen auftrugen, werden ihm zur Seite gestellt. Sie schließen die Tür des Bauwerks und bedecken sie mit Matten und Rüstung, und dann rufen sie das Volk zusammen, das Erde darauf häuft, bis ein großer Erdhügel daraus geworden ist. Dann heben sie einen Graben um den Erdhügel aus, sodass er nur noch an einer Stelle zugänglich ist. Ihren Toten opfern sie Menschen und berauschende Getränke.

Das Königreich Kanem mit seinen Herrschern aus dem Volk der Zaghawa, das nordöstlich des Tschadsees liegt, wurde erstmals von al-Yaqubi erwähnt, der ebenfalls im neunten Jahrhundert lebte. Und auch al-Muhallabi aus dem 10. Jahrhundert ließ keinen Zweifel daran, dass es sich hier um ein sakrales Königtum des „sudanischen" Typs handelte:

> Das Königreich der Zaghawa zählt zu den großen unter den Königreichen des Sudan. Im Osten grenzt es an das Königreich der Nuba, die im obersten Teil Ägyptens siedeln. Die Entfernung zwischen beiden beträgt zehn Tagesreisen. Vielerlei Völker zählen zu ihm. Das Land misst

> fünfzehn Tagesreisen in der Länge und ebenso viel in der Breite, und ist durchgehend besiedelt. Ihre Häuser sind allesamt Strohhütten, wie der Palast ihres Königs auch, den sie, anstelle Allahs, wie Gott verehren und lobpreisen. Sie glauben, dass er keinerlei Nahrung zu sich nimmt. Es gibt Personen, welche die Aufsicht über sein Essen führen und es heimlich in sein Haus bringen. Niemand weiss, von wo es dahin gebracht wird, und so es sich zuträgt, dass einer seiner Untertanen den Kamelen begegnet, die seinen Proviant befördern, dann wird er auf der Stelle getötet ... Er hat unbeschränkte Autorität über seine Untertanen und versklavt von ihnen, wen immer er will. Sein Reichtum besteht aus Herden von Rindern, Schafen, Kamelen und Pferden, aus Sorghum (*dhura*), Langbohnen (*lūbiyā*) und auch Weizen (*qamh*). Die meisten seiner Untertanen laufen nackt herum, (nur) in Felle gehüllt. Ihr Lebensunterhalt sind die Feldfrüchte und der Besitz an Vieh. Ihre Religion ist die Verehrung ihrer Könige, denn sie glauben, dass diese Leben und Tod bringen, Krankheit und Gesundheit.

Und schließlich berichtete der große Reisende und geografische Schriftsteller al-Masudi aus Bagdad, der um das Jahr 922 vom Persischen Golf an der Küste Afrikas entlang bis nach Sofala im heutigen Mosambik reiste, von der Existenz eines beträchtlichen Handels mit Gold und Elfenbein, das von Sofala nach Oman verschifft und dann nach Indien und China gebracht wurde und das aus einem großen afrikanischen Staat im Hinterland des heutigen Mosambik stammte. Der König dieses Staates trug so erhabene Titel wie „Sohn des großen Herrn, des Gottes der Erde und des Himmels“, und war der vornehmste aller afrikanischen Herrscher, die den Arabern, die wiederholt die Ostküste besuchten, bekannt waren. Es ist ziemlich wahrscheinlich, dass sich al-Masudi auf die Staaten bezieht, deren Herrscher später die frühesten Steingebäude in Great Zimbabwe errichten liessen, die, mittels der Radiokarbon-Methode, von Archäologen gegenwärtig in etwa auf das 11. Jahrhundert datiert werden. Aus den Beschreibungen der Gesellschaften, welche die Portugiesen fünf Jahrhunderte später in dieser Region vorfanden, geht sehr deutlich hervor, dass, obwohl bereits eine politische Zersplitterung eingesetzt hatte, die politische Struktur einheitlich war und die meisten der für das „sudanische“ Gottkönigtum typischen Merkmale aufwies.

Die geografische Verbreitung der „sudanischen“ Staaten, für die wir dokumentierte Belege haben, die bis ins erste Jahrtausend unserer Zeitrechnung zurückreichen, macht es sehr unwahrscheinlich, dass das die einzigen Staaten ihrer Art gewesen sein sollen – selbst in dieser frühen Periode. Archäologische Zeugnisse, so wertvoll sie in Bezug auf die materielle Kultur sind, sagen uns zumeist nur wenig über Ideologien und Institutionen. Vielleicht ist es dennoch statthaft, dort wo Institutionen zum Beispiel eindeutig mit einem bestimmten städtischen Siedlungsmuster verbunden sind wie in der hausasprachigen Region Nordnigerias oder der yorubasprachigen Region Südwestnigerias, das Vorhandensein der Institution aus dem Bauwerk abzuleiten, in dem sie untergebracht war. In diesen beiden Fällen liefert uns die Archäologie ein paar Daten aus dem ersten Jahrtausend, und es gibt noch eine ganze Reihe weiterer, ähnlicher Beispiele. Möglicherweise kann die Existenz kleinerer Städte im westlichen Nigerbogen, die bis in das 3. Jh. v. Chr. zurückgehen, als Hinweis auf ein mögliches Alter des „sudanischen“ Staates in der Sahelzone Westafrikas genommen werden. Im Bantu-Afrika ist die Tradition des Städtebaus nicht sonderlich verbreitet. Lediglich in Simbabwe und im Transvaal führte die Verfügbarkeit von Oberflächengestein ausreichender Größe zur Entwicklung einer Art Prestigearchitektur, die sich mit frühen Stadien des „sudanischen“ Königtums in Verbindung bringen lässt, von dem wir ansonsten nur aus viel später verfassten Berichten wissen. Die Ursprünge dieser Prestigebauten können ungefähr auf das 10. Jahrhundert datiert werden, und es ist eine gerechtfertigte Vermutung, dass ungefähr zur gleichen Zeit kleine Staaten vom „sudanischen“ Typ in den stärker bevölkerten Teilen Ost- und Zentralafrikas entstanden sind, deren Herrscher in Hauptstädten residierten, die aus weniger beständigen Materialien errichtet waren. Im Zwischenseengebiet westlich des Victoria-Sees scheint die gegenseitige Beeinflussung von früheisenzeitlichen Bantufeldbauern und gemischtwirtschaftlichen Gruppen nilotischer Abstammung mit einer fortgeschritteneren Technologie der Eisenverarbeitung zur Entstehung mehrerer kleiner Staaten geführt zu haben. Die besten chronologischen Zeugnisse dieses Übergangs stammen aus Rwanda und Burundi; sie erlauben es, diesen geschichtlichen Vorgang ungefähr auf das achte Jahrhundert zu datieren.

Die wesentlichen Schlussfolgerungen, die sich aus diesem kurzen Überblick ergeben, sind, erstens, dass die Staatenbildung südlich der Sahara einen Prozess darstellte, der auf einen beträchtlichen Fundus gemeinsamer politischer Vorstellungen zurückgreifen konnte; zweitens, dass die frühesten Entwicklungslinien innerafrikanisch gewesen sein dürften und dass sie, von einem gemeinsamen Ausgangspunkt im oberen Niltal aus, in zwei großen Richtungen westwärts und südwärts verliefen; drittens, dass dieser Fundus gemeinsamer Vorstellungen sowohl präislamisch als auch vorchristlich war, und zwar in dem Sinne, dass die grundlegenden Ideen dieses Systems den Lehrsätzen dieser beiden Religionen deutlich zuwiderliefen und sie sich deshalb, wenn ihr Ursprung im Niltal liegt, verbreitet haben müssen, bevor Christentum und Islam dort feste Wurzeln schlugen. Der Islam begann nicht vor dem 11. Jahrhundert ernsthaft in den nilotischen Sudan vorzudringen. Das Christentum breitete sich ab dem späten sechsten Jahrhundert von Ägypten über Nubien aus. Im siebten Jahrhundert hatte es eine Stärke erreicht, die es ihm ermöglichte, vier Jahrhunderte lang dem Drang des Islam nach Süden zu widerstehen. Auf unserer Suche nach dem Ursprung der „sudanischen" Zivilisation werden wir also erneut auf die Geschichte des Sudan in den ersten sechs Jahrhunderten unserer Zeitrechnung verwiesen. Zu Beginn dieser Periode befand sich der meroitische Staat noch immer auf dem Höhepunkt seiner Macht, und es kann nur wenig Zweifel daran bestehen, dass die Ideen des Alten Ägypten, durch den Filter Meroës, das grundlegende Element der „sudanischen" Zivilisation bildeten. Das ist jedoch nicht die ganze Geschichte. Im dritten und vierten Jahrhundert kam es zur wirtschaftlichen und politischen Vorherrschaft des Königreiches von Aksum, das weitere Elemente zur „sudanischen" Zivilisation beisteuerte. Am Ende des vierten Jahrhunderts aber wurde Aksum ein christlicher Staat, der sowohl über starke politische als auch religiöse Bindungen an das byzantinische Ägypten verfügte und seine expansiven Energien in zunehmendem Maße über die Meerenge des Bab el-Mandeb hinaus auf Südarabien richtete. Und hier haben wir die dritte Hauptquelle von Elementen der „sudanischen" Zivilisation zu suchen.

Es kann nicht völlig bedeutungslos sein, dass über lange Zeiträume in der Geschichte des westlichen und zentralen Sudan die Gründung früher Dynastien traditionsgemäß präislamischen Einwanderern aus dem Jemen zugeschrieben wurde. Es trifft zu, dass derartige Überlieferungen immer aus Regionen kommen, in denen islamische Einflüsse die „sudanische" Zivilisation überlagert haben, und dass die Form, in der sie auf uns gekommen sind, deutlich den Einfluss arabisch-muslimischer Überlieferungen über die vorislamische Zeit erkennen lässt. Tatsächlich kann keinerlei Zweifel darüber bestehen, dass diese Überlieferungen, wie wir sie heute kennen, Hypothesen früher muslimischer Gelehrter darstellen, die sich die Situation zu erklären versuchten, die sie im Sudan vorfanden. Dennoch gibt es einige Gründe zu glauben, dass sich das südwestliche Asien im Allgemeinen und Arabien im Besonderen bereits einige Jahrhunderte vor der großen Einwanderungswelle frisch islamisierter Araber nach Afrika im frühen siebten Jahrhundert ihrer überschüssigen Bevölkerung über das Rote Meer und den Isthmus von Suez hinweg entledigten. Das Erscheinen des Kamels in Afrika – das, nach dem Zeugnis klassischer Quellen über die Grenzgebiete sowohl des römischen als auch des byzantinischen Nordafrika, eindeutig auf die ersten fünfhundert Jahre unserer Zeit datiert werden kann – wurde höchstwahrscheinlich von einer Einwanderung begleitet, die die nomadisierende Bevölkerung der Libyschen Wüste und der Sahara zahlenmäßig stärkte und kulturell beeinflusste. Frühen muslimischen Überlieferungen zufolge wird die aksumitische Eroberung des Jemen im sechsten Jahrhundert mit einer Zeit besonderer Härten und großen Hungers in Verbindung gebracht, die durch den Bruch des großen Dammes von Marib irgendwann im dritten Viertel des sechsten Jahrhunderts symbolisiert wird, der zur Auswanderung einer großen Zahl sesshafter jemenitischer Bauern über das Rote Meer in den Sudan geführt haben soll. Als Nächstes muss man sich ins Gedächtnis rufen, dass sich die Jemeniten von der aksumitischen Okkupation wieder befreiten, indem sie das sassanidische Persien zu Hilfe riefen, und dass Chosrau I. und Chosrau II., die Herrscher der Sassaniden, diesem Hilferuf nicht nur entsprachen, sondern zugleich den Byzantinern Ägypten abnahmen. Zwar blieb ihre Herrschaft in Ägypten auf kurze zehn Jahre beschränkt, doch kann es für die „sudanische" Zivilisation gut eine Tatsache von entscheidender Bedeutung gewesen sein, dass die reiche „X-Gruppenkultur", die im nördlichen Nubien auf Meroë folgte und aus der beispielsweise die ersten eisernen Zaumzeuge stammen, die jemals im Sudan ausgegraben wurden, ebenfalls deutliche Spuren sassanidischen Einflusses aufweist.

Während es also nicht möglich ist, einen bestimmten oder genauen Nachweis der Ursprünge der „sudanischen" Zivilisation anzutreten, gibt es dennoch hinreichend ausführliche und genaue Zeugnisse über die unterschiedlichen Einflüsse, denen der meroitische und nachmeroitische Sudan ausgesetzt war, sodass wir die meisten jener Elemente nachweisen können, die bei der Herausbildung dieser Zivilisation eine Rolle gespielt haben. Es sind die aus Lehm errichteten Städte, die von sakralen Königen, ihren Adligen und Priestern, Kaufleuten und Handwerkern bewohnt wurden. Es sind die Bauern, die an den Flussufern siedelten und Fischfang betrieben sowie Körnerfrüchte und Gemüse anbauten. Es sind die Hirten, die Rinder und Kamele, Schafe und Ziegen weideten. Es ist die Eisenindustrie, die Geräte für die Bauern und Waffen für die Jäger und Krieger herstellte. Es sind die Pferde und Reiter, die Sklavenjagd und die Sklaven. Eine moderne Interpretation würde sich von einer fünfzig Jahre alten am stärksten in der Art und Weise unterscheiden, wie sie die Verbreitung dieser Zivilisation schilderte. Gelehrte aus der ersten Hälfte des 20. Jahrhunderts waren der Überzeugung, dass Zivilisationen durch Eroberungen weiterverbreitet wurden. Zieht man all das in Betracht, was wir über die jüngere Geschichte Afrikas erfahren haben, so erscheinen aus heutiger Sicht Theorien über weitläufige Eroberungen für das erste nachchristliche Jahrtausend anachronistisch. Viel wahrscheinlicher ist die Durchsetzung einer bäuerlichen Bevölkerung, die an Fluss- oder Seeufern siedelte, mit Hirtennomaden, die darauf aus waren, die trockenere Savanne zwischen den Flussläufen zu nutzen. Unter diesen Umständen mussten Hirtennomaden und Bauern sich einander anpassen. Sie brauchten eine politische Autorität, die beide Gruppen einschloss. Mag sein, dass die Institutionen, mit deren Hilfe das erreicht wurde, öfter entlehnt als aufgezwungen wurden. Und auch das Ausmaß der frühesten Anpassung dürfte sehr gering gewesen sein. Ein früher „sudanischer" Staat mag aus nicht mehr als einer Siedlung am Flussufer mit nur ein paar hundert Menschen bestanden haben, die vom Fischfang und dem Anbau auf saisonal abgelagertem Schwemmland lebten, sowie den Hirten aus der Umgebung, die in der Trockenzeit in das Flusstal zogen und sich nach den Regenfällen wieder über die umgebenden Landstriche verstreuten. Ebenso wie die Erzeugnisse dieser beiden Gruppen ausgetauscht werden mussten, bedurfte es einer Regelung der Rechte auf Land, Wasser und Dung. Wenn ein erfolgreicher Staat zu einem späteren Zeitpunkt auf die Nachbargebiete überzugreifen begann, könnte ein komplexeres, stärker hierarchisch gegliedertes Modell entlehnt worden sein.

Trotz aller Unsicherheiten, und derer gibt es viele, scheint zumindest eine Schlussfolgerung hinsichtlich der Verbreitung der „sudanischen" Zivilisation unwiderlegbar zu sein. Wenn wir uns die Regionen Afrikas anschauen, in denen niemals „sudanische" Staaten bestanden, und die Regionen hinzufügen, in denen die bekannte Geschichte der „sudanischen" Staaten am kürzesten dauerte, dann kann keinerlei Zweifel mehr daran bestehen, dass sich die Grundkonzepte des „sudanischen" Staats in den zentralen Regionen des Kontinents und nicht an der Peripherie Bahn brachen. Es ist diese Tatsache, die der Geschichte Afrikas eine gewisse Einheitlichkeit verleiht, die ihr fehlen würde, wenn die hauptsächlichen, motivierenden Kräfte von außen nach Afrika eingedrungen wären.

5 Die mediterrane Zivilisation und ihre Verbindungen zu Westafrika

Die beiden vorangegangenen Kapitel haben einen kurzen Überblick über den möglichen Einfluss gegeben, den das alte Ägypten auf Afrika gehabt haben könnte; genauer: über den unbezweifelbaren Einfluss auf das Königreich Kusch im nilotischen Sudan. Der Einfluss, den Ägypten auf die Außenwelt ausübte, blieb jedoch keinesfalls auf das Niltal beschränkt. Über den Seehandel hatte Ägypten regelmäßigen Kontakt mit den Ländern im Norden, vor allem mit Syrien, Zypern und Kreta und trug damit in bedeutendem Maße zum Aufstieg der mediterranen Zivilisation bei. Die Geschichte dieser Zivilisation ist nicht Thema dieses Buches, doch kann die afrikanische Geschichte nicht an der Tatsache vorbeigehen, dass über nahezu fünfzehnhundert Jahre, von der Gründung der ersten phönizischen Kolonien in Nordafrika im 8. Jh. v. Chr. bis zur arabischen Eroberung im 7. Jh. n. Chr., nahezu alle Afrikaner, die nördlich der Sahara lebten, dieser mediterranen Zivilisation in gewissem Sinne angehörten. Diese Völker waren nicht von schwarzer Hautfarbe. Es handelte sich um hellhäutige Afroasiaten, die von den alten Griechen als „Libyer“ bezeichnet wurden und von den „Äthiopiern“ unterschieden wurden, wie sie die schwarzen Afrikaner nannten: den Menschen mit den „verbrannten Gesichtern“. Die Sprachen der Libyer gehörten zur afroasiatischen (hamitosemitischen) Sprachfamilie. Ihre reinsten Nachfahren in der heutigen Zeit sind einige isolierte Berbergruppen in den Bergregionen Nordafrikas. Dennoch blieb die Tatsache, dass die libyschen Berber so lange innerhalb der Grenzen der mediterranen Welt lebten, nicht ohne Bedeutung für die schwarzen Völker im Süden der Sahara.

Es war die von den Häfen Syriens ausgehende, westwärts gerichtete Expansion der phönizischen Kaufleute – sie beherrschten den Handel im östlichen Mittelmeerbecken und waren dadurch zu Wohlstand gelangt –, die zuerst die junge mediterrane Zivilisation nach Nordafrika trug. Dabei waren die Phönizier zunächst wahrscheinlich stärker an den seltenen Metallen der iberischen Halbinsel interessiert als am Handel mit Afrika. Da sie es aber vorzogen, nur tagsüber und in Sichtweite des Landes zu segeln, kamen sie nicht umhin, in kurzen Abständen Zwischenstationen an der nordafrikanischen Küste einzurichten. Von diesen wurde Karthago die bei weitem bedeutendste. Das hing zum Teil mit der Lage der Stadt zusammen, die ihr die Kontrolle über den Zugang zum westlichen Mittelmeer, die sizilianische Meerenge, wie auch den Zugriff auf die tunesische Ebene ermöglichte, das größte Gebiet ackerfähigen Landes in Nordafrika außerhalb Ägyptens. Als schließlich die syrischen Mutterstädte (im 6. Jh. v. Chr.) ihre Unabhängigkeit einbüßten und an der Küste der Kyrenaika griechische Kolonien (seit dem 7. Jh. v. Chr.) entstanden, wurde Karthago zur Metropole einer Reihe von Städten, die sich die nordafrikanische Küste entlang von der Großen Syrte bis zur Atlantikküste Marokkos erstreckten. Die meisten in ihren Anfängen phönizischen Siedlungen wuchsen kaum über ihren ursprünglichen Status als Landeplätze hinaus, und wahrscheinlich war auch die Zahl der phönizischen Kolonisten in Afrika eher gering. Dennoch gelang es Karthogo und seinen Satellitenstädten, einen beachtlichen Einfluss auf das Leben der einheimischen Berber auszuüben. Es ist möglich, zwei Bereiche dieses karthagischen Einflusses voneinander zu scheiden: einen allgemeinen Einfluss auf die Gebiete in Nordwestafrika, die von der Küste aus zugänglich waren, und einen speziellen auf die tunesische Ebene. Da die Phönizier jede sich bietende Gelegenheit ergriffen, Handel zu treiben, und weil sie sich mit ihren kaufmännischen Fertigkeiten auf fortgeschrittene landwirtschaftliche Techniken stützen konnten, wurde selbst die kleinste Siedlung zu einem lokalen Zentrum, in dem die Berber die Erfahrung eines geordneten sesshaften Lebens machen konnten. Wo ackerfähiges Land zur Verfügung stand oder die Möglichkeiten zum Handel über das lokale Maß hinausgingen, entstanden größere Städte. Vor allem das Wachstum Karthagos war phänomenal. Es war zum größten Teil eine Folge der imperialen Verpflichtungen der Stadt, die sich auf Grund dringender Notwendigkeiten, wie sie sich aus den Kriegen gegen Rom, zunächst um die Vorherrschaft über Sizilien, später aus purer Selbsterhaltung, ergaben, noch beträchtlich erhöhten. In der Blütezeit kann die Bevölkerung dieser Stadt gut eine halbe Million Menschen erreicht haben. Eine so große Stadt konnte nur versorgt und verteidigt werden, wenn man die direkte Kontrolle auf das Hinterland ausdehnte, und so ging die Nordhälfte der tunesischen Ebene in den Besitz Karthagos über und aus den dort lebenden Menschen wurden Arbeitskräfte für die Landwirtschaft.

So wurde im ganzen Nordwesten Afrikas die Sprache der Phönizier, das Punische, zur *lingua franca* in Handel, Verwaltung und öffentlichem Leben. Die Verhältnisse begünstigten die Landwirtschaft und kamen einer allgemeinen friedlichen Entwicklung zugute, wobei sich das nördliche Tunesien und seine Nachbargebiete besonders hervortaten. Hier, und bis zu einem gewissen Grad auch in anderen Küstenstrichen, war eine einflussreiche Klasse punisierter Berber entstanden. Zwei besondere Aspekte dieses Punisierungsprozesses verdienen größere Beachtung. Gegen Ende der karthagischen Periode waren unabhängige Berberführer in den numidischen Bergen am Rande der tunesischen Ebene dazu übergegangen, aus ihren halbnomadischen Völkern sesshafte Ackerbauern zu machen, die von Königen regiert wurden. Da von frühester Zeit an Menschen, die wir heute als Juden bezeichnen, an der phönizischen Kolonisation beteiligt waren, wurden auch Elemente der jüdischen Religion von Berbervölkern übernommen, allem Anschein nach vor allem in Südtunesien und dem angrenzenden Tripolitanien.

In Sizilien und anderen Gebieten des nördlichen Mittelmeerraums standen schon bald griechische Kolonien in Konkurrenz zu den Phöniziern, doch hielten die Karthager sie erfolgreich aus Nordafrika westlich der Großen Syrte fern. Deshalb konnte die griechische Zivilisation in Nordafrika lediglich in der Kyrenaika und in Ägypten festen Fuß fassen. Ägypten wurde zum hauptsächlichen Vermittler griechischen Einflusses auf Afrika, insbesondere nach der Eroberung durch Alexander den Großen im Jahre 322 v. Chr. Zehn Jahre später starb Alexander, und das Weltreich, das er errichtet hatte, zerbrach. Sein Traum von einer Verschmelzung der Kulturen des Ostens und des Westens aber überlebte im intellektuellen Leben der

Stadt, die er in der Nähe von Kanopos an der Mündung des Nils gegründet hatte: Alexandria. Unter der von Ptolemaios, einem seiner Generale, begründeten Dynastie wuchs Alexandria zur größten griechischen Stadt heran. Die Ptolemäer gelangten ebenso zu Wohlstand wie die Pharaonen, deren Platz sie eingenommen hatten, indem sie den einzigartigen landwirtschaftlichen Reichtum besteuerten, den das Niltal hervorbrachte. Noch reicher wurden sie durch die Entwicklung und nachfolgende Besteuerung des Handels mit Luxusgütern zwischen Asien und Europa. Vor allem aber wurde in Alexandria die griechische Zivilisation, ihre Kultur, Philosophie und Wissenschaft von den östlichen Kulturen durchdrungen und bereichert. Gewiss nicht die unbedeutendste Rolle spielte dabei der semitische Kultureinfluss. Während Ägypten in wachsendem Maße „hellenisiert" wurde, wurde die Hauptstadt Alexandria, unter deren dreihunderttausend Einwohnern nahezu ebenso viele Juden wie Griechen lebten, zu einem fruchtbaren Boden für religiöse und philosophische Debatten, eine Rolle, die sich die Stadt für den Rest des hellenistischen Zeitalters und bis in die ersten drei Jahrhunderte unserer Zeitrechnung hinein bewahren sollte.

Als die Bürger der neureichen Republik Rom Mitte des 2. Jh. v. Chr. schließlich das mächtige Karthago bezwangen, hatten sie kaum die Absicht, in Afrika ein Imperium zu errichten. Sie machten Karthago dem Erdboden gleich und pflügten die Grundmauern der Stadt unter. Doch wussten sie den Wert der tunesischen Ebene als Kornkammer für die wachsende Bevölkerung ihrer eigenen Metropole zu schätzen. Sie begriffen, dass sie auch die benachbarten Gebiete unter ihre Kontrolle bringen mussten, wenn sie sich die Herrschaft über diese Ebene wirksam erhalten wollten. Die numidischen Königreiche waren schnell unterworfen, und bald schon hatten die Römer auch den gesamten Küstenstreifen westwärts bis zu den atlantischen Ebenen von Marokko besetzt. Doch war damit das Problem der halbnomadischen Völker nicht gelöst, die weiterhin versuchten, auf bäuerliche Territorien vorzudringen. Zu guter Letzt blieb nur die Ausdehnung der direkten römischen Herrschaft auf diese Völker, bis hin zu den Randgebieten der saharischen Steppen. Nachdem die Römer im 1. Jh. v. Chr. auch die Kyrenaika und Ägypten unter ihre direkte Herrschaft und Kontrolle gebracht hatten, erstreckte sich ihr afrikanisches Reich über nahezu fünftausend Kilometer in ost-westlicher Richtung und umfasste alles nutzbare Land nördlich der Sahara.

Dieses römische Imperium in Afrika besaß keinerlei eigenständige Bedeutung und bildete auch keine Einheit. Im Wesentlichen war es nichts weiter als die südliche Begrenzung der mediterranen Welt, über die die Römer herrschten. Innerhalb dieses Reiches aber gab es zwei Gebiete, die für die Römer von besonderem Interesse waren: die Provinzen „Africa“ (gleichbedeutend mit dem heutigen Tunesien und dem angrenzenden Küstenstreifen von Tripolitanien) und Numidien (ungefähr die Osthälfte des heutigen Algerien) sowie Ägypten. In „Africa“ und Numidien verstärkte man in großem Stil die von Karthago begonnenen Bemühungen, die Berber zu einem sesshaften bäuerlichen Leben zu bewegen. Fast fünfzig der siebzig oder mehr bekannten römischen Städte in Nordwestafrika befanden sich in dieser Region, und die Mehrzahl der Einwohner waren keine Kolonisten, sondern romanisierte Berber. In Ägypten scheinen die Auswirkungen der römischen Herrschaft weniger positiv gewesen zu sein. Obwohl sie ihre Herrschaft wesentlich effektiver ausübten als die späten Ptolemäer, passten sich die Römer weit weniger an die ägyptischen Verhältnisse an. Sie blieben immer Ausländer. Die rücksichtslose Ausbeutung des Landes im Interesse Roms und seiner Statthalter führte letztlich zur Erschöpfung einer Landwirtschaft, zu deren Wiederbelebung die Römer einst selbst einige Mühe aufgewandt hatten.

Der größte Beitrag des römischen Reichs zur Entwicklung Afrikas war weitgehend zufälliger Natur: durch die Einbindung Nordafrikas in die mediterrane Zivilisation leistete Rom der Verbreitung des Christentums großen Vorschub. Karthago und Alexandria waren die zwei bedeutendsten Zentren der neuen Religion, und in beiden Orten, wie überhaupt in der mediterranen Welt, stellten die jüdischen Gemeinschaften die ersten Konvertiten. Alexandria, traditionell der Bischofssitz des heiligen Markus, war die Geburtsstadt von Arius und Athanasius, deren abweichende Lehren im vierten Jahrhundert zur Formulierung des Nizäischen Glaubensbekenntnisses führten, dem auch heute noch alle wichtigen Zweige der christlichen Kirchen anhängen. Der bedeutendste aller frühchristlichen Prediger war der heilige Augustinus, ein libyscher Berber, der in Karthago aufwuchs und erzogen wurde. Als das Christentum im vierten bis sechsten Jahrhundert zur Staatsreligion des römischen Reiches wurde, fand der Widerstand gegen die römische Herrschaft sowohl in Ägypten als auch in „Africa" und Numidien seinen Ausdruck in Sektenbildungen und Abweichungen von der offiziellen kirchlichen Lehrmeinung. So war der Donatismus im Nordwestafrika des vierten Jahrhunderts weniger eine häretische Strömung als vielmehr eine Bewegung, die für den Widerstand vieler Berbervölker vor allem Numidiens gegen den wachsenden Druck der römischen Herrschaft bezeichnend war. In Ägypten wandten sich die Einheimischen nach dem Konzil von Chalcedon im Jahre 451 voller Überzeugung dem verurteilten monophysitischen Glauben von der Natur Christi zu und entwickelten eine starke Loyalität ihrer „koptischen" Kirche gegenüber, die in Opposition zur orthodoxen „melkitischen" Kirche stand, die von der byzantinischen Obrigkeit unterstützt wurde. Im sechsten Jahrhundert entsandten beide Kirchen Missionen in die nubischen Königreiche, die im nilotischen Sudan das Erbe des alten Meroë angetreten hatten. Die Monophysiten waren erfolgreicher. Sie veranlassten sowohl im nördlichen Nubien als auch im Südreich Alwa König und Hof zum Glaubenswechsel, wohingegen die Melkiten nur im mittleren Königreich Makurra Erfolg gehabt zu haben scheinen. Makurra wurde offenbar zu einem späteren Zeitpunkt mit Nubien zu einem einzigen Staat vereint, der von Dongola aus regiert wurde. Auch Äthiopien, das von ägyptischen und syrischen Missionaren konvertiert wurde, folgte dem monophysitischen Weg.

Im vierten und fünften Jahrhundert war die römische Macht in Afrika und Europa bereits am Schrumpfen. In Afrika wurde dieser Prozess während der ersten Jahrhunderte der christlichen Ära durch die Einführung des Kamels aus Asien beschleunigt. Im Hinterland von Tunesien und Tripolitanien tauchte eine Unheil ankündende neue Gruppierung nomadisierender Berber aus den saharischen Steppen auf. Das waren die Zanata. Es ist möglich, dass sie einen Teil ihres politischen Zusammenhalts fanden, indem sie Elemente des Judentums in sich aufnahmen. Sicher ist jedoch, dass sie sehr schnell die Möglichkeiten schätzen lernten, die das Kamel für die Entfaltung einer räuberischen Lebensweise in den trockenen Randgebieten der Wüste bot. Von hier aus konnten sie die sesshaften Gemeinden der römischen Provinzen überfallen und ausplündern. Die Folge war, dass die Gebiete unter ordentlicher Verwaltung immer kleiner wurden und sich der Trend aus früheren Zeiten karthagischer und römischer Herrschaft umkehrte. Das nomadische Hirtenleben begann sich zum Nachteil der sesshaften, auf Landwirtschaft beruhenden Lebensweise auszubreiten. Der damit verbundene Zerfall wurde im fünften Jahrhundert durch den Wandaleneinfall aus Spanien und die nachfolgende Rückeroberung Nordafrikas durch die Byzantiner im sechsten Jahrhundert weiter beschleunigt. Die Wandalen, ein germanisches Volk arianisch-christlichen Glaubens, wurden von den donatistischen Berbern zunächst als Befreier von der römischen Unterdrückung begrüßt. Ihre Ankunft löste jedoch eine Zeit religiöser Verfolgung und gesellschaftlicher Anarchie aus, die bis in die byzantinische Periode hinein andauerte und lediglich den so genannten Kamelberbern zum Vorteil gereichte.

Der Niedergang des alten römischen Reichs markiert den Anfang vom Ende der „mediterranen Epoche" in der Geschichte Nordafrikas. An dieser Stelle erscheint eine kurze Überlegung angebracht: Welche Bedeutung hatte diese Periode für das Afrika südlich der Sahara? Zunächst ist hervorzuheben, dass weder die karthagische noch die römische Herrschaft jemals über die Wüste hinaus nach Süden reichte. Das karthagische Reich war kein Territorialreich, sondern ein maritimes und auf Handel ausgerichtetes Reich. Die rätselhafte Überlieferung von der Seefahrt Hannos im 5. Jh. v. Chr. lässt es naheliegend erscheinen, dass die Karthager zumindest die Möglichkeit des Handels in südlicher Richtung entlang der Atlantikküste erwogen haben. Darüber, wie weit Hanno auf seiner Fahrt gekommen ist, gehen die Interpretationen weit auseinander. Klar ist jedoch, dass die karthagischen Galeeren im Allgemeinen nicht zur Navigation auf dem Atlantik geeignet waren, was, zusammen mit der langen, unfruchtbaren Küstenlinie der Sahara, die Ausdehnung ihrer regelmäßigen Handelsunternehmungen und Siedlungen in das Gebiet südlich von Marokko verhinderte. Die Römer befassten sich, wahrscheinlich nur aus der Notwendigkeit heraus, ihr Territorialreich gegen die Nomaden zu verteidigen, mit den nördlichen Gebieten der Sahara. Es gibt aber eindeutige Zeugnisse dafür, dass die Oase von Djerma (das alte Garama) im südlichen Fezzan den äußersten Grenzpunkt ihrer direkten Herrschaft darstellte.

Es kann keinen Zweifel daran geben, dass die beiden Welten des Mittelmeerraums und des Westsudan während des gesamten Altertums in ständigem Kontakt miteinander standen. Die Größe und der offensichtliche Reichtum der römischen Stadt Leptis Magna in der Nähe des heutigen Tripolis lassen sich am besten mit der Vermutung erklären, dass sie am Endpunkt einer wichtigen Handelsroute durch die Sahara lag, die südwärts durch den Fezzan führte. In ähnlicher Weise ist auch die Vermutung aufgestellt worden, dass die karthagische Stadt Lixus, an der marokkanischen Atlantikküste gelegen, den Endpunkt einer Handelsroute durch die mauretanische Wüste darstellte. Herodot berichtete im 5. Jh. v. Chr. von den Garamanten, libysch-berberischen Hirten, die in ihren vierspännigen Streitwagen gewohnheitsmäßige Raubzüge gegen die „Äthiopier", die schwarzen Afrikaner also, unternahmen. Sein Bericht ist in den letzten Jahren hinreichend durch die Entdeckung zahlreicher Felszeichnungen bewiesen worden, auf denen von Pferden gezogene Fahrzeuge zu sehen sind. Die Fundorte dieser Felszeichnungen ergeben zwei Linien, die vom Fezzan und von Südmarokko ausgehend durch die Wüste auf den Nigerbogen zulaufen. Diese Linien stimmen mit zwei wichtigen Karawanenrouten aus späterer Zeit überein, als in der Sahara Reit- und Packtiere, insbesondere das Kamel, Räderfahrzeuge als Transportmittel verdrängt hatten. Streitwagen sind für Raubüberfälle verwendet worden und nicht zum Handel, doch führt das eine leicht zum anderen. Darüber hinaus kann man in der Verteilung der Felszeichnungen eine tendenzielle Bestätigung dafür sehen, dass aus den so gekennzeichneten Kontakten wichtige Transsahararouten entstanden, die in Leptis Magna und Lixus endeten.

Die Urheber dieser Kontakte waren fraglos die Berberhirten aus der Wüste. Der Kontakt zwischen den Berbern und den Schwarzafrikanern reicht sehr weit zurück und bestand schon lange vor der mediterranen Zivilisation. Möglicherweise dauerte er bereits seit der Feuchtphase der Sahara zwischen dem 7. und 4. Jahrtausend v. Chr.. an, als die heutige Wüste zum größten Teil aus Grasland bestand und sich die Jagdgebiete der afroasiatischen und dunkelhäutigen Völker überschnitten. Im Verlauf der nachfolgenden Austrocknung der Sahara zogen sich die schwarzen Bewohner der Sahara zurück, doch war dies zugleich die Zeit, in der auch einige afroasiatische Hirten mit ihren Herden gen Süden zogen, sodass die Völker in weiten Teilen des heutigen Niger und Nordnigeria tschadische Sprachen sprechen, die dem Berberischen verwandt sind. Östlich davon, in den Bergen von Tibesti und dem Hochland von Ennedi, scheinen schwarze Bevölkerungsgruppen erfolgreich den Übergang zur Nahrungsmittelherstellung unter Wüstenbedingungen bewältigt zu haben, mit dem Ergebnis, dass die nilo-saharanischen Sprachen in dieser Region dominant blieben. Unter diesen Umständen blieben die Kontakte wahrscheinlich auch durch die gesamte Trockenperiode hindurch bestehen. Wie auch später waren die wichtigsten Exportgüter des Westsudan Gold und Sklaven, Elfenbein, Straußenfedern und seltene Felle. Der Transport von Salz und Datteln nach Süden aber scheint kaum vor der Einführung des Kamels möglich gewesen zu sein. Es mag allerdings sein, dass, wie im südlichen Hinterland von Aksum, domestizierte Rinder beim Nord-Süd-Transport eine Rolle gespielt haben. Besonders auffällig ist, dass die beiden „Streitwagenrouten" des Altertums in eine Region des Sudan führten, in der es Schwemmgoldvorkommen gab, die von den ortsansässigen Bewohnern mit Sicherheit seit Beginn der islamischen Epoche ausgebeutet und verarbeitet wurden, wahrscheinlich aber schon viele Jahrhunderte früher.

Ghana, der erste „sudanische" Staat, der in der Außenwelt bekannt wurde, lag direkt nördlich der Goldvorkommen in den Tälern des oberen Niger und Senegal, einem Gebiet, das die Araber unter der Bezeichnung Wangara kannten. Wir wissen nicht, wann genau Ghana entstanden ist. Die Feststellung al-Fazaris, es sei in Marokko als „Goldland" bekannt, ist ein Hinweis darauf, dass Ghana und seine Verbindungen mit Nordafrika im neunten Jahrhundert, als er schrieb, bereits fest etabliert waren. Mit Sicherheit waren der Reichtum Ghanas und seiner westsudanischen Nachfolgereiche auf die Kontrolle der Goldausfuhr nach Norden und die Distribution von Salz und anderen Importen nach Süden zurückzuführen. Der Handel war demgemäß ein lebenswichtiges Element in der Entwicklung dieser Staaten.

Darüber hinaus hat es jedoch auch den Anschein, als wäre der Einfluss aus dem Norden nicht immer nur auf den Handel beschränkt geblieben. Ohne Zweifel gehörte die Mehrheit der Bevölkerung des alten Ghana zum Volk der Soninke, nördlichen Mitgliedern der großen mandesprachigen Gruppe schwarzer Völker. Zumindest ab dem 11. Jahrhundert, und wahrscheinlich bereits zu einem viel früheren Zeitpunkt, waren auch seine Könige von schwarzer Hautfarbe. Chroniken, die Gelehrte aus dem Sudan im 17. Jahrhundert in Timbuktu zusammengestellt haben, berichten, dass die ersten Könige Ghanas als „weiße Männer aus dem Norden" bezeichnet wurden. Diese Geschichte steht nicht allein, denn auch die Ursprungslegenden der nordnigerianischen Hausa und (wenn auch vielleicht weniger offensichtlich) der Songhai westlich davon sowie die des Reiches Kanem-Bornu östlich davon gehen davon aus, dass ihre Staaten in Folge einer mehrfachen Einwanderung – aus dem Norden, aus der Wüste und aus dem Niltal im Osten – entstanden sind.

Zum gegenwärtigen Zeitpunkt fällt eine endgültige Interpretation dieser und vergleichbarer Legenden schwer, weil so wenig positiv verwertbares archäologisches Material zur Verfügung steht. Zwei Punkte aber müssen in Betracht gezogen werden: erstens, die Art dieses Einflusses aus dem Norden und, zweitens, die Frage nach seinen Auswirkungen auf die Entwicklung der „sudanischen" Staaten in Westafrika.

Man kann zunächst einmal festhalten, dass trotz der Bedeutung, die dem Wachstum des Handels mit dem Mittelmeerraum für die westafrikanischen Savannenreiche zukam – was besonders für die Staaten im äußersten Westen galt –, sich der kulturelle Einfluss aus dem Norden nicht auf die mediterrane Zivilisation gründete, sondern berberischen Ursprungs war. Zwar durchquerten die von der mediterranen Kultur ausgehenden ökonomischen Strömungen die Wüste, die mediterrane Kultur selbst reichte jedoch, verallgemeinernd gesagt, nicht über die Grenzen des Ackerbaus in Nordafrika hinaus. Die Ausbreitung der mediterranen Zivilisation wirkte sich entscheidend nur darin aus, dass sich die traditionellen Unterschiede zwischen den sesshaften Berbern in den Ebenen und Tälern Nordwestafrikas und den nomadischen Berbern der Steppe und Wüste vertieften. Diese Trennung wurde durch die Einführung des Kamels und die Verbreitung des Islam weiter verstärkt. Zu Beginn des islamischen Zeitalters wurde aus den Wüstenberbern langsam das Volk der Tuareg. Ihre Verbindungen zu den sesshaften Berbern blieben aber weiterhin erkennbar, was dazu führte, dass arabische Historiker sowohl die westlichen Tuareg als auch die Kabylen, sesshafte Berber im östlichen Algerien, zum Volk der Sanhaja rechneten. Die Tuareg bewahrten das matrilineare System, das in den Gebieten der sesshaften Berber ausgelöscht worden war, und sie allein behielten die indigene Schrift der Berber, das Tifanagh, bei (vielleicht aber entwickelten sie sie auch). Während sowohl die soziale als auch die politische Organisation der sesshaften Berber ihrem Wesen nach demokratisch war, waren die Tuareg hierarchisch strukturiert und unterschieden Kasten mit Adligen, Vasallen und Sklaven. Ein wesentliches Unterscheidungsmerkmal der Adelskaste bestand darin, dass die Männer verschleiert gingen, nie das Gesicht unterhalb der Augen enthüllten und die Geburt das grundlegende Zugehörigkeitsmerkmal zur Kaste darstellte, wobei die Kinder nicht-adliger Frauen ausgegrenzt wurden. Die Sklaven – Bauern und Handwerker in den Oasen – scheinen immer schwarzer Hautfarbe gewesen zu sein. Im Lauf der Zeit scheint auch die Vasallenschicht in zunehmendem Maße eine schwarze Hautfarbe angenommen zu haben.

Heute bevölkern die Tuareg nur noch die Zentralsahara, ungefähr im Dreieck Ghadames – Timbuktu – Aïr. Die außerhalb dieses Dreiecks lebenden Wüstenvölker sind ausnahmslos arabisiert worden. Bevor es jedoch dazu kam, waren die Völker westlich dieses Dreiecks, die *mulethlemin* oder „verschleierten Sanhaja" der frühen arabischen Historiker, zweifellos ebenfalls Tuareg. Wahrscheinlich waren ihnen die Zaghawa, die die östliche Sahara beherrschten, im Grunde genommen ziemlich ähnlich; unterscheidbar wurden sie durch den Einfluss, den die Nähe der Niltalkulturen mit ihrem sakralen Königtum auf sie gehabt zu haben scheinen.

Es liegt auf der Hand, dass sich die Legenden des westlichen und zentralen Sudan, wenn sie die Herkunft ihrer Dynastien Völkern aus dem Norden zuschreiben, auf die Vorfahren der Tuareg oder der Zaghawa beziehen. So berichtet uns al-Bakri im 11. Jahrhundert, dass die Thronfolge in Ghana mutterrechtlich geregelt war (auch wenn der Name, mit dem er den König bezeichnet, mit ziemlicher Sicherheit aus dem Soninke stammen dürfte). Zeugnisse matrilinearer Organisation finden sich auch in den traditionellen Dynastien Bornus. Darüber hinaus verweisen einige Ursprungslegenden der Hausa auf eine Form gesellschaftlicher Organisation, die sogar einer frühen Phase eines königlichen Matriarchats nahe kommt. Als Erkennungszeichen des Adels überlebte der Schleier bei den Hausa und in Bornu bis heute. Zudem hält die Überlieferung in Bornu fest, dass zwischen dem 11. und 13. Jahrhundert, als sich das Zentrum des Reichs in Kanem befand, die Könige darauf achteten, nur adlige Frauen aus dem Norden zu ehelichen.

Tatsächlich steht fest, dass Hirtenvölker aus der Sahara, deren Kultur im Wesentlichen eine libysch-berberische war, über Jahrhunderte hinweg in den westlichen und zentralen Sudan vordrangen. Es ist zudem wahrscheinlich, dass ihr Kriegeradel, den das Leben in der Wüste abgehärtet hatte und der über einen ausreichenden Bestand an Kamelen und guten Pferden gebot, mehr als nur einmal in der Lage war, die politische Macht an sich zu reißen und bedeutende Dynastien zu begründen. Doch das ist etwas völlig anderes als die These, die von einigen europäischen Wissenschaftlern sehr überzeugend vertreten worden ist, dass das Königtum im westlichen und zentralen Sudan einer Klientelbeziehung zwischen „weißen Hirten" als Herren und Bauern schwarzer Hautfarbe als Abhängigen entsprang.

Kanem-Bornu und das Hausaland kennen jeweils zwei unterschiedliche Überlieferungen, was den Ursprung ihrer Staaten angeht. Aus diesen lässt sich ableiten, dass die Hirten aus der Wüste in Länder vordrangen, deren schwarze Bevölkerung bereits in sakralen Königtümern organisiert waren, wobei ihre Königreiche nur von geringer Größe gewesen zu sein scheinen. Militärische Überlegenheit und ihre ursprüngliche Unabhängigkeit von lokalen Bindungen halfen den Neuankömmlingen dabei, das System der politischen Organisation zu erweitern, kulturell aber entgingen sie nicht der Integration in die kulturell ältere Tradition des sudanischen Königtums mit seiner bäuerlichen und (in diesem Fall) stark verstädterten Gesellschaft. Ein ähnliches Muster lässt sich bei den Yoruba im Südwesten ausmachen (deren Gesellschaft ebenfalls stark urbanisiert ist) und, wenn auch weniger deutlich, im Westen bei den Songhai am Niger. Noch weiter westlich sieht es so aus, als wären die Mossi-Dagomba-Staaten im oberen Voltabecken von Völkern gegründet worden, in denen sich diese beiden Traditionen bereits vermischt hatten.

Weiter im Westen, im alten Ghana, präsentiert sich ein wahrscheinlich noch einmal anderes Bild. Abgesehen von den Berichten, die uns arabische Autoren aus der Zeit des Niedergangs Ghanas überlieferten, wissen wir wenig über dieses alte Reich. Sucht man zum Beispiel bei al-Bakri nach Beweisen für ein sakrales Königtum, so wird man fündig. Allerdings gibt es einen deutlichen Unterschied zwischen den arabischen Berichten über Ghana und denen über Kanem. Nicht nur al-Muhallabi hebt das Element des Gottkönigtums in Kanem hervor. Bis zu Maqrizi im 15. Jahrhundert bleibt die seltsame Eigenart der Monarchie in Kanem ein Schwerpunkt in den arabischen Schriften. Der Schwerpunkt in den Berichten über Ghana oder, genauer: Mali, den Nachfolgestaat, der den Arabern besser bekannt war, liegt hingegen ganz woanders. Die Araber, die über Ghana berichteten, waren ebenso beeindruckt vom kommerziellen Wohlstand und den Verbindungen nach Norden über die Sanhaja der Wüste wie von den „heidnischen" Institutionen. Im 10. Jahrhundert bemerkt Ibn Hawkal, er habe einen Vertrag zwischen einem sudanischen Kaufmann und einem Kollegen in Marokko gesehen, der sich über 20 000 Goldstücke belief. Al-Bakri gibt detaillierte Auskunft über die Zölle, die der König von Ghana auf Salz, Kupfer und allgemeine Handelsware erhob, die in sein Land kam oder es verließ.

Es kann gut sein, dass dies lediglich die muslimische Sicht eines Staates ist, der bereits seit wenigstens zweihundert Jahren muslimischem Einfluss ausgesetzt war. Al-Bakri bemerkt zum Beispiel, dass die meisten Minister des ghanaischen Königs Muslime waren, und erzählt uns von einer großen, aus Stein gebauten, muslimischen Stadt mit zwölf Moscheen in der Nähe der aus Lehm errichteten Hauptstadt. Auf der anderen Seite deutet die Quellenlage darauf hin, dass die Könige von Kanem früher Muslime wurden als die von Ghana. Es scheint, als ob die Unterschiede, die sich in den arabischen Berichten über Ghana und Kanem ausmachen lassen, den weit stärkeren vorislamischen Einflüssen geschuldet sind, denen Ghana vom Norden her ausgesetzt war. Tatsächlich sind ja die in der Wüste entdeckten Felszeichnungen von Streitwagen ein deutlicher Hinweis auf das Alter der Kontakte zwischen dem Westsudan und den Völkern der Sahara, die zweifellos vom Gold der Ersteren angezogen wurden. Weiter östlich gab es nichts Entsprechendes, und es sieht so aus, als sei der Einfluss aus der Sahara erst in den Zentralsudan vorgedrungen, nachdem die „schwarzen" Königreiche bereits fest etabliert waren. Im Westen, im alten Ghana, aber hat es den Anschein, als stünde dieser im 10. Jahrhundert entstandene Staatstyp bereits für eine bessere Balance zwischen „sudanischen" und „saharanischen" Traditionen.

6 Das arabische Imperium in Afrika

Im Jahr 639 n. Chr. drangen die ersten muslimischen Araber nach Ägypten vor. Zu Beginn des folgenden Jahrhunderts hatten sie das gesamte Afrika nördlich der Sahara unter ihre Kontrolle gebracht und fielen in Südeuropa ein. Nordafrika wurde von den mediterranen Einflüssen der vorangegangenen eintausendfünfhundert Jahre abgeschnitten, und bereits nach wenigen Jahrhunderten war die Bevölkerung voll und ganz in die neue Welt und Kultur des Islam integriert. Diese erste Welle arabischer Eroberung drang jedoch noch nicht über die Sahara vor. Erst nach dem Fall des christlich-nubischen Reichs Makurra im 14. Jahrhundert begannen die Araber im Osten mit der Durchdringung der Wüste. Im Westen wagten sie sich vor dem 12. Jahrhundert kaum in die Sahara-Region vor. Es gelang ihnen nie, den Westsudan zu unterwerfen. Doch auch wenn die Sahara sich als Hindernis einer tatsächlichen Eroberung entgegenstellte, so breitete sich die von den Arabern mitgebrachte Religion und Kultur von Nordafrika, wo sie sich eine feste Basis geschaffen hatten, bis tief in den Sudan hinein aus, sodass schließlich der gesamte Sudan ein Teil der islamischen Welt wurde.

Der Einfall der Araber in Afrika im siebten Jahrhundert gehörte zu einer Reihe von Wanderbewegungen aus Arabien in die benachbarten Gebiete, wie es sie in der Geschichte immer wieder gegeben hat. Sowohl die Vorfahren der Phönizier als auch die der Juden waren Teil solcher früheren Migrationswellen. Die entscheidende Ursache für diese Bewegungen war Übervölkerung, denn abgesehen von den südöstlichen Randgebieten besteht der größte Teil Arabiens aus Wüste. Die Emigranten des siebten Jahrhunderts waren typische Beduinen, das heißt Wüstenaraber. Einige von ihnen waren in der Lage, ihr kärgliches Hirtendasein dadurch aufzubessern, dass sie den Handel zwischen den Spitzen des Fruchtbaren Halbmonds durch die Wüste im Norden Arabiens in ihre Hände nahmen oder sich an ihm durch Raub bereicherten, oder indem sie Söldnerdienste in den Armeen der dort entstehenden Reiche leisteten. In wiederkehrenden Abständen wurde die Wüste zu klein, um die zahlreichen Stämme und ihre vorwärts drängenden Energien zu halten; dann strömten diese nach draußen, um sich an der Plünderung der Länder des Fruchtbaren Halbmonds zu beteiligen und in der Folge ihrerseits zu seiner Bevölkerung beizutragen.

Der Völkerstrom aus Arabien, der im siebten Jahrhundert einsetzte, war nicht nur deshalb bemerkenswert, weil er weiter reichte als alle vorhergehenden, sondern vor allem deswegen, weil er den Islam als eine der großen Weltreligionen etablierte. Nur wenige Sätze dürften einen größeren Einfluss auf die Weltgeschichte gehabt haben als die Botschaft, die Mohammed (Muhammad) zwischen 622 und 632 n. Chr. den arabischen Völkern predigte, eine Botschaft, die zur Grundlage des muslimischen Glaubensbekenntnisses wurde: *lā ilāha illa'llāh Mohammedun rasūh'ullāh:* „Es gibt keinen Gott außer Gott, und Mohammed ist sein Prophet." In der Lehre von dem einen Gott und der Vorrangstellung seines Propheten auf Erden entdeckten die Araber eine Brüderlichkeit, die es ihnen erlaubte, die Teilungen und Konflikte zwischen ihren Völkern zu überwinden, und im Koran, der direkten Offenbarung Gottes an Mohammed, kristallisierte sich symbolisch der Glaube, demzufolge Arabisch das perfekte Ausdrucksmedium für wahres Wissen, wahre Weisheit und wahre Schönheit darstellte. Der Islam kanalisierte die Energien der arabischen Völker, was es ihnen ermöglichte, als unverbrauchte und lebenskräftige Zweckgemeinschaft explosionsartig in die Außenwelt einzubrechen.

Kurz nach Mohammeds Tod im Jahr 632 begannen arabische Scharen eine Reihe kühner Vorstöße in Gebiete, die zu den beiden großen Weltreichen der damaligen Zeit, Byzanz und dem sassanidischen Persien, gehörten. Das mögen zu Anfang lediglich Raubüberfälle gewesen sein, doch erkannten die Wüstenkrieger sehr bald ihre Fähigkeit, selbst die größten Militäraufgebote niederzuzwingen, die man ihnen entgegenstellte. Die byzantinischen und sassanidischen Armeen waren zwar zahlenmäßig, in Bewaffnung und technischer Organisation überlegen, doch konnten ihre Rekruten der unwiderstehlichen Begeisterung, die der Islam unter den arabischen Stämmen ausgelöst hatte, nichts entgegensetzen. Zudem waren die Nachschublinien dieser Reiche durch die ausdauernde Beweglichkeit gefährdet, die das Wüstenleben bei den arabischen Stämmen ausgelöst hatte. Die Araber, die ursprünglich gekommen waren, um zu rauben und zu plündern, blieben, um im Namen Allahs und seines Propheten zu herrschen und auszubeuten. Der *Dschihad*, der Krieg gegen die Ungläubigen, wurde für den wahren Muslim zu einer ähnlich bindenden Verpflichtung wie das Gebet, das Almosengeben und Fasten, wie die Pilgerfahrt und das Bekenntnis zum Glauben an Allah und seinen Propheten.

Nach der Eroberung Syriens (634-636) lag eine dauerhafte Besetzung der beiderseitigen fruchtbaren und wohlhabenden Landstriche im Bereich des Möglichen. Im Osten eroberten die Araber Persien und Mesopotamien und erreichten schließlich den Indus und Oxus (Amu-Darja). Ägypten im Westen war auf Grund seiner Reichtümer ein nahe liegendes Ziel für die Araber. Darüber hinaus befanden sich die Araber weder in Syrien noch in Arabien selbst in einer gesicherten Position, solange die byzantinischen Truppen, die auf dem Seeweg über Alexandria Unterstützung erhielten, ihre Flanke bedrohten. Deshalb unternahm 'Amr ibn al- 'Ass, der auf die Siege und den Profit neidisch war, die andere Araber im Osten errungen hatten, im Jahr 639 mit ein paar tausend Männern einen Erkundungsvorstoß. Die Eroberung gestaltete sich einfach, da die byzantinischen Herrscher Ägyptens, Fremde, die Land und Volk nur um des eigenen Gewinns und zum Nutzen ihres Reiches ausbeuteten, von den einheimischen Kopten keinerlei Unterstützung erfuhren. Nachdem 640 die Hauptstreitmacht der byzantinischen Armee in Ägypten geschlagen war, konnte 'Amr einen Vertrag mit den Kopten schließen, die einwilligten, den Neuankömmlingen regelmäßig Abgaben zu entrichten; dafür durften sie ihren christlichen Glauben weiterhin in Freiheit praktizieren und bekamen den Schutz ihrer Besitztümer, Ländereien und Wasserrechte zugesichert. Im Jahre 641 fiel Babylon, die mächtige byzantinische Festung an der Mündung des Nildeltas, an die Araber, und im Jahr darauf verließen die byzantinischen Streitkräfte Alexandria. Diese große Stadt, die Hauptstadt

Ägyptens über nahezu eintausend Jahre hinweg, war den Arabern zu hellenistisch, zu mediterran und zu maritim. Sie begannen in der Nähe von Babylon eine neue Hauptstadt zu errichten, Fustat, die im Herzen des ägyptischen Agrargürtels lag und von Syrien und der arabischen Wüste her, in der die arabische Macht ihren Ursprung hatte, leichter zu erreichen war.

Unterägypten fest in der Hand, bestätigten die Araber bald darauf die historische Südgrenze am 1. Katarakt und bauten Assuan zur Garnison gegen nubische Raubüberfälle aus. Um dieser Plage Herr zu werden, entsandte man 651/652 eine Expedition nach Nubien. Die nordmakurrische Hauptstadt Dongola wurde mit Katapulten beschossen, doch dann schlossen die Araber schnell einen Vertrag mit den Nubiern. Die ägyptischen Geschichtsschreiber bekunden Respekt vor den nubischen Bogenschützen, und die Klauseln des Vertrags legen die Vermutung nahe, dass die Araber sich dazu bereit erklärten, Nubien in Ruhe zu lassen, solange sich Nubien seinerseits dazu bereit fand, Ägypten auch weiterhin reichlich Gold und Sklaven zu liefern. Der Vertrag, der die Beziehungen zwischen Ägypten und Nubien über sechs Jahrhunderte hin regelte, machte aus Nubien keinen Vasallenstaat der Araber. Nubien verpflichtete sich, regelmäßig Sklaven nach Ägypten liefern und arabischen Händlern freien Durchzug und die Möglichkeit der freien Religionsausübung zu garantieren. Im Gegenzug stimmten die Araber zu, Nubiens Unabhängigkeit zu achten und es mit den erforderlichen Mengen an Nahrungsmitteln, Stoffen und Pferden zu beliefern.

Die arabische Haltung gegenüber dem Land im Westen, *al-Maghrib*, zu klären, dauerte länger. Zwar war die Kyrenaika schon bald eingenommen, doch die knapp achthundert Kilometer zwischen der Westgrenze der Kyrenaika und den landwirtschaftlich erschlossenen und zivilisierten Ebenen Tunesiens stellten selbst für die arabischen Kamelreiter eine Gefahr dar, vor allem, da die byzantinische Flotte noch immer stark genug war, die schmale Küstenstraße zu kontrollieren. Überdies hatten die Berbervölker, wie sich bei arabischen Überfällen schnell zeigte, ein ganz anderes Naturell als die Ägypter. Für die Eroberung des Maghreb brauchte es weit mehr als bloß einen Sieg über die byzantinischen Armeen. Wie der Donatismus gezeigt hatte, verhielten sich viele sesshafte Berber ausländischer Einmischung gegenüber noch immer feindlich. In ihrem Rücken standen die nomadisierenden Hirten, die nur zu gern bereit waren, jedes Nachlassen der Herrschaft über die landwirtschaftlichen Nutzungsgebiete zu ihren Gunsten auszunützen. In den Zanata sahen sich die Araber einem Feind gegenüber, der in punkto Zähigkeit, Beweglichkeit und Hartnäckigkeit im Kampf für die Erhaltung der eigenen ethnischen Integrität ihren eigenen Beduinen vergleichbar war. Das ist wahrscheinlich die Erklärung für eine Geschichte, die 'Abd-al-Hakam (9. Jh.), der früheste arabische Historiker der Eroberung Nordafrikas, berichtete. Nach seinem Erfolg in Ägypten schlug 'Amr ibn al- 'Ass offensichtlich dem Kalifen Omar ('Umar) vor, seinen Eroberungszug westwärts nach Ifriqiya (das ist die arabische Version der alten Bezeichnung „Africa") fortzusetzen. Von Omar ist überliefert, dass er entgegnete: „Dieses Land sollte man nicht Ifriqiya nennen, sondern besser ‚das trügerische Land jenseits der Grenze'. Solange ich lebe, verbiete ich jedem, sich ihm zu nähern oder gar einen Feldzug dagegen zu unternehmen." Schließlich war es 'Uqba ibn Nafi', ein Neffe 'Amrs, der den ersten effektiven Schritt in Richtung einer Eroberung tat, als er 670 im Süden Tunesiens einen vorgeschobenen Posten als Ausgangsbasis für weitere Operationen errichtete: Kairouan. Doch wurden er und seine Männer in eine Falle gelockt und von einer Koalition sesshafter Berberstämme überwältigt, als er 681-683 einen ausgedehnten Vorstoß weiter nach Westen unternahm. Kairouan ging für einige Zeit verloren. Die Araber erlebten ein noch größeres Debakel, als die byzantinische Flotte Truppen an Land setzte, um die Küstenstraße nach Ägypten abzuriegeln. Gegen Ende des Jahrhunderts aber waren sowohl die sesshafte Bevölkerung als auch die byzantinische Armee niedergerungen. Als die neue arabische Flotte[1] den Niedergang der byzantinischen Seemacht herbeiführte, konnte Karthago erobert werden, an deren Stelle die neue arabische Stadt Tunis zu entstehen begann. Bis dahin hatten sich die berberischen Hirtenstämme aus den Kämpfen herausgehalten, weil

1 Die Notwendigkeit des Baus einer Flotte war den Arabern bereits seit 645 klar, als Byzanz auf Grund seiner Vormachtstellung zur See Alexandria für kurze Zeit zurückerobern konnte.

sie zweifellos hofften, vom Ausgang der Auseinandersetzungen zu profitieren. Doch hatten sich die Völker des Aurès-Gebirges zusammengeschlossen und unter der Führung einer Respekt gebietenden, machtvollen Frau, die unter dem Namen Kahina („die Priesterin“) bekannt wurde, strömten sie kurz nach der Eroberung Karthagos im Jahr 695 in die Ebenen hinab, gegen die Araber. Viele bittere Schlachten waren erforderlich, bevor die Araber die vollständige Kontrolle wiedererlangt hatten. Und erst 705 gelang es ihnen, Ifriqiya, die wertvollste und bodenständigste Region Nordafrikas, endgültig als reguläre Provinz ihrem Großreich einzugliedern. Nur in der tunesischen Ebene, die die Araber jetzt von Kairouan aus kontrollierten, mit ihrer langen Tradition bäuerlichen Lebens und politischer Stabilität, die bis in die karthagischen Zeiten zurückreichte, war die Situation überhaupt mit der in Ägypten vergleichbar. Numidien, das immer ein Zentrum des Widerstands gegen ausländische Einflüsse gewesen war, wehrte sich noch über Jahrhunderte gegen die Assimilation. Anderswo im Maghreb dürften zahlreiche Berberstämme die Araber durch die Leichtigkeit überrascht haben, mit der sie zu begeisterten Anhängern des Islam wurden, indem sie den neuen Glauben direkt ihren alten Vorstellungen aufpfropften, die ihrem Wesen nach zwar „heidnisch“ waren, in denen der alte Einfluss des phönizischen Karthago und Jahrhunderte jüdischer und christlicher Infiltration dem semitischen Monotheismus allerdings bereits den Boden bereitet hatten. An der muslimischen Eroberung der iberischen Halbinsel, die 711 begann und die Eroberung des Maghreb abschließen sollte, nahmen dann gleichermaßen Berber und Araber teil.

Damals sah sich das arabische Großreich, in Afrika wie anderswo auch, den ersten schweren Belastungen ausgesetzt. Entstanden war es im ersten Schwung der Begeisterung, die der Aufstieg des Islam ausgelöst hatte, doch als die Araber sesshaft zu werden begannen und die Früchte ihrer Eroberungen genießen wollten, kamen die grundsätzlichen Differenzen und Feindseligkeiten zwischen ihren Völkern wieder zum Vorschein. Diese wurden durch die größere Bühne, auf der sich jetzt alles abspielte, mitunter noch verstärkt. Der Islam war nicht mehr die einigende Kraft, die er zu Beginn gewesen war. Als es nach Mohammeds Tod erforderlich wurde, seine Lehren zu interpretieren, taten sich Meinungsverschiedenheiten ganz von selbst auf. Da der Islam sowohl ein Weltreich geschaffen hatte als auch zu einer Weltreligion geworden war, kam es nach Mohammeds Tod auch zu Auseinandersetzungen hinsichtlich der Frage, wer die Macht in der islamischen Gemeinschaft ausüben und wie sie weitergegeben werden sollte.

Für Afrika erlangten einige dieser frühen innerislamischen Differenzen größere Bedeutung, doch liegt es außerhalb des Anliegens dieses kurzen historischen Abrisses, sie vollständig behandeln zu wollen, und es ist in erster Linie Aufgabe anderer Arbeiten, die sich den Glaubensvorstellungen und der Geschichte des Islam widmen, sich mit ihnen zu befassen.[2] Hier kann nur ein ganz grober Überblick gegeben werden. Der Islam wurde zunächst von vier „orthodoxen" Kalifen geführt, die zu den ursprünglichen Gefährten des Propheten Mohammed gehört hatten. Othman ('Uthman), der dritte dieser Kalifen, war schwach und betrieb Vetternwirtschaft, sodass sich von mehreren Seiten Widerstand gegen ihn zu regen begann. Othman wurde 656 ermordet. Seinem Nachfolger Ali, der mit Mohammeds Tochter Fatimah verheiratet war, gelang es nie, allseits akzeptiert zu werden. Vor allem Mu'awiya, der Gouverneur von Syrien, stand mit seiner Armee gegen ihn auf. 657 zwang Mu'awiya Ali, sich einem Schiedsgericht zu stellen, das über ihre Meinungsverschiedenheiten urteilen sollte. Das Ergebnis fiel für Ali negativ aus, und von 659 an war Mu'awiya der eigentliche Kalif. Er begründete die Dynastie der Omaijaden (Umayyaden), die den Islam von Syrien aus bis 750 beherrschten.

Während die Mehrzahl der Muslime, die orthodoxen Sunniten (auch wenn sie sich, was die Interpretation der Lehren Mohammeds angeht, auf mehrere unterschiedliche Schulen verteilten), die Amtsnachfolge der Omaijaden akzeptierten, begehrten zwei große Gruppen dagegen auf. Das waren die Schiiten und die Kharidschiten. Die Schiiten bestanden ursprünglich lediglich aus den Gefolgsleuten Alis. Doch bildete sich bei ihnen im Laufe der Zeit eine doktrinäre Basis für den Widerstand gegen die Omaijaden heraus – die Überzeugung,

2 Siehe auch: Vorschläge für eine weitergehende Lektüre.

dass die rechtmäßigen Führer des Islam nur direkte Nachfahren Mohammeds sein könnten, die von Ali und Fatimah abstammten (daher die Begriffe „Aliden" und „Fatimiden"). Nach dem Sieg der Omaijaden ging die Schia in den Untergrund und nahm einen zunehmend mystischen Charakter an. Sie beanspruchte, dass die Nachfolger Alis, auch wenn ihnen vorübergehend die Macht genommen war, „verborgene *Imams*" seien und die wahre spirituelle Oberhoheit besäßen. Einige Schiiten entwickelten die Lehre vom Mahdi, dem großen Anführer, der sich zu gegebener Zeit zu erkennen geben würde, um auf den Tag des Jüngsten Gerichts vorzubereiten. Es ist möglich, dass die Schiiten hier Anleihen beim Christentum machten. Die Kharidschiten waren „die Abtrünnigen", eine Gruppe nomadischer Stammesangehöriger, die ursprünglich einmal Ali unterstützt, sich dann aber abgespalten hatten, weil sie das menschliche Schiedsgerichtsverfahren ablehnten, das Ali (gegen den Willen Gottes) für abgesetzt erklärte. Die Kharidschiten wurden so zu einer puritanisch-fanatischen Strömung, die vom Islam als Ganzes abgelehnt wurde, von der sich aber innerislamische Stammesgruppen mit starkem Zusammenhalt häufig angezogen fühlten.

Mitte des achten Jahrhunderts wurde das arabische Reich von einer zweiten großen Krise heimgesucht, die mit der Ablösung der omaijadischen Kalifen durch die Dynastie der Abbasiden ihr Ende fand. Die Abbasiden herrschten nicht von Damaskus, dem strategischen Zentrum Syriens, sondern von Bagdad aus, einer neuen Stadt, die in Mesopotamien, einer der reichsten Provinzen, angelegt worden war. Fest auf die Landwirtschaft und den Handel Mesopotamiens gegründet, führten die Abbasiden das Reich auf seinen zivilisatorischen und kulturellen Höhepunkt. Doch hörte es im Verlauf dieses Prozesses auf, ein ausschließlich oder wenigstens überwiegend arabisches Reich zu sein, auch wenn es immer ein muslimisches Reich blieb. Grundlage des Wohlstands war inzwischen die Ausbeutung, nicht mehr die Eroberung; die Macht lag nicht länger in den Händen der arabischen Völker, sondern bei Berufssoldaten und Verwaltungsbeamten, die zumeist aus den türkischen Sklaven des Kalifats ausgewählt wurden.

Die Verlagerung sowohl des administrativen als auch des geistigen Zentrums des Reichs nach Osten hatte bedeutende Auswirkungen auf Afrika. Die westlichen Reichsprovinzen begannen sich abzuspalten. Spanien gehörte nie richtig zur Einflusssphäre der Abbasiden. Von 756 an besaß es eine unabhängige Regierung unter Herrschaft der Omaijaden. Im afrikanischen Maghreb begannen unabhängige Berbergruppen sich die Spaltungen im Islam zunutze zu machen und ihrem Partikularismus Ausdruck zu verleihen. Viele Völker in den Randgebieten des besiedelten Landes, Hirten und Kaufleute, die mit dem Sudan Handel trieben, wurden Kharidschiten. So konnten sie zugleich Muslime sein und doch unabhängig von äußerer Herrschaft bleiben, ähnlich wie die Berber in früherer Zeit im Donatismus einen Weg gefunden hatten, Christen zu sein, ohne Römer zu werden. Im achten und neunten Jahrhundert entstanden um Sidjilmasa, dem großen Karawanenzentrum im Süden Marokkos, südlich von Tripolis und Tunesien und vor allem wohl in der Gegend von Tahert im zentralen Maghreb blühende kharidschitische Gemeinwesen und sogar Staaten. Einige Berber gingen einen Schritt weiter und machten sich die Risse in der muslimisch-arabischen Welt zu Nutze, und das nicht bloß, um, im negativen Sinne, eine Unabhängigkeit ihrer Völker zu demonstrieren; vielmehr begannen sie Anzeichen für eine stärkere Hinwendung zur Staatlichkeit zu zeigen. So wurde kurz nach 788 Idris ibn 'Abd Allah, ein alidischer Flüchtling, von einem Stamm marokkanischer Berber als Imam akzeptiert, und mit dessen Hilfe gelang es ihm, im westlichen Maghreb ein Königreich von beachtlicher Ausdehnung zu errichten. Auch wenn die Idrisiden nicht vermochten, eine dauerhafte Dynastie zu begründen, so führten die vierzig Jahre ihrer Herrschaft doch zur Gründung von Fez, der ersten Hauptstadt Marokkos, und legten die Saat, aus der später das vereinigte marokkanische Königreich hervorgehen sollte.

Die politischen Veränderungen in Ifriqiya und Ägypten waren weniger Aufsehen erregend. Die Araber herrschten weiterhin über Ifriqiya, doch gelang es im Jahre 800 dem damaligen Gouverneur nicht, seinen Posten in eine erbliche Stellung umzuwandeln und eine aghlabidische Dynastie zu begründen. Dennoch unterstand Ifriqiya Bagdad nur noch nominell. In Ägypten gestaltete sich die Lage wesentlich komplexer. Der Gouverneursposten wurde hier zum persönlichen Vorrecht türkischer Favoriten des abbasidischen Hofes. Ende des neunten Jahrhunderts aber waren es die von diesen Favoriten nach Ägypten entsandten Regierungskandiaten müde geworden, die überschüssigen Erträge bei ihren Herren in Bagdad abzuliefern. Sie begannen sie zum eigenen Vorteil zu verwenden und errichteten neben dem alten Fustat mit al-Askar eine prachtvolle neue Palaststadt. Zudem stellten sie aus türkischen und schwarzafrikanischen Sklaven eine Armee auf, mit der sie in Syrien und im Hedschas eigene Reiche zu begründen wie auch den Armeen der Mameluken (türkischen Sklaven) Widerstand zu leisten gedachten, die Bagdad gegen sie ausschickte. 935 war Ägypten für die Abbasiden endgültig verloren, doch kann kaum behauptet werden, dass das ägyptische Volk damit seine Unabhängigkeit gewonnen hatte. Es blieb ausländischen Herrschern untertan, für die der Kampf um den Erhalt ihrer Machtposition gegen äußere Bedrohungen und die ungebührliche Aufmerksamkeit von Rivalen, die im Innern neidisch auf ihre Chance warteten, meist wichtiger waren als gutes Regieren und eine ansprechende Entwicklung der Ressourcen des Landes. Am Ende erwiesen sich diese Herrscher als unfähig, ein Regime zu etablieren, das den Ambitionen seiner Minister und Generale, die sämtlich dem Sklavenstand entstammten, gewachsen war. Im Vergleich dazu hatten die Tunesier mehr Glück. Die Aghlabiden konnten ihre Macht und die ihrer arabischen Verwandten konsolidieren. Folglich waren sie in der Lage, das von den Römern übernommene bäuerliche Erbe samt den ökonomischen Strukturen großenteils in islamischer Gestalt zu erneuern. Obwohl nie so prachtvoll wie in Ägypten strahlte dieser Wiederaufbau seinen eigenen intellektuellen Glanz aus.

Wenngleich die arabische Eroberung Nordafrikas nicht zu einer dauerhaften politischen Reichsbildung führte, löste sie doch einen beachtlichen und bleibenden sozialen Wandel aus. Das Christentum, sowohl als Religion als auch als Lebensweise das letzte und größte Erbe der mediterranen Kultur, wurde vom Islam buchstäblich in den Schatten gestellt. In Ägypten konnte das Christentum als Religion einer Minderheit innerhalb einer völlig muslimischen Welt überleben, im Maghreb aber war sein Untergang vollkommen. Eine Erklärung dafür liegt darin, dass das Christentum von den Berberstämmen nur sehr oberflächlich und zu einem geringen Teil angenommen worden war. So war das Christentum, das unter dem Druck des Islam zusammenbrach, ebenso eine lokale Religion wie Teil der Weltkirche. Doch lässt sich damit sein Verschwinden in den Städten nicht erklären, zumal es den jüdischen Gemeinden gelang, sich ihre Identität zu bewahren. Es hat den Anschein, als wäre das Christentum durch das donatistische Schisma und die nachfolgenden Verfolgungen einerseits durch die römische Kirche, anderseits die arianischen Wandalen und schließlich die byzantinische Orthodoxie geschwächt worden. Wahrscheinlich trugen diese Verfolgungen zwar zur Vernichtung der einheimischen donatistischen Kirche bei, vermochten aber die Position der Katholiken keineswegs zu stärken.

Die Lage im Maghreb unterschied sich deutlich von der in Ägypten, wo das Volk sowohl an hellenistische Einflüsse als auch an ausländische Unterdrückung gewöhnt war, sodass die Menschen, als sie die Möglichkeit sahen, eine eigene Kirche zu erhalten, die Gelegenheit begeistert beim Schopf packten. Die koptische Kirche wurde zum integralen Bestandteil des Volkslebens. Sie kanalisierte die Entwicklung, durch die aus der ägyptischen Sprache des Altertums eine neue Nationalsprache entstand. Tatsächlich war der Begriff „koptisch" ein Synonym für „ägyptisch". Verglichen mit der byzantinischen Staatskirche war die koptische Kirche sowohl in materieller als auch in intellektueller Hinsicht arm, und doch war es Erstere und nicht Letztere, die in der Nachfolge der arabischen Eroberung vollständig verschwand. Wenn die Mehrheit der Ägypter schließlich Muslime wurden, dann war das weniger ein Ergebnis des Versagens ihrer eigenen christlichen Kirche als des Drucks, dem sie sich ausgesetzt sahen. Eine vorsätzliche Verfolgung gab es kaum; vielleicht wäre ein Christentum, das heftiger verfolgt worden wäre, stärker gewesen. Die Mehrheit der Kopten aber konnte dem beständigen Zustrom der Araber, Soldaten und Anhänger der zahllosen Gouverneure, die aus dem nahen Syrien und aus Arabien nach Ägypten kamen, nicht standhalten. Unvermeidlich wurden mehr und mehr Kopten auf die eine oder andere Art in die Geschäfte des neuen Regimes einbezogen. Schließlich begann der größere Teil der Kopten während der abbasidischen Ära, als Araber zu sein nicht mehr automatisch bedeutete, Angehöriger der Schicht der herrschenden Eroberer zu sein, sich nahezu unmerklich mit den arabischen Siedlern zu vermischen und in moderne Ägypter zu verwandeln: arabisch der Sprache nach und muslimisch im Glauben.

Lediglich eine starrköpfige christliche Minderheit verblieb: Beweis der Tatsache, dass das gesamte Afrika nördlich der Sahara über Jahrhunderte hinweg Teil der mediterranen Zivilisation gewesen war. Jetzt gehörten die südlichen Randgebiete der alten mediterranen Welt fest zur neuen Welt und Kultur des Islam. Im Maghreb hatte das phönizische Karthago der arabischen Lebensweise und dem Islam das Feld bereitet. Dem Aussehen und der Sprache nach standen die Araber den Berbern näher als die Griechen oder Römer es jemals taten; und sie waren deshalb besser geeignet, sie in ihre eigene Kultur zu integrieren. So vermochte die Zivilisation des Islam in Nordafrika sehr viel tiefere Wurzeln zu schlagen. Sie war dadurch besser als die mediterrane Kultur in der Lage, sich nach Süden, ins Afrika der Schwarzen, auszubreiten. Dennoch enthielt auch die muslimische Kultur Nordafrikas noch Elemente der mediterranen Zivilisation. Die Araber hatten viel von den mediterranen Königreichen gelernt, die sie erobert hatten, vor allem in Ägypten. Die Träger der Süderweiterung der islamischen Kultur waren denn auch nicht so sehr Araber als vielmehr Muslime mediterran-nordafrikanischer Abstammung.

7 Nord- und Westafrika im Goldenen Zeitalter des Islam

Zu den großen Leistungen des Islam kam es erst nach dem Auseinanderbrechen des arabischen Imperiums. Sie beweisen aber auf dramatische Weise die Fähigkeit afrikanischer Völker, eine Anzahl neuer Vorstellungen von universaler Bedeutung den eigenen Bedürfnissen anzupassen und dementsprechend zu entwickeln. Die Zeitspanne zwischen 800 und 1300, als der Islam, was seine Leistungen im Bereich der Philosophie, Kunst, Wissenschaft und Politik anging, weltweit ohne Konkurrenz war, war zugleich die Zeit, in der einige der bemerkenswertesten aller afrikanischen Staaten zur Blüte gelangten. Die nordafrikanischen Berber spielten eine Hauptrolle in der Geschichte der westlichen Welt und des Nahen Ostens, während in ihrem Hinterland, südlich der Sahara, einige der größten und glanzvollsten aller „sudanischen“ Königreiche existierten, in denen der Islam ebenfalls eine bedeutende Funktion hatte.

Mit Blick auf den Ursprung dieser dramatischen Entwicklungen ist es erforderlich, noch einmal zu den wesentlichen Schismen des islamischen Glaubens zurückzukehren. Man muss sich vergegenwärtigen, dass die Abbasiden mit Unterstützung der Schiiten an die Macht gelangt waren, dass sie aber, als sie sich als Kalifen des gesamten Islam etabliert hatten, sich ihrer Helfer entledigten, weil sie befürchteten, dass auch andere sie benutzen könnten. Die Schiiten, die die Verfolgung überlebten, verdoppelten selbstredend ihre heimlichen Anstrengungen gegen das Establishment. Und im neunten Jahrhundert schickten sie einen Missionar vom Jemen in den Maghreb. Bei den Kutama, einem Stamm der berberischen Kabylen, der sich der niedergelassenen Verwaltung gegenüber stets feindselig verhalten hatte, hatte er so großen Erfolg, dass Ifriqiya überrannt und die aghlabidische Regierung gestürzt werden konnte. Bald darauf reiste der damalige Mahdi aus dem Jemen an, um die Lage zu seinem Vorteil zu nutzen. Seine Proklamation zum Kalifen im Jahre 910 liess keinerlei Zweifel daran, dass er weit Größeres anstrebte als die bloße Führung einer Volksbewegung der Berber. Das Ziel der Fatimiden, wie die neue Dynastie genannt wurde, bestand in nichts Geringerem als der Herrschaft über den gesamten Islam. Zur Unterstützung dieses Ziels wurde die Hauptstadt der Fatimiden bald darauf von Kairouan in die östliche Küstenfestung von Mahdiya verlegt. Erste Feldzüge gegen Ägypten erwiesen sich jedoch als voreilig. Um eine zur Verfolgung ihrer Ziele ausreichende Militär- und Seemacht sicherzustellen, mussten die Fatimiden die Unterstützung oder wenigstens das Stillhalten der Bevölkerung des ganzen Maghreb erzwingen, und darunter sollten die Kutama als Erste zu leiden haben. Ägypten wurde 969 erobert, und kurz darauf erkannten sowohl Syrien als auch der Hedschas, das Heimatland Muhammads, die Herrschaft des fatimidischen Kalifen al-Mu'izz an, der 973 in al-Kahira (Kairo), der neuen Hauptstadt, die für ihn in der Nähe von Fustat und al-Askar errichtet worden war, Einzug hielt. Dieser Umzug sollte endgültig sein, denn al-Mu'izz brachte nicht nur seinen Hofstaat und den Hofschatz mit, sondern auch die sterblichen Überreste seiner Vorfahren.

Damit hatte sich die arabische Eroberung des Maghreb auf spektakuläre Weise umgekehrt. Nicht nur, dass Berber jetzt Gouverneure und Soldaten waren, die in Syrien und sogar Teilen Arabiens über Araber regierten, berberische Kaufleute übernahmen zudem für eine gewisse Zeit einen beträchtlichen Teil des Levantehandels mit dem fernen Asien. Dennoch kam es nicht zu einem vereinigten Berberreich in Nordafrika. Die fatimidischen Kalifen herrschten, zumindest dem Namen nach, bis zum Jahre 1171 über Ägypten, doch trennten sich die Wege Ägyptens und des Maghreb, wie noch zu zeigen sein wird, schon bald. Unter den Fatimiden und ihren Nachfolgern, vor allem den Aijubiden (Ayyubiden), durchlief Ägypten eine der glanzvolleren Perioden seiner Geschichte. Die Staatseinnahmen wurden effektiv verwendet, der Handel blühte mit Märkten und Läden, die für ihre Organisation und die Qualität ihrer Waren berühmt waren, und Kairo entwickelte sich zu einer Residenzstadt, in der der Kalif gut und gerne zwanzigtausend solide gebaute Ziegelhäuser zu vermieten hatte. Die al-Azhar-Moschee gehörte zu den bemerkenswertesten Gebäuden. Unter ihrem Dach sollte sich eine bedeutende theologische Schule herausbilden. Auch wenn die Andersgläubigkeit der schiitischen Kalifen die Entwicklung der Gelehrsamkeit ein wenig behinderte, so war sie dennoch eine fruchtbare Anregung für Literatur und Künste, brachte sie dennoch starke Einflüsse aus Persien und Byzanz mit.

Obwohl die Macht der Fatimiden großenteils auf afrikanischen Truppen beruhte – ursprünglich waren dies Berber aus dem Maghreb, später Schwarzafrikaner aus dem Sudan –, war ihr Regime doch dem Wesen nach ein orientalisches, das in die Entwicklungsprozesse in Kleinasien eingebunden war, was sich bei seinem Anspruch auf die Oberhoheit in der gesamten islamischen Welt nicht vermeiden ließ. Letztlich bedeutete das ihren Untergang, und zwar gleichermaßen aus äußeren wie inneren Gründen. Innenpolitisch zogen sich die Fatimiden im reichen Kairo in ihre eigene Welt zurück und vertrauten die Ausübung der Macht Wesiren und Generalen an, die häufig in Asien rekrutiert wurden. Einer von ihnen, ein Kurde, der große Salah al-Din Yusuf ibn Ayyub (Saladin), sollte schließlich sowohl den Titel eines Kalifen als auch die reale Macht ergreifen und die neue Dynastie der Aijubiden begründen. Nach außen hin waren die Fatimiden hauptsächlich mit Syrien beschäftigt, das Teil ihres Imperiums war, sich aber nie sicher in ihrer Hand befand. Die Bevölkerung stand der Schia feindselig gegenüber, in erster Linie aber drohte von den byzantinischen Armeen Gefahr, die darauf aus waren, ihr Imperium zurückzuerobern. Danach fielen die seldschukischen Türken in Syrien ein. Sie eroberten das alte islamische Reich von Osten her, nahmen im Jahr 1055 Bagdad ein und hielten 1076 in Damaskus Einzug. Schließlich tauchten 1096 auch noch die europäischen Kreuzfahrer auf. Syrien wurde letztlich ein muslimischer Separatstaat, der von türkischen oder kurdischen Generalen und ihren Armeen kontrolliert wurde, die dem sunnitischen Glauben anhingen. Diese bemühten sich auch, die Kontrolle über Ägypten zu erlangen, vor allem, als dort die Kreuzfahrer versuchten, ihnen in die südliche Flanke zu fallen.

Saladin kam zunächst als Statthalter eines dieser syrischen Herrscher nach Ägypten. Er vermochte das Vertrauen der Ägypter auf eine Weise zu erringen, wie es seinen schiitischen Vorgängern nie gelungen war. Unter den Aijubiden erreichte die kulturelle Bewegung, die die Fatimiden initiiert hatten, ihren größten Glanz. Saladin aber verbrachte die meiste Zeit seiner Herrschaft auf Feldzügen außerhalb Ägyptens, in Syrien und anderswo. Afrika gegenüber bestand das größte Verdienst des von ihm begründeten Regimes darin, den Kontinent gegen Invasionen von außen abgeschirmt zu haben. Die Aijubiden hielten sich nur bis 1250, doch übernahmen danach die ägyptischen Mameluken, eine bemerkenswerte, sich selbst erneuernde militärische Aristokratie, die ursprünglich auf den Sklavenmärkten in Zentralasien rekrutiert worden war, ihre Rolle in mehr als nur adäquater Weise. Diese Aristokratie war ursprünglich hauptsächlich türkischer Abstammung, auch wenn in späterer Zeit das tscherkessische Element dominieren sollte. 1261 gaben die Mameluken ihrer Herrschaft den Anschein der Legitimität, indem sie einen abbasidischen Flüchtling aus Bagdad dazu einluden, den Kalifenthron in Kairo zu besteigen. Das Marionettenkalifat in Kairo hatte bis zur Eroberung durch die Türken im Jahre 1517 Bestand. Unter Baybars (1260 – 1277) und Kala 'un (1279 – 1290) konnten die Mongolen von Afrika fern gehalten und die Kreuzfahrer endgültig vertrieben werden. Ägypten erlebte einen Höhepunkt militärischer Macht, der bis zur Regierungszeit Muhammad Alis im 19. Jahrhundert nicht wieder erreicht werden sollte. Etwa vom Ende des 14. Jahrhunderts an war die tatsächliche Macht des Mamelukenregimes im Sinken begriffen, auch wenn es nach außen hin seinen Glanz bewahrte. Die endlosen Thronstreitigkeiten beanspruchten die Aufmerksamkeit der Herrschenden derartig, dass Bewässerung und Landwirtschaft, von denen Ägyptens Wohlstand und Macht abhingen, völlig zum Erliegen kamen. Darüber hinaus wurde die Rolle des Landes als Zentrum des internationalen Handels durch die Forderungen und die Handelsmonopole der Mameluken schwer geschädigt.

Im Maghreb hatte die großartige Reichsidee der Fatimiden der Mehrheit der Berbervölker nie etwas bedeutet, sodass das Reich den Rückzug des Kalifen und seiner Armee nach Ägypten nicht überdauerte. Der Führer der Sanhadja, dem al-Mu'izz den Status eines

Vizekönigs verliehen hatte, erklärte bald seine Unbhängigkeit, verlor damit aber gleichzeitig die Kontrolle über seine Heimat in der Kabylei an einen rivalisierenden Zweig seiner Familie. Die Antwort der Fatimiden auf die Entstehung dieser unabhängigen Sanhadja-Reiche bestand darin, dass sie einige Beduinenstämme, mit denen sie in Oberägypten Schwierigkeiten hatten, gegen sie schickten. Mit den Banu Hilal an der Spitze fielen die Beduinen 1061 im Maghreb ein. Ihr Erscheinen kennzeichnet den Beginn eines neuen Abschnitts in der Geschichte dieser Region. Bislang waren die Araber im Maghreb lediglich eine Minderheit gewesen, die von den ansässigen Berbern in wachsendem Maße durchdrungen worden war. Obwohl der Islam zur Religion der meisten Berber und das klassische Arabisch zur Sprache von Bildung, Kultur, Verwaltung und Handel wurde, blieb die Masse der Bevölkerung ihren Berbersprachen und -dialekten treu. Die Hilal-Invasion aber war eine Massenbewegung räuberischer, ungebildeter, arabischer Hirten, die nur wenig von jener islamischen Zivilisation besaßen, die dem bereits von älteren Kulturen geprägten Maghreb ihren Stempel aufgedrückt hatte. Ibn Khaldun aus Tunesien, der größte arabische Historiker, beschrieb die Banu Hilal und die anderen beduinischen Invasoren als „einen Heuschreckenschwarm, der alles zerstört, was ihm in den Weg kommt". Die Königreiche der Sanhadja wurden zu Küstenfürstentümern reduziert, und die Zivilisation und Landwirtschaft der Ebenen von Ifriqiya litten ernsthaften Schaden. Den Zanata wurde neues Leben eingehaucht, doch es kamen immer mehr Beduinen, die die Berberstämme durchsetzten und arabisierten, sodass sich die Berbergesellschaft schließlich von Osten her aufzulösen begann. Zurück blieb eine zusammengewürfelte Menge rivalisierender und miteinander zerstrittener arabisch-berberischer Stammesgruppen. In gebirgigen Hochburgen wie der Kabylei und dem Massiv von Aurès erhielt sich eine berberische Lebensweise, die strengen Stammesgesetzlichkeiten folgte, die eine Öffnung nicht zuließen. Sollte der Maghreb der Zivilisation erhalten bleiben, dann war dies nur vom Westen, von Marokko her, möglich, wo die Idrisiden bereits dazu übergegangen waren, ihre Vorstellung von einem großen Berberstaat in die Tat umzusetzen. Und von hier aus unternahmen zwar nicht die Marokkaner selbst, aber die Tuareg der westlichen Sahara tatsächlich einen neuerlichen Anlauf.

Die frühen Kontakte zwischen Arabern und Islam auf der einen und den Völkern der Sahara und des Sudans (außerhalb des Niltals) auf der anderen Seite sind kaum dokumentiert. Während der Epoche der Omaijaden hatten arabische Verbände den Fezzan und den Süden Marokkos überfallen oder zumindest erkundet. Wir wissen zudem, dass die Araber spätestens im neunten Jahrhundert Kontakte zu Ghana und Kanem hergestellt hatten, und dass die Könige von Kanem zwei Jahrhunderte später zum Islam konvertiert waren, und dies mit ziemlicher Sicherheit in Folge ihrer Verbindungen nach Ifriqiya und Ägypten. Vor der Invasion der Hilal aber waren die Araber im Maghreb nicht zahlreich genug, um eine direkte Kontrolle über die Sahara erreichen zu können. Wie vor ihnen die Römer und Karthager neigten sie dazu, die Wüste und die direkte Verantwortung für den Wüstenhandel den Tuareg zu überlassen. Jedoch war die Islamisierung im 11. Jahrhundert dann zumindest in der Westsahara bei dem Verband der Sanhadja-Tuareg, der die Karawanenroute zwischen Ghana und Marokko beherrschte, so weit fortgeschritten, dass dort eine puritanische Erneuerungsbewegung entstehen konnte, die sowohl im Maghreb als auch im Sudan von großer Tragweite sein sollte.

Die traditionelle Geschichte, die Ibn Khaldun und andere muslimische Geschichtsschreiber überliefern, beginnt mit der Pilgerreise eines Anführers der Wüsten-Sanhadja nach Mekka. Diese Reise ließ ihn die Verfälschung des Islam bei seinem Volk erkennen. Als er nach Hause zurückkehrte, befand sich ein gewisser Ibn Yassin, ein muslimischer Geistlicher aus der näheren Umgebung von Sidjilmasa, in seiner Begleitung, der eine Reform durchführen sollte. Die Sanhadja-Tuareg standen den puritanischen Prinzipien Ibn Yasins zunächst ablehnend gegenüber. Doch nachdem diese Anfangsschwierigkeiten überwunden waren, gelang es ihm, eine geistliche und militärische Elite auszubilden, die dazu in der Lage war, ihre Disziplin in der gesamten Konföderation durchzusetzen. Das war der Beginn der Almoraviden (*al-murabitun*, ‚Volk des *ribat*'[1]). Nachdem die Doktrin der Almoraviden bei den Sanhadja Fuß gefasst hatte, schwärmten die Sanhadja aus der Wüste hinaus, um den Norden und Süden zu erobern. Zuletzt teilte sich die Bewegung. Der eine Flügel unter Abu Bakr zog gen Süden in das schwarzafrikanische Königreich Ghana. Sein Schicksal wird weiter unten in diesem Kapitel behandelt. Die von Ibn Tashfin angeführte Mehrheit zog nordwärts nach Marokko. 1069 war die ganze Region ihrer Herrschaft unterworfen. Dann setzten sie ihren Eroberungszug nach Osten bis an die Grenzen der Sanhadja-Reiche im östlichen Maghreb fort. 1086 reagierte Ibn Tashfin auf einen Hilferuf der Muslime in Spanien, die zu dieser Zeit schwer unter dem Druck der christlichen *Reconquista* standen, und 1103 stand auch das gesamte muslimische Spanien unter almoravidischer Kontrolle.

So bedeutsam der religiöse Impuls für den Aufstieg der Almoraviden auch war, so kann der Siegeszug dieser Bewegung doch nicht lediglich als Triumph einer fanatischen islamischen Sekte über die kraftlosen Muslime im Maghreb und die „heidnischen" schwarzen Afrikaner im Sudan betrachtet werden. Man muss diese Bewegung im Zusammenhang mit dem politischen und wirtschaftlichen Druck sehen, unter dem die Westsahara in damaliger Zeit stand. Marokko befand sich im Chaos. Die Invasionen der Fatimiden hatten, obwohl sie militärisch erfolgreich gewesen waren, nicht zu einer vollständigen Kontrolle des Landes geführt, was zum einen auf die traditionelle Feindseligkeit der Völker jeder Fremdherrschaft gegenüber zurückzuführen ist, zum anderen aber auch darauf, dass diese Invasionen die Intervention der Omaijaden aus Spanien ausgelöst hatten. Die eigentlichen Gewinner waren aber weder die Fatimiden noch die Omaijaden, sondern die nomadischen Zanata, die in einer Westwärtsbewegung waren. Die Unterwanderung durch die Zanata war in zweierlei Hinsicht von Bedeutung. Erstens erfolgte ihr Vormarsch zu Lasten der Sanhadja-Fürstentümer im Süden Marokkos, die daraufhin die ihnen verwandten Tuareg in der Sahara zu Hilfe riefen.

1 Die übliche Bedeutung des Begriffs ***ribat*** bezeichnet ein bewehrtes Kloster, in dem gottesfürchtige Muslime sowohl eine militärische als auch geistliche Ausbildung erhalten. Dennoch erscheint es zweifelhaft, ob in diesem Fall eine solche Einrichtung wirklich existierte. *Al-murabitun* würde dann ungefähr bedeuten: „die Gesamtheit der Männer, die sich dem Kampf für die Verwirklichung des wahren Islam verschrieben haben".

Zweitens unterbrach das Auftauchen der Zanata den Transsaharahandel, den die Sanhadja-Tuareg kontrollierten. Für die Wirtschaft auf der marokkanischen Seite hatte das katastrophale Folgen. Gleichzeitig spürten die Sahara-Tuareg den starken Druck des erstarkenden Ghana, das gegen Ende des 10. Jahrhunderts Audoghast, ihr wichtigstes südliches Zentrum und Handelsdepot, tributpflichtig gemacht hatte. Damit lässt sich die Reaktion auf Ibn Yassins Mission letztlich als Ergebnis von Entwicklungen sehen, die sich nachteilig auf die Interessen der Sanhadja im Maghreb und im Sudan ausgewirkt hatten.

Im Maghreb erzielten die Almoraviden beträchtliche Erfolge. Indem sie sich als Volksbefreier gaben, die mit einer korrupten Herrschaft aufräumten, vom Koran nicht gebilligte Steuern abschafften und den Invasionen der Zanata ein Ende machten, gelang es ihnen, mit Marrakesch[2], ihrer Gründung, als Zentrum, in der Westhälfte des Maghreb ein glanzvolles und wirtschaftlich blühendes Reich aufzubauen. Damit begannen sie aber gleichzeitig den einfachen Glauben und die militärische Energie sowie den Zusammenhalt ihrer Wüstentage zu verlieren. Vielen marokkanischen Völker erschienen sie als Fremde, die die Freiheit der Einheimischen beschränkten und sich an den Tributzahlungen bereicherten. Deshalb trafen die Predigten eines gewissen Ibn Tumart, eines südmarokkanischen Geistlichen, der gegen die Almoraviden aufstand und ihnen vorwarf, sie würden gegen die einzigartige Einheit Gottes handeln, seit sie sich überwiegend ihren selbstsüchtigen und eigennützigen Regierungsgeschäften widmeten, bei den verstreut im marokkanischen Atlas siedelnden berberischen Masmuda-Völker auf offene Ohren. Bei diesen handelte es sich um uralte Feinde der Sanhadja, denen es bislang jedoch an Einigkeit gefehlt hatte. Etwa um 1125 begründete Ibn Tumart ein *ribat* und erklärte sich zum Mahdi. Die Almoraviden gingen nicht schnell und hart genug gegen ihn vor, sodass die Almohaden (*al-muwahiddun*, „Monotheisten“) – die Bewegung, die Ibn Tumart begründet hatte – bei den Bergstämmen, die den Sanhadja feindlich gesinnt waren, wachsenden Zuspruch erlangten. 1147 wurde ’Abd al-

2 Von Marrakesch leitet sich auch das Wort „Marokko“ ab.

Mumin, ein Zanata und sein Nachfolger, in Marrakesch mit dem Titel eines Kalifen als Herrscher über ganz Marokko eingesetzt.

Obwohl die Almohaden bald auch in Spanien die Almoraviden verdrängten, erkannte 'Abd al-Mumin, dass die größte Gefahr für sein Regime nicht von den Christen im Norden ausging, sondern aus dem Osten kam. Naturgemäß verhielten sich hier die Sanhadja-Staaten seiner Masmuda-Zanata-Allianz gegenüber feindselig. Dies waren auch die Gebiete, in denen die schleichende Zerstörung des Berbertums durch die vorrückenden Beduinen ihren Lauf nahm. Bis 1159 war 'Abd al-Mumin ostwärts bis nach Tunis vorgerückt und hatte den gesamten Maghreb unter berberischer Herrschaft vereint. Damit war der Maghreb zu einer Hauptkraft in der islamisch-mediterranen Welt geworden. Die Almohaden schufen einen Stand von Berufsbeamten, die sie aus den gebildeten Schichten des gesamten Maghreb, vor allem aus Spanien, rekrutierten. Marrakesch, Tlemcen und Rabat wurden zu prächtigen städtischen Zentren der Kultur. Um den Aufbau des Staates sowie ihre Berufsarmee und die Seestreitkräfte zu finanzieren, ließen sie alles Ackerland im Reich vermessen und erhoben Steuern auf seine geschätzte Produktivität. Damit verstärkten sie eine bereits offenkundige Trennung zwischen den ursprünglichen Angehörigen ihrer Konföderation – also vorwiegend Masmuda und Zanata – und allen anderen Berbern. Da ihr ursprünglicher Reformeifer in den gesetzlichen Restriktionen einer geordneten Verwaltung zu ersticken begann, wurde diese Trennung in wachsendem Maße gefährlich. Trotz ihrer großen Erfolge vermochten die Almohaden nicht, die allgemeine Idee eines Staates unter den vielen verschiedenen Berbergruppen voranzubringen. Dieses Versagen schadete ihren Bemühungen, mit den großen Schwierigkeiten fertig zu werden, denen sich ihr Reich gegenübersah, entscheidend: die Sicherstellung einer geordneten Thronfolge, das Problem Spanien und die Bedrohung durch die Beduinen.

Mit dem Nachfolgeproblem wiederholte sich im Kleinen ein Problem des frühen Islam: sollte die Macht an die Gefährten des Gründers oder an seine Nachfahren übergehen? 'Abd al-Mumin erwies sich als ausreichend mächtig und erfolgreich, eine erbliche Nachfolge durchzusetzen, und bis 1213 zeigten sich die Almohadenkalifen auch als fähige Herrscher. Als Zanata-Dynastie zogen sie sich aber zwangsläufig die Feindschaft der meisten anderen Berber zu. Dies erwies sich als besonders gefährlich, als das Reich zum Spielball neuerlicher Aktivitäten der Christen in Spanien und der Beduinen im zentralen Maghreb wurde. Bei dem Versuch, sich beider Bedrohungen auf einmal zu entledigen, teilte der Kalif Muhammad an-Nasr (1199–1213) seine Macht und ernannte einen Vizekönig aus dem Geschlecht der Hafsiden, einer der herausragenden almohadischen Beamtenfamilien, der von Tunis aus den Osten des Reichs regieren sollte. Unglücklicherweise waren die Hafsiden jedoch zu erfolgreich. Zwar wurden die Beduinen geschlagen, doch verstärkten die Kriege gegen sie die Zerstörung des zentralen Maghreb und trugen sie westwärts nach Marokko. Nordtunesien wurde unter der fähigen Verwaltung der Hafsiden eine Insel relativer Stabilität und entsprechenden Wohlstands, die vom Westen abgeschnitten war. Bis 1230 hatte sich eine unabhängige Hafsiden-Monarchie etabliert, stark genug, um Handelsabkommen mit europäischen Handelsstaaten zu schliessen und den profitablen Transsaharahandel zu einem großen Teil an sich zu ziehen.

Im Westen litt das Ansehen der Almohaden stark unter dem überwältigenden Sieg der Christen in der Schlacht von Las Navas de Tolosa im Jahre 1212, der den beginnenden Niedergang nicht nur der maurischen Macht in Spanien, sondern auch des Regimes der Almohaden in Marokko markierte. Ihr Königreich zerfiel in seine tribalen Bestandteile, und in der allgemeinen Verwirrung triumphierten die Zanata-Nomaden. Eine Gruppe der Zanata, die 'Abd al-Wadid aus Tlemcen, beherrschte 1235 die östlichen Gebiete Marokkos. Eine andere, die Mariniden aus den Randgebieten der Sahara, dehnte ihre Macht schrittweise über das marokkanische Kernland aus und übernahm schließlich 1269 in Marrakesch die Nachfolge der Almohaden und die Reste ihrer Administration.

Die große Zeit eines Berberimperiums war vorüber. Die dem Maghreb auferlegte Einheit hatte sich aufgelöst und es trat eine Dreiteilung hervor, die für die nachfolgende Geschichte charakteristisch sein sollte. Im Osten überdauerte das fest etablierte Königreich der Hafsiden bis 1574. Es gedieh auf dem, was von der tunesischen Landwirtschaft noch übrig war und sich erholt hatte, und profitierte von

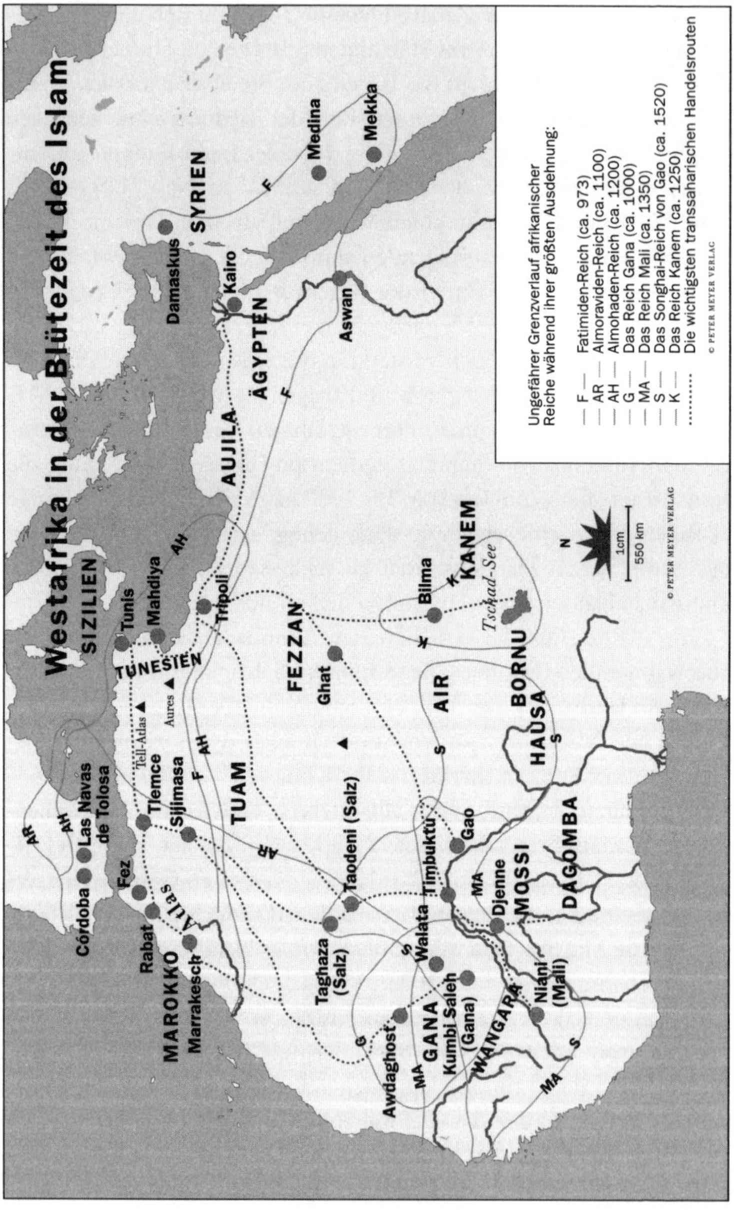

Westafrika im Goldenen Zeitalter des Islam

den Handelsbeziehungen mit Südeuropa und dem Sudan. Im Westen lag Marokko, wo zunächst die Dynastie der Mariniden und anschließend die Wattasiden (1465–1554) sich darum bemühten, die Idee einer zentralistischen Monarchie und geordneten Verwaltung gegen die Einfälle der Berg- und Steppenvölker, aber auch gegen ausländische Invasoren zu verteidigen. In der Mitte, in dem Land, das später Algerien genannt werden sollte, zeigten sich die 'Abd al-Wadid, selbst Nomaden, aber ohne Wohlstand oder eine Tradition geregelter Herrschaft, wie in Tunesien und Marokko, als Rückhalt, weitgehend machtlos, der nahezu völligen Zerstörung der Gesellschaft durch die Beduinen Einhalt zu gebieten.

Im Westsudan besagt die Überlieferung, dass die Almoraviden ungefähr 1062 begannen, Feldzüge gegen Ghana zu unternehmen, jedoch auf beträchtlichen Widerstand trafen und nicht vor 1076 in die ghanaische Hauptstadt einziehen konnten. Jüngste Forschungen haben aber ergeben, dass es sehr fraglich ist, ob es je zu einer militärischen Eroberung gekommen ist. Wahrscheinlicher ist eine unablässige Infiltration durch die muslimischen Nomaden aus der Wüste, die zu einer weitgehenden Islamisierung führte, und vielleicht auch zu einem Wechsel in der Dynastie, doch die „sudanische" Idee von Königtum und Reich blieb erhalten. Das Ghana der nachalmoravidischen Zeit besaß nicht mehr die Macht, über die es einst verfügt hatte. Der Transsaharahandel, der für die wirtschaftliche Stärke des Reichs so überaus wichtig war, war durch den Ausbruch der Almoraviden aus der Wüste stark beeinträchtigt worden. Dazu kam, dass sich die Landwirtschaft in der trockenen Sahel, die die alte ghanaische Hauptstadt umgab, von dem Schaden, den die Wüstennomaden mit ihren Herden angerichtet hatten, nicht mehr erholen konnte. Dadurch wurde der wirtschaftliche Zusammenhalt geschwächt, und das ghanaische Reich zerfiel in seine tribalen Bestandteile. Dennoch ging die Reichsidee im Westsudan nicht unter. Sie wurde nur weiter nach Süden verlagert, wo das Ackerland besser und die Entfernung zur Wüste größer war und man mögliche Attacken seitens ihrer zerstörerischen Hirtenvölker weniger fürchten musste. Schließlich trat der Führer eines Mande-Clans im oberen Nigertal das Erbe des alten

Ghana an. Unter Sundiata, der zwischen 1230 und 1255 regierte, erlebte mit Mali ein sogar noch größeres Mandereich seinen Aufstieg.

Es scheint, als gelangte Sundiata als ‚Heide' an die Macht, doch scheinen er und seine Nachfolger schnell die politischen und wirtschaftlichen Vorteile, die in einem Übertritt zum Islam lagen, für sich und ihren Staat erkannt zu haben. Bekanntlich waren die letzten Könige von Ghana bis zu einem gewissen Grad von muslimischen Beratern abhängig, und es ist wahrscheinlich, dass diese zumindest zu Anfang Fremde aus dem Norden waren. Ein Ergebnis der Eroberung durch die Almoraviden bestand darin, dass sie dem Wachstum des Islam unter den Sudan-Völkern förderlich war. Sundiata scheint zumindest nominell ein Konvertit gewesen zu sein, und bis zum Ausgang des 14. Jahrhunderts, in der großen Zeit des Reiches Mali, waren alle seine Nachfolger als *Mansa* („Kaiser") zweifellos Muslime, von denen viele die Pilgerfahrt nach Mekka antraten. Fortan wurden die wichtigsten Staaten des Westsudan in der Regel von Königen beherrscht, die ihre Treue zum Islam bekundeten.

Für die Staaten der schwarzafrikanischen Völker des westafrikanischen Savannenlandes wirkte sich der Islam insofern vorteilhaft aus, als er ihnen einen anerkannten Status bei den Regierungen und Kaufleuten Nordafrikas verlieh, deren Wohlwollen für das Gedeihen der Sudanstaaten so unerhört wichtig war. Ungefähr vom 13. Jahrhundert an waren auch die Kaufleute aus dem Sudan in der Regel Muslime und wurden, da sie ein Gebiet bereisten, das größer war als die Länder, die der direkten Herrschaft ihrer Könige unterstanden, zu den wichtigsten Verkündern des Islam im gesamten Westsudan. So waren es zum Beispiel Kaufleute der Mande, die im 14. Jahrhundert den Islam ins Hausaland trugen.

Der Islam und die islamische Kultur erwiesen sich zudem als nützliche Werkzeuge bei dem Versuch, die inneren Probleme zu lösen, denen sich die „sudanischen" Reiche gegenübersahen. Ein König oder Reichsgründer besaß lediglich die Legitimation seines eigenen Volks oder Clans sowie anderer, verwandter Völker, die seine Abstammung von einem ursprünglichen König oder Gründungsahnen anerkannten, von dem die ganze Gruppe abstammte. Viele Herrscher aber, vor allem die des Mali-Reichs sowie die Soninke, die ihnen schließlich in der Herrschaft nachfolgten, dehnten ihr Einflussgebiet weit über die Grenzen dieser ethnischen Einheiten hinaus aus. Ghana hatte gezeigt, wie reich und mächtig eine Monarchie werden konnte, wenn es ihr gelang, die Kontrolle über den gesamten Handel in einem bestimmten Gebiet im Sudan zu erringen. Und so bemühten sich sowohl Mali als auch Songhai darum, möglichst viel vom Sudanhandel zu kontrollieren. Je weiter entfernt ihre Armeen ein System von Recht und Gesetz durchsetzen konnten, desto mehr würden in Friedenszeiten Produktion und Handel gedeihen. Im Zusammenhang damit würden sich auch Geschäfts- und Abgabenfluss und der Zustrom an Vasallen und Sklaven in die Hauptstadt verstärken und Mittel für eine weiter gehende Ausdehnung ihrer Macht bereitstellen.

Je größer aber ein Königreich war, desto fremdartiger erschienen seine Herrscher. Lokalen Führern war nicht zu trauen, dass sie ehrliche Vasallen bleiben würden; im Gegenteil. Sie tendierten dazu, einen Sammelpunkt für den örtlichen Widerstand gegen die imperiale Herrschaft abzugeben. Dieser Situation ließ sich bis zu einem gewissen Grade gegensteuern, indem ein Herrscher seine eigenen Leute einsetzte und diese durch eine entsprechende Zahl eigener Soldaten stützte, damit sie die entlegenen Gebiete in seinem Namen regierten. Dies aber löste noch immer nicht das grundsätzliche Problem, wie man der Loyalität anderer Volksgruppen sicher sein konnte. Im besten Falle tat ein Provinzgouverneur nichts weiter, als sich selbst der Gefolgschaft zu versichern, und wenn er ein Blutsverwandter des Herrschers war, der einigen Anspruch darauf erheben konnte, ihm auf den Thron zu folgen, dann konnte sich das für die Zentralgewalt als extrem gefährlich erweisen. Deshalb wurden die Provinzgouverneure häufig unter den Sklaven gewählt, und nicht aus der Familie des Herrschers.

Für die Erhaltung eines großen Imperiums war es daher vonnöten, eine unparteiische zentrale Verwaltung aufzubauen, die ausreichende Beständigkeit aufwies und über ein Kommunikationssystem verfügte, das es erlaubte, über alles, was sich im Reich ereignete, eine wirkliche Kontrolle auszuüben. Ferner war es erforderlich, ein Grundprinzip für die Gefolgschaft zu finden, das dasjenige ersetzen konnte, das auf der Blutsverwandtschaft beruhte. Der Islam konnte bei beidem eine Hilfe sein. Mit der Zunahme muslimischer Schulen und Oberschulen im Sudan entstand eine Klasse gebildeter, des Lesens und Schreibens kundiger und sogar gelehrter Männer, die in der Lage waren, die Regierungsgeschäfte des Reichs und den Handel effizient zu gestalten. Diese Männer wurden in ihrem Tun nicht von blutsverwandtschaftlichen Bindungen bestimmt. Ihre eigenen Interessen waren im Gegenteil eng mit der Erhaltung der imperialen Verwaltung und des Friedens verknüpft. Andererseits scheint der Islam, zumindest nicht vor dem 19. Jahrhundert, nicht tief genug in das Leben der Volksmassen eingedrungen zu sein, um den zweiten der oben genannten Aspekte entscheidend zu beeinflussen. Immer wenn eine Zentralmacht schwach oder in sich zerstritten war, tendierten sudanische Reiche dazu, in ihre vorislamischen verwandtschaftlichen Organisationsformen zurückzufallen.

Hervorzuheben ist, dass sowohl Mali als auch Songhai unbestreitbar ganz beachtliche Reiche waren. Die Macht der Herrscher von Mali erstreckte sich im 14. Jahrhundert von der Hauptstadt Niani im oberen Nigertal westwärts über das ganze Land nördlich des tropischen Regenwaldes bis zum Atlantik und ostwärts entlang des Niger bis an die Grenzen des Hausalandes. Zu den wichtigsten Vasallen gehörten die Könige von Songhai, die das Monopol über den Fischfang und den Bootsverkehr auf dem mittleren Niger besaßen. Die Kontrolle der Songhai war für die Kaufleute aus Mali von entscheidender Bedeutung, wenn sie Zugang nach Timbuktu und Gao haben wollten, zwei Städten, die sich seit dem 13. Jahrhundert zu wichtigen Stützpunkten des Transsaharahandels im Süden entwickelt hatten, und weiter zu den Hausa-Staaten. Die Songhaikönige aber nahmen die Unterordnung unter die Interessen Malis nicht sonderlich freundlich auf und versuchten ständig, ihre Unabhängigkeit wiederzuerlangen. Zu guter Letzt hatten sie mit Sunni Ali (ca. 1464–1492) einen König, der die alten traditionellen Energien der Songhai mobilisieren konnte. Mali wurde besiegt, und Sunni Ali ging mit Unterstützung von Männern, die ihre Erfahrungen in den Armeen und der Verwaltung Malis gesammelt hatten, daran, die östlichen Gebiete des Mali-Reichs in ein eigenes Reich umzuwandeln. Der *Askia*

Muhammad (1493–1528), einer seiner Mande-Generale und sein Nachfolger, vollendete sein Werk und stellte die muslimischen Einflüsse, die Sunni Ali im ersten imperialen Aufschwung zerstört hatte, wieder her. Es entstand ein Reich, das noch größer war als das Mali-Reich. Seine Hauptstadt Gao lag im Nigerbogen ungefähr fünfzehnhundert Kilometer östlich von Niani, und entsprechend geringer fiel auch die Ostausdehnung des Reichs aus. Dafür aber erstreckte es sich im Norden bis hin zu den Salzbergwerken der Sahara und fast an die Grenze Marokkos. Im Osten reichte es fast bis nach Bornu.

Die Macht, der Wohlstand und die Ordnung dieser Reiche erregten die Bewunderung der Muslime aus zentraler gelegenen Regionen der islamischen Welt, die um ihre eigenen Leistungen wissend nicht so schnell bereit waren, andere zu loben. Der große Reisende Ibn Battuta, den frühere Reisen bis nach China geführt hatten, schrieb nach einer Reise durch das Reich Mali in den Jahren 1352 und 1353, dass die schwarzen Afrikaner dort

> nur selten ungerecht sind und eine größere Furcht vor Ungerechtigkeit haben als andere Völker. Ihr Sultan zeigt niemandem gegenüber Gnade, der sich die kleinste Ungerechtigkeit zu Schulden kommen lassen hat. In ihrem Land ist man völlig sicher. Weder der Reisende noch ein Bewohner haben irgendetwas von Räubern oder gewalttätigen Menschen zu befürchten.

Fortwährend wies er auf die gedeihliche Landwirtschaft und den prosperierenden Handel sowie die Leichtigkeit und Sicherheit hin, mit der Kaufleute und Ausländer nach nur wenigen Vorbereitungen durch das Land reisen könnten, weil stets gewährleistet war, dass sie Essen kaufen und Unterkunft für die Nacht finden würden. Wenige Jahre vor dem Besuch Ibn Battutas war *Mansa* Mussa, vielleicht der größte Herrscher des Mali-Reiches und mit Sicherheit der bekannteste, wie viele seiner Vorgänger über Kairo nach Mekka gepilgert. In Kairo hinterließ er einen sehr günstigen Eindruck. Er führte so viel Gold in seinem Tross mit, dass der Wert dieses Edelmetalls in Ägypten beträchtlich sank. Die Reise des *Mansa* Mussa sicherte dem Westsudan einen festen Platz auf der Weltkarte der großen Staaten der damaligen Zeit. Und das buchstäblich, denn Mali und sein „Herrscher über die Schwarzen“ erscheinen auf der allerersten Landkarte Westafrikas, die je in Europa gezeichnet wurde (im Jahr 1375). Es war zweifellos sein Erfolg, der *Askia* Muhammad aus Gao dazu anstachelte, auf seiner Pilgerfahrt nach Mekka in den Jahren zwischen 1494 und 1497 noch größere Pracht zur Schau zu stellen.

Die großen Staaten und Städte des Westsudan wurden definitiver Bestandteil der islamischen Welt, ohne dabei ihren besonderen „sudanischen" Charakter zu verlieren. Ihre Moscheen und Schulen vermochten Geistliche und Gelehrte aus anderen Teilen dieser Welt anzuziehen. Vor allem die Moscheen und Schulen von Timbuktu erlangten Berühmtheit. In muslimischen Zentren wie Kairo betrieben sie sogar Wohnheime für Studenten und Reisende. Doch natürlich war es der Handel, der den Sudan mehr als alles andere mit Nordafrika verband, und in den Jahrhunderten nach den Almoraviden scheint es eine interessante Beziehung zwischen dem Verlauf der Ereignisse im Sudan und denen im Maghreb zu geben. Noch zu Beginn der muslimischen Periode hat, wie es aussieht, der Großteil des Handels die westliche Sahararoute zwischen Marokko und Ghana genommen. Das lag zweifellos daran, dass das am einfachsten zugängliche Gold des Sudan nur wenig südlich von Ghana zu finden war, und sich die wichtigsten Salzbergwerke knapp jenseits der marokkanischen Südgrenze befanden. Zu Beginn des 14. Jahrhunderts aber hatten Mande-Kaufleute den Goldhandel mit den südöstlichen Regionen im Tal des Volta und darüber hinaus eröffnet. Die Ausweitung der Macht des Mali-Reichs nigerabwärts und der nachfolgende Aufstieg des Songhai-Reichs markieren also eine Verlagerung der westsudanischen Machtzentren nach Osten. Auch die Exporte der Region begannen nach Osten zu fließen, den Niger hinunter in die neuen Zentren wie Timbuktu und Gao, bevor sie die Wüste auf den zentraleren Routen durchquerten. Es ist möglich, dass diese Ostverlagerung der politischen und wirtschaftlichen Macht im Sudan zum einen der Zerschlagung der alten Handelsrouten im Westen durch die Almoraviden zuzuschreiben ist, zum anderen aber damit zusammenhängt, dass (nach der kurzen Blüte der Almoraviden- und Almohaden-Reiche) die Hafsiden in Tunis die stabilste Macht im Maghreb darstellten. Es kann ebenfalls von Bedeutung sein, dass der Höhepunkt der Macht, den das Königreich von Kanem im Zentralsudan während des 13. Jahrhunderts erreichte, als sein Einfluss im Norden bis in den Fezzan zu spüren war, in gewisser Zeitgleichheit mit dem Aufbau des Hafsiden-Staates erfolgte.

8 Nordost- und Ostafrika im Mittelalter und der frühen Neuzeit

In Nordost- und Ostafrika hatte der Aufschwung des Islam nicht die selben unmittelbaren und katastrophalen Folgen wie in Ägypten und Nordafrika. Sogar das christliche Königreich im aksumitischen Äthiopien, das bis zum Vorabend der Geburt des Propheten Südarabien unterdrückt hatte und dem Ausgangspunkt der islamischen Expansion als geordnetes Staatsgebilde am nächsten lag, wurde viele Jahrhunderte lang in Frieden gelassen. Im siebten Jahrhundert profitierten arabische Muslime von einer zeitweisen Schwäche des christlichen Königreichs und eroberten die Hafenstadt Massawa sowie die benachbarten Dahlak-Inseln, doch wissen wir von arabischen Geschichtsschreibern aus dem 9. und 10. Jahrhundert – Yakubi und Ibn Hawqal –, dass der äthiopische Staat in dieser Zeit den Küstenabschnitt des Roten Meeres, der dem Jemen gegenüberlag, noch immer weitgehend kontrollierte und dass sich sein Einfluss um den Golf von Aden herum bis nach Zeila an der Nordküste des heutigen Somalia erstreckte. In den Küstengebieten, und vor allem den Häfen, hatten sich Gemeinschaften muslimischer Kaufleute niedergelassen, doch zahlten sie alle dem König von Äthiopien Tribut. Darüber hinaus sah die muslimische Welt das christliche Äthiopien nicht als Ziel des *Dschihad*, des heiligen Krieges.

Auch wenn es der Wahrheit entsprechen mag, dass der Aufstieg des Islam den Wendepunkt in der äthiopischen Geschichte darstellt, so trifft dies nur in einem entfernten und langfristigen Sinne zu. Die neue Weltordnung des Islam schnitt Äthiopien von seinen früheren mediterranen Verbündeten ab. Das führte zur Verdrängung der ägyptischen, griechischen und jüdischen Kauflaute aus den Häfen des Roten Meeres durch muslimisch-arabische Kaufleute. Sechs oder sieben Jahrhunderte lang führte das aber keineswegs zu ständigen Feindseligkeiten zwischen Christen und Muslimen. Im Osten gab es keine

Parallele zum Handlungsmuster von *Dschihad* und Kreuzzug, von dem die mittelalterliche Geschichte des Mittelmeerraumes geprägt ist. Zu großen Teilen beruhte dies darauf, dass die äthiopische Kirche ihren syrischen und ägyptischen Lehrern in die monophysitische Häresie gefolgt war, die vom orthodoxen Christentum auf dem Konzil von Chalcedon 451 verdammt worden war. Sie profitierte deshalb von der Ansiedlung ägyptischer Kopten, die durch die arabische Invasion Ägyptens ausgelöst worden war. Das ganze Mittelalter hindurch, sogar in der Zeit der Kreuzzüge, wurden die äthiopischen Bischöfe in Kairo geweiht, und äthiopische Pilger zogen mit dröhnenden Trommeln und wehenden Fahnen und regelmäßigen Gebetspausen auf ihrem Weg in das Heilige Land mitunter zu Tausenden durch Ägypten. Und tatsächlich war es Saladin, der den äthiopischen Christen die Heiligkreuzkirche in Jerusalem als religiöses Zentrum übereignete.

Die eigentliche Krise des mittelalterlichen Äthiopien wurde nicht von den Muslimen im Norden, sondern von den Völkern im Süden ausgelöst. Über die Einzelheiten dieser Krise wissen wir so gut wie nichts. Ein erhaltener Brief eines äthiopischen Königs aus dem ausgehenden 10. Jahrhundert an Georg von Nubien, den König des Nachbarstaates, erzählt die bemitleidenswerte Geschichte eines Königreichs, das von Invasoren aus einem benachbarten Staat in Trümmer gelegt wurde. Bei diesem handelt es sich möglicherweise um das Agau-Königreich von Damot, das im großen Bogen des Blauen Nils lag. Der Wiederaufbau des christlichen Königreichs in Äthiopien ist mit Sicherheit die heldenhafteste Epoche in der äthiopischen Geschichte gewesen, auch wenn wir am wenigsten über sie wissen. Die Renaissance wurde von einer neuen Königsdynastie angeführt, von den Zagwe, die keine semitische Sprache sprachen wie die Gründer Aksums. Sie waren christianisierte Agau aus der zentralen Region Lasta und hinterließen die Felsenkirchen von Roha als wichtigstes Monument ihrer Herrschaft. Das Christentum siegte allerdings nicht, weil sesshafte Geistliche einen gelehrten Glauben verkündet hätten, sondern (wie im Irland des fünften und sechsten Jahrhunderts) als Kirche asketischer Mönche und Einsiedler, die ihren Einfluss über eine persönliche Heiligkeit und Abkehr von der Welt spürbar machten. Zweieinhalb Jahrhunderte lang wurden die politischen und religiösen Grenzen immer weiter nach Süden verschoben, wurde das fruchtbare Hochland von Schoa im Gebiet des heutigen Addis Abeba von semitischen, christlichen Amharen aus der Gegend östlich von Lasta besetzt.

Mitte des 13. Jahrhunderts waren diese zu dynamischen Vorreitern im ganzen Königreich geworden, und 1270 ergriff eine Schoa-Dynastie die Macht, die von sich behauptete, von König Salomon und der Königin von Saba sowie von der alten Linie der aksumitischen Könige abzustammen. Die frühen „salomonischen" Herrscher erwiesen sich als große Eroberer. Sie führten das harte Leben militärischer Befehlshaber, lebten in beweglichen Hauptstädten, die aus Zelten errichtet wurden, und dehnten ihre Macht über Godjjam und Damot im Westen von Schoa aus, bevor sie ihre Aufmerksamkeit gen Südosten wandten, dem Tal des Awash und der wichtigen Handelsroute zu, die, dem Lauf des Flusses folgend, nach Zeila am Golf von Aden führte.

In dieser letztgenannten Region waren den christlichen Äthiopiern muslimische Kaufleute und Geistliche vorangegangen, die zumeist aus Afar unweit von Zeila stammten. Diese Kaufleute hatten ein Netzwerk kommerzieller Verbindungen zwischen den kleinen, unabhängigen Staaten der Ifat, Dawaro, Fatejar und Hadiya geknüpft, die auf dem Weg nach Enarea und Kaffa lagen und mit Gold, Moschus und Sklaven handelten. Der Schlüssel zu diesem Handel lag im Salz der Aussa-Senke, in der das Wasser des Awash aufläuft und verdunstet, bevor es das Meer erreicht. Die Afar transportierten es mit Kamelen aus der Senke heraus, luden es dann auf Esel um, um es im Hochland zu verkaufen. Die Händler führten zudem Pferde ein, die bei der Sklavenjagd verwendet wurden, und heirateten in die lokalen Herrscherfamilien ein, die den Handel unterstützten. Nach den Kaufleuten kamen die Geistlichen, und auf diese Weise nahm ein Konversionsprozess seinen Anfang. Die äthiopischen Christen wirkten hier in erster Linie als Eroberer, die Tribut einforderten. Sie waren weder darum bemüht, die lokalen Dynastien zu stürzen, noch deren Glauben zu ändern. Der Langzeiteffekt der christlichen Militärvorstöße aber bestand darin, dass er diese Herrscher dazu brachte, als Muslime und weniger als Kaufleute zu denken und zu handeln. Die von ihnen organisierten Aufstände gründeten sich auf den religiösen Eidschwur, entweder den Sieg zu erringen oder als Märtyrer zu sterben.

Das erste Ergebnis dieser Erhebungen war, dass das christliche Äthiopien den führenden Muslimstaat Ifat auslöschte. Die Flüchtlinge wurden bis nach Zeila verfolgt und der König von Ifat 1415 getötet. Das nördliche Ifat kam unter die direkte Herrschaft Äthiopiens, das sich jetzt über ein Jahrhundert lang der strahlendsten Epoche seiner Geschichte erfreuen konnte. Kirche und Staat blühten sichtbar aneinander auf. Es wurde eine stehende Miliz für den Grenzschutz ausgehoben, und königliche Verwalter in jeder Provinz sollten die Loyalität der örtlichen Notabeln sicher stellen. Staaten, die in einem weiten Halbkreis den östlichen und südlichen Grenzen vorgelagert waren, hatten regelmäßig Tribut zu zahlen. Nur die führenden muslimischen Elemente aus dem früheren Ifat hielten den Geist der Opposition am Leben. Sie zogen ins Chercher-Hochland auf der Ostseite des Grabenbruchs, wo sie den neuen Staat Adal errichteten, dessen einigende Kraft der *Dschihad* gegen Äthiopien darstellte. Als am Beginn des 16. Jahrhunderts in Ägypten die Mameluken von den Türken des Osmanischen Reichs abgelöst wurden und damit Feuerwaffen und Artillerie in die Häfen am Roten Meer und nach Südarabien gelangten, trafen sie in Adal auf eine geeinte muslimische Gemeinschaft, die dazu bereit war, diese Waffen gegen das christliche Königreich einzusetzen. Adal brachte mit Ahmad bin Ibrahim ein militärisches Genie hervor, das 1529 den christlichen Armeen in der Schlacht von Shimbra Kure eine vernichtende Niederlage beibrachte. Daran schloss sich eine systematische Eroberung und Plünderung des gesamten Königreichs an. Jede Kirche und jedes Kloster wurden niedergebrannt, und noch der letzte Rest angehäuften Reichtums fortgetragen. Lediglich Ahmads Versuch, sich in Äthiopien festzusetzen und das Land mit Hilfe abtrünniger christlicher Beamter und Würdenträger zu regieren, erwies sich als weniger erfolgreich. Um die königliche Familie herum gruppierte sich Widerstand, der im richtigen Augenblick von einer kleinen Streitmacht portugiesischer Musketiere unterstützt wurde, die von Goa aus geschickt worden war, und mit deren Hilfe Ahmad schließlich im Jahre 1543 geschlagen und getötet werden konnte. In den darauf folgenden anderthalb Jahrhunderten konnte sich das christliche Äthiopien in beachtlichem Maße erholen, doch nur, indem man den Mittelpunkt des Königreichs weit nach Nordwesten in die Region Gondar verlagerte. Das schlimmste Ergebnis der Eroberung durch Adal bestand darin, dass die Grenzbefestigungen im Süden und Osten des alten Königreichs durchbrochen waren und es dadurch den Oromo (Galla), kriegerischen Nomaden, möglich war, in einem Umfang in die Provinzen im Süden und Osten vorzudringen, der sich als unumkehrbar erweisen sollte.

Umrunden wir nun die scharfe Spitze des Kaps Guardafui, dann stellen wir fest, dass die mittelalterliche Geschichte Ostafrikas bis vor kurzem nahezu ausschließlich als die Geschichte städtischer Siedlungen dargestellt worden ist, von denen man annahm, dass es sich dabei um die Niederlassungen von Ausländern handelte, die sich von Mogadischo im Norden bis Sofala in Mosambik entlang der Küste und auf den vorgelagerten Inseln verteilten. Heute ist die Aufmerksamkeit stärker auf die indigenen Völker Ostafrikas gerichtet, und als Ausgangspunkt nimmt man das eisenzeitliche Vordringen bantusprachiger Völker, die sich in breiter Front, aus dem Westen kommend, über die ganze Region verbreiteten und die spätsteinzeitlichen Populationen kuschitischer und khoisansprachiger Völker, die ihnen vorangegangen waren, nach und nach absorbierten. Wir haben bereits gesehen, dass die Eisenzeit bis in den Nordosten der heutigen Kongo-Republik, nach Rwanda, Burundi, Süduganda und Nordwest-Tansania vorgedrungen war, und das ungefähr um das zweite oder dritte vorchristliche Jahrhundert, vielleicht sogar schon beträchtlich früher. Von dort breitete sich die Eisenzeitkultur nach Osten und Süden aus, erreichte im 1. oder 2. Jh. n. Chr. die Küstengebiete von Kenia und Tansania und im dritten oder vierten Jahrhundert die Küsten von Mosambik und Natal. Im Innern des Kontinents, im Kongo, in Sambia, Malawi, Simbabwe und dem Transvaal, kann man für diese Bewegung ungefähr das vierte oder fünfte Jahrhundert ansetzen. In der gesamten Region fiel der Übergang zur Eisenzeit mit dem Übergang vom Jagen und Sammeln zur bäuerlichen Nahrungsmittelproduktion zusammen. Dieser Übergang stellte demnach eine Revolution der fundamentalsten Art dar.

Die Quellen zur Geschichte der Küste des Indischen Ozeans muss man vor diesem Hintergrund betrachten. Wir haben hier zunächst den *Periplus des erythräischen Meeres*, der wahrscheinlich dem frühen 2. Jh. n. Chr. zuzuordnen ist. Das Bild, das sich uns danach bietet, zeigt arabische Kaufleute, die auf der Suche nach Elfenbein, Schildkrötenpanzern und Rhinozeroshörnern regelmäßig der Küste entlang bis ungefähr auf die Höhe von Dar es-Salam segeln. Eine zweite Quelle ist die *Geographie* des Claudius Ptolemäus, die in der Form, in der wir sie kennen, ins ausgehende vierte Jahrhundert gehört. Sie lässt erkennen, dass die alexandrinischen Kaufleute dieser Zeit von der Existenz des Kilimandscharo und der großen Seen im Innern des Kontinents, an denen der Nil seinen Ursprung nimmt, wussten. Drittens gibt es die Funde römischer Münzen, die häufig aus dem vierten Jahrhundert stammen. Es hat demnach ganz den Anschein, als sei die kommerzielle Durchdringung des zentralen Ostafrika, zweifellos im Interesse des Elfenbeinhandels, in dieser lang vergangenen Zeit viel weiter fortgeschritten gewesen als zu jedem späteren Zeitpunkt vor dem 18. Jahrhundert. Doch obwohl wir wissen, dass die Besiedlung des Küstengürtels durch eisenzeitliche Völker bereits begonnen haben musste, sind uns die klassischen Quellen keine wirkliche Hilfe, will man sie auch historisch bestimmen. Darüber hinaus verschwindet Ostafrika zwischen dem vierten und neunten Jahrhundert vollständig aus den geschichtlichen Aufzeichnungen. Selbst bei den Hinweisen auf „Zanj"-Sklaven, auf die wir in arabischen und chinesischen Chroniken aus dem siebten und achten Jahrhundert stoßen, hat sich gezeigt, dass damit Völker aus dem Hinterland des Roten Meeres und nicht Völker von der Ostküste Afrikas gemeint sind. Fehlende Informationen bedeuten aber nicht, dass sich nichts ereignet hat. Vor allem ein Ereignis dürfte sich in dieser „dunklen Zeit" zugetragen haben: die Besiedlung der bis dahin unbewohnten Insel Madagaskar durch eine Bevölkerung indonesischen Ursprungs. Der Kontakt mit den Indonesiern muss sich in irgendeiner Form auch auf das Festland erstreckt haben, wo er ein bedeutsames Erbe an südostasiatischen Nutzpflanzen hinterlassen hat: Banane, Asiatischer und Kokos-Jams, Kokosnuss, Reis und Zitrusfrüchte. Doch erst mit der Wiederaufnahme des arabischen Handels aus den Ländern am Persischen Golf unter dem abbasidischen Kalifat beginnen die historischen Zeugnisse wieder zu einem ununterbrochenen Strom zu werden.

Die älteste islamische Niederlassung an der Ostküste, von der wir bislang Kenntnis haben, befindet sich auf Manda, einer Insel der Lamu-Gruppe nahe der heutigen Grenze zwischen Somalia und Kenia. Hier errichtete irgendwann im neunten Jahrhundert eine Gemeinschaft ausländischer Kaufleute, die offensichtlich von der Ostküste des Persischen Golfs stammte, auf reichlich fünfundvierzig Morgen (= 182 000 Quadratmeter) Landes eine kleine Siedlung aus behauenem Muschelkalk mit Hafendamm und einigen anderen Bauwerken. Nachbarn waren die nordöstlichsten Bantu, und bezeichnenderweise wurden die Frühformen des Kiswahili und der komorischen Sprachen zunächst als „Stammessprachen" gesprochen. Die hauptsächliche Folgerung aus dieser wichtigen Tatsache besteht darin, dass sich die Bantu genügend Wissen über den Schiffbau und die Seefahrt angeeignet hatten, um sowohl den Küstenhandel vor Ort übernehmen als auch an der Küste des heutigen Kenia, Tansania und Mosambik und auf den vorgelagerten Inseln Pemba, Sansibar, Mafia, Kilwa, den Komoren und Nordmadagaskar eigene Handelsniederlassungen gründen zu können. Spätere Ankömmlinge, darunter Araber, Perser und Inder, ließen sich an diesen Orten nieder, begründeten mitunter lokale Dynastien und leisteten einen großen Beitrag zu ihrer islamischen Kultur, vor allem zur Architektur. Aus den Reiseberichten Masudis können wir mit einigem Recht schließen, dass es im 10. Jahrhundert auf Pemba eine Siedlung der Omani gab. Eine kufische Inschrift aus Sansibar bezieht sich auf die Errichtung einer Moschee in Kizikmazi im 12. Jahrhundert. Die so genannte Shirazi-Epoche auf Kilwa, der die Große Moschee und die prächtige Palastanlage von Husuni Kubwa zuzurechnen sind, ist auf den Anfang des 13. Jahrhunderts datiert worden. Doch scheint es wahrscheinlich, dass all diese Niederlassungen ursprünglich einmal von Swahili gegründet worden waren, das heisst von Bauern und Fischern der

Nordostbantu, die sich auf den lokalen Seehandel mit Elfenbein, Mangrovenhölzern, Dörrfisch und landwirtschaftlichen Produkten spezialisiert hatten und den Interkontinentalhandel der ausländischen Kaufleute mit diesen Waren versorgten.

In scharfem Gegensatz zu den spärlichen Überresten aus den ersten fünf Jahrhunderten der muslimischen Ära belegen die archäologischen Zeugnisse, dass sich die ostafrikanische Küste etwa in der Zeit zwischen der Mitte des 13. Jahrhunderts bis zum Erscheinen der Portugiesen gegen Ende des 15. Jahrhunderts einer ganz beachtlichen Blüte erfreute. Die ganze Küste von Somalia, Kenia und Tansania hinunter entstanden städtische islamische Gemeinschaften, die ihre Bauten aus Stein oder Muschelkalk errichteten und wohlhabend genug waren, Luxusgüter wie thailändisches Steinzeug und Porzellan der späten Sung- und frühen Ming-Dynastie Chinas importieren zu können. In der ersten Münze, die überhaupt in Afrika südlich der Sahara errichtet wurde, stellten die Sultane von Kilwa in eben dieser Zeit ihr eigenes Silber- und Kupfergeld her. Für diesen Wohlstand scheint es unter dem Aspekt der Entdeckung neuer Ressourcen in Ostafrika selbst keine befriedigende Erklärung zu geben. Das Sultanat Kilwa und seine nördlichen Vorgänger lebten vom Handel mit Simbabwe und vielleicht auch Katanga, etablierten ihre Gouverneure im Goldhafen Sofala und erhoben hohe Abgaben auf den Seehandel in beide Richtungen. Von Malindi und Mombasa weiß man spätestens seit dem 12. Jahrhundert, dass sie über Bergwerke geboten, in denen hoch konzentriertes Eisenerz abgebaut wurde, das man nach Indien ausführte, wo Stahlklingen für Schwerter und Dolche daraus hergestellt wurden. Mogadischo besaß eine Tuchindustrie und produzierte grobe Stoffe aus Baumwolle und Kamelhaar für den ägyptischen Markt. Und wie immer stellten auch Sklaven und Elfenbein zweifellos wesentliche Säulen des Exporthandels aller kleinen Siedlungen entlang der Küste dar.

Deshalb scheint es im 13. Jahrhundert hauptsächlich zu einer Intensivierung bereits vorhandener kommerzieller Beziehungen gekommen zu sein. Die materielle Verbesserung war beeindruckend, doch die primäre Bedeutung dieses Wiederaufschwungs im 13. Jahrhundert scheint in Religion und Kultur zu suchen zu sein. Das

13. Jahrhundert war die Zeit, in der sich der Islam auf seiner zweiten großen Expansionswelle von einer Küste des Indischen Ozeans zur anderen ausdehnte. Das 13. Jahrhundert erlebte zum ersten Mal das ernst zu nehmende Vordringen der Muslime bis tief nach Indien hinein. In Indonesien erfolgte die Islamisierung der hinduistischen Stadtkulturen von Malaysia, Java und Sumatra. Und für Ostafrika bedeutete dieses Jahrhundert die erste wirkliche Eingliederung der Küstenregion in die islamische Welt. Die muslimischen Siedler früherer Zeit waren nicht sehr zahlreich und die Verbindung mit dem Rest der islamischen Welt so dürftig, dass die meisten ihrer Nachfahren wahrscheinlich ihren Glauben verloren. Im 13. Jahrhundert ging das Handelssystem am Indischen Ozean zum großen Teil in muslimische Hände über und die Beteiligung daran sorgte allseits für eine neuartige Solidarität. Von dieser Zeit an findet man an der gesamten Küste Ostafrikas religiöse Monumente wie Moscheen und Grabmale.

Den Zeugnissen zufolge, die uns gegenwärtig zugänglich sind, erscheint es sehr unwahrscheinlich, dass damals ein Fernhandel zwischen der islamischen Kultur an der mittleren Ostküste und dem Inneren Ostafrikas existierte. Nördlich des Einflussgebiets der Bantu deuten einige Anzeichen darauf hin, dass die Küsten-Somali, vor allem nachdem sie den Islam angenommen hatten, mit den Oromo-Völkern im Hinterland südlich des äthiopischen Königreichs Handel trieben. Und im Süden von Kilwa verbanden Handelsrouten zu Land und zur See die Küste mit den Goldregionen Simbabwes und wahrscheinlich auch mit den Luba-Kupferminen Katangas. Zwischen der Sansibar-Küste und dem Gebiet der Großen Seen, das schon damals zu einem der dichtest besiedelten Gebiete Ostafrikas gehörte und wo, wie die Zeugnisse der Überlieferung und der Archäologie belegen, spätestens seit dem 13. und 14. Jahrhundert auch Staaten existierten, scheinen hingegen keine vergleichbaren Verbindungen bestanden zu haben. In Bigo in Westuganda förderte die Ausgrabung der großen Erdwälle, die wahrscheinlich im 15. Jahrhundert angelegt worden sind, nicht einen einzigen Import von der Küste – nicht einmal eine Perle – zu Tage.

Der Grund dafür besteht ohne Zweifel darin, dass sich zwischen der Küste und dem Seengebiet ein breiter Gürtel des trockensten, für Bodenbau unbrauchbarsten Landes in ganz Ostafrika erstreckt, der in damaliger Zeit wahrscheinlich nur von ein paar spärlichen Gruppen kuschitischer und nilotischer Krieger-Hirten bevölkert wurde, die sowohl des Antriebs als auch der Organisation ermangelten, Karawanen zu beliefern und zu unterstützen. Es sieht so aus, als seien erst im 18. Jahrhundert expandierende Bantugruppen aus Westtansania als Kultivatoren in den Süden dieser Region vorgedrungen. Sie richteten die erste Fernhandelsroute zwischen der Küste und dem Inneren ein. Für die zweite Hälfte des 18. Jahrhunderts berichtet die überlieferte Geschichte des Königreichs Buganda am Nordwestufer des Victoria-Sees über die ersten Importe von Baumwolltuch und anderen Luxusgütern.

Zu diesem Zeitpunkt war die Besetzung der Sansibar-Küste durch die Portugiesen bereits vorüber. Selbst an der Küste hatte sie keine tiefen Spuren hinterlassen. Im Innern des Kontinents noch weniger. Überall im Bereich des Indischen Ozeans verfolgten die Portugiesen im Wesentlichen kommerzielle und maritime Interessen: ihr Ziel bestand in der Verdrängung des bereits existierenden arabischen Seehandels. Das hatte sie ursprünglich, in den frühen Jahren des 16. Jahrhunderts, nicht nur nach Indien und Ostindien geführt, sondern entlang der Küste auch bis ins Rote Meer und den Persischen Golf. Ihre ersten Stützpunkte richteten sie in Sofala, Kilwa, So kotra und Ormuz ein. 1542 griff ein kleines portugiesisches Expeditionskorps entscheidend ein, um die Zerschlagung des christlichen Königreichs in Äthiopien durch den mit türkischen Waffen ausgerüsteten Somali-Staat Adal zu verhindern. Und noch ungefähr einhundert Jahre später bemühten sich portugiesische Missionare erfolglos, die äthiopische Kirche zum Gehorsam gegenüber Rom zu bewegen. Das aber war der einzige portugiesische Vorstoß in das ostafrikanische Hinterland nördlich des Sambesi. Ihre sämtlichen anderen Niederlassungen beschränkten sich auf die der Küste vorgelagerten Inseln – Mosambik, Sansibar, Pemba, Mombasa sowie die Inseln der Lamu-Gruppe. Ihre ostafrikanischen Interessen waren auf die Goldregion des Sambesi und den Inselstützpunkt von Mosambik beschränkt, von der die Ostindienfahrer direkt nach Goa segelten.

Die Umleitung des Goldhandels in europäische Kanäle traf den ostafrikanischen Küstenhandel ins Mark: innerhalb weniger Jahre nach der portugiesischen Besetzung war Kilwa zu einem unbedeutenden Dorf verkommen. Nördlich von Kilwa hielten die Siedlungen der Swahili auf dem Festland heimlich die Verbindungen mit Arabien und dem Persischen Golf aufrecht. In einem Versuch, die politische Unzufriedenheit an der Küste einzudämmen, errichteten und bemannten die Portugiesen 1593 die große Zitadelle Fort Jesus in Mombasa, doch glitt ihnen bereits zu dieser Zeit die nordöstliche Region des Indischen Ozeans aus den Händen. 1622 wurden sie endgültig aus dem Persischen Golf vertrieben. Mitte des Jahrhunderts dehnten die Seefahrer des maritimen Staates Oman ihre Raubüberfälle regelmäßig bis nach Sansibar im Süden aus. 1700 vertrieben sie schließlich die Portugiesen aus Fort Jesus. Im 18. Jahrhundert waren an der ostafrikanischen Küste nördlich des Kap Delgado in den Außenbeziehungen weitgehend die spätmittelalterlichen Muster wieder hergestellt. Die weiter reichenden Handelsverbindungen mit Indien und Indonesien, die der spätmittelalterlichen Kultur an der Küste ihren besonderen Glanz verliehen hatten, waren jetzt nur noch indirekte Verbindungen. Das für den ostafrikanischen Handel wichtige Simbabwe befand sich zwar noch in den Händen der Portugiesen, doch der maßgebliche kulturelle und kommerzielle Kontakt zum Zentrum der islamischen Welt war wieder hergestellt. Das 18. Jahrhundert erlebte das Wiederaufblühen der Swahili-Stadtstaaten, zumeist unter Dynastien, die den Ya'rubi-Imamen Omans eine nominelle Gefolgschaft geschworen hatten. Aus diesen Ausgangspositionen heraus sollten die ersten ernsthaften Vorstöße in das Innere des zentralen Teils von Ostafrika unternommen werden.

9 Die Staaten der Guineaküste

Wir haben bereits gesehen, wie die schwarzafrikanischen Gemeinschaften des westlichen und zentralen Sudan, durch zwei äußere Impulse angestoßen, nämlich der Verbreitung des politischen Konzepts des „sudanischen" Staates aus dem Niltal im Osten und der Expansion des internationalen Handels aus den Gebieten im Norden, jenseits der Sahara, so beachtliche Staaten bildeten wie das alte Ghana und Mali, das Songhai-Reich, Kanem-Bornu oder die Hausa-Königtümer. Entstehung und Existenz solcher Staaten sollten natürlich nicht ohne Auswirkungen auf die Schwarzfrikaner bleiben, die weiter südlich lebten, im weiteren Bereich des großen tropischen Regenwaldgürtels Westafrikas, der im Allgemeinen als Guineaküste bezeichnet wird.[1]

Die frühe Geschichte der Guineaküste liegt zwangsläufig stärker im Dunkeln als die des Sudan. Sie befand sich jenseits der Kenntnisgrenzen der arabischen Geschichtsschreiber, die den Sudan zwischen dem 8. und 15. Jahrhundert beschrieben. Vom 15. Jahrhundert an kam europäischen Geschichtsschreibern eine wachsende Bedeutung zu, doch dauerte es noch bis ins 19. Jahrhundert, bevor europäische Reisende entscheidend ins Innere des Sudan vordrangen. Sofern frühere Berichte Ereignisse aus dem Inneren erwähnten, geschah es nach dem Hörensagen. Der Geschichtswissenschaftler muss deshalb auf mündliche Überlieferungen vertrauen, deren Historizität nicht immer genau eingeordnet werden kann. In einigen Fällen ist aber die Archäologie in der Lage gewesen, diese tradierten Berichte zu bestäti-

1 Der Begriff „Guinea" wurde von den Portugiesen aus der ersten ihnen bekannten afrikanischen Sprache entlehnt, der Sprache der marokkanischen Berber. Genau genommen bedeutet *Akal n-Ihuinawen* im Berberischen das Gleiche wie das arabische *Bilad as-Sudan*, nämlich „Land der Schwarzen". In seiner heutigen geografischen Verwendung aber ist der Begriff Guinea der bewaldeten Südhälfte Westafrikas vorbehalten, während Sudan die Savanne der Nordhälfte bezeichnet.

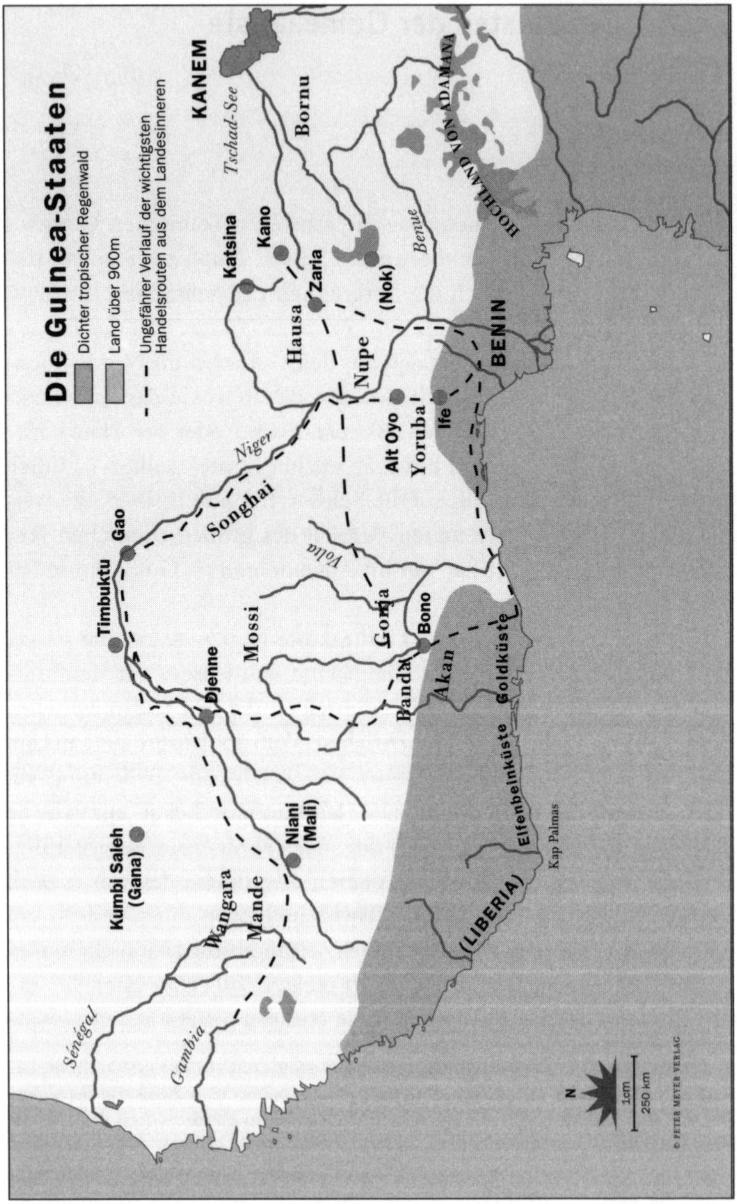

Die Staaten der Guineaküste

gen (und mitunter sogar ihre dürftigen chronologischen Bezüge aufzuhellen).

Es steht jedenfalls fest, dass zumindest mit dem 13. Jahrhundert die Schwarzafrikaner der Guineaküste begonnen hatten, Staaten zu gründen, die so ähnlich strukturiert waren wie die sudanischen. Die Guineastaaten im Westen des Volta ähnelten den „sudanischen" Staaten des oberen Niger, dem alten Ghana und Mali. Die Staaten östlich des Volta besaßen dagegen Ähnlichkeit mit den Staaten zwischen dem Niger und dem Tschadsee, namentlich mit Kanem-Bornu und den Hausa-Königtümern. Die Ursprungslegenden der östlichen Staaten der Guineaküste sowie die hervortretenden Ähnlichkeiten in ihrer politischen Struktur weisen darauf hin, dass die Idee des „sudanischen" Staats aus der Region des alten Kanem nach Süden und Westen verbreitet wurde. Den Überlieferungen der Dschukun zufolge, die am Benue siedeln, und auch nach den Legenden der Yoruba und verwandter Völker, die jetzt die Wälder Westnigerias bevölkern, wurden ihre Staaten von Einwanderern aus dem Niltal gegründet. Doch können solche Legenden kaum wörtlich genommen werden. Sie beziehen sich bestenfalls auf kleine erobernde Minderheiten der Art, die den Staat Kanem gründeten. Darüber hinaus darf man mit ziemlicher Sicherheit nicht davon ausgehen, dass diese Migranten für alle Facetten der nigerianischen Kunst und Kultur verantwortlich waren. Wahrscheinlicher ist, dass diese Einwanderer aus dem Ostsudan in ein Gebiet vorstießen, das bereits eine entwickelte Kultur aufzuweisen hatte. Die ganze nigerianische Region südwestlich des Tschadsees scheint seit den Zeiten der Nok-Kultur im ersten Jahrtausend v. Chr. auf den Gebieten der Landwirtschaft, Töpferei, Metallverarbeitung und Skulptur im subsaharischen Afrika führend gewesen zu sein. Die herrliche, naturalistische Skulptur von Ife geht zum Beispiel, auch wenn ihre Schöpfer die Technik des Metallschmelzens wahrscheinlich von vergleichsweise erst kürzlich Zugewanderten erlernt haben, in ihren Grundzügen auf die Nok-Tradition zurück. Der Einfluss aus dem Niltal war deshalb wohl vor allem im politischen Bereich wirksam.

Weiter westlich weist zum Beispiel die Überlieferung über den Ursprung der Akan aus Ghana in Richtung Norden zum oberen

Niger. Hier sieht es denn auch so aus, als wäre die Idee des „sudanischen“ Staates nicht direkt aus ihrem östlichen Ursprungsgebiet übernommen worden, sondern indirekt aus den „sudanischen“ Staaten, die im westlichen Sudan entstanden waren; auch hier war die „sudanische“ Tradition den selben Veränderungen unterworfen wie in den Staaten im Norden.

Es scheint deshalb eine vernünftige Schlussfolgerung zu sein, dass das landwirtschaftliche Geschick der Sudanvölker und ihre nachfolgenden Erfolge bei der Bildung von Staaten, die dazu in der Lage waren, große Gebiete zu regieren und über weite Entfernungen Handel zu treiben, zu einem beachtlichen Bevölkerungszuwachs in der Savanne geführt haben. Gleichermaßen schlüssig wäre die Annahme, dass dieser Bevölkerungszuwachs im Sudan zu einer beständigen Infiltration des Waldlandes führte. Botanische Zeugnisse weisen allerdings darauf hin, dass die Besiedlung des Waldes in einer Bevölkerungsdichte (die heute zwischen Kamerun und der Elfenbeinküste zu den größten im gesamten subsaharischen Afrika gehört) wie der heutigen nicht vor der Einführung der südostasiatischen Nutzpflanzen möglich war. Zusammen mit den noch später eingeführten Nutzpflanzen aus Südamerika sind sie es, die heute den größten Teil der Grundnahrungsmittel stellen, die die Landwirtschaft des westafrikanischen Regenwaldes hervorbringt. Die Infiltration aus dem Sudan muss sich demzufolge ebenfalls auf kleine Gruppen beschränkt haben. Mit dem Wachstum der Staaten im Sudan scheint sich diese Bewegung verstärkt zu haben und schneller in das Gebiet zwischen dem unteren Niger und der Elfenbeinküste, in der der dichte Regenwaldgürtel am dünnsten ist, vorgedrungen zu sein.

Viele der ältesten bekannten Staaten von Völkern wie den Akan und den Yoruba, die wir heute als typische Waldbewohner kennen, sind tatsächlich entweder nördlich des eigentlichen Regenwaldes oder an seinen nördlichen Rändern entstanden. Die ältesten Akan-Staaten sind Bono und Banda und wurden etwa im 13. Jahrhundert im Savannengürtel nördlich des Regenwaldes der Goldküste gegründet. Bei ihrem ersten Vordringen aus dieser Region in den Süden scheinen die Akan den Regenwald durch einen Schwenk nach Osten ins Volta-Tal so weit wie möglich gemieden zu haben. So erreichten sie das Grasland an der Küste gerade an der schmalsten Stelle des Regenwaldes. Dieser selbst scheint nicht vor dem 15. Jahrhundert in erwähnenswertem Umfang durchdrungen worden zu sein. Ife, der traditionelle Ausgangspunkt all jener, die die Yoruba-Staaten wie auch die große historische Dynastie von Benin gründeten, liegt noch im nigerianischen Regenwald, aber doch ziemlich an seinem nördlichen Rand. Oyo, der politisch bedeutendste Yoruba-Staat vom 17. Jahrhundert an, hatte sein Zentrum nördlich des Regenwaldes und setzte (ganz wie die Staaten des Sudan) Kavallerie ein, die für die Kriegführung im Regenwald nicht geeignet ist. Ähnlich waren Pferde auch für die Herrscher von Benin zumindest ein rituelles Symbol der Macht. Die Hauptstadt Benins war durch die ganze Breite des Regenwalds von all jenen Gebieten abgeschnitten, in denen eine Kavallerie von Nutzen gewesen wäre. Das deutet darauf hin, dass selbst die Gründer der typischsten Regenwaldstaaten ursprünglich aus der Savanne kamen. Die zusammenhängend bewahrten Überlieferungen des Reiches Benin besagen, dass die Herrscherdynastie ungefähr dreihundert Jahre vor der Ankunft der Portugiesen von Immigranten aus Ife begründet worden war. Die moderne Archäologie hat bestätigt, dass die Hauptstadt Benin bereits im 13. Jahrhundert bestand und dass die urbane Kultur von Ife mindestens bis ins 11. Jahrhundert zurückreicht.

Wie in den Staaten des westlichen und zentralen Sudan besaß die Gesellschaft der Staaten der Guineaküste vor allem im Osten eindeutig urbanen Charakter. Trotz ihrer ökonomischen Basis in der Landwirtschaft begegnete man hier nur selten dem Muster verstreuter Gehöfte, das für das übrige subsaharische Afrika so überaus charakteristisch ist. Die Menschen lebten in festen Siedlungen rund um die Gehöfte ihrer Könige und Notabeln und begaben sich tagsüber auf ihre Felder. Die Siedlungen variierten in ihrer Größe zwischen einfachen Dörfern, die das geografische Abbild der grundlegenden Verwandtschaftseinheiten waren, und großen Städten, in denen die Angehörigen vieler solcher Verwandtschaftsverbände in besonderen Stadtbezirken wohnten, die um den Königspalast herum angelegt waren, und in denen es auch eigene Viertel für Angehörige fremder Völker gab. In den östlichen Staaten, vor allem bei den Yoruba, glich das Muster dem der Hausa-Staaten weiter nördlich. Den Kern eines Staates bildete eine Stadt, die von einer Mauer umgeben war, die ein Gebiet umschloss, das im Notfall die ganze Bevölkerung beherbergen und in einigen Fällen sogar mit Nahrung versorgen konnte. Die meisten Staaten der Guineaküste befanden sich bis ins 19. Jahrhundert außerhalb der Sphäre europäischer Beobachtung. Benin stellte jedoch eine Ausnahme dar, und aus Berichten von Reisenden aus dem 16. und 17. Jahrhundert geht eindeutig hervor, dass die Besucher die Stadt nicht nur als Großstadt betrachteten, sondern auch bereit waren, sie mit den wichtigsten europäischen Städten dieser Zeit zu vergleichen. So beobachtete im Jahre 1602 ein holländischer Autor:

> Die Stadt erscheint sehr groß; wenn man sie betritt, gelangt man auf eine große, breite, ungepflasterte Straße, die sieben oder achtmal breiter zu sein scheint als die Warmoes-Straße in Amsterdam; die sich gerade dahinzieht und auch nicht die kleinste Krümmung aufweist ... es scheint, als messe diese Straße eine Meile in der Länge [gemeint ist eine holländische Meile, ungefähr fünf Kilometer lang], die Vororte nicht mitgerechnet. Am Tor, durch das ich einritt, sah ich einen sehr hohen Wall, dick und aus Erde, mit einem tiefen, breiten Graben versehen .... Vor diesem Tor liegt ein großer Vorort. Bewegt man sich weiter auf der großen Straße voran, entdeckt man viele große Straßen, die von dieser abgehen und ebenfalls schnurgeradeaus verlaufen. ... Die Häuser in dieser Stadt stehen wohl geordnet, das eine neben und auf gleicher Linie mit dem anderen, wie die Häuser in Holland ... Die Räume darin sind viereckig, und haben ein Dach darüber, das in der Mitte nicht geschlossen ist, und wo der Regen, der Wind und das Licht hereinfallen, und darinnen liegen sie und essen ihr Fleisch; doch haben sie noch andere Zimmer daneben, wie Küchen und Kammern ...
>
> Der Hof des Königs ist sehr groß, darin sich viele, weite viereckige Plätze befinden, die von Galerien umgeben sind, und wo man immer Wache hält. Ich gelangte so weit in den Palast hinein, dass ich durch vier dieser Höfe kam, und wo ich auch hinsah, entdeckte ich immer noch mehr Tore, die in andere Bereiche führten ... Ich ging so weit wie nur je ein Niederländer, das heißt bis zum Stall, in dem seine besten Pferde standen, und hatte dabei einen langen Weg zurückzulegen. Es scheint, der König besitzt viele Soldaten; auch gebietet er über viele Noble, die, so sie zum Palaste kommen, auf Pferden einreiten. ... Auch kann man in der Stadt viele Sklaven sehen, die Wasser tragen, Jams und Palmwein,

> wie sie sagen, für den König; und viele befördern Gras, das für ihre Pferde bestimmt ist, und all das wird in den Palast gebracht ...

Die beiden südwärts verlaufenden Strömungen sudanischen Einflusses korrespondierten historisch mit zwei Hauptsystemen des Fernhandels, die den Sudan mit der Guineaküste verbanden. Dieser wurde im Osten von den Kaufleuten der Hausa-Staaten dominiert, an deren Unternehmungen im Südwesten die Yoruba anschlossen. In der westlichen Hälfte Westafrikas lag der Handel in den Händen der Mande. Die beiden Handelssysteme trafen nördlich der Goldküste am Rande des Regenwalds aufeinander. Die Überlieferungen, die sich auf den Handel in dieser Region beziehen, vermögen uns eine Vorstellung davon zu geben, wie alt diese Handelsbeziehungen bereits waren. Es hat den Anschein, als seien Mande-Kaufleute aus Djenne, der westsudanischen Metropole für den Handel mit dem Süden, um die Mitte des 14. Jahrhunderts vor allem des Goldes wegen bereits bis Bono gekommen. Der Handel von Nordosten her dürfte sich etwas später entwickelt haben, da die Hausa-Kaufleute erst im 15. Jahrhundert nach Gonja, nordöstlich von Bono, vordrangen.

Vor dem Erscheinen der Europäer gab es also bereits ein Netzwerk von Handelsrouten, das die Städte und Dörfer nahezu im gesamten Westafrika zwischen Sahara und Küste miteinander verband. Regelmäßig wurden Märkte abgehalten, die häufig an bestimmten Tagen stattfanden, damit benachbarte Märkte nicht in Konkurrenz zueinander gerieten. Auch wenn ein Großteil dieses Handels zweifellos lediglich lokalen Charakter trug und zum Beispiel im Austausch von Nahrungsmitteln gegen lokale Erzeugnisse innerhalb eines bestimmten Gebietes bestand, so waren die Unternehmungen der Mande-, Hausa- und Yoruba-Kaufleute doch wahrlich international.

Es ist offensichtlich, dass dieser Fernhandel eng an die Existenz organisierter Staaten gebunden war. Bei den Regionen, die von den reisenden Kaufleuten nicht berührt wurden, handelte es sich zum größten Teil um schwieriges Gelände wie Marschland und Gebirgsgegenden, in denen einfache, auf verwandschaftlicher Grundlage organisierte Gruppen der Aufmerksamkeit der Staatengründer entgangen waren. Die bei weitem größte dieser Regionen scheint der besonders schwierige und dünn besiedelte Regenwald des heutigen Liberia gewesen zu sein. Ungeachtet dessen waren die Korrelationen zwischen dem Fernhandel und dem Staatswesen nicht immer nur positiver Natur. Die wichtigsten Handelswaren waren großenteils Luxusgüter und andere, zum Lebensunterhalt nicht notwendige Waren. Die meisten westafrikanischen Gemeinwesen waren durchaus in der Lage, genügend anzubauen oder herzustellen, um für ihre Grundbedürfnisse selbst aufzukommen. Und außerdem waren die Transportkosten hoch. Das war vor allem im Regenwald der Fall, wo die Waren auf dem Kopf bewegt werden mussten, weil der Transport mit Tieren sowohl durch fehlendes Futter als auch durch die Tsetse-Fliege behindert wurde. Daher war es wirtschaftlich, nur jene Waren über große Entfernungen hinweg zu transportieren, deren Wert im Verhältnis zur Last, die sie darstellten, hoch war. Eine Nachfrage nach Luxusgütern setzt natürlich die Existenz einer wohlhabenden Klasse voraus. Diese bestand in Westafrika zunächst in Form der Könige und ihrer Höfe und der Vertreter spezialisierter Berufe – Verwaltungsbeamte, Soldaten, Künstler, Metallarbeiter, Hofmusiker, Barden und ähnliche –, die die Könige auf Grund ihrer Kontrolle über das Mehrprodukt, das ihre Untertanen erwirtschafteten, zu unterhalten in der Lage waren. Das Mehrprodukt floss im Wesentlichen in Form von Tributen an den Hof, und es war ohne Zweifel die Akkumulation solcher Tribute in Form solch weithin begehrten Waren wie des Goldes oder der Kolanuss, die den internationalen Handel möglich machte, sobald das Ausland Bedarf anmeldete.

Ganz allgemein entwickelten sich die Staaten im Sudan, wie wir gesehen haben, früher als an der Guineaküste, woraus sich die dominante Stellung der sudanischen Kaufleute in diesem Handel erklärt. Zweifellos veranlasste erst die Nachfrage aus dem Norden, von jenseits der Sahara, die Kaufleute der Mande und Hausa nach dem Süden zu ziehen, da ihre Staaten diese Nachfrage nur unzureichend oder überhaupt nicht zu befriedigen vermochten. Handel aber bringt Wohlstand mit sich und damit noch mehr Handel, und die Kaufleute aus dem Sudan handelten bald mit der gesamten Guineaküste, um die Nachfrage seitens der wohlhabenden Klasse in ihren Staaten zu befriedigen, zu deren bedeutenden Mitgliedern sie nur zu bald gehörten. Das war jedoch noch nicht alles. Die Staaten der Guineaküste begannen Handel zur eigenen Bereicherung zu treiben, auch wenn – vielleicht mit Ausnahme der Yoruba – der Handel zum größten Teil ein königliches Privileg blieb. Die Händler waren zumindest in gleichem Maße Agenten des Königs wie Mitglieder einer unabhängigen Klasse, die ihr Geschäft auf eigene Rechnung betrieben.

Die wesentliche Ausnahme vom Fernhandel mit Luxusgütern war der Salzhandel. Das Salz wurde sowohl vom Meer als auch über den Sudan aus der Sahara in den Regenwald geliefert. Die wesentlichen Exporte der Guineaküste bestanden aus Goldstaub, der von der Goldküste und den älteren Gruben in Wangara in den Sudan und letztlich auch in den Mittelmeerraum gelangte; aus Kolanüssen, einem der wenigen anregenden Mittel, die der Islam gestattet, und deshalb im ganzen Sudan hoch geschätzt, die ebenfalls bis in den Maghreb gelangten; und aus Elfenbein, obwohl der Elfenbeinhandel damals bei weitem noch nicht so bedeutsam war, wie er es nach dem Auftauchen der Europäer wurde, als ein Teil der Guineaküste westlich der Goldküste unter der Bezeichnung Elfenbeinküste bekannt wurde. Zu den Waren, die hauptsächlich in der entgegengesetzten Richtung von Norden nach Süden unterwegs waren, gehörten neben Pferden, Rindern und etwas Salz Perlen, billiger Schmuck und andere kleine Metallgegenstände (zum Beispiel Buschmesser); rare, und damit kostbare Metalle wie Kupfer und seine Legierungen; Tuch und Kaurischnecken. Letztere, die den ganzen Weg vom Indischen Ozean über Ägypten an die Guineaküste zurücklegten, erinnern uns daran, dass Westafrika über gut entwickelte Geldsysteme verfügte; das gilt auch für Gewichte und Maße. Neben den Kaurischnecken waren Goldstaub, Salzblöcke, Eisen- oder Kupferstücke und sogar Stoffe anerkannte Tauschmittel. Doch waren nicht alle Perlen und alles Tuch, mit dem an der Guineaküste gehandelt wurde, Importe. Ein Teil der Stoffe, vielleicht sogar der größere, war in Nordafrika oder im Sudan gewebt worden. Einige Perlen stammten aus dem Mittelmeerraum. Darüber hinaus gab es aber auch noch einen Handel mit Stein- oder Glasperlen und Stoffen, die an der Guineaküste selbst hergestellt wurden. Vor allem die Yoruba scheinen beides exportiert zu haben.

Mit Blick auf spätere Entwicklungen haben wir bei der Liste der Waren, die im frühen Guineahandel eine Rolle spielten, eine wesentliche Auslassung gewagt: die Sklaven. Das bedeutet aber nicht, dass Sklaverei und Leibeigenschaft unbekannt gewesen wären. In einer Situation, in der nahezu alle Menschen in die landwirtschaftliche Subsistenzproduktion eingebunden waren und ausreichend Land zur Verfügung stand, gab es zwangsläufig keine oder nur geringe freie Arbeitskraft. Damit war der Erfolg jedes größeren politischen oder wirtschaftlichen Unternehmens davon abhängig, inwieweit es der herrschenden Gruppe gelang, andere dazu zu zwingen, ihr als Diener, Gefolgsleute, Soldaten, Handwerker, Arbeiter, Träger und Abhängige zu Diensten zu sein. Das bedeutete aber auch, dass das Verlangen, seine Arbeitskraft zu verkaufen, nur gering war, zumindest so lange, wie sich keine Bedürfnisse nach anderen Gütern entwickelt hatten, die der Nachfrage nach Arbeitskräften gleichkamen oder sie überstiegen. Im westafrikanischen Sudan mag eine solche Situation im neunten Jahrhundert eingetreten sein. Der erste arabische Hinweis auf einen Transsaharahandel mit schwarzen afrikanischen Sklaven stammt aus dieser Zeit. Vom 12. Jahrhundert an sind derartige Hinweise allgemein. Für das Küstenland Guineas scheint festzustehen, dass es erst ab dem 16. Jahrhundert, mit der wachsenden europäischen Nachfrage, zu einem Sklavenhandel in großem Stil kam. Der Handel mit Waren aber war zum Zeitpunkt des Eintreffens der Europäer an der Küste bereits gut entwickelt. Als die Europäer gegen Ende des 15. Jahrhunderts an der Goldküste auftauchten, stießen sie auf die Mande-Kaufleute und stellten fest, dass zu den Waren, nach denen eine Nachfrage vor Ort bestand, marokkanisches Tuch und Perlen und Stoffe aus Benin gehörten, die aber wahrscheinlich zum größten Teil von den benachbarten Yoruba, Nupe und Igbo hergestellt wurden.

Es war die Universalität des Handels mit Stoffen und anderen Luxusgütern, die zusammen mit dem stark urbanen Siedlungsmuster die Guineaküste weitgehend von allen anderen Teilen Afrikas südlich des Savannengürtels unterschied, zumindest im späten Mittelalter und in der frühen Neuzeit. Im ganzen bantusprachigen Afrika kannte man importierte Baumwollstoffe frühestens aus der Zeit der ersten Kontakte mit den Portugiesen, doch nur in den städtischen Siedlungen der Ostküste und einer sehr begrenzten Region im Innern des Kontinents im Umkreis der Gold fördernden Region südlich des Sambesi. Zur selben Zeit aber war an der Guineaküste nahezu jedes Dorf über Handelsbeziehungen mit der muslimischen Zivilisation des Sudan und Nordafrikas verbunden. Als die Europäer auf dem Seeweg an der Guineaküste ankamen, fanden sie ein dementsprechend fruchtbares Feld für ihre kommerziellen Aktivitäten vor. Im Lauf der Zeit sollte der Einstieg in den westafrikanischen Fernhandel von Süden her sowohl in wirtschaftlicher als auch politischer Hinsicht – was das Mächtegleichgewicht zwischen den Staaten anging – zu radikalen Veränderungen führen.

10 Das Zeitalter der Feuerwaffen und des Sklavenhandels: (I) Nord- und Westafrika

Als Folge der arabischen Invasionen und der nachfolgenden Verbreitung des Islam über den größten Teil des nördlichen Drittels des afrikanischen Kontinents hatte ein größeres Gebiet Afrikas als je zuvor Teil an den entscheidenden Strömungen der menschlichen Geschichte. Gleichzeitig war aus dem Mittelmeerraum, einem ursprünglich fruchtbaren Sammelplatz afrikanischer, asiatischer und europäischer Völker und ihrer Vorstellungen, ein politisches und ideologisches Grenzgebiet geworden, in dem die Kräfte des Islam und des Christentums beständig miteinander im Widerstreit lagen. Für Afrika war dies wahrscheinlich nur von geringem Nachteil. Zwischen dem 8. und 14. Jahrhundert profitierte der Kontinent mehr von seiner partiellen Eingliederung in die islamische Zivilisation, als er durch den fehlenden Kontakt zu Europa einbüßte, das seinerseits ein dunkles Zeitalter durchlief. Außerdem war die Mittelmeergrenze kein undurchlässiger eiserner Vorhang. Die Kreuzzüge, die von Schiffen und Seeleuten aus den italienischen Stadtstaaten zu ihrem Ziel gebracht wurden, führten zur Entwicklung eines für beide Seiten vorteilhaften Handels zwischen Südeuropa auf der einen sowie Ägypten und dem Maghreb auf der anderen Seite. Auf der europäischen Seite dieses Handels erlangten die venezianischen Kaufleute, die sich beim Aufbau guter Beziehungen zu den muslimischen Mächten letztlich als sehr viel erfolgreicher als ihre Konkurrenten erwiesen, in zunehmendem Maße die Kontrolle. Dadurch gelangten auch weiterhin afrikanische Exporte, einschließlich des Goldes aus Westafrika, und, über Ägypten, asiatische Luxuswaren nach Europa, während Nordafrika im Austausch dafür das wertvolle Eisen und Edelhölzer sowie Sklaven und andere Waren bezog.

Im 15. und 16. Jahrhundert erwuchsen aus dieser mediterranen Kombination von wirtschaftlicher Zusammenarbeit und politischer wie militärischer Kriegführung neue und dynamische Kräfte, die für Afrika weit reichende Folgen haben sollten. Das Afrika nördlich der Sahara wurde mehr denn je zum Niemandsland. Hingegen wurden andere Teile des Kontinents mit dem neuen europäischen Bedarf an afrikanischen Sklaven konfrontiert und erhielten im Austausch von den Europäern wie den Türken Feuerwaffen geliefert, eine neuartige Waffe, was in vielen Teilen Afrikas dazu führte, dass das Gleichgewicht der Macht nachhaltig erschüttert wurde.

Die ersten neuen Mächte waren Portugal und Spanien, die Vorreiter der neuen westeuropäischen Nationalstaaten. Gehärtet durch den langen Kampf, die iberische Halbinsel vom Islam und den Mauren zu befreien, begannen diese Nationen von 1415 an, den Feind über die Straße von Gibraltar nach Marokko hinein zu verfolgen. Trotz erster Erfolge an der Küste gelang es den Iberern nicht, Marokko zu erobern. Im Gegenteil: am Ende des 16. Jahrhunderts schien das wichtigste Ergebnis ihrer Angriffe darin zu bestehen, die marokkanischen Völker in ihrer Unterstützung der Dynastie der Sa'diden (1554–1659) geeinigt zu haben. Doch erlangten die Portugiesen durch ihre frühen Verstrickungen im Maghreb neue Kenntnisse und entwickelten zudem neue Ambitionen.[1] Sie erfuhren, dass jenseits der Sahara die Guineaküste lag, ein Landstrich voller Gold, der nicht unter der Kontrolle ihrer muslimischen Feinde stand. Sie entdeckten auch, dass das Gebiet der arabischen Navigationskünste die ostafrikanische Küste einschloss und dass arabische Geografen die Meinung vertraten, der ganze Kontinent sei von Meer umgeben. Zusammen mit den Einflüsterungen und der technischen wie finanziellen Unterstützung von Seefahrern und Kaufleuten aus jenen italienischen Städten, die von Venedig aus dem mediterranen Handel verdrängt worden waren, gab dieses Wissen der populären Aviz-Dynastie, vor allem vielleicht jenem Prinzen, dessen Name als Heinrich der Seefahrer (1394–1460) überliefert ist, das große Vorhaben ein, den Islam an der Flanke zu umgehen, indem man Afrika umsegelte.

1 Bis zum Jahre 1492 waren die Spanier noch immer in einem gewissen Grade damit befasst, Granada, das letzte maurische Emirat auf der Halbinsel, zu unterwerfen. Danach richteten sich ihre Energien hauptsächlich auf die Neue Welt, die Columbus in eben dem Jahr für sie entdeckte, in dem Granada fiel.

Portugal würde mit dem Gold der Guineaküste und der Kooperation mit dem afrikanischen Christentum, dessen Macht und Einfluss damals allgemein überschätzt wurden, neue Stärke erlangen. Zudem wäre man in der Lage, in das von den Muslimen kontrollierte System des Handels im Indischen Ozean einzubrechen. Durch den direkten und massenhaften Import asiatischer Waren, vor allem von Gewürzen, und zu Preisen, mit denen die Venezianer nicht konkurrieren könnten, würde Portugal unermesslichen Reichtum erlangen, mit dem sich die Ausbreitung des Christentums und vor allem der eigenen Macht befördern ließe.

Diese große Unternehmung begann kurz nach dem Jahr 1415 und nahm dann Schritt für Schritt an Ausmaß und Intensität zu. Portugiesische Seeleute, die im Fischfang auf dem Atlantik bereits gelernt hatten, den Ozean zu bezwingen, begründeten 1444 und 1445 die ersten Kontakte mit dem subsaharischen Afrika, als sie bis zu den Kapverden und an die Mündung des Senegal vordrangen. Kurz darauf kolonisierte Portugal die kapverdischen Inseln als Basis für den Handel, der nach Mali, in das Innere des Kontinents, führen sollte. 1471 hatten die Portugiesen die Goldküste erreicht. Sie fanden einen derartigen Goldreichtum vor, dass sie mit Elmina das erste einer Reihe von Küstenforts errichteten, die dazu bestimmt waren, andere europäische Seefahrer, die ihnen folgten, vom gewinnträchtigen Goldhandel auszuschließen. Zudem standen sie zu dieser Zeit in Benin und an der Mündung des Kongo mit zwei mächtigen „sudanischen" Staaten in Kontakt, die der Erweiterung von Portugals Handel und Einfluss beträchtliche Möglichkeiten zu eröffnen schienen. 1488 umrundete Bartolomeo Diaz das Kap der Guten Hoffnung, was, zusammen mit den Forschungsreisen von Pedro da Covilhan, der auf den traditionellen Routen Indien und Äthiopien erreicht hatte, in den Jahren 1497-99 Vasco da Gamas triumphale Fahrt entlang der ostafrikanischen Küste bis nach Indien und zurück ermöglichte. Schnell schlossen sich Ägypten und Venedig zusammen, um die Portugiesen im Indischen Ozean anzugreifen, doch mussten sie 1509 vor Diu eine vernichtende Niederlage in Kauf nehmen, und Portugals großes Vorhaben war vollständig in die Tat umgesetzt. Portugal verfügte nunmehr an jedem selbst gewählten Punkt zwischen dem Senegal und dem Roten Meer über die vollständige Freiheit, ins subsaharische Afrika vorzustoßen, und schien auch die Kontrolle über den gesamten Handel im westlichen Indischen Ozean erlangt zu haben.

Diese Kontrolle über den Handel im Indischen Ozean wurde aber schon bald durch das Auftauchen der osmanischen Türken in Frage gestellt, die im 14. und 15. Jahrhundert in Kleinasien zu einer gewaltigen Militärmacht herangewachsen waren und 1517 Ägypten eroberten. Der Besitz Ägyptens ermöglichte es den Türken, sowohl nach Westen in den Maghreb als auch in südöstlicher Richtung durch das Rote Meer vorzudringen; und mit den Seeleuten von ihren griechischen Küsten und Inseln, deren Beutedrang mehr oder weniger mit den Interessen der Türken übereinstimmte, gelang es ihnen, eine Seemacht aufzubauen, die anfangs ebenso prächtig dastand wie ihre militärische Macht zu Lande.

Im Osten waren die türkischen Flotten nicht in der Lage, die Portugiesen im Indischen Ozean entscheidend zu schlagen, konnten ihnen aber immerhin das Vordringen in das Rote Meer verwehren, während ihre Kontrolle über die afrikanische Küste des Roten Meeres den dort lebenden muslimischen Völkern Gewehre und frische Energien zuführte und den Bestand des christlichen Äthiopien gefährdete (siehe Kapitel 8). Im Westen verschaffte ihnen der kühne Vorstoß ihrer Korsaren die Kontrolle über die gesamte nordafrikanische Küste bis nach Marokko. Hier aber erwiesen sich die Sa'diden, die die marokkanischen Völker hinter sich wussten, als ebenso erfolgreich in der Abwehr der türkischen Invasion wie zuvor im Widerstand gegen die Ambitionen Portugals und Spaniens, jedoch wurden Tunis, Tripolis und das neue Korsarenzentrum Algier zu Vasallen des osmanischen Reichs. Wären die türkischen Seestreitkräfte nicht 1571 in der Schlacht vor Lepanto von den christlichen Flotten vernichtet worden, wäre Nordafrika möglicherweise stärker türkisiert worden, als es letzten Endes tatsächlich der Fall war. So wie sich die Dinge entwickelten, sollte das osmanische Reich aber bald nur noch eine nominelle Macht darstellen. Zwar wurden regelmäßig Paschas nach Kairo entsandt, doch ging die wirkliche Macht in Ägypten schon bald wieder an die Mameluken über. Der Hauptstrom des Ost-West-

Handels, der – durch die Niederlage der türkischen Seemacht besiegelt – in wachsendem Maße den Seeweg um das Kap der Guten Hoffnung herum nahm, lief an Ägypten vorbei; die noch immer brach liegende Landwirtschaft trug das ihre dazu bei, dass das Land bis in die Zeit, da die Europäer erneut versuchten, einen direkten Weg nach Asien zu eröffnen, in Bedeutungslosigkeit versank. Die türkischen Soldaten, die nilaufwärts über Ägyptens Grenzen hinaus bis zum 3. Katarakt vorgedrungen waren, ließen sich bald dort nieder und bildeten die herrschende Klasse inmitten der einheimischen Sudanesen. Der Rest des nilotischen Sudan blieb den Beduinenvölkern und den Fundj-Sultanen von Sennar überlassen, die das alte Reich Aloa an der Macht abgelöst hatten.

Das Paschalik Tripolis wurde schließlich zum erblichen Besitz eines lokalen Clans. Auch in Tunis und Algier lag die Macht nicht bei den Türken an sich, sondern bei einem sich selbst erneuernden Klüngel, der von griechischen Korsaren und anatolischen Janitscharen[2] abstammte, die das Gebiet ursprünglich einmal für das osmanische Reich erobert hatten. In Tunesien vermischten sich die Eroberer nach und nach mit der einheimischen Bevölkerung. Im 18. Jahrhundert war (obwohl Tunesien nominell noch immer Konstantinopel unterstand) mit den Hussainiden-Beys eine nationale Monarchie entstanden, die dazu in der Lage war, die kommerziellen Verbindungen zum Sudan und zu Europa wieder aufzunehmen. Zwischen Tunesien und Marokko lag das so genannte Regentschaftsgebiet Algier, in dem sich die Lage weniger positiv gestaltete. Zwar übernahm 1711 der Dey, der von den Janitscharen gewählte und eingesetzte Autokrat, das Paschalik, doch kann man kaum sagen, dass das Regentschaftsgebiet über eine Regierung verfügte. Der Dey und seine Soldaten und Seefahrer waren mehr eine amtlich zugelassene Bande von Briganten, die nur an ihrem Gewinn interessiert war. Gewinn, das hieß für sie regelmäßige Raubüberfälle zu Lande gegen die Völker im Landesinnern und Kaperfahrten zur See, was in dieser Zeit bedeutete, christ-

2 Die Janitscharen bildeten die professionelle Elite der osmanischen Armee und bestanden in damaliger Zeit aus zwangsrekrutierten christlichen Jugendlichen aus dem osmanischen Reich, die einer rigorosen militärischen und muslimischen Ausbildung unterworfen wurden.

liche Schiffe und ihre Waren aufzubringen und ihre Passagiere und Mannschaften entweder zu versklaven oder Lösegeld für sie zu verlangen.[3]

Da in Nordafrika die Dinge noch immer in den Händen der Muslime lagen, die – mit Ausnahme Marokkos und später Tunesiens – zunächst die alten Verbindungen mit dem Sudan großenteils nicht aufrecht zu erhalten vermochten, und da nach Lepanto der Mittelmeerraum in zunehmendem Maße von den Flotten der westeuropäischen Staaten beherrscht wurde, die dabei waren, feste Seehandelsrouten zu erschließen, war es für die neuen Kräfte in Politik und Handel nicht leicht, Schwarzafrika vom Norden her zu erreichen. Dennoch waren nicht später als in der zweiten Hälfte des 16. Jahrhunderts Feuerwaffen und türkische Militärberater von Ägypten nach Bornu gelangt, und das sollte beträchtliche Konsequenzen nach sich ziehen. Im 14. Jahrhundert war die alte Dynastie von Kanem gezwungen gewesen, nach der Eroberung Kanems durch die Bulala in Bornu, einer Reichsprovinz im Südwesten des Tschadsees, Schutz zu suchen. Die Bulala waren ein den Zaghawa vergleichbares Volk und selbst von Beduinenvölkern, die das Niltal überschwemmten, nach Westen abgedrängt worden. Die Verfügbarkeit von Musketen setzte *Mai* Idris Alooma und seine unmittelbaren Nachfolger in der Dynastie des alten Kanem in die Lage, Bornu nicht nur zur beherrschenden Macht südlich und westlich des Tschadsees zu machen, sondern auch die Bulala im Norden und Osten unter seine Oberhoheit zu bringen. Darüber hinaus war die Monarchie in Bornu jetzt stark genug, um muslimische Rechtsauffassungen und Herrschaftskonzepte unmittelbar für das Leben der einfachen Menschen wirksam werden zu lassen.

In der gleichen Zeit versuchten die Sa'diden in Marokko, die sich nach Siegen über Portugal und die Türken auf dem Höhepunkt ihrer Macht befanden, zwischen 1590 und 1618 die politischen Auseinandersetzungen innerhalb des Songhai-Reiches zu ihrem eigenen Vorteil zu nutzen und sich die Kontrolle über den Goldhandel im west-

3 Zwar beteiligten sich im 17. und 18. Jahrhundert auch Seefahrer aus anderen Teilen des Maghreb an der Piraterie, doch wurde diese in Tunis, Tripolis oder Marokko nie zu solch einem wesentlichen Aspekt der Wirtschaft wie in Algier.

lichen Sudan zu sichern. Kleine, im Umgang mit Musketen erfahrene und in den mediterranen Kriegen gestählte Streitkräfte – die oftmals aus christlichen Sklaven und Abtrünnigen bestanden – zeigten sich einer Sahara-Durchquerung gewachsen und erwiesen sich im Kampf gegen das Massenaufgebot der Songhai-*Askias* siegreich. Mit der Zerstörung seiner zentralen Verwaltung zerfiel das Songhai-Reich in Stammeskönigtümer, die zu regieren oder zu befrieden den Marokkanern die Kraft fehlte. Das daraus entstehende Chaos störte den Fluss des Goldes und anderer Handelsgüter in die Handelsmetropolen am Niger – Timbuktu, Gao und Djenne. Sie zu halten, reichte ihre Kraft gerade aus. Hier hielten sich ihre Nachfahren, nach 1660 von Marokko unabhängig, als nutzlose und in wachsendem Maße sudanisierte Militäraristokratie. Der Westsudan wurde zum Schlachtfeld, auf dem die Tuareg-Nomaden, die aus der Wüste vorstießen, und die Fulbe, dunkelhäutige Hirten, die aus dem Westen einsickerten, beträchtliche Erfolge verzeichnen konnten. Das einzige Stabilitätszentrum war wahrscheinlich das wachsende Königtum der Bambara von Segu, das zumindest einige der großen Traditionen seiner Mande-Vorfahren geerbt und um 1670 seine Herrschaft über Timbuktu und die anderen Städte der Mauren errichtet hatte. Im 18. Jahrhundert aber wurde Segu Opfer innerer Auseinandersetzungen, die schließlich zur Gründung eines rivalisierenden Königtums der Bambara in Kaarta führten.

Eine Folge der Zerstörung geordneter politischer Verhältnisse im Westsudan zeigte sich in der vorrangigen Bedeutung, die der Kontrolle über die Handelsrouten durch die Zentralsahara nach Tunis und Tripolis zukam. Nach dem 17. Jahrhundert, als die Macht Bornus nachzulassen begann, gerieten die südlichen Endpunkte dieser Trassen fest in die Hände der Hausa-Staaten, die jetzt, mit Kano und Katsina an der Spitze, in die Phase ihres größten Wohlstands und Einflusses eintraten. Mit der grundsätzlichen Ausnahme des Sklavenhandels nach Nordafrika büßten die Transsahara-Trassen als Hauptarterien des internationalen Handels aber an Bedeutung ein, da sich der Handel an der Guineaküste, wenn nicht sogar der des ganzen Sudan in zunehmendem Maße auf die europäischen Kaufleute an der Küste konzentrierte.

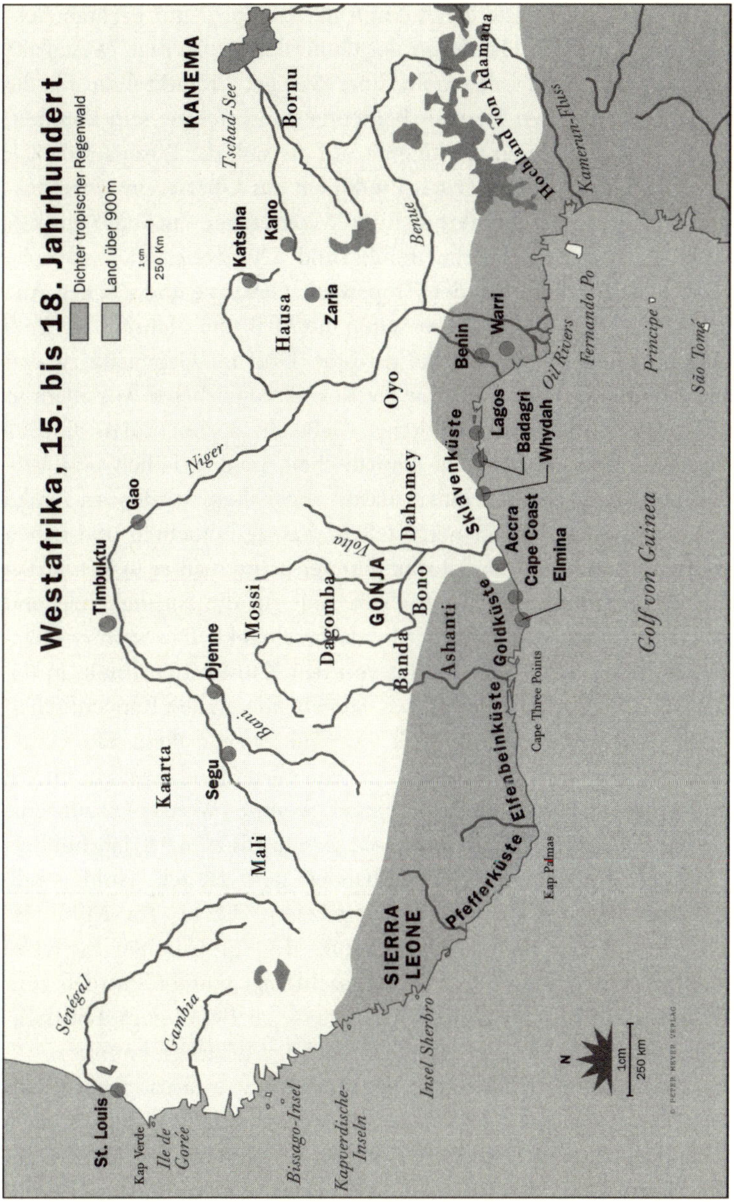

Westafrika vom 15. bis zum 18. Jahrhundert

Ursprünglich hatte die Ankunft der Europäer nur geringe Auswirkungen auf den Handel an der Guineaküste gezeitigt. Westafrika verfügte, wie Afrika allgemein, über weniger Produkte, die für die frühen europäischen Handelsabenteurer von Interesse sein konnten, als die beiden anderen Kontinente, auf die sich die Europäer damals stürzten. Die Nachfrage nach Produkten aus Übersee im vorindustriellen Europa beschränkte sich im Wesentlichen entweder auf Luxusgüter wie Seide, Arzneimittel und Duftstoffe oder spezielle pflanzliche Produkte aus den Tropen wie Gewürze und Zucker. Anders als viele asiatische Völker waren die Afrikaner nicht für die Produktion solcher Exportartikel gerüstet. Und im Gegensatz zu den amerikanischen Indianern war die Bevölkerungsdichte, vor allem in den reicheren landwirtschaftlichen Gebieten, so hoch, dass die Europäer, fügte man noch die klimatischen, medizinischen und Verständnisschwierigkeiten hinzu, davon abgehalten wurden, in Afrika einzudringen und selbst herzustellen, was sie brauchten und haben wollten. Im 15. und 16. Jahrhundert versuchte man es in Westafrika mit dem Plantagensystem, doch das war auf die zugänglichen und kontrollierbaren vorgelagerten Inseln beschränkt. Die Spanier übertrugen dieses System in der Tat von den Kanarischen Inseln in die Karibik. Die Portugiesen führten, ausgehend von den Kapverdischen Inseln und den Inseln im Golf von Guinea, vor allem São Tomé, dieses System auch in Brasilien ein. Von allen Handelswaren, für die in Europa ständiger Bedarf bestand, konnte Westafrika zunächst wenig mehr als Elfenbein und Gold bieten. Bis zum 18. Jahrhundert ging der Umfang des Elfenbeinhandels stark zurück. Gold wurde grundsätzlich von der Goldküste geliefert, die bis zur Mitte des 17. Jahrhunderts auch im Mittelpunkt des europäischen Interesses stand, während andere Gebiete vernachlässigt wurden. So ließ zum Beispiel das frühe portugiesische Interesse an Benin zum Teil nach, weil Portugal den Pfeffer schneller aus Asien beziehen konnte.

Doch im 17. Jahrhundert begann sich diese Situation mit dem schnellen Anwachsen des Bedarfs an Arbeitskräften auf den europäischen Plantagen im tropischen Amerika zu wandeln. Seit 1510 waren die frühen spanischen Kolonien in Amerika von den Portugiesen mit afrikanischen Sklaven beliefert worden. Doch erst im 17. Jahrhundert, als sich die holländische, französische und englische Konkurrenz in der Karibik heftig bemerkbar machte, weil in Europa die Nachfrage nach Zucker stark zunahm, begann der transatlantische Sklavenhandel – Zuckerrohr ist eine Pflanze, die viel Arbeit erfordert – die europäischen Aktivitäten in Westafrika zu dominieren. Im Vergleich mit geschätzten 275 000 schwarzafrikanischen Sklaven, die bis 1600 nach Übersee gebracht wurden, rechnet man für das 17. Jahrhundert mit mindesten 1,34 Millionen. Die Zahlen für das 18. und 19. Jahrhundert belaufen sich zumindest auf 6,05 beziehungsweise 1,9 Millionen. Die neue Entwicklung wurde von den Holländern vorangetrieben, die 1642 die Portugiesen auf Dauer von der Goldküste vertrieben hatten. Der Erfolg der Holländer rief Feindseligkeiten seitens der Engländer und Franzosen hervor, und im 18. Jahrhundert waren es die Sklavenhändler dieser beiden Nationen, die als Hauptkonkurrenten in diesem internationalen Handel in Erscheinung traten, auch wenn die Portugiesen weiterhin ihren eigenen Sklavenhandel von Angola und São Tomé nach Brasilien unterhielten. Nimmt man lediglich den Handel als Bezugsgröße, dann waren die Briten bei weitem am skrupellosesten. Gegen Ende des 18. Jahrhunderts transportierten Englands Schiffe fast die Hälfte der Sklaven, die nach Amerika verbracht wurden. Darin spiegelte sich zum Teil der Aufstieg Britanniens zur führenden Handels- und Seemacht in Europa wider, es war aber auch der Tatsache geschuldet, dass sich die britischen Aktivitäten auf das Gebiet östlich der Goldküste konzentrierten, auf die Küstenstriche der am dichtesten besiedelten und wirtschaftlich am weitesten entwickelten Region von Guinea. Der Küstenstreifen zwischen der Goldküste und dem Nigerdelta wurde schon bald unter der Bezeichnung Sklavenküste bekannt. Das Hauptgebiet der französischen Unternehmungen war die Senegal-Gambia-Region, und obwohl die Franzosen knapp fünfhundert Kilometer den Senegal hinauf landeinwärts vordrangen, waren die Ergebnisse eher enttäuschend, weil der westlichste Winkel des Sudan inzwischen sowohl was den Handel anging als auch im Hinblick auf die Bevölkerung relativ arm war.

Das französische Vordringen auf dem Senegal fand keine Nachahmer. Normale Praxis der Europäer war es, an der Küste zu bleiben

– in Festungen wie denen, die man im 17. Jahrhundert in großer Zahl entlang der Goldküste errichtet hatte, in schwimmenden Festungen, die man in Flussmündungen wie dem Nigerdelta vertäute, oder in Faktoreien in oder in der Nähe von afrikanischen Städten, die in der Folge des Handels an der Küste entstanden. Die Europäer kauften ihre Sklaven ausnahmslos von afrikanischen Königen oder Händlern. Damit erklärt sich die frühe Konzentration europäischer Sklavenhändler auf die Goldküste, denn dort war das afrikanische Interesse an europäischen Importen – Stoffen, Eisenwaren und Metallen, Alkohol und Schusswaffen – wahrscheinlich größer als anderswo, und die afrikanischen Händler, die bereits daran gewöhnt waren, die Europäer mit Gold zu beliefern, waren auch bereit, Sklaven zu liefern, als die Nachfrage danach stieg. Das beständige Anwachsen der Nachfrage führte zur Ausweitung des Handels nach Osten zum Nigerdelta und darüber hinaus, nicht aber in Richtung der wirtschaftlich weniger entwickelten und dünner besiedelten Küste im Westen. Der frühe Sklavenhandel war weitgehend dem Zufall überlassen, doch nach dem Jahr 1650, als die Nachfrage nach Sklaven stieg und die Europäer im Austausch dafür vermehrt Schusswaffen lieferten, wurde er für eine ganze Reihe neuer Königtümer, die nahe der Guineaküste entstanden waren, zum großen Geschäft, das diese zu ihrem eigenen Vorteil organisierten.

Im 18. Jahrhundert begannen sich in Westafrika, verursacht durch den exportorientierten Sklavenhandel, umwälzende Auswirkungen zu zeigen. Anfangs scheint es weder zu Verwüstungen noch zu Entvölkerungen gekommen zu sein, zumindest nicht in dem Maße, wie das in anderen Teilen Afrikas der Fall war: in Angola zum Beispiel oder, wesentlich später, in Ostafrika. Die Gründe dafür sind noch nicht eindeutig und übereinstimmend geklärt, doch hat es den Anschein, als sei der Verlust an Menschen an der Guineaküste, der für das 18. Jahrhundert auf durchschnittlich 24 000 junge Männer und Frauen im Jahr zu schätzen ist, im Verhältnis zur Gesamtbevölkerung kein lähmender Verlust gewesen.[4] Zudem scheint dieser Verlust in rein *wirtschaftlichem* Sinne durch das Wohlstandswachstum ausgeglichen worden zu sein, das die fortgeschritteneren Gemeinwesen der Guineaküste durch den Handel mit Europa erlangten. (Dennoch lähmte der Sklavenhandel die eigenständige Entwicklung dieser Staaten.) Was diese beiden Punkte betrifft, so stellte sich die Situation in Angola und Ostafrika völlig anders da. Dort war die Bevölkerungsdichte relativ gering und die einheimische Wirtschaft zumeist noch nicht weit über die Subsistenz hinaus entwickelt, sodass sich selbst ein geringer Verlust an Produktivkräften katastrophal auswirken konnte.

Eine allgemeine Folge des transatlantischen Sklavenhandels war, dass sich die Zentren des Wohlstands und der Macht in Westafrika vom Sudan weg an die Küste verlagerten. Der direkte europäische Anteil daran kann vernachlässigt werden. Die Franzosen, die am Unterlauf des Senegal und auf Gorée saßen, sowie die Briten, Holländer und Dänen, die die Forts der Goldküste besetzt hatten, geboten kaum über einen weit reichenden politischen Einfluss. Selbst die Festungen der Goldküste, eindrucksvolle architektonische Denkmäler des bitteren europäischen Konkurrenzkampfes im 17. Jahrhundert, standen auf Grund und Boden, den man von den afrikanischen Staaten vor Ort gepachtet hatte. Wenn es zum Schlimmsten kam, hatten diese einsamen Garnisonen der kämpferischen Entschlossenheit der Bewohner der afrikanischen Städte, die um sie herum entstanden, nichts entgegenzusetzen. Es gab aber eine Interessengemeinschaft, die dazu führte, dass sich die Europäer mit ihren afrikanischen Nachbarn verbündeten, wenn sich beide durch das Wachstum neuer Staaten im unmittelbaren Hinterland bedroht sahen. Daraus konnte dann im 19. Jahrhundert die Saat des Kolonialismus erwachsen.

Die beeindruckendste Entwicklung des 17. und 18. Jahrhunderts war das Wachstum afrikanischer Staaten im Hinterland der Küste. Ursprünglich war Benin das einzige wichtige Königreich in Küstennähe. Benin aber beteiligte sich vor Beginn des 18. Jahrhunderts nur wenig am neuen Handel und reagierte damit auf anfängliche portugiesische Infiltrationsversuche. Die neuen Machtzentren befanden

4 Diese Schätzung für das 18. Jahrhundert ergibt eine höhere Gesamtrate als auf S. 129. Letztere Angaben beziehen sich aber auf die Sklaven, die in Übersee ankamen. Man muss aber für die Überfahrt Verluste einrechnen, die sehr hoch sein konnten und im Durchschnitt bei mindestens sechzehn Prozent lagen. Weitere Verluste sind durch Todesfälle bei der Sklavenjagd in Afrika einzurechnen, doch sind diese unmöglich genau zu bestimmen.

sich etwas weiter im Innern des Kontinents. Eine frühe Entwicklung stellte das kurzlebige Reich von Akwamu dar, ein Staat der Akan, der ungefähr zwischen 1680 und 1730 parallel zur östlichen Goldküste und westlichen Sklavenküste expandierte und im Hinterland dieser Küstenstriche versuchte, die Oberhoheit über den gesamten Handel mit dem Süden an sich zu reißen. Akwamu konnte aber nicht zu einem Verwaltungsprinzip finden, mit dem es in der Lage gewesen wäre, eine dauerhafte Allianz zwischen den Bevölkerungsgruppen der Ga und Ewe herzustellen, und so nahm bald darauf das Ashanti-Reich seinen Platz als wichtigste Macht an der Goldküste ein. Im frühen 18. Jahrhundert unternahm das Ashanti-Reich als Nutznießer der Erfahrungen von Akwamu Vorstöße nach Norden und unterwarf Staaten wie Bono, Banda, Gonja und Dagomba oder zwang diese zur Zahlung von Tributen. Nachdem der Handel mit dem Inneren gewinnträchtig gesichert war, wandte sich das Ashanti-Reich nach Süden und suchte den direkten Kontakt mit den europäischen Kaufleuten. Weiter im Osten begann Dahomey, das relativ junge Königreich der Aja, im frühen 18. Jahrhundert seinen Vormarsch zur Küste und eroberte andere Aja-Staaten wie Allada und Widah (Ouida), deren politische Strukturen durch den wachsenden europäischen Einfluss auf die Sklavenküste geschwächt worden waren. Dahomey selbst war hingegen zu Tributzahlungen an Oyo, seinen nordöstlichen Nachbarn und nördlichsten der Yoruba-Staaten gezwungen. Oyo hatte bereits Anfang des 17. Jahrhunderts die Anziehungskraft des Handels mit der Sklavenküste gespürt. Darauf gründete sich eine Politik der militärischen und politischen Expansion, die im nachfolgenden Jahrhundert zur Errichtung der Oberhoheit von Oyo über weiter südlich siedelnde Yoruba sowie zur überwiegenden Verlagerung des lokalen Sklavenhandels von der Küste Dahomeys zu weiter im Osten gelegenen Häfen wie Badagari und Lagos führte.

Mehr als dreihundert Jahre europäischen Handels an den westafrikanischen Küsten hatten Ende des 18. Jahrhunderts nur zu einer geringen Durchdringung durch europäische Einflüsse geführt. Die christlichen Missionsbemühungen an der Guineaküste lassen sich vernachlässigen, da nur die ersten Portugiesen überhaupt an der Verbreitung des Christentums Interesse gezeigt hatten. Ihre frühe Mission in Benin wurde schon bald nach Warri verlegt, wo sie bis in das 17. Jahrhundert verblieb, doch waren die Portugiesen hier noch weniger erfolgreich, einen einheimischen christlichen Staat zu schaffen, als im Kongo. Ihr zweites Missionsfeld waren die Küstenstriche gegenüber den Kapverdischen Inseln. Hier schufen sie lediglich eine Klasse farbiger Kaufleute, mit deren Christentum es jedoch nicht weit her war. Die Europäer, die nach Westafrika kamen, waren praktisch ausnahmslos an nichts anderem als dem Export seiner Produkte interessiert, das heißt, im Wesentlichen ohnehin nur am Sklavenhandel. Dauerhafte europäische Niederlassungen an der Küste, wie an der Goldküste und der Mündung des Senegal, brachten ansatzweise eine dünne Schicht afrikanischer Küstenbewohner hervor, die ihrem Aussehen und manchmal sogar ihrer formalen Bildung nach halbe Europäer waren. Doch die große Masse westafrikanischer Völker blieb von einem direkten europäischen Einfluss unberührt. Die Ankunft der europäischen Händler, die Nachfrage nach Sklaven und die Einführung neuer Güter, von denen sich die Schusswaffen als die folgenreichsten erweisen sollten, hatten zur Folge – und das wäre ihr wesentlicher Effekt –, dass in Guinea neue kraftvolle Manifestationen der seit langem bestehenden „sudanischen" Zivilisation entstanden, die sich nach der Küste orientierten.

11 Das Zeitalter der Feuerwaffen und des Sklavenhandels (2): Zwischen Kongo und Sambesi

Als die Portugiesen 1482 die Mündungsbucht des Kongo erreichten, traten sie mit einem der größten afrikanischen Staaten südlich der Sahara in Kontakt, der zugleich einer der ganz wenigen großen Staaten in Küstennähe war. Dabei handelte es sich um das Königreich der *Ba*kongo, eines Bantu-Volkes, dessen König, der *Manikongo*, seinen Sitz in *Mbanza*kongo hatte, dem heutigen São Salvador in Nordangola. Das Kongo-Königreich war ein typisch „sudanischer" Staat, der in seinen Anfängen – wahrscheinlich im ausgehenden 14. oder frühen 15. Jahrhundert – auf eine Gruppe von Eroberern aus dem kleinen Staat Bungu am Nordufer des Kongo-Unterlaufs zurückgeht. Die Staatsgründer waren zahlreich genug, um die Kongo-Sprache einführen zu können und die indigene Bevölkerung, die zuvor Mbundu gesprochen hatte, schrittweise zu unterwerfen und zu assimilieren. Die Bakongo aus der Gründerphase blieben vor allem als bedeutende Schmiede in Erinnerung. Mit diesem Hintergrund hatten sie sich sowohl als Jäger als auch als Krieger hervorgetan, und so wurden Schmiede im Kongo-Königreich immer mit hohen Würden und Privilegien ausgestattet. Der größte Teil des Königreichs wurde mit Hilfe einer Hierarchie ernannter Häuptlinge und Unterhäuptlinge direkt vom Manikongo verwaltet. Das Land wurde vom Atlantik, dem Kongo, dem Kwango und dem Dande begrenzt; ein Missionar schätzte die Bevölkerung im 17. Jahrhundert auf 2,5 Millionen Menschen. Im Umkreis der direkt verwalteten Provinzen gab es eine ganze Reihe kleinerer Staaten, die ebenfalls zum Herrschaftsbereich der Kongo gehörten. Zwischen der Mündungsbucht des Kongo und dem Kwilu Niari, dem nächsten großen Fluss im Norden, lagen die drei Königtümer Ngoyo, Kakongo und Loango, die ebenfalls von kongosprachigen Eroberern aus Bungu gegründet worden waren.

Okango, Matamba und Ndongo waren große Regionen im Osten und Süden, deren kleine, einheimische Königtümer dem Manikongo unregelmäßig Tribut entrichteten, um die Aufmerksamkeit seiner plündernden Armeen von sich abzulenken. Zur Zeit der ersten portugiesischen Kontakte war der Ngola der wichtigste einer Vielzahl kleinerer Herrscher in der Region Ndongo. Der Titel Ngola war erblich und gab der portugiesischen Kolonie schließlich ihren Namen.

Doch konzentrierten die Portugiesen zwischen dem Ende des 15. Jahrhunderts und dem letzten Viertel des 16. Jahrhunderts ihre Anstrengungen nicht auf Angola, sondern auf das Kongo-Reich, das von allen das bedeutendste war. 1490 schickte man neben Missionaren auch Maurer, Zimmerleute und andere erfahrene Handwerker aus Portugal in das Königreich. Der Manikongo, der größte Teil seiner Familie und einige seiner wichtigsten Chiefs traten zum christlichen Glauben über, die Hauptstadt wurde aus Stein neu erbaut, und viele junge Kongo wurden zur Ausbildung nach Europa gebracht. Wie nicht anders zu erwarten, erwies sich ein Großteil der ersten Konvertiten als nicht besonders glaubensfest, doch zumindest bei einem von ihnen gab es nie einen Zweifel an der Ernsthaftigkeit seines neuen Glaubens. Nzinga Mbemba, 1491 als Afonso getauft, bestieg 1507 den Thron. Er regierte als leidenschaftlicher Christ bis zu seinem Tode im Jahr 1543. Sein Wunsch, das Königreich nach dem Muster der westeuropäischen Monarchien umzugestalten, war völlig ernst gemeint, und wenn die Portugiesen in der Lage gewesen wären, sich ihren partiellen Altruismus aus der Zeit der ersten Kontakte zu bewahren, dann hätte Afonso wahrscheinlich eine ganze Menge erreicht. Unglücklicherweise aber begann die Ausweitung des Sklavenhandels in den Zielsetzungen der Portugiesen bald eine größere Rolle zu spielen als die Schaffung eines christlichen Staates in Afrika.

Sklaverei hatte es im Kongo, wie in jedem anderen Teil Afrikas auch, schon lange vor der Zeit gegeben, als die Europäer begannen, Sklaven nach Übersee auszuführen, und auch Afonso war, obwohl er sein Missfallen über diesen Handel bekundete, dazu bereit, mit Sklaven für die europäischen Waren und Dienstleistungen zu bezahlen, die er als wichtig für sein Land erachtete. Die Nachfrage nach Arbeitskräften in Brasilien, Portugals transatlantischer Kolonie, war aber schon bald so enorm, dass, um sie zu befriedigen, ein größerer kriegerischer Aufwand nötig gewesen wäre, als Afonso und seine Nachfolger zu treiben bereit oder in der Lage waren. Obwohl auch später noch eine Hand voll Missionare im Kongo-Königreich tätig war, wurde die portugiesische „Hilfe“ bald eingestellt, und 1575 schickte Portugal Paulo Dias de Novais als *conquistador* aus, um eine neue Phase der portugiesischen Beziehungen zum westlichen Zentralafrika einzuleiten. Paulo Dias errichtete seine Basis in Luanda, einer kleinen Stadt südlich der Grenze zum Kongo-Reich und brach dann einen hundertjährigen Eroberungskrieg gegen die Ngola von Ndongo vom Zaun. Offiziell blieben die Beziehungen zu den Manikongo friedlich. Ziel der portugiesischen Kolonisation war vor allem die Belieferung des Sklavenmarkts, wozu sie sich einer neuen Vorgehensweise bedienten, die darin bestand, Banden einheimischer „Verbündeter“ auszubilden und zu bewaffnen, um sie gegen die Völker an den Grenzen der langsam wachsenden Kolonie loszuschicken. So dauerte es natürlich nicht lange, bis die südlichen Grenzgebiete des Kongo-Reichs zum bevorzugten Ziel solcher Raubzüge wurden. Die Manikongo des frühen 17. Jahrhunderts, die noch immer alle christliche Namen trugen und zum Teil auch dem christlichen Glauben anhingen, richteten über ihre Missionare flehentliche Appelle an den Heiligen Stuhl. Mehrere Päpste nahmen sich persönlich der Situation an. Strenge Briefe reisten von Rom nach Lissabon, doch die portugiesische Regierung erklärte sich außer Stande, ihre Untertanen in Angola zu kontrollieren. Schließlich entschlossen sich die Bakongo im Jahr 1660 zum Krieg – mit verheerenden Folgen. Den Portugiesen und ihren Verbündeten in einer Reihe von Schlachten unterlegen, waren die Manikongo hernach zu schwach, um die innere Einheit ihres Königreichs aufrecht zu erhalten. Randprovinzen wurden abtrünnig, rivalisierende Dynastien kämpften um den Thron, selbst die missionarischen Kontakte mit der Außenwelt brachen zusammen, sodass das Christentum gegen Ende des 18. Jahrhunderts zur bloßen Erinnerung geworden und das ehemalige Königreich auf ein paar Dörfer um São Salvador geschrumpft war.

Angola blieb die Nachschubbasis für den Sklavenhandel nach

Brasilien und wurde im 17. und 18. Jahrhundert in ein schreckliches Schlachthaus verwandelt. Das Reich Kongo wurde, wie wir gesehen haben, von dem Sturm erfasst, den die Portugiesen entfesselten, und von ihm in mehrere Teile zerrissen. Interessanter aber und weniger zerstörerisch waren die indirekten Auswirkungen der portugiesischen Anwesenheit auf Völker, die weit im Innern des Kontinents lebten und zu denen kein Portugiese vor Anbruch des 19. Jahrhunderts vorstieß. Das Tal des Kwango, des ersten nordwärts fließenden Nebenflusses des Kongo, bildete die äußerste Grenze des Vordringens der Portugiesen in Angola. Jenseits des oberen Kwango, zwischen ihm und dem oberen Kasai, und ostwärts bis zum Lualaba, lebten die Lunda. Sie waren ein matrilinear organisiertes Bantuvolk und darin den ursprünglichen Bewohnern von Angola und dem Kongo-Reich vor der Eroberung durch die Bakongo nicht ganz unähnlich. Der geschichtlichen Überlieferung zufolge kannten die Lunda keine großen Staaten oder mächtigen Häuptlinge, bis wahrscheinlich gegen Ende des 15. Jahrhunderts eine kleine Gruppe von Elfenbeinjägern aus dem Volk der Luba unter ihnen auftauchte, die, mit Diplomatie und Prestige, aber auch mit Gewalt daranging, einen „sudanischen" Staat zu errichten, dessen Könige später den dynastischen Titel Mwata Yamvo annahmen. Wie bei den anderen Eroberungsstaaten dieser Art war auch das Reich des Mwata Yamvo bald darauf von einer Reihe Satellitenstaaten der Luba-Lunda umgeben, die um die Mitte des 17. Jahrhunderts ein ziemlich großes Territorium einnahmen, das sich heute auf drei Staaten, den südlichen Kongo, Westangola und Nordsambia, verteilen würde.

Nahezu von Beginn an stand das Königreich des Mwata Yamvo in indirekten Handelsbeziehungen mit den Portugiesen in Angola und erhielt über diesen Kontakt Schusswaffen und Pulver sowie Stoffe und andere Luxusgüter aus Übersee. Daran lässt sich unschwer erkennen, dass die Tendenz zur Bildung eines größeren Staates in diesem Fall ein wirtschaftliches Motiv hatte. Der unmittelbare Umkreis der portugiesischen Kolonie wurde vom Sklavenhandel beherrscht. Krieg und Zerstörung waren hier die wesentlichen Folgen. Jenseits dieses Bereichs aber war Elfenbein der wertvollste Exportartikel. Die Beschaffung und der Transport dieses Handelsgutes waren zwar überaus lukrativ, machten aber eine politische Organisation großen Maßstabs erforderlich. Dieses politische und wirtschaftliche Wissen existierte in der Luba-Region von Nordkatanga bereits. Es sieht alles danach aus, als sei die Verbreitung der Staatsidee in das weite Gebiet, in denen die Luba-Lunda herrschten, hauptsächlich dem ökonomischen Anreiz zu verdanken, den die Portugiesen mit der Öffnung der Atlantikküste geliefert hatten.

Die letzte weit reichende Expansion des Luba-Lunda-Systems erfolgte im 18. Jahrhundert. Vom Königreich des Mwata Yamvo ausgehend führte diese Bewegung in südöstlicher Richtung, wo im Tal des Luapula das bedeutende Reich des Kazembe mit der gleichnamigen Hauptstadt nur wenig südlich vom Mweru-See entstand. Die Lunda von Kazembe, die diesen neuen Staat mit Hilfe von Schusswaffen errichteten, die sie von den Portugiesen in Luanda bezogen hatten, transportierten ihr Elfenbein bald darauf zu den portugiesischen Faktoreien am Sambesi. In diesem Sinne kann man sagen, dass der portugiesische Einfluss auf indirekte Weise von Küste zu Küste spürbar war.

Südlich von Angola lagen die ausgedörrten Landstriche Südwestafrikas mit den weit verstreuten Gemeinschaften der Herero und Khoisan, Jägern und Hirten. Die Portugiesen ließen sich weder dort noch am Kap der Guten Hoffnung nieder, das ihnen seinem früheren Namen – Kap der Stürme – besser gerecht zu werden schien. Erst in der Mitte des 17. Jahrhunderts, nachdem die Holländer gelernt hatten, mit den Passatwinden nach Osten zu segeln und in einer weit ausholenden Bewegung den Südatlantik und den südlichen Indischen Ozean hinter sich zu lassen, erlangte das Kap seine einzigartige Stellung als „Station auf halbem Wege nach Indien". Für die Portugiesen, die den Indischen Ozean mit dem Monsun von Mosambik nach Goa überquerten, war das Kap lediglich ein Hindernis auf dem Weg, das sehr leicht zum Schauplatz eines Schiffbruchs werden konnte, wenn man auf der Rückfahrt in einen Sturm geriet.

Die meisten frühen Informationen über Südafrika stammen daher in der Tat von schiffbrüchigen Portugiesen, die über die Transkei, das Pondoland, Natal und Südmosambik in die Sicherheit der portugiesischen Kolonie zurückmarschierten. Ihre Berichte belegen, dass zu dieser Zeit, im Gegensatz zu den Vorstellungen der meisten weißen Südafrikaner, Südafrika mitnichten ohne Bantu-Bevölkerung war. Die Kapprovinz war westlich des Kei lediglich von Jägern und Sammlern der Khoisan bevölkert, doch östlich des Kei lebten, und zwar ziemlich genau dort, wo ihre Nachfahren in den dreißiger und vierziger Jahren des 19. Jahrhunderts vom Großen Treck der Buren überrollt werden sollten, Bantuvölker, die unschwer als Xhosa, Tembu, Pondo und die Nguni-Vorfahren der Zulu identifiziert werden können. Lange bevor es irgendwelche weißen Südafrikaner gab, hatten die Bantu jene Teile des Subkontinents besetzt, deren Klima und Niederschlagsmengen sich für eine intensive Landwirtschaft eigneten. Sie hatten die hoch gelegene und trockene Karroo (eine Halbwüste) des zentralen Hochlands und die Wüsten westlich davon den nomadisierenden Jägern und Sammlern der Khoi und San überlassen. Diese waren deshalb die unmittelbaren Nachbarn der kleinen holländischen Kolonie, die 1652 am Kap gegründet wurde, um die vorbeikommenden Indienfahrer mit frischen Nahrungsmitteln zu versorgen. Erst ein Jahrhundert später stießen die expandierenden Kolonisten in der Nähe des Fish River, ungefähr 800 Kilometer östlich von Kapstadt, erstmals auf die Bantu.

Der neben dem Kongo und Angola zweite Hauptschauplatz frühen Kontakts zwischen Schwarzen und Weißen lag in der Region des unteren Sambesi. Hier versuchten die Portugiesen den Handel mit Gold und Elfenbein zu übernehmen, der spätestens seit dem 10. Jahrhundert – und vielleicht schon ein bisschen früher – zur Hauptanziehungskraft für die Kaufleute von der Ostküste des Kontinents geworden war. Als die Portugiesen Anfang des 16. Jahrhunderts die Kontrolle über Sofala übernahmen, wurde ihnen schnell klar, dass die Karanga, ein Shona sprechendes Volk aus dem Gebiet des heutigen Simbabwe, dessen Herrscher unter dem Titel *Mwenemutapa* oder, wie die Portugiesen ihn gewöhnlich schrieben, Monomotapa, bekannt war, die führende Macht im Innern des Kontinents darstellten. In dieser Zeit befand sich die Hauptstadt des Königreichs der Karanga reichlich 150 Kilometer nördlich des heutigen Harare im nordöstlichsten Winkel des Hochlandes von Simbabwe, das dort knapp eintausend Meter steil nach Norden zum Sambesi hin abfällt. Diese Hauptstadt aus dem 16. Jahrhundert befand sich damit ungefähr 300 Kilometer nördlich der wichtigsten Gold führenden Gebiete im Osten und in der Mitte des Hochlandes. Sie lag zudem nahezu 500 Kilometer nördlich eines Gebiets mit Steinruinen, einem Land der Granitberge, deren Gipfel von Findlingen übersät waren, im südlichen Teil des Hochplateaus, das hier sanft zum Limpopo im Süden und zur Kalahari im Westen hin abzufallen beginnt. Nach eigenen Überlieferungen waren die Karanga erst Mitte des 15. Jahrhunderts unter der Monomotapa-Dynastie nach Norden gezogen, weil ihre Salzvorkommen erschöpft waren. Sie wussten noch, dass in ihrer einstigen Heimat die königliche Hauptstadt (*zimbabwe*) aus Stein errichtet war. In gewissem Sinne war die Monomotapa-Dynastie damit die Nachfolgerin derer, die einst die früheste aus Stein gebaute Königshauptstadt und den Berg-"Tempel" von Groß-Simbabwe bewohnt hatten. Sie wird heute von Archäologen auf die Zeit zwischen dem 11. und 15. Jahrhundert datiert. Jüngsten Interpretationen zufolge war Groß-Simbabwe die Hauptstadt einer Dynastie, deren Wohlstand sich auf die Kontrolle der Goldausfuhr vom Zentralplateau Simbabwes gründete, und deren Hauptinvestition in der Anschaffung großer Rinderherden bestand. Die Rinder wurden an den südlichen Hängen des Plateaus geweidet und in einem System der Transhumanz, das dem jahreszeitlich bedingten Vordringen und Zurückweichen der Tsetsefliege folgte, hinauf und hinab getrieben. In dem Maße, in dem sich dieses System entwickelte, weitete es sich auf die Nordhänge des Plateaus aus. Hier stellten Kupfer und das Elfenbein des Sambesitals die exportfähigen Güter dar. Dieser Betrachtungsweise zufolge war die Monomotapa-Dynastie lediglich die erfolgreichste einer Reihe von Karanga-Lineages, die nach Norden gezogen waren, um aus den dortigen Möglichkeiten wirtschaftlichen Nutzen zu ziehen. Ende des 15. Jahrhunderts hatten die Monomotapa ein wirklich großes Gebiet unter ihre Oberhoheit gebracht und ihre Macht konsolidiert. Von der Kariba-Schlucht bis zum Meer geboten sie auf einer Länge von ungefähr 1100 Kilometern über das Tal des Sambesi. Sie herrschten über den nördlichen und östlichen Teil des Hochlands sowie über das Tiefland zwischen Sambesi und Limpopo im Süden von Mosambik.

Einzig das Gebiet, aus dem ihre Vorfahren stammten, vermochten sie ihrer Herrschaft nicht zu unterwerfen. Groß-Simbabwe, im 15. Jahrhundert verlassen, fiel unter die Herrschaft einer weiteren Folgedynastie, der Torwa, mit Zentrum in Khami, nahe dem heutigen Bulawayo. Das war das Königreich Butwa, zu dem die Portugiesen niemals vordringen konnten, dessen Handelsgüter aber, den Sambesi hinab, zu ihren Lagerplätzen gelangten. Wie bei den Königtümern der Lunda hatte der Stimulus des indirekten Handels positivere Auswirkungen als der direkte portugiesische Einfluss, den das Kongo-Reich und das Reich des Monomotapa erfuhren.

Die ersten portugiesischen Kontakte mit dem Land des Monomotapa erfolgten über ein tributpflichtiges Königreich im Hinterland von Sofala, und es bestehen nur wenig Zweifel daran, dass der portugiesische Einfluss dazu beitrug, dessen Bande zum Mutterstaat zu lockern. Danach zogen die Portugiesen sambesiaufwärts und gründeten (oder übernahmen sie von arabischen oder Swahili-Kaufleuten) die Flusshäfen Sena und Tete. Damit befanden sie sich auf Gebiet, das direkt vom Monomotapa regiert wurde. Tete, das sie 1560 einnahmen, war nur vier oder fünf Tagesmärsche von dessen Hauptstadt entfernt. Der erste Portugiese, der dorthin kam, war ein Missionar namens Gonzalo da Silveira, der den Monomotapa taufte, auf Veranlassung der muslimischen Ratgeber des Königs aber sofort getötet wurde. Eine Reihe militärischer Expeditionen in den nachfolgenden fünfzehn Jahren brachten den Monomotapa in ein Vertragsverhältnis zu den Portugiesen, und diese Abhängigkeit wurde zu Beginn des 17. Jahrhunderts noch weiter verstärkt, als die damaligen Monomotapa um Beistand gegen ihre übermächtig gewordenen Untertanen nachsuchten. 1629 erklärte sich der Monomotapa Mavura zum Vasallen Portugals und begründete damit gleichzeitig den endgültigen Niedergang seines Königreiches. Auf der einen Seite wurde sein Herrschaftsgebiet am unteren Sambesi durch die Einrichtung portugiesischer *prados*, privater, von Sklaven bestellter Konzessionsgebiete erodiert. Auf der anderen Seite gingen immer mehr seiner Untertanen zu den Changamire über, einer Subdynastie, die im Hochland herrschte und es ablehnte, sich der portugiesischen Oberherrschaft zu beugen. In einem Feldzug, der von 1693 bis 1695 dauerte, vertrieben die Changamire schließlich die Monomotapa vom Plateau, sodass sie nur noch ein winziges Reststück ihres früheren Herrschaftsgebietes im Tal zwischen Tete und Zumbo regierten – kümmerliche Marionetten der Portugiesen. Danach zogen die Changamire aus, Butwa zu erobern, und errichteten ihre Hauptstadt in Dhlo Dhlo (Danangombe). Die spätere Geschichte des Königreichs der Changamire wartet noch darauf, wiederhergestellt zu werden, wozu man die überlieferte Geschichte der Überlebenden studieren müsste. Die kurze und bündige Antwort ist, dass das Changamire-Reich sein Ende im zweiten Viertel des 19. Jahrhunderts fand, als es zum großen Auszug der Zulu-Krieger aus Natal kam, der in einem späteren Kapitel beschrieben wird.

Betrachtet man die portugiesischen Aktivitäten in Afrika zwischen dem Ende des 15. und dem Ende des 18. Jahrhunderts einfach als ein Beispiel europäischer Kolonisation, dann waren sie weder großartig noch konstruktiv. Einiges an ihrer Missionstätigkeit war heroisch, der Großteil auch dieser Arbeit aber lediglich der Opportunismus einer Geistlichkeit, die im Heimatland unerwünscht war. Einige individuelle Erfolge waren erstaunlich und beeindruckend, doch nirgends wurden feste Grundlagen dafür gelegt, einen Glauben zu vermitteln, der den religiösen Vorstellungen und Bräuchen der Afrikaner fremd war. Auch auf materieller Ebene war die portugiesische Kolonisation kaum erfolgreicher. Angola war, wie gezeigt, das reinste Schlachthaus, wo man Kriminelle aus Portugal beschäftigte, damit sie im Interesse der Sklavenbeschaffung für Brasilien die einheimischen Völker zum Krieg gegeneinander anstifteten. In Mosambik, das sich mehr auf Gold als auf den Handel mit Sklaven gründete, war die Situation ein bisschen unblutiger, doch kaum weniger schlimm. Die beiden Vorstösse ins Innere des Kontinents hatten auf die afrikanischen Gesellschaften, die mit ihnen in direkten Kontakt kamen, fast ausnahmslos schädliche Auswirkungen. Die Anwesenheit der Portugiesen war nur für diejenigen von Vorteil, die das Glück hatten, nicht in direkten Kontakt mit ihnen zu geraten. Der Handel hat für die Beteiligten immer etwas Anregendes: mit den Waren werden Ideen ausgetauscht, die Entdeckungen des einen Volks werden an ein anderes weitergereicht. Durch die Eröffnung neuer Fernhandelswege brachten die Portugiesen nicht nur einen Teil Afrikas in Kontakt mit der Außenwelt, auch unterschiedliche afrikanische Gesellschaften gerieten in Kontakt miteinander. Mit Sicherheit waren die neuen Nutzpflanzen, die die Portugiesen aus Südamerika mitbrachten, die wichtigsten Einfuhren, die Afrika in diesen dreihundert Jahren erlebte. Zumindest drei von ihnen – Maniok, Mais und die Süßkartoffel – bedeuteten eine gewaltige Veränderung in der Versorgung mit Nahrungsmitteln, vor allem in den feuchteren äquatorialen Gebieten. Es ist durchaus wahrscheinlich, dass die auf den Sklavenhandel zurückgehende Entvölkerung so mancher Gebiete durch das Bevölkerungswachstum, das auf diese neuen Grundnahrungsmittel zurückgeführt werden kann, im tropischen Afrika insgesamt mehr als nur ausgeglichen wurde. Betrachtet man sie als Epoche der afrikanischen Geschichte, dann waren diese dreihundert Jahre, in denen Portugal den dominierenden Einfluss von außen ausübte, alles andere als unbedeutend.

12 Zeitenwende in Europa

So lange die kommerziellen Beziehungen zwischen Afrika und der Außenwelt im Wesentlichen auf den Sklavenhandel ausgerichtet blieben, konnte der gegenseitige Kontakt nicht anders als flüchtig, der Einfluss nicht mehr als indirekt sein. Die seefahrenden Sklavenhändler hatten keinen Ansporn, von ihren Forts oder Hulks an der Küste in das Innere vorzustoßen. Und ihre Operationen erschwerten es anderen, das zu tun. Den unvermeidbaren, normalen Schwierigkeiten von Klima, Krankheiten, Geländebeschaffenheit, Nachschub und Unsicherheit fügte der Sklavenhandel noch die Feindseligkeit der afrikanischen Mittlergemeinschaften hinzu, die im Inland billig aufkauften und an der Küste teuer veräußerten und deshalb schnell überall potenzielle Konkurrenten vermuteten. Noch weit abschreckender wirkte der europäische Sklavenhandel auf jene, die sich ansonsten um andere Kontakte bemüht hätten. Der Sklavenhandel war so mächtig, dass er alle anderen Arten kommerzieller Beziehungen im Keim erstickte. Auch wenn sich die absolute Gottlosigkeit des Sklavenhandels dem christlichen Bewusstsein erst sehr spät mitteilte, war die tatsächliche Praxis ein derart schmutziges Geschäft, selbst für diejenigen, die aktiv in ihn verwickelt waren, dass man sich sehr darum bemühte, ihn möglichst unter Ausschluss der Öffentlichkeit abzuwickeln. In den alten portugiesischen Kolonien wurden Missionare lediglich geduldet, und die Regierung Portugals unternahm die größtmöglichen Anstrengungen, um zu verhindern, dass die Päpste Missionare nach Afrika schickten, die nicht unter ihrer Kontrolle standen. Erst als die Antisklavereibewegung in Europa selbst einen entscheidenden Sieg errungen hatte, wurde es möglich, von Europa aus einen anderen Kontakt mit Afrika zu organisieren.

Den ersten ernsten Rückschlag musste der Sklavenhandel in Großbritannien einstecken. Das lag wahrscheinlich daran, dass man es hier ganz offensichtlich zu weit getrieben hatte. Mitte des 18. Jahrhunderts bezeichnete man die Karibik mit ihrem von Sklaven produzierten Zucker als reichstes Juwel der englischen Krone. Hätten die karibischen Pflanzer die Sklavenarbeit auf die Karibik beschränkt, wären sie wahrscheinlich erst sehr viel später unter Beschuss geraten. Doch als die Pflanzer begannen, ihre Haussklaven mit nach England zu bringen, boten sie ein leichtes Ziel für die radikaleren Christen, und trotz der Sorge um die Interessen des Besitzes waren die Gerichte schließlich zu der Erklärung gezwungen, dass es dem englischen Recht nach keine Sklaverei geben konnte. Lord Mansfields berühmtes Urteil in einem Musterprozess von 1772 war der erste Sieg einer kleinen Interessengruppe, die sich zumeist aus evangelischen Christen zusammensetzte und eine schonungslose Kampagne gegen den britischen Sklavenhandel eröffnete; mit gleichem Erfolg ging sie später auch gegen die Institution der Sklaverei in den britischen Überseegebieten vor. Schließlich wurde das Parlament so weit gebracht, dass es 1807 ein Gesetz verabschiedete, das britischen Untertanen den Sklavenhandel untersagte, und vier Jahre später ein weiteres Gesetz, mit dem diejenigen, die am Sklavenhandel festhielten, mit hohen Strafen belegt wurden. Im Ergebnis zogen sich die Briten ab 1811 aus diesem Geschäft zurück.

Nichts illustriert den exklusiven Charakter des Sklavenhandels besser als die Tatsache, dass Großbritannien, nachdem es einmal von ihm gelassen hatte, sofort damit begann, gegen die Weiterführung dieses Handels durch andere Nationen vorzugehen. Dies tat man nicht aus reiner Menschenfreundlichkeit oder gar Selbstgerechtigkeit, sondern aus rein kommerziellen Erwägungen. Der Sklavenhandel war leichter und gewinnträchtiger als jeder andere Handel mit Afrika und musste deshalb international unterdrückt werden, bevor sich ein „legitimer“ Handel zwischen Afrika und Europa entwickeln konnte. Die Dänen hatten schon drei Jahre vor den Briten den Sklavenhandel verboten, in den USA wurde er im Jahre 1808 illegal, und 1814 stellten ihn auch die Holländer außerhalb des Gesetzes. Unter britischem Druck folgten nach den napoleonischen Kriegen auch die anderen Seemächte, auch wenn man Portugal und Spanien (wo der Sklavenhandel 1789 legalen Status erhalten hatte) zunächst lediglich dazu bewegen konnte, ihren Sklavenhandel auf die südliche Hemisphäre zu beschränken.

1842 war dann der Transport von Sklaven über den Atlantik für nahezu alle Seeleute aus den europäischen und amerikanischen Nationen eine ungesetzliche Handlung. Dies bedeutete jedoch nicht sein Ende. Zunächst einmal verfügte nur Großbritannien über die Entschlossenheit und die entsprechenden Mittel, dem Recht auf den Meeren Geltung zu verschaffen, auch wenn sich, vor allem nach 1840, auch Frankreich und die Vereinigten Staaten ab und zu am maritimen Kampf gegen den Sklavenhandel beteiligten. Deshalb begann Großbritannien eine zweite diplomatische Kampagne, mit der es andere Nationen davon überzeugen wollte, britischen Kreuzern das Recht einzuräumen, Sklavenschiffe, die unter deren Flagge segelten, aufzubringen. Diese Kampagne rief im Ausland verständlicherweise einige Ablehnung hervor. Das kleine Portugal wurde regelrecht zum Nachgeben gezwungen, doch Frankreich und die Vereinigten Staaten, die zur See alte Feinde Großbritanniens waren, lehnten es rundheraus ab, Großbritannien dieses Recht einzuräumen. Zweitens wuchs die Nachfrage nach Sklaven in den Vereinigten Staaten, Brasilien und Kuba, weil man dort jungfräuliches Land urbar machte, um den wachsenden Bedarf an Baumwolle oder Zucker zu befriedigen, während sie in der Karibik stark zurückging bzw. ganz aufhörte. So lange es in Amerika einen gewinnträchtigen Markt für Sklaven gab, fanden sich immer Menschen, die die Gesetze ihres Landes missachteten und bereit waren, das Risiko britischer Seepatrouillen einzugehen. Zwar zeigten die britischen Maßnahmen zur See nach 1840 einige Wirkung, doch starteten die Briten noch eine dritte Kampagne. Man bemühte sich darum, afrikanische Herrscher zu überzeugen oder zu zwingen, den Export von Sklaven aus ihren Territorien unter Strafe zu stellen. Frankreich handelte mitunter ähnlich, doch war dies eher eine britische Aktivität. Auf diese Weise begann sich in den Kontakten zwischen Europa und Afrika ein wichtiges neues Element herauszubilden. Die Seepatrouillen ermöglichten es, dass die rechtmäßigen Handelsleute mit ihren Unternehmungen sogar in Konkurrenz zu den Sklavenhändlern treten konnten, und von 1849 an setzte man zusätzlich zu den Kreuzern auch Konsuln ein, deren Aufgabe darin bestand, afrikanische Gemeinwesen an den rechtmäßigen Handel anzubinden. Dennoch waren es nicht diese Maßnahmen in Afrika, die zur Beendigung des Sklavenhandels führten, sondern der Niedergang der Nachfrage auf der anderen Seite des Atlantiks. Der Sieg der Nordstaaten über den Sklaven haltenden Süden im amerikanischen Bürgerkrieg 1865 wurde durch das endgültige Verbot der Sklaverei in Kuba und Brasilien in den achtziger Jahren des 19. Jahrhunderts vervollständigt.

Die Antisklavereibewegung blieb vor allem in Großbritannien eng mit dem religiösen Enthusiasmus ihrer Gründer verbunden. Das protestantische Christentum hatte sich generell recht spät an seine Pflicht erinnert, jedem menschlichen Wesen das Evangelium zu predigen. In den ersten zwei oder drei Jahrhunderten ihrer Existenz waren die verschiedenen reformierten Kirchen nahezu ausschließlich mit dem eigenen Überleben beschäftigt. Gegen Ende des 18. Jahrhunderts erfasste die pietistischen Zirkel lutheranischer und kalvinistischer Prägung Nordeuropas ein Anliegen, das nahezu beispiellos war seit den frühen Jahrhunderten des Christentums: die Bekehrung der nichtchristlichen Völker der Welt. Die früheste Manifestation dieser Bewegung war wahrscheinlich die 1722 erfolgte Gründung einer lutheranischen Sekte, die man später als Mährische Brüder bezeichnete, deren Mitglieder sich alle als potenzielle Heidenmissionare betrachteten. In England waren die Baptisten die ersten, die 1792 eine Missionsgesellschaft gründeten, deren hauptsächliches Betätigungsfeld in Indien lag. Bald folgten unabhängige und im Wesentlichen kongregationalistische Gruppen ihrem Beispiel und gründeten die „London Missionary Society", die als erste im Pazifik und in Südafrika arbeitete. Mit der „Society for the Propagation of the Gospel" besaß die anglikanische Kirche bereits eine Organisation, die zwar ursprünglich die Aufgabe hatte, anglikanische Emigranten in Übersee zu betreuen, doch sollte sie sich in wachsendem Maße der Missionierung von Nichtchristen vor allem im südlichen Afrika zuwenden. Darüber hinaus gründeten 1799 Anglikaner evangelikaler Ausrichtung die „Church Missionary Society", die sich Arbeitsfelder in West- und Ostafrika erschloss. Das frühe 19. Jahrhundert erlebte die

Gründung zahlreicher weiterer protestantischer Missionsgesellschaften, von denen die „Methodist Missionary Society" mit Missionen in West- und Südafrika, die Basler Gesellschaft mit Missionen in Westafrika, die Berliner Gesellschaft mit Missionen in Süd- und später auch in Ostafrika, die „Universities Mission", eine hoch angesehene anglikanische Gesellschaft mit Schwerpunkt im zentralen Ostafrika sowie die Missionen der schottischen Presbyterianerkirchen in Südafrika, was Afrika angeht, die bedeutendsten waren.

Für die römisch-katholische Kirche war die Idee der Heidenmission natürlich nicht neu. Doch die Missionen, die im 16. und 17. Jahrhundert in Asien, Afrika und Amerika durchgeführt wurden, waren zum großen Teil Sache des portugiesischen und spanischen Klerus, und mit dem Nachlassen der säkularen Energien der iberischen Länder im 18. Jahrhundert gingen auch ihre ekklesiastischen Anstrengungen zurück. 1622 hatte der Heilige Stuhl versucht, durch die Schaffung der Heiligen Kongregation zur Glaubensverbreitung (Propaganda Fide) die Missionsarbeit in Rom zu zentralisieren, doch waren die spanischen und portugiesischen Kolonien auf Grund erworbener Ansprüche von ihrer Jurisdiktion ausgenommen, sodass es über zweihundert Jahre dauerte, bis in den römisch-katholischen Missionen in Afrika und im Osten wieder ein wirklich frischer Wind wehte. Die lebendigste dieser Bewegungen aus dem 19. Jahrhundert nahm in Frankreich ihren Anfang. Das für Afrika wichtigste Ereignis war 1848 die Neugründung der Kongregation des Heiligen Geistes, deren Mitglieder in Westafrika, Gabun, dem unteren Kongo, Südwestafrika und der Küstenregion Ostafrikas arbeiteten. Eine spätere Entwicklung, erneut französischen Ursprungs, war die von Kardinal Lavigerie 1868 ins Leben gerufene Gesellschaft unserer Jungfrau von Afrika, die allgemein unter dem Namen „Weiße Väter" bekannt geworden ist. Ausgehend von ihrer ursprünglichen Basis in Algerien unternahmen die Weißen Väter Missionen im gesamten Zentrum des Kontinents, sowohl im Innern Westafrikas als auch zu beiden Seiten der Großen Seen, von Uganda im Norden und südwärts bis nach Nordsambia. Diese beiden neuen großen Orden und die ihnen entsprechenden Frauenvereinigungen waren für internationale Mitglieder offen. Mit der Zeit schlossen sich ihnen die Angehörigen älterer

Orden – Benediktiner, Franziskaner, Dominikaner, Jesuiten – und solche vieler jüngerer Orden wie der Gesellschaft vom Göttlichen Wort und der Gesellschaft vom Heiligen Joseph an.

Die Gründung einer großen Missionsgesellschaft braucht Zeit. Mehr Zeit sogar als die Einrichtung eines Regierungsressorts oder die Gründung einer großen Handelsgesellschaft. Es müssen Gefolgsleute gefunden und ausgebildet werden. Es muss, über ein weitreichendes Netzwerk von Glaubenskongregationen, für finanzielle Unterstützung gesorgt werden. Auch müssen die Rückschläge der ersten und damit unvermeidlich teuren Vorstöße ins Unbekannte überwunden werden. Deshalb stand die Missionsbewegung in Afrika in der Mitte des 19. Jahrhunderts noch ziemlich am Anfang. Erst in den siebziger Jahren erlangte sie eine wirklich beeindruckende geografische Verbreitung. Doch stellte allein die Existenz dieser Bewegung in embryonaler Form seit dem Ende des 18. Jahrhunderts schon einen bedeutenden neuen Faktor in den europäisch-afrikanischen Beziehungen dar. Wahrscheinlich war der Einfluss der Europäer und später auch der Amerikaner, den sie auf Grund ihrer Aktivitäten in den Missionsgesellschaften auf die Völker Afrikas ausübten, weit stärker als der Eindruck, den die Handlungen ihrer jeweiligen Regierungen hinterließen. Ein Missionsunternehmen war, anders als eine Unternehmung der Regierung, nicht auf den engen Umkreis der Kolonialmacht beschränkt.

Bevor jedoch diese neuen Einflüsse, sowohl die missionarischen als auch die kommerziellen, direkte und starke Auswirkungen auf Afrika haben konnten, musste der nahezu vollständigen Ignoranz der Außenwelt Afrika gegenüber ein Ende bereitet werden. Für das Europa des ausgehenden 18. Jahrhunderts war Afrika nur wenig mehr als eine Küstenlinie, die nicht viel über das Innere des Kontinents preisgab. Nordafrika gehörte zur muslimischen Welt, die sich den Christen aus dem Westen noch immer nahezu vollständig verschloss. Die für ihre Piraterie berüchtigten „Barbareskenstaaten“ kannte man hauptsächlich aus den Berichten der wenigen christlichen Sklaven, die von den Korsaren gefangen genommen worden waren und das Glück gehabt hatten, ihnen zu entkommen oder gegen Lösegeld frei gelassen worden zu sein. Eine Hand voll Europäer war, als Araber verkleidet, von Kairo aus den Nil aufwärts gefahren. Ein oder zwei, unter ihnen der schottische Gutsherr James Bruce, war bis in die äthiopische Hauptstadt Gondar oder zur Hauptstadt des Fundj-Reiches in Sennar am Blauen Nil vorgedrungen. Von den großen Strömen Afrikas kannte man den Sambesi ungefähr auf einer Strecke von 1100 Kilometern von der Mündung flussaufwärts, beim Kongo waren es ungefähr 150 Kilometer. Kein Europäer hatte bislang den Niger zu Gesicht bekommen, dessen Mündung ebenfalls noch unbekannt war. Da man einem Irrtum von Leo Africanus aus dem frühen 16. Jahrhundert anhing, glaubte man allgemein, er flösse von Osten nach Westen. Die einzigen afrikanischen Gesellschaften, von denen Europa im 18. Jahrhundert wusste, waren die der Waldgebiete in West- und im westlichen Zentralafrika. Trotz der Schriften von Leo Africanus und ungeachtet der Vorstöße der Franzosen, die im 17. und 18. Jahrhundert den Senegal hinauffuhren, war man sich der Tatsache kaum bewusst, dass im Norden hinter diesen Regenwäldern offenes Land lag, auf dem Bauern Zerealien anbauten und Rinder weideten und von wo aus muslimische Stadtbewohner mit ihren Waren bis nach Ägypten und in den Maghreb Handel trieben. Und man nahm mit Sicherheit nicht an, dass das Rückgrat des Kontinents hinter den Regenwäldern im Osten aus Hochebenen bestand, die sich mit einer Höhe von 1300 bis 1700 Metern über dem Meeresspiegel von Äthiopien bis zum Kap hinzogen.

Die europäische Erkundung des Inneren Afrikas war im Großen und Ganzen eine weitere Manifestation jener humanitären Bewegung, die den Sklavenhandel bekämpft und sich bemüht hatte, den christlichen Glauben und einen rechtmäßigen Handel an seine Stelle zu setzen. Die geografische Bewegung begann kurz vor Ende des 18. Jahrhunderts. Es dauerte ungefähr fünfundsiebzig Jahre, bis die wesentlichen Fakten geklärt waren. Die ersten Vorstöße wurden von Norden und Westen her unter den Auspizien der „Association for the Discovery of the Interior Parts of Africa“ unternommen, einer kleinen Gruppe reicher Engländer, von denen einige aus stärker wissenschaftlichem Interesse, andere aus stärker humanitärem Interesse an diese Aufgabe gingen. Es war diese „African Association“, die die bemerkenswerte erste Reise von Mungo Park zum oberen Niger in den

Jahren zwischen 1795 und 1797 finanzierte, eine Expedition, die klarstellte, dass der Fluss gen Osten floss. Es war der Einfluss einiger Mitglieder dieser Gesellschaft, vor allem von Sir Joseph Banks und Sir John Barrow, der bei der britischen Regierung die Überzeugung hervorrief, dass die Erforschung Afrikas ein lohnenswertes Ziel öffentlicher Ausgaben sei. Park, der diesmal von der britischen Regierung bezahlt wurde, kehrte 1805/6 nach Afrika zurück und befuhr den größten Teil des Niger. Gleiches gilt für Denham und Clapperton, die zwischen 1823 und 1825 Bornu und das Hausaland erforschten, nachdem sie von Tripolis aus die Sahara durchquert hatten, sowie für den deutschen Forscher Heinrich Barth, der zwischen 1850 und 1855 seine äußerst genauen Forschungen im westlichen und zentralen Sudan durchführte.

Bis zum Vorabend ihrer großen politischen Expansion in den siebziger Jahren des 19. Jahrhunderts trugen die Franzosen, gemessen an ihrer früheren Beteiligung am Sklavenhandel und dem Vordringen in den Senegal, überraschend wenig zur Erforschung Westafrikas bei. Nur die große Reise von René Caillié 1827/28 vom Rio Nuñes nach Timbuktu und quer durch die Sahara nach Tanger ist den Rei sen von Park oder Clapperton vergleichbar, doch handelte es sich dabei um eine private Initiative, die seitens der französischen Regierung keine Unterstützung erfuhr. Mit Blick auf die Entwicklungen nach 1883 ist es erforderlich, auf den nicht unerheblichen Anteil deutscher Forscher und Missionare bei der Öffnung des afrikanischen Kontinents hinzuweisen, auch wenn sie manchmal, wie Barth, in britischen Diensten standen. Die frühen deutschen Aktivitäten beschränkten sich aber keinesfalls nur auf Westafrika. Zwei deutsche Angehörige der „Church Missionary Society", Krapf und Rebmann, waren Pioniere sowohl der Mission als auch der Erforschung des Inneren von Ostafrika. Ihnen war es vorbehalten, in den Jahren 1847-49 als erste Europäer die schneebedeckten Kuppen des Kilimandscharo und des Mount Kenya zu sehen. Zwischen 1862 und 1869 unternahm Gerhard Rohlfs ausgedehnte Reisen durch die nordafrikanische Sahara. Sein Werk wurde später von anderen Deutschen fortgesetzt, vor allem von Gustav Nachtigal, der in den Jahren von 1870-74 den Sudan zwischen Tschadsee und Nil erforschte. Zwischen

1860 und 1872 war Karl Mauch der erste Europäer der Neuzeit, der die Gefilde der alten Monomotapa-Könige betrat. Die Mährischen Brüder waren die erste protestantische Mission, die in Afrika wirksam wurde. Sie ließ sich 1792 am Kap nieder. Die Basler Mission war 1828 die erste an der Goldküste. Die Bremer Mission folgte 1847, eben dem Jahr, in dem sich die Rheinische Mission als erste in Südwestafrika niederließ.

Insgesamt kann man sagen, dass Europas Interesse an der Erforschung des südlichen und östlichen Afrika erst begann, als die geografischen Rätsel Westafrikas ihrer Aufklärung entgegensahen, und dass auch hier die Initiative von den Briten ausging. Bemerkenswert ist, dass es trotz der Existenz einer durch Siedler festgesetzten Grenze im Süden die Missionare waren, die in jeder Phase der südafrikanischen Geschichte während des 19. Jahrhunderts am weitesten nördlich lebten, und so war es mit David Livingstone auch ein Missionar, der zwischen 1853 und 1856 aus dem Süden über Land bis zu den Victoriafällen reiste und von dort aus in westlicher Richtung bis nach Luanda und in östlicher Richtung bis zur Mündung des Sambesi kam. Livingstone veröffentlichte seine Forschungen unter dem Titel Missionary Travels and Researches. Als Missionar erweckte er im viktorianischen England Begeisterung, weil „Christentum und Handel" nun auch auf dieser Seite des Kontinents eine Öffnung bewirkt hatten, die seine Bewohner aus Unwissenheit, Hungersnot und Krankheit retten und vor den Übergriffen der Sklavenhändler von der Ostküste bewahren sollte. Aus der „African Association" war inzwischen die populäre und einflussreiche „Royal Geographical Society" geworden, die von der Regierung subventioniert wurde, und deren Präsidenten Zugang zu Ministern und Ministerien hatten. Es war die „Royal Geographical Society", die 1858 Burton und Speke an den Tanganyika-See schickte, und zwischen 1862 und 1864 Speke und Grant zum Victoria Nyanza und den Nil hinunter. Es war der Einfluss dieser Gesellschaft, der Livingstone zum Konsul machte und ihm die Ausgaben für seine Sambesi-Expedition von 1859-64 erstattete, in deren Verlauf der Malawi-See entdeckt wurde. Die letzten sechs Jahre seiner Reisetätigkeit, von 1867 bis 1873, richtete Livingstone auf eigene Kosten aus. Hier bewegte er sich hauptsächlich im

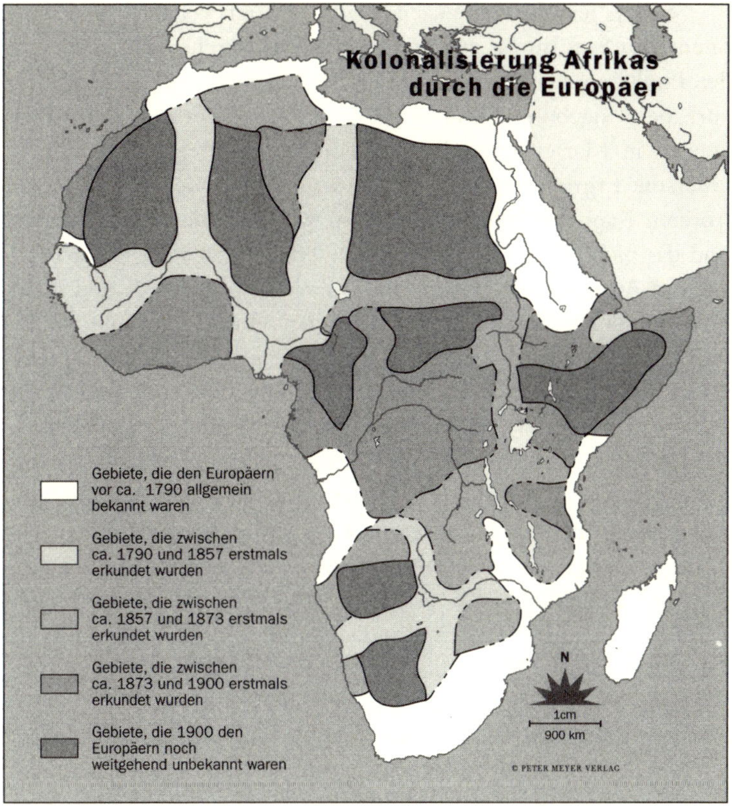

Die fortschreitende europäische Erforschung Afrikas

Einzugsbereich des oberen Kongo. Seine Bücher hatten ihn zum reichen Mann gemacht und seine Popularität war derart groß, dass es sich der Besitzer einer amerikanischen Tageszeitung leisten konnte, den jungen Kriegsberichterstatter H. M. Stanley nach Afrika zu schicken und damit seine Forscherkarriere zu lancieren, indem er ihm den Auftrag gab, Livingstone zu suchen. Stanleys berühmter Satz: „Dr. Livingstone, nehme ich an“ war der Höhepunkt der Sensationsmeldungen des Jahrhunderts.

Stanleys nächste Reise nach Afrika, in deren Verlauf er den Kontinent von Sansibar bis zur Kongomündung durchquerte, markierte den Punkt, an dem die Erforschung Afrikas in politische Annexionsvorhaben eingebunden wurde. Bei seiner Rückkehr nach Europa traf Stanley in Marseille mit König Leopold von Belgien zusammen. Über die Ergebnisse dieser Zusammenkunft werden wir in einem späteren Kapitel berichten. Bis dahin war die Erforschung Afrikas, und das nicht nur in Großbritannien, sondern in ganz Europa und auch in Amerika, ein Vorstoß ins Unbekannte gewesen, und dieses unbekannte Afrika ein Feld, auf dem man seinen Heroismus am besten beweisen konnte. Und doch hatte es sich dabei um einen Heroismus gehandelt, der philanthropisch gefärbt war, weil sowohl die Forscher als auch ihr Publikum fest daran glaubten, dass das Ziel ihrer Bemühungen darin bestand, die schwarzafrikanische Rasse zu verbessern und sie in den Hauptstrom des menschlichen Fortschritts einzubinden. In der klassischen Periode der Erforschung Afrikas machte man sich nur selten Gedanken darüber, dass sich mit diesem Prozess der „Erlösung" die politische Machtübernahme verbinden würde. Es war die Zeit des laissez-faire, und man nahm allgemein an, dass das christliche Evangelium zusammen mit der natürlichen Neigung des Menschen zu reisen und sich auszutauschen, einen ausreichenden Anreiz darstellen würde. Die Missionare sollten die Afrikaner lehren, ihre Blöße zu bedecken und die Gesetze der Moral einzuhalten. Kaufleute würden Stoffballen aus den Fabriken von Lancashire liefern; mit ihnen hatte man die Mittel zur Hand, um die ersten Anforderungen zu befriedigen, und sie konnten gegen die Primärprodukte von fleißigen und sparsamen christlichen afrikanischen Bauern eingetauscht werden. Völker sollten sich zur besseren Entwicklung des Handels zu Föderationen zusammenschließen, und auf diese Weise würden die zukünftigen Nationen Afrikas geboren werden.

Die Regierungen in ihrer Weisheit waren vielleicht ein bisschen weniger blauäugig als die allgemeine Öffentlichkeit. Die Regierungen waren sich im Klaren darüber, dass der Palmölhändler in Westafrika ohne die Hilfe des Kanonenbootes nicht über den Sklavenhändler gesiegt hätte. Die Regierungen wussten, dass es außerhalb

Nigerias nirgendwo diese einzigartige Verbindung aus Nutzpflanze und einem Netzwerk natürlicher Wasserwege gab, über die man sie an die Küste transportieren konnte. Die Regierungen wussten darüber Bescheid, dass Lasttiere in den meisten Teilen Afrikas innerhalb weniger Wochen zugrunde gingen und dass die erst der Bau von Eisenbahnlinien eine wirkliche Öffnung des Kontinents für den Handel herbeiführen würde. Und wenn sie darüber nachgedacht hätten, dann hätten die Regierungen wohl ihre Zweifel daran gehabt, dass Entwicklungen dieses Ausmaßes ohne radikale machtpolitische Veränderungen möglich sein sollten. Doch die Regierungen dachten bis zur Mitte der siebziger Jahre des 19. Jahrhunderts diese Dinge nicht logisch zu Ende, weil sie überhaupt nicht die Absicht hatten, sich in eine Politik der territorialen Expansion in Afrika hineinziehen zu lassen. Das ganze europäische Denken war gegen eine solche Expansion gerichtet, denn mit Sicherheit war Afrika nicht reich genug, um die Ausgaben zu rechtfertigen. Tatsächlich waren die Augen der Europäer wie immer nur aufeinander gerichtet, selbst auf dem afrikanischen Schauplatz. Alle waren mit informellen und einander überschneidenden Einflussgebieten zufrieden, so lange die anderen sich ebenso zurückhielten. Die Situation unterschied sich also nirgendwo sonderlich von der des 18. Jahrhunderts. Europa hatte zwar jetzt seinen Blick auf Afrika gerichtet, und Afrika begann sich unter seinem Einfluss auch zu verändern, doch wetzte Europa noch keineswegs seine Messer, um zur förmlichen Reichsgründung zu schreiten. Zu drei Vierteln ist die Geschichte Afrikas im 19. Jahrhundert keinesfalls gleichbedeutend mit der Geschichte der Europäer in Afrika.

13 Das 19. Jahrhundert: Nord- und Westafrika

Gegen Ende des 18. Jahrhunderts begann sich das unsichere Machtgleichgewicht zwischen christlichen Europäern und muslimischen Nordafrikanern, das seit dem Mittelalter im Mittelmeerraum Bestand hatte, entscheidend zugunsten Europas zu verlagern. Während dies generell der wachsenden materiellen Macht Europas im Vergleich zur relativen Stagnation der islamischen Welt seit dem 15. Jahrhundert geschuldet war, wurde diese Verlagerung besonders durch das wieder erwachende europäische Interesse an einem direkten Zugang nach Asien über die Levante ausgelöst. Zunächst waren die erstarkenden kommerziellen und imperialen Energien Europas, dem Beispiel Portugals und Spaniens folgend, auf den Atlantik ausgewichen. Doch während des großen Kriegs zwischen 1793 und 1815 wurde der weltweite Kampf zwischen Frankreich und England um die Vorherrschaft zur See schließlich zu Gunsten Großbritanniens entschieden. Infolgedessen fühlten sich die Franzosen erneut von der alten Asienroute über Ägypten angezogen. 1798 brachte die britische Seemacht Napoleons Expedition nach Ägypten zum Scheitern (was zugleich die französischen Ambitionen in Oman am Persischen Golf und in Ostafrika zunichte machte), doch war Großbritannien der Ansicht, dass es politisch klüger wäre, Ägypten wieder seinen nominellen Herrschern, den osmanischen Türken, zu überlassen. Der prächtige mittelalterliche Anachronismus der Mameluckenherrschaft vermochte dem Ansturm moderner Waffen nicht standzuhalten, und 1811 war trotz der britischen Einmischung die Macht in Ägypten an die albanischen Truppen einer osmanischen Armee übergegangen, die von Muhammad Ali befehligt wurde.

Muhammad Ali (Mehmet Ali) war ein Mann mit recht bemerkenswerten Fähigkeiten, Ambitionen und Visionen. Als er 1847, als alter Mann von fünfundsiebzig Jahren, seinem Sohn und Stellvertreter Ibrahim die Macht übergab, war er bei der Umgestaltung einer mittelalterlichen Provinz des osmanischen Reiches, die ihm das Schicksal in die Hände gespielt hatte, in einen modernen, unabhängigen Staat ein großes Stück vorangekommen. Am wenigsten Erfolg war ihm mit seiner Außenpolitik beschieden. Ibrahims militärische Erfolge in Syrien, hinter denen die Absicht stand, die vollständige Unabhängigkeit Ägyptens von Konstantinopel durch die Wiederherstellung des ehemaligen Reichs abzusichern, waren durch die europäische Diplomatie, vor allem die britische, zunichte gemacht worden, da es den europäischen Mächten lieber war, wenn das Tor nach Indien weiterhin von der schwächeren türkischen Macht kontrolliert wurde. Dadurch blieb Ägypten, technisch gesehen, weiterhin Teil des osmanischen Reiches. Muhammad Ali erreichte lediglich die Anerkennung Ägyptens als autonomer Provinz unter erblicher Herrschaft seiner Familie, d.h. seiner Nachfahren (denen 1867 der Titel des Khediven verliehen wurde). Nichtsdestoweniger war der nilotische Sudan erobert worden und die Macht der Türken im Bereich des Roten Meeres dauerhaft an die Ägypter übergegangen. In Ägypten selbst waren Bewässerung, Landbesitz, Steuersystem und Verwaltung gründlich erneuert worden, und durch ein staatliches Monopolsystem konnten Baumwolle, Indigo und Zucker zu Exportwaren gemacht werden. Die Interessen der europäischen Kaufleute wurden bis zu einem gewissen Grad durch die Einrichtung nichtmuslimischer Gerichte geschützt. Zudem holte man europäische Experten ins Land, die Reformen im Bildungs- und Gesundheitswesen auf den Weg bringen und vor allem die neu aufgestellte ägyptische Armee ausbilden sollten. Muhammad Alis Regime war völlig autokratisch, doch legten die Entlassung seiner albanischen Regimenter (deren Eifersucht und Unzuverlässigkeit nur zu bald offensichtlich wurden) und deren Ersetzung durch ägyptische Rekruten den Grundstein für das zukünftige Wachsen eines ägyptischen Nationalgefühls. Waren ägyptische Offiziere erst einmal in die Kommandostellen aufgestiegen, dann würde sich die Macht in Ägypten vollständig in ägyptischer Hand befinden, was seit zweitausend Jahren nicht mehr der Fall gewesen war.

Damit geriet aber die Zukunft des neuen Ägypten sofort in völlige Abhängigkeit von den persönlichen Fähigkeiten seiner Herrscher. Muhammad Alis absolute Macht ging an Erben über, die in puncto Entschlossenheit und Zielstrebigkeit nichts Gleichwertiges bieten konnten. Sie gestatteten ausländischen Kaufleuten, Konzessionsjägern und Geldverleihern, die neue wirtschaftliche Situation auszubeuten. Die Briten, die daran interessiert waren, Post und Truppen so schnell wie möglich nach Indien zu befördern, fassten mit dem Bau der Eisenbahnlinie von Alexandria über Kairo nach Suez in den fünfziger Jahren festen Fuß im Land. 1854 erhielt De Lesseps, ein früherer französischer Konsul, die Konzession für Bau und Betrieb des Suezkanals. Der Bau wurde schließlich 1869 abgeschlossen, trotz ungeheurer diplomatischer und finanzieller Behinderungen, die vor allem von Seiten der Briten aufgefahren wurden, weil sie sich nicht vorstellen konnten, dass die Entwicklung der Dampfkraft schon bald die alte Segelroute um das Kap nach Indien völlig bedeutungslos machen würde, und irrtümlich annahmen, dass der Kanal hauptsächlich den Franzosen zugute kommen würde. Die Kosten, die der Kanal Ägypten aufbürdete, waren gewaltig. Die Konzessionsbedingungen besagten, dass Ägypten bei Verlusten an Menschenleben, Grundbesitz und Einnahmen mitbetroffen war, während gleichzeitig (wie Muhammad Ali es vorausgesehen hatte, weshalb er frühere Projekte zum Bau des Kanals stets energisch abgelehnt hatte) die Unabhängigkeit Ägyptens gänzlich von den europäischen Seemächten abhing, die den Kanal überwiegend benutzten. Wie ernst es stand, wurde 1879 offenbar, als die ägyptische Regierung bankrott war; hauptsächlich wegen der fahrlässigen Politik des Khediven Ismail, der die Staatseinnahmen für ausländische Kredite verpfändete (zu Konditionen, die nur den ausländischen Kapitalisten und ihren Agenten in Ägypten nutzten), die dann für großartige, oftmals aber auch unrentable Modernisierungsmaßnahmen ausgegeben wurden. Schließlich wurde die Türkei überredet, Ismail abzusetzen, und die Kontrolle über die ägyptischen Staatseinnahmen, und damit in letzter Konsequenz der Regierung, ging an britische und französische Begünstigte über.

Die Eindämmung der französischen Ambitionen in Ägypten in den Jahren 1798-1801 und die darauf folgende praktische Unabhängigkeit unter Muhammad Ali lösten im übrigen mediterranen Afrika eine Kettenreaktion aus. 1830 gelang es einer französischen Streitmacht Algier zu erobern, weil keine britische Flotte sie daran hinderte, und die Regierung Frankreichs ängstlich darauf bedacht war, im Ausland die Erfolge zu erringen, die ihr im Land selbst versagt blieben. Den glaubwürdigsten Vorwand für diese Aktion lieferte die Notwendigkeit, endlich der Freibeuterei ein Ende zu bereiten, die zwischen 1793 und 1815, als die europäischen Flotten hauptsächlich miteinander beschäftigt waren, zu neuem Leben erwacht war. Algier war leichter zu treffen als andere Maghrebstaaten, die sich ebenso an der Freibeuterei beteiligt hatten. In den Jahren 1835 und 1836 unternahmen die Türken, die sowohl durch Muhammad Alis Erfolge in Ägypten als auch durch die französische Einnahme von Algier aufgeschreckt worden waren, erste Schritte, um ihre Autorität in Tripolis zu stärken, und nur französische Demonstrationen maritimer Stärke hielten sie davon ab, auch in Tunis einzumarschieren.

Die tunesischen Beys erkannten schnell die Bedeutung dieser Ereignisse. Sie hatten bereits Schritte gegen die Piraterie eingeleitet, und unternahmen nun Anstrengungen, die Verwaltung ihrer Staaten nach westlichem Muster zu gestalten. 1857 waren sie die ersten muslimischen Herrscher, die ihrem Volk eine Verfassung gaben. Wäre das Modernisierungsprogramm der Hussainiden nicht von finanziellen Abenteuern begleitet gewesen, die denen der ägyptischen Regierung glichen, hätte sich Tunis seine Unabhängigkeit vielleicht länger bewahren können, als dies tatsächlich der Fall war, denn die Ambitionen der Franzosen wurden bis zu einem gewissen Grade durch die konkurrierenden italienischen Interessen neutralisiert. Doch gaben die Geldverlegenheiten der Regierung des Beys Frankreich schließlich die Gelegenheit, Tunesien im Jahre 1881 zum Protektorat zu erklären. Die Unabhängigkeit Marokkos konnte bis in das 20. Jahrhundert erhalten werden – was nicht auf marokkanische Anstrengungen zurückzuführen ist, denn seit den großen Tagen der Sa'diden hatte sich immer mehr die Anarchie unter den Völkern breitgemacht, sondern auf die wechselseitige Eifersucht, mit der die europäischen Mächte einander bewachten. Marokkos strategische Lage am Tor zum Mittelmeer bewirkte, dass weder Frankreich noch Großbritannien oder das benachbarte Spanien es wagten, sich in marokkanische

Angelegenheiten einzumischen, weil man fürchtete, damit die jeweils anderen gegen sich aufzubringen.

Den größten Teil des 19. Jahrhunderts über beschränkte sich die europäische Einmischung in Nordafrika auf die Aktivitäten der Franzosen in Algerien. Doch obwohl es sich für die Franzosen als einfach erwiesen hatte, sich der Stadt Algier und der Person des Bey zu bemächtigen und in der Folgezeit die anderen wichtigen Häfen des Territoriums zu besetzen, war es alles andere als einfach, sich über die Politik danach klar zu werden. Keine französische Regierung war dazu bereit, eine Eroberung wieder herzugeben, die von französischen Waffen erkämpft worden war. Die Frage lautete vielmehr, wie groß der Wille der Franzosen war, die Araber- und Berbervölker im Landesinneren zu unterwerfen. 1832 zeigten diese ganz unverhohlen ihre Feindschaft gegenüber Ausländern: unter der Führung von 'Abd al-Kadir, dem Sohn eines *marabout*, erhoben sie sich zu einem *Dschihad*. Die Angriffe dieser Völker machten es unmöglich, es bei der Eroberung der Küstenebene bewenden zu lassen. Schließlich entschloss sich General Bugeaud zu einer Politik der erbarmungslosen Vertreibung der Völker – mit dem Ziel, sie danach durch europäische Kolonisten zu ersetzen. Doch selbst diese drastischen Maßnahmen konnten das Problem, dem sich die Franzosen gegenüber sahen, keiner endgültigen Lösung zuführen, da es sich als völlig unmöglich erwies, alle algerischen Völker in die Sahara abzudrängen. Es wurde erforderlich, in den Bergen und Steppen systematisch militärische Stützpunkte anzulegen und regelmäßige Patrouillen einzurichten. Trotz der Gefangennahme und Exilierung von 'Abd al-Kadir im Jahr 1847 ging der algerische Widerstand bis 1879 weiter, da die französische Armee erst zu diesem Zeitpunkt alle Völker zwischen dem Meer und der Wüste erfolgreich unterworfen hatte.

Zu diesem Zeitpunkt mussten die Franzosen darüber nachdenken, was aus diesem riesigen Gebiet werden sollte, das, um es zum Besitz Frankreichs werden zu lassen, das Leben von 150 000 Soldaten und wahrscheinlich noch einmal so vielen Kolonisten gefordert hatte. Diejenigen Gegenden im nördlichen Tiefland, die im Winter regelmäßige Niederschläge aufwiesen – der so genannte *Tell* – und aus der die ursprüngliche Bevölkerung zum großen Teil vertrieben worden war, konnte man kolonisieren und direkt der zivilen Regierung des französischen Mutterlandes unterstellen. Was das übrige Gebiet betraf, so sahen sich die Franzosen gezwungen, anzuerkennen, was bereits Napoleon III. erkannt hatte: dass Algerien nicht nur eine französische Kolonie war, sondern zugleich „ein arabisches Königreich". Die Muslime ließen sich nicht so schnell assimilieren. Das System der *bureaux arabes*, das die Armee ins Leben gerufen hatte, musste in ein permanentes System umgewandelt werden, mit dessen Hilfe die französischen Beamten über die einheimischen Stammesführer und ihre Räte das Volk regierten. Doch selbst mit diesem Kompromiss war die Zukunft von *Algérie Française* keineswegs gesichert, als 1879 die Militärregierung einer zivilen Verwaltung Platz machte. Es gab keinen überzeugenden Grund, warum Franzosen nach Algerien auswandern wollen sollten, wo das Land, die Krankheiten und die Einheimischen ihre Feinde waren, um dort Feldfrüchte anzubauen, die dann zu den Produkten der alteingesessenen Bauern im mediterranen Frankreich in Konkurrenz treten würden. Tatsächlich waren von den 350 000 Europäern, die 1880 in Algerien lebten, fast die Hälfte überhaupt keine Franzosen, sondern Spanier, Italiener und Malteser. Hinzu kam, dass sie, je erfolgreicher sie bei der Errichtung von Bauernhöfen und Dämmen, Straßen und Eisenbahnlinien, Schulen und Krankenhäusern waren, umso mehr den Neid und das Misstrauen der einheimischen Bevölkerung auf sich zogen, der nur die kärgeren Böden geblieben waren und die unter den Friedensbedingungen, die die Franzosen erzwungen hatten, zahlenmäßig immer weiter zunahm.

Auch in Westafrika suchte Frankreich nach Ersatz für sein altes Imperium, dessen Untergang die Briten schließlich zwischen 1793 und 1815 herbeigeführt hatten. An der Küste jedoch bestimmten verstärkt die Briten die Gangart, weil sie sich in ihren kommerziellen Absichten sehr viel pragmatischer und zielstrebiger zeigten als die Franzosen und zugleich fest entschlossen waren, den Sklavenhandel auszurotten und ihn durch neue Formen des Handels und eine neue Ordnung zu ersetzen. Bis in die siebziger Jahre des 19. Jahrhunderts lag die Initiative im Innern Westafrikas jedoch nach wie vor bei den afrikanischen Völkern. Doch verfügte Frankreich im Senegaltal über ein Erbe aus dem alten Weltreich, aus dem sich etwas machen ließ. Im 17. und 18. Jahrhundert war der Senegal lediglich das Tor für den Handel mit einem unabhängigen Sudan gewesen. Da Versuche, den Senegal zu einer Plantagenkolonie auszubauen, gescheitert waren, blieb es Louis Faidherbe, einem jungen Armeeoffizier (der in Algerien sowohl militärische Erfahrungen gesammelt als auch ein gewisses Verständnis für die muslimische Gesellschaft erworben hatte), überlassen, vorzuführen, was aus dem Senegal gemacht werden könnte. 1854 zum Gouverneur berufen, unternahm Faidherbe die systematische Eroberung des Senegal-Beckens und machte aus den Bewohnern Bauern, die Feldfrüchte, vor allem Erdnüsse, anbauten, die für Frankreich von Wert waren. Als er die Kolonie zehn Jahre später verließ, war sie bereits eine sichere Ausgangsbasis für die spätere französische Eroberung des Westsudan mit Hilfe senegalesischer Soldaten. Tatsächlich maßen die Franzosen ihre Kräfte bereits mit dem Reich von al-Hadsch Omar, dem westlichsten Vertreter eines bemerkenswerten neuerlichen Wiederauflebens muslimischer Macht in dieser Region.

Ursprünglich waren es die Kaufleute gewesen, die den Islam nach Westafrika getragen und ihn verbreitet hatten. Diese hatten wenig Anlass, die Gesellschaften, mit denen sie Handel trieben, unterwandern zu wollen. Wie wir in Kapitel 7 gesehen haben, sahen die Könige und ihre Hofstaaten im Sudan häufig einen Vorteil darin, sich zu der neuen Religion zu bekennen, doch blieben die grundlegende Gesellschaftsordnung und die Mittel zu ihrer Kontrolle davon im Wesentlichen unberührt. Jedenfalls öffnete die Zerstörung des Songhai-Reiches durch die Marokkaner den Nigerbogen für die Dominanz der Hirtenvölker aus der Sahara. Nachdem sie den Maghreb erobert hatten, waren einige Beduinengruppen in die westliche Sahara vorgedrungen und eine ganze Anzahl der dort ansässigen Berbervölker waren nicht nur muslimisch geworden, sondern inzwischen durch und durch arabisiert. Diese Völker machten den Weg frei für die Gründung geistlicher Bruderschaften (*tariqa*) in Westafrika, die sich dem Aufbau und der Expansion einer vollständig muslimischen Gesellschaft verschrieben hatten; und wenn Überredungskünste und Bildung nicht zum Ziel führten, dann sollte der *Dschihad* gepredigt werden. Die Herrscher der wichtigsten sudanischen Königreiche im Osten und im Westen des Nigerbogens, die Könige der Hausa und der Bambara/Mande, waren für diese neue Schicht von Geistlichen, die ebenso gebildet wie militant waren, nahe liegende Ziele. In ihren Augen waren diese Herrscher Ungläubige.

Die Fulbe, das einzige westafrikanische Hirtenvolk, erwiesen sich als die wichtigsten Akteure bei der Veränderung dieses Zustands. Die Tatsache, dass die Fulbe Hirten sind, hat, zusammen mit einer Reihe körperlicher Merkmale, die sie von anderen Westafrikanern unterscheiden, zu der Vermutung Anlass gegeben, dass sie ursprünglich aus der Sahara gekommen seien. Ihre Sprache ist aber zweifellos eine Niger-Kongo-Sprache. Sie gehört, zusammen mit solchen Sprachen wie dem Serer, dem Wolof und dem Tukulör, zu einer westafrikanischen Unterfamilie der Niger-Kongo-Sprachen. Vor allem vom Tukulör ist das Fulbe kaum zu unterscheiden. Die Fulbe-Hirten lebten auch mit den Tukulör zusammen, die zu den Bewohnern des alten senegalesischen Königreichs Takrur – zeitgleich mit dem Reich von Ghana und westlich davon gelegen – gehörten, das im 11. Jahrhundert islamisiert worden war. Im 14. Jahrhundert aber begannen sich die Fulbe-Hirten in östlicher Richtung durch den Sudan zu verbreiten, wobei sie mit ihren Herden in die Landstriche zwischen den Dörfern der sesshaften Bauern zogen. Im 16. Jahrhundert hatten sie in Massina oberhalb des Nigerbogens festen Fuß gefasst und drangen in das Gebiet der Hausa östlich davon vor. Zweihundert Jahre später ließen sich einige Fulbe in Adamawa in Nordkamerun nieder. Die meisten Fulbe blieben Hirten (*boroje*), die ihre Angelegenheiten unabhängig von den Völkern regelten, in deren Mitte sie lebten. Einige aber traten nicht nur zum muslimischen Glauben über, aus ihren Reihen kamen auch die gottesfürchtigsten und gebildetsten sudanischen Geistlichen. Dafür gab es allem Anschein nach eine ganze Reihe von Gründen. Die Fulbe erhielten die verwandtschaftlichen Bindungen zu den seit langem islamisierten Tukulör aufrecht. Einige ließen sich in den Städten des Sudan nieder. Sie handelten dort ohne Zweifel im Auftrag der mit ihnen verwandten Hirten, und in dieser fremden Umgebung, in der der Fremde gewöhnlich Muslim war, war es nicht leicht, an den traditionellen Hirtenbräuchen festzuhalten.

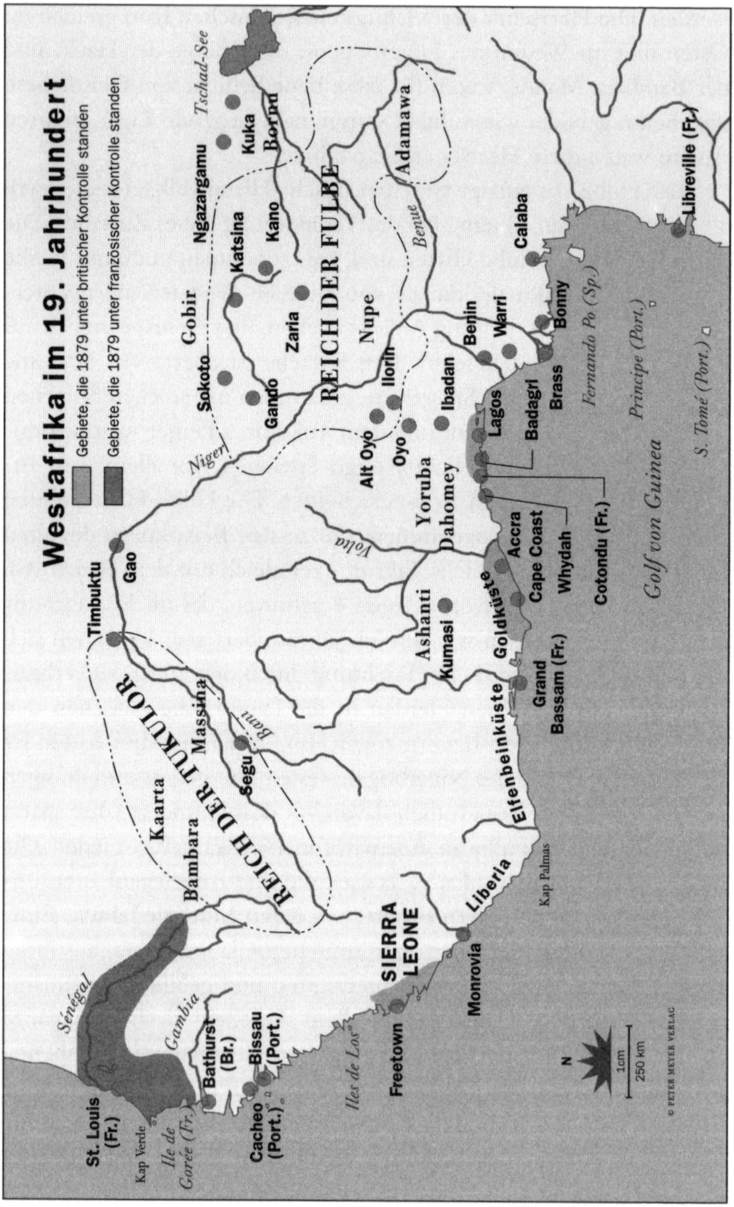

Westafrika im 19. Jahrhundert

Schließlich scheinen sich auch noch einige der auf dem Lande verbliebenen Hirten von der *tariqa* der ebenfalls arabisierten Berberhirten angezogen gefühlt zu haben, und dies in umso größerem Maße, als sowohl ihre Zahl als auch ihre Herden wuchsen und damit zunehmend Anlass zu Spannungen zwischen ihnen und den Gesellschaften gegeben war, denen das Land gehörte und die darauf aus waren, Pacht, Steuern und Dienstleistungen von ihnen zu fordern.

Von der Mitte des 17. Jahrhunderts an begannen die Fulbe im äußersten Westen des Sudan, in Bondu und Futa, einen *Dschihad* gegen ihre Nachbarn zu führen und neue, theokratisch ausgerichtete Regierungsformen zu etablieren. Der erste wirklich große *Dschihad* aber nahm seinen Ausgangspunkt im Zentralsudan. Hier waren am Ende des 18. Jahrhunderts ernste Spannungen zwischen den Fulbe-Geistlichen und den Königen des Hausastaates Gobiur entstanden. 1804 sah Usuman (Uthman) dan Fodio, ein außergewöhnlich gebildeter und fähiger Geistlicher, keinen anderen Ausweg mehr, als den *Dschihad* zu erklären und alle wahren Muslime aufzurufen, sich gegen die Hausa-Herrscher zu erheben. Viele niedere Hausa hatten nichts gegen eine Einsetzung des islamischen Rechts einzuwenden, mit dem sich die unmäßigen Forderungen ihrer Könige und Adligen einschränken und kontrollieren ließen. Was aber der Bewegung, die Usuman ins Leben gerufen hatte, jenen Impuls verlieh, der es ihr möglich machte, sämtliche alten Hausa-Dynastien durch Fulbe-Emirate zu ersetzen, war die Begeisterung, mit der die *boroje* dem Ruf der muslimischen Fulbe folgten.

Lediglich in Bornu trafen die Fulbe-Eroberer auf ernsthaften Widerstand. Dort wurde die alte, jetzt aber verbrauchte Dynastie von Kanem durch Muhammad al-Kanami beseitigt, der hartnäckig daran festhielt, dass die Fulbe keinesfalls das Monopol an islamischer Rechtschaffenheit besäßen, und das Volk hinter sich scharte. Adamawa aber wurde Teil des Fulbe-Reichs. Die Armeen der Fulbe drangen auch nach Süden in das Land der Nupe und Yoruba vor. Die Nordprovinzen des Oyo-Reichs und seine historische Hauptstadt wurden besetzt und als Emirat Ilorin eine feste Basis für die stetige Verbreitung des Islam unter den Yoruba. Dan Fodio war mehr Gelehrter und Geistlicher als Staatsmann, und so ging die praktische

Regierung des Reichs bald an Muhammad Bello über, einen seiner Söhne, der von Dan Fodios neuer Hauptstadt Sokoto aus die östliche Reichshälfte regierte, und an Abdullahi, einen Neffen, der von Gwandu über den Westen herrschte. Beide, vor allem Bello, waren überaus kompetente Gelehrte, die auf Seiten Dan Fodios einen „Krieg der Briefeschreiber" mit al-Kanami um die Rechtmäßigkeit des *Dschihad* der Fulbe führte.

Der Erfolg der Fulbe im Zentralsudan fand weiter westlich einen entscheidenden Widerhall. In Massina ließ sich 1818 Ahmadu ibn Hammadi, ein Fulbe-Geistlicher, zu einem *Dschihad* gegen die Bambara-Herren inspirieren, und kurz darauf war ein weiterer muslimischer Fulbe-Staat geschaffen. Noch weiter westlich löste al-Hadsch Omar (al-Hajj 'Umar), ein Tukulör, der auf dem Rückweg von seiner Pilgerreise nach Mekka eine Weile in Sokoto Station gemacht und eine Tochter Bellos geheiratet hatte, eine weitere muslimische Revolte aus. Omar war dem traditionellen Bildungsweg in einem *ribat* gefolgt, wo eine Elite entstand, die er mit Schusswaffen ausrüstete, die er an der Küste erworben hatte. Ungefähr 1850 war diese Streitmacht bereit, in einen *Dschihad* zu ziehen. Im oberen Senegal geboten ihm die Franzosen Einhalt, doch überrannten Omars Männer rasch die Bambara-Königreiche und eroberten zudem Massina. So kontrollierte Omar 1863 schließlich ein Königreich, das vom Senegal bis nach Timbuktu reichte. Doch scheint (ungeachtet seiner eigenen ursprünglichen Motive) die Mehrzahl seiner Anhänger ebenso sehr vom Wunsch, Beute zu machen, wie den Islam zu verbreiten, beseelt gewesen zu sein, sodass es bei den Bambara und Fulbe zu zahlreichen Aufständen gegen ihn kam. 1864 wurde Omar bei der Bekämpfung eines dieser Aufstände getötet und hinterließ seinem Sohn und Nachfolger Ahmadu Seku[1] ein wenig geordnetes Erbe.

Die Annahme, dass diese neuen Reiche zumindest teilweise eine Reaktion auf den Gang der Ereignisse in Westafrika darstellten, ist verführerisch. Sieht man sie im Zusammenhang mit dem *Dschihad* von 'Abd al-Kadir in Algerien und dem späteren *Dschihad* des Mahdi Muhammad Ahmad im ägyptischen Sudan (siehe Kapitel 15), dann

1 Und, das sei angemerkt, dem Neffen des Sultans Bello von Sokoto.

liegt wirklich die Vermutung nahe, dass die afrikanischen Muslime ihren Widerstand gegenüber ausländischem Druck unter Beweis stellten. Im Falle des Westsudan aber wird nicht sofort deutlich, worin dieser Druck bestand. Eine direkte europäische Bedrohung kann vor 1880 außerhalb des Senegaltals kaum spürbar gewesen sein. Zudem zeigte eine Hauptstoßrichtung der vorrückenden Fulbe nach Süden, ins Land der Yoruba, während die ersten Versuche al-Hadsch Omars auf den Senegal gerichtet waren. Auch wenn es keine vor 1880 datierbaren Beweise für einen Niedergang des sudanischen Handels mit Nordafrika jenseits der Sahara gibt, hat es ganz den Anschein, als wäre den Führern in wachsendem Maße bewusst geworden, welche neuen kommerziellen Möglichkeiten sich an der Küste boten. Vielleicht wird es am Beispiel des Oyo-Reichs am deutlichsten, wie das allgemeine Wachstum des europäischen Handels und Einflusses an der Küste die bestehende Situation an der gesamten Guineaküste gefährlich unterminierte.

Natürlich führte das letztlich dazu, dass der Sudan in einen fatalen, unbeherrschten Zusammenstoß mit den Kräften Europas hineingezogen wurde. Dies war zu Anfang im Falle Frankreichs ersichtlicher als im Falle Großbritanniens.

Verglichen mit den Eroberungen Frankreichs am Senegal machte die britische Macht in Westafrika für einige Zeit nur geringe sichtbare Fortschritte. Ende des 18. Jahrhunderts begann sich um Freetown in Sierra Leone eine neue Kolonie herauszubilden, doch war diese Entwicklung ursprünglich einer privaten Unternehmung von Sklavereigegnern geschuldet. Diese Menschen verfolgten ein doppeltes Ziel: zum einen für ein paar unerwünschte, schwarze, ehemalige Sklaven eine neue Heimat zu finden, zum anderen eine Basis zu errichten, von der aus ein rechtmäßiger afrikanischer Binnenhandel seinen Ausgang nehmen konnte. Was letztere Absicht angeht, so war ihnen überhaupt kein Erfolg beschieden, und nur unter großen Schwierigkeiten überlebte ihre Kolonie bis ins Jahr 1808, als sie von der britischen Regierung als Stützpunkt für ihre Patrouillenschiffe übernommen wurde, die zur Unterbindung des Sklavenhandels ausgeschickt wurden. Bis zum Ende des 19. Jahrhunderts bestand Sierra Leone lediglich aus ein paar wenigen Quadratkilometern rund um Freetown, übte aber einen weit größeren Einfluss auf den Fortgang der Geschichte Westafrikas aus als die beiden anderen Siedlungen mit befreiten Sklaven, die in dieser Zeit an der Küste entstanden.

Liberia nahm 1821 als Unternehmung amerikanischer Philanthropen seinen Anfang. Als das Land 1847 formell als unabhängige Republik gegründet wurde, bestand es lediglich aus ein paar Tausend schwarzen Siedlern, die darum kämpften, ohne, oder mit lediglich geringer Hilfe von außen, sich und ihre Ideale gegen die Feindschaft der einheimischen Völker durchzubringen. Die Vereinigten Staaten, die „Pflegeeltern“ dieses Landes, erkannten es erst 1862 formell an. Libreville, das 1849 von den Franzosen nach dem Vorbild von Freetown in Gabun errichtet worden war, stagnierte bis zum Vorabend der europäischen Teilung Afrikas, hauptsächlich weil die französischen Maßnahmen zur See gegen den Sklavenhandel sehr unbeständig blieben. Im Gegensatz dazu unterhielt Großbritannien zwischen 1807 und den sechziger Jahren des 19. Jahrhunderts ständige Patrouillen in den Gewässern vor Westafrika, und ein wichtiges Ergebnis dieser Aktivitäten bestand darin, dass bis zur Mitte des Jahrhunderts ungefähr 70 000 schwarze Afrikaner, die von aufgebrachten Sklavenschiffen befreit worden waren, in Sierra Leone angesiedelt wurden. Vor allem in Folge der Bildungs- und Erziehungsarbeit der protestantischen Missionen, die sich ganz bewusst Sierra Leone als ersten Brückenkopf ihrer Arbeit in Westafrika ausgesucht hatten, nahmen viele dieser befreiten Sklaven europäische Lebensart an. Einige befreite Afrikaner wuchsen zu beachtlichen Kaufleuten heran, die entlang der Guineaküste Handel trieben, andere mehrten die britischen Ressourcen, indem sie Priester, Ärzte, Rechtsanwälte, Verwaltungsbeamte und Angestellte im Dienst der britischen Missionen, Handelsgesellschaften oder der Regierung wurden. Wenn sie, wie das einige taten, in ihr Heimatland zurückkehrten, vor allem in das Land der Yoruba, wirkten sie als Agenten der weiteren Verbreitung des christlichen und europäischen Einflusses. Sierra Leone übte darüber hinaus noch einen direkteren Einfluss aus. Seine ersten Gouverneure gewannen nämlich schon sehr bald die Überzeugung, dass der effektivste Weg zur Unterbindung des westafrikanischen Sklavenhandels darin bestehe, über die Hauptgebiete des Sklavenexports eine direkte britische Herrschaft oder Protektion zu errichten. So wurden zum Beispiel 1821 die britischen Forts an der Goldküste von den Händlern, die sie bis dahin kontrolliert hatten, an das Kolonialministerium übergeben.

Diese nach vorne schauende Politik trug nicht unmittelbar Früchte. Einem Großbritannien, das beständig in Richtung einer Haltung des *laissez-faire* marschierte, erschienen die Kosten einer Ausweitung der direkten britischen Herrschaft in Westafrika im Hinblick auf die sichtbaren kommerziellen oder humanitären Erfolge unvergleichlich hoch, sodass eine Reihe von bereits gemachten Erwerbungen, wie die Iles de Los (die dem heutigen Conakry vorgelagert sind) schließlich wieder aufgegeben wurden. Die Zahl der Sklaven, die in brasilianischen, amerikanischen oder spanischen Schiffen mehr oder weniger heimlich über den Atlantik gebracht wurde, ging vor 1840 kaum nennenswert zurück, und der britische Handel mit anderen Waren schien bald schon im Nigerdelta (das man damals unter der Bezeichnung Oil River kannte) am besten zu gedeihen, verfügte dort aber nicht über offiziellen Rückhalt. Die britische Politik änderte sich, als man in einen Krieg mit den Ashanti von der Goldküste verwickelt wurde und ein Gouverneur aus Sierra Leone dort getötet wurde (1824).

Von 1830 an demonstrierte George Maclean, ein von den Kaufleuten nominierter Administrator, wie der britische Handel und Einfluss auf die Goldküste mit einem zu vernachlässigenden Aufwand an Kosten durch eine informelle Rechtssprechung über die Küstenstaaten, verbunden mit einer festen, jedoch friedlichen Haltung den Ashanti gegenüber, erhöht werden konnte, und 1843/44 wurde die britische Oberhoheit über die Forts der Goldküste wieder hergestellt. Allerdings zog man keine Lehren aus den Erfahrungen Macleans, sodass der Handel wieder zurückging. Eine Erklärung dafür war in einem Dauerkonflikt mit Ashanti über die Rechtshoheit zu suchen. Ashanti war genau wie Dahomey, das östliche Nachbarland, inzwischen ein stabiler Militärstaat, dessen expansionistische Bestrebungen rückläufig waren und dessen Hauptinteresse in der Entwicklung seines Außenhandels lag. Doch im Unterschied zu Dahomey war

Ashanti erst zu einer Zeit an die Küste vorgestoßen, als die europäischen Kaufleute dort schon festen Fuß gefasst hatten. Während es Dahomey gelang, die Aktivitäten der ausländischen Kaufleute an der Sklavenküste unter eigene Kontrolle zu bringen und so weiterhin Sklaven ausführen konnte, vermochten die Europäer an der Goldküste nach ein paar schwierigen Jahren ihre Unabhängigkeit zu bewahren. In der Tat machten die Europäer, vor allem die Briten, nicht ungern gemeinsame Sache mit den kleinen Küstenstaaten gegen das Ashanti-Reich. In den Augen der Ashanti waren diese kleinen Staaten durch Eroberung allerdings zu Vasallenstaaten geworden. Sowohl die Dänen als auch die Holländer, die einzigen Europäer, die neben den Briten noch Forts an der Goldküste hielten, kamen schließlich zu der Auffassung, dass ihre Verbindungen mit Westafrika ohne den Sklavenhandel keinen Profit mehr abwarfen. 1850 und 1872 übergaben sie ihre Forts den Briten und zogen ab. Dies bedeutete, dass es den Briten nunmehr möglich war, die Goldküste vollständig ihrer direkten Herrschaft zu unterwerfen. Ein Versuch der Küstenstaaten, eine eigene, am europäischen Vorbild ausgerichtete Verwaltung einzusetzen, wurde vereitelt, Ashanti durch einen Vergeltungsfeldzug, bei dem die Hauptstadt Kumasi geplündert wurde, in Schach gehalten und die Goldküste im Jahre 1874 schließlich zur britischen Kolonie erklärt.

Die Ausweitung der britischen Machtstellung an der Goldküste führte zu engeren Kontakten mit den zunehmend unruhigeren Gebieten weiter im Osten. Hier zeichneten sich zwei offensichtlich gegenläufige Tendenzen ab. An der Sklavenküste profitierten sowohl das Königreich Dahomey als auch die Sklavenhändler, in der Mehrzahl Brasilianer, die Sklaven nach Brasilien und Kuba ausführten, nach wie vor vom Sklavenhandel. Die meisten Sklaven stammten aus dem Yoruba-Gebiet, wo das Oyo-Reich in Bürgerkrieg und anarchischen Verhältnissen endete. Andererseits schlossen sich europäische Kaufleute im Nigerdelta – in der Hauptsache Briten – mit afrikanischen Händlern und Machthabern zusammen, um über die Ausfuhr von Palmöl und Palmkernen aus den Regenwäldern unmittelbar nördlich des Deltas zu Reichtum zu gelangen. Afrikanische Stadtstaaten an der Küste waren eifrig dabei, im Inneren Westafrikas

Handelsmonopole aufzubauen. Um Höchstprofite aus dem Handel zu schlagen, wetteiferten sie ebenso heftig miteinander wie mit den Europäern.

Frühe britische Versuche, mit diesen Problemen fertig zu werden, blieben fruchtlos. Diplomatischen Missionen gelang es nicht, Dahomey davon abzuhalten, weiterhin Sklaven auszuführen. Im Jahre 1841 wurde eine offizielle Expedition den unteren Niger hinaufgeschickt. Es war ein Versuch, die Erfahrungen von Landers' früheren Reisen zu nutzen und unter Umgehung der turbulenten Oil-Rivers-Region britischen Handel und christliche Missionare direkt ins Hinterland zu bringen. Das ganze Unternehmen demonstrierte aber lediglich die Feindseligkeit der Moskitos und der im Delta etablierten Kaufleute, der afrikanischen ebenso wie der europäischen. Die britischen Geschäftsinteressen, die Kampagne zur Beseitigung des Sklavenhandels und seiner Ersetzung durch den rechtmäßigen Handel und die Missionare, die in den vierziger Jahren des 19. Jahrhunderts den Emigranten aus Sierra Leone in das unruhige Yoruba-Gebiet folgten, all das führte dazu, dass der Druck auf die britische Regierung wuchs.

1849 begann das britische Außenministerium, Konsuln an den Golf von Guinea zu entsenden. Diese hatten zum einen die Aufgabe, ein wachsames Auge auf die Aktivitäten der Sklavenhändler in Häfen wie Wydah, Badagri und Lagos zu haben; zum anderen sollten sie versuchen, in der Oil-Rivers-Region für Ordnung zu sorgen, wo die britischen Kaufleute nur allzu gerne bereit waren, sich ihrer Schwierigkeiten mit den zahlreichen afrikanischen Regierungen zu entledigen, indem sie die Kreuzer der britischen Westafrikaflotte zu Hilfe riefen. Einige dieser Konsuln, vor allem der erste, John Beecroft, waren eindrucksvolle Menschen, weshalb die konsularische Rechtsprechung mit Hilfe der Marine Wirkung zu zeigen begann. Für einen direkten Angriff auf Dahomey standen weder Geld noch Streitkräfte zur Verfügung, doch gelang es im Jahre 1851, Lagos einzunehmen. Zehn Jahre später wurde die Stadt auch formal zur britischen Kolonie erklärt. Diese und andere, spätere Annexionen an der Küste – wie etwa die Einnahme Badagris –, setzten der Ausfuhr von Sklaven aus dem Land der Yoruba ein Ende und erlaubten eine nahezu vollständige Blockade Dahomeys. In der Oil-Rivers-Region bemühten sich die Konsuln mit Hilfe der britischen Flotte um die Einbindung der einheimischen Könige in eine informelle britische Jurisdiktion und bereiteten so schrittweise den Weg für eine direkte britische Verwaltung.

Doch lag diese noch immer in der Zukunft. 1879, als die Franzosen vom Senegal aus ihren Vorstoß in den Sudan begannen und Goldie die britischen Kaufleute mobilisierte, um den Wasserweg des Niger mit Gewalt zu öffnen, war Westafrika noch immer im Wesentlichen von europäischer Durchdringung frei. Der Senegal befand sich fest in der Hand der Franzosen.[2] Aus strategischen Gründen hatten diese 1857 auch die Kapverdischen Inseln besetzt. Britanniens Flagge war den humanitären oder kommerziellen Interessen an die Mündung des Gambia und die Küsten Sierra Leones gefolgt, zur Goldküste und in das zukünftige Nigeria, kaum aber in das Hinterland der Küste. Ashanti war noch immer das einzige wichtige, große afrikanische Königreich, in das eine europäische Armee eingefallen war. Nach 1874 ließ man das Land in Ruhe, sodass Ashanti seine Kräfte neu sammeln konnte. Durch die Unterdrückung des transatlantischen Sklavenhandels, den es seit Mitte der sechziger Jahre des 19. Jahrhunderts praktisch nicht mehr gab, waren die alten Handelsverbindungen zwischen Europa und Westafrika unterbrochen worden. Doch hatten sich neben den beiden Ölfrüchten, Palmkernen und Erdnüssen, nur sehr wenige neue Exportgüter gefunden. Abgesehen vom humanitären Interesse hatte man wenig unternommen, Afrika unter Europas Fittiche zu bringen.

2 Das war die Geburtsstunde Dakars, das, an einem idealen Ort errichtet, schließlich zur Hauptstadt eines riesigen westafrikanischen Reiches der Franzosen werden sollte.

14 Das 19. Jahrhundert: das südliche Afrika

Bereits vor Ausbruch des Kolonialfiebers in den neunziger Jahren des 19. Jahrhunderts hatten die Europäer einige wichtige Verkehrsrouten ins südliche Drittel des afrikanischen Kontinents erschlossen. Bis etwa 1875 wurden die Ereignisse von der Expansion der europäischen Siedlungen nordöstlich vom Kap der Guten Hoffnung dominiert. Im Jahre 1880 hatte der Siedlerstrom bereits den Limpopo erreicht und war damit mehr als 1600 Kilometer von seinem Ausgangspunkt Kapstadt ins Innere des Kontinents vorgedrungen. Indirekt machte sich der Einfluss dieses Stroms in einem noch weiteren Umfeld bemerkbar, da Missionare und Kaufleute aus den südafrikanischen Kolonien im Norden bis an den Sambesi vorstießen. Vor allem Livingstones große transkontinentale Reise in den Jahren 1853-56 sollte sowohl auf die Bantuvölker Zentralafrikas als auch auf die seit langer Zeit bestehenden portugiesischen Interessensphären in Angola und Mosambik bedeutende Auswirkungen haben.

Als die holländische Ostindien-Kompanie 1652 am Kap ihre Nachschubstation errichtete, beabsichtigte sie keineswegs, sich mit dem Inneren des Kontinents zu befassen. Um aber die Niederlassung verteidigen und einen ausreichenden Nachschub billiger Lebensmittel für die vorüberkommenden Ostindienfahrer gewährleisten zu können, erachtete es die Kolonie für notwendig, Kolonisten an das Kap zu entsenden. Schon bald war die Siedlung größer als ursprünglich geplant. Zu einer Zeit, als die einwanderungsfreundliche Politik ausgesetzt wurde, rieben sich die Kolonisten bereits an den Beschränkungen ihrer Handlungsfreiheit durch die Kompanie und litten darunter, dass Kapstadt und die einlaufenden Schiffe keinen adäquaten Markt für den Verkauf ihrer Produkte boten. Da die Zahl der Siedler während des 18. Jahrhunderts zunahm, zogen mehr und mehr Siedler auf der Suche nach einem neuen Leben ins Landesinnere, weg von der Kontrolle durch die Kompanie, wo sie jagten, mit den Hottentotten Handel trieben und schließlich selber Bauern und Rinderzüchter wurden. So entstanden die Treckburen[1], robuste Pioniere, die sich vom Hauptstrom europäischer Entwicklung absonderten und sich der schweren Aufgabe stellten, ihren Lebensunterhalt durch extensiven Weidebetrieb auf dem trockenen Grasland in Inneren Südafrikas zu gewinnen – in Konkurrenz mit den Einheimischen, die wie sie Bauern und Rinderzüchter waren. Schließlich sollten sich ihre Nachfahren dann selbst als Afrikaander bezeichnen. Von anderen Afrikanern unterschieden sie sich hauptsächlich durch ihren Individualismus, ihre Weltanschauung und einen kalvinistischen Glauben aus dem 17. Jahrhundert. Im Zusammenspiel mit der Lage, in der sie sich befanden, verstärkte sich daher bei ihnen die Überzeugung, dass sie die Auserwählten Gottes seien und dass das heidnische farbige Volk keinerlei natürliche Rechte ihnen oder dem Land gegenüber besaß, das sie als das ihre betrachteten.

In diesem Geiste rotteten die frühen Buren auf ihrem Weg, der sie stärker nach Osten als nach Norden führte, bis nach Natal, ein Gebiet mit stärkeren Niederschlägen, zunächst die Jäger und Sammler der San nahezu vollständig aus. Dann überrannten oder vertrieben sie die Hirten der Khoi, bis sie sich 1779 der riesigen Masse wohl organisierter Bantuvölker gegenüber sahen, deren Grenze damals am Great Fish River verlief. Das Ergebnis war der erste einer ganzen Reihe von „Kaffernkriegen“[2], die der Obrigkeit in Kapstadt in den nächsten einhundert Jahren fortwährend Schwierigkeiten bereiten sollten. Zunächst machte es keinen großen Unterschied, dass das Kap im Verlauf der anglo-französischen Kriege zwischen 1793 und 1815 von den Holländern an die Briten überging. Wie vor ihnen die holländische Kompanie wussten auch die Briten die strategische Position des Kaps zu schätzen, da sich von hier aus der Übergang in den Indischen Ozean überwachen ließ. Dass es, gewissermaßen als An-

1 Wörtlich übersetzt, bedeutet der Begriff „migrierende Bauern“.

2 „Kaffir“, von weißen Südafrikanern häufig zur Bezeichnung schwarzer Südafrikaner verwendet, ist das arabische „kafir“, „Ungläubiger“. Es scheint von der Ostküste her nach Südafrika gelangt zu sein, wo es die Portugiesen von den Arabern übernahmen, die es mit Bezug auf die Bantu verwendet hatten.

hängsel, eine riesige Kolonie verstreuter Siedlungen und Niederlassungen gab, die sich im Norden bis zum Oranje und im Osten bis zum Fish River erstreckte, war zunächst nicht mehr als ein geringfügiges Ärgernis, das die Briten so klein wie möglich zu halten versuchten. Tatsächlich erwies sich die britische Herrschaft an der Grenze als wirksamer, als es die der Kompanie in den letzten Jahre gewesen war. So gelang es, die unabhängigen burischen Grenzrepubliken Swellendam und Graaff Reinet, die 1795 ausgerufen worden waren, als die Zeit der Kompanie bereits zu Ende ging, unter Kontrolle zu

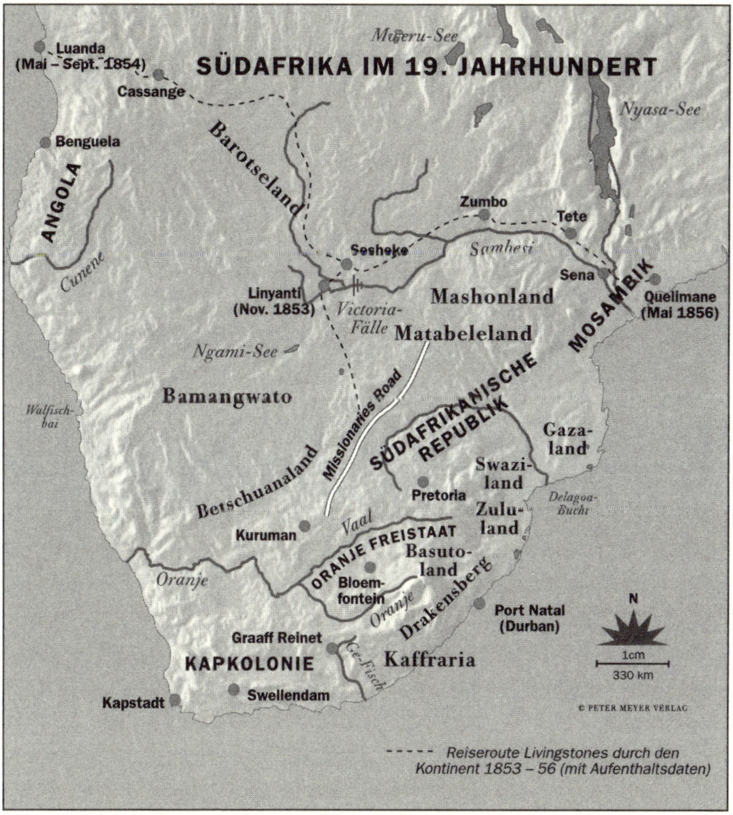

Das südliche Afrika im neunzehnten Jahrhundert

bringen. 1820 brachte Großbritannien reichlich fünftausend Siedler ans Kap, ehemalige Soldaten und deren Familien, und siedelte sie nahe der Grenze an, in der Hoffnung, sowohl die Grenzgebiete zu sichern, als auch die Buren mit einem britischen Bevölkerungsanteil zu durchsetzen.

Das wichtigste Ergebnis des Zusammenstoßes der vorrückenden Buren mit den Bantu war die Auslösung erheblicher Spannungen unter den Bantuvölkern. Die Mehrheit der Bantu siedelte bereits seit Jahrhunderten im Flachland an der Küste zwischen den Drakensbergen und dem Meer. Dieses Gebiet erhielt vom Indischen Ozean her Monsunregen und war deshalb viel fruchtbarer als das trockene *Veld* im inneren Hochland, wo denn auch die Siedlungen der Bantu, wie später die der Buren, zwangsläufig eine sehr viel geringere Dichte erreichten. Bis dahin waren die Bantu immer in der Lage gewesen, sich weiteres Land anzueignen, wenn Bevölkerung und Herden zu stark wuchsen. Die San und die Khoi waren ihnen dabei nicht mehr im Wege gewesen als den Buren. Das gewinnträchtigste neue Land erstreckte sich natürlich entlang der Südostküste. Das Vordringen der Buren versperrte fortan den Weg dorthin. Die Folge war, dass Völker, die ihr Gebiet erweitern mussten, dies nur noch auf Kosten ihrer Nachbarn tun konnten. Anfang des 19. Jahrhunderts brachte der Zulu-Clan der Nguni in Natal mit Shaka ein unbarmherziges militärisches Genie hervor, das in der Lage war, sich aus diesem Würgegriff zu befreien. Er bildete aus den jüngeren Jahrgängen der männlichen Bevölkerung im Reich seines Patrons Dingiswayo reguläre Regimenter, die einzig und allein für den Krieg lebten, den sie in geschlossenen Rechteck-Formationen im Nahkampf führten, wobei sie den Assegai als Hieb- und Stichwaffe benutzten und nicht mehr als ineffektive Wurfwaffe auf größere Entfernungen einsetzten. Derart ausgebildet und diszipliniert überrannten Shakas *Impis* alles, was sich ihnen in den Weg stellte, plünderten die Rinderherden der weniger kriegslüsternen Gemeinwesen und gliederten die Jungen und Mädchen, die sie gefangen nahmen, in ihre eigene Gesellschaft ein. Nach Dingiswayos Tod im Jahre 1818 wurde Shaka zum Diktator einer neuen und in sich aggressiven Militärnation, der Zulu. 1828 wurde Shaka von seinen Halbbrüdern ermordet, doch erwies sich

Dingane, einer von ihnen, als ebenso mächtig und rücksichtslos wie sein Vorgänger. Das Heimatland der Zulu in Natal war, vor allem im Süden, von einem Niemandsland umgeben, das von seinen Bewohnern verlassen worden war und damit in Weideland für die Zulu umgewandelt werden konnte.

Die Auswirkungen des Aufbruchs der Zulu reichten aber wesentlich weiter; man spürte sie tatsächlich im gesamten südlichen Afrika. Einige Völker, die von den Zulu angegriffen wurden, ahmten ihr Beispiel nach und gingen selbst den Weg von Raub und Eroberung. So führte Sebetwane, ein Anführer der Sotho, die kleine Gruppe der Makololo nach Norden, wo sie das Königreich der Barotse am oberen Sambesi eroberten, und die Sotho-Streitmacht von Mantatise zog nach Westen in Richtung Botswana, was sich allerdings letzten Endes als selbstzerstörerischer Raubzug erweisen sollte. In zwei Gebieten gelang es außergewöhnlich fähigen Häuptlingen, Flüchtlinge aus den Zulukriegen mit der eigenen Bevölkerung zu verschmelzen und so neue Nationen zu schaffen, die stark genug waren, dem Druck der Zulu zu widerstehen. Auf diese Weise entstand, geschaffen von Sobhuza und seinem Nachfolger Mswazi, das im Norden direkt an das Land der Zulu grenzende Swaziland. Auf diese Weise entstand auch das heutige Königreich Lesotho, das Moshweshwe, der große König der südlichen Sotho, begründete. Überdies unternahmen einige Zulu-Formationen (zumeist jene, deren Anführer mit Shaka gestritten hatten) eigene Vorstöße. Soshangane führte sein Volk, die Shangan, nach Norden ins Gazaland, wo sie die dort lebenden Tonga besiegten und in der Folgezeit absorbierten. Zwangendaba und seine Krieger zogen noch weiter, fegten Zerstörung bringend über das Hochland zwischen Limpopo und Sambesi, bis sie sich schließlich am Malawi-See niederließen. Mzilikazi führte seine Matabele (richtiger: Ndebele) über die Drakensberge, wo sie die Transvaal-Sotho nach Westen ins Grenzgebiet der Kalahari und nach Süden in Richtung Lesotho, das Land der BaSotho, vertrieben.

In diese Turbulenzen im Innern Südafrikas mischte sich nun ab 1836 ein wachsender Strom von Buren auf ihrem Exodus aus der Kapkolonie, der als Großer Treck bekannt wurde. Sich kapstädtischer

Kontrolle durch Abwanderung zu entziehen, war bereits fester Bestandteil der burischen Tradition geworden. Auch dieser letzte, eher positive Treck wurde nicht durch die britische Machtübernahme als solche ausgelöst. Solange die Briten ihnen an der Grenze Sicherheit gegen die Bantu versprachen und ihnen gleichzeitig die Freiheit ließen, sich nach eigenem Gutdünken Land und einheimische Arbeitskräfte zu verschaffen, war ihnen ihre Herrschaft weder lieber noch verhasster als die holländische. Doch ab dem Jahr 1825 hatte sich der Charakter der britischen Verwaltung in Südafrika in einer Weise zu verändern begonnen, die von den Treckburen nur als ihren Interessen zuwiderlaufend verstanden werden konnte. Zum Teil spiegelten sich darin neuere Entwicklungen in Großbritannien wider. Die alte, autoritäre Form der Regierung und die Tradition des Empire als Waffe in einem globalen Handelskrieg und Überlebenskampf machte einem *laissez-faire* Platz, mit freiem Handel und einer liberalen humanitären Einstellung den Untertanenvölkern und den Unterprivilegierten gegenüber, sei es nun im Mutterland oder in Übersee. Gleichzeitig war diese neue Politik aber auch die Folge der erstmaligen Einrichtung christlicher Missionen in Südafrika, vor allem wegen des Erfolgs einer dieser Missionen: der „London Missionary Society" und ihres südafrikanischen Superintendenten Dr. John Philip. Sie übten Druck auf die Regierung in London und die britische Öffentlichkeit aus, indem sie die bisher unbeachtet gebliebenen Menschenrechte der eingeborenen Völker ins Bewusstsein brachten.

Von 1825 an leitete die britische Verwaltung am Kap Maßnahmen ein, die auch die nichteuropäischen Völker unter den Schutz ihrer Gesetze stellte. Darüber hinaus begann sie den entschieden militärischen Charakter ihrer frühen Jahre zu verlieren. Demokratische Elemente wurden eingeführt und Versuche unternommen, Ausgaben und Einkünfte einander anzunähern. Zu diesem Zweck wurden die militärischen Verpflichtungen reduziert. Zugleich bemühte man sich darum, Einkünfte aus dem Land, dem einzigen Vermögenswert einer verarmten Wirtschaft, zu beziehen, indem man den Erwerb von Land regelte und damit seinen Wert steigerte. Die Ächtung der Sklaverei im gesamten britischen Empire im Jahr 1833 berührte die Buren an der Grenze allerdings nur wenig, da sich die meisten der zwanzigtausend Sklaven in der Kolonie in den besiedelten Gebieten um Kapstadt befanden (wo sie eine wesentliche Rolle bei der Entstehung der so genannten *Cape Coloureds* spielten – mit Vorfahren unter den Sklaven, den Buren und den Khoi). Zwei Entscheidungen aber, die kurz darauf in London gefällt wurden, betrafen die Buren an der Grenze. 1834 annullierte das Colonial Office ein Gesetz, das der neue Legislativrat erlassen hatte und das einen Teil der neuen Gesetzgebung, der die Nichteuropäer schützte, außer Kraft gesetzt hätte. 1836 dann beschloss man, dass ein Gebiet im östlichen Grenzland, das erst kürzlich aus Gründen der Sicherheit der Kolonie angegliedert worden war, im Zuge der Sparmaßnahmen an die Bantu zurückgegeben werden sollte. Da es zu dieser Zeit für die jüngeren Söhne der Buren bereits schwierig geworden war, die ungefähr sechstausend Morgen Land zu finden, die es brauchte, um eine burische Familie im Veld zu ernähren, stellte diese Maßnahme für viele Buren an der Grenze den entscheidenden Schlag dar, der sie veranlasste, sich zusammenzuschließen und in einem neuerlichen Treck über den Oranje zu ziehen. Piet Retief, der größte ihrer frühen Führer, erklärte unmissverständlich, dass der Zweck des Trecks darin bestand, jenseits britischer Einmischung neue Gemeinwesen zu gründen, in denen die Gesellschaft nach den traditionellen Prinzipien der Afrikaander organisiert werden konnte.

Einige Buren verstreuten sich über das Hohe Veld, stießen mit den Matabele zusammen und drängten diese nach Norden ab, über den Limpopo hinweg, wo sie nachfolgend ihre Hegemonie über die Shona errichteten, deren politische Organisation bereits von Soshangane und Zwangendaba heftig erschüttert worden war. Die Hauptmacht der Treckburen aber bewegte sich in Richtung des reichen Graslandes von Natal, das durch die Aggression der Zulu entvölkert worden war. Die Buren hofften zunächst auf eine friedliche Okkupation, wie Dingane sie ihnen versprochen zu haben schien. So rumpelten die Ochsenwagen der Burenfamilien über die Drakensberge, um sich über das Land der Verheißung zu verteilen. Doch konnte die Nation der Zulu eine solche dauerhafte Okkupation ihrer Ländereien nicht tolerieren. Retief wurde ermordet, und die Impis fielen über die Siedler her. Pretorius, ein neuer Burenführer, versammelte die

Familien in befestigten Lagern (*laager*) und schlug mit mobilen Kommandos zurück. Die Gewehre und die Mobilität der Buren siegten über die Macht Dinganes, und 1839 war Pretorius so weit, die Burenrepublik Natal proklamieren zu können.

Die Zulu waren jedoch nicht die einzigen Feinde, denen sich die Buren gegenübersahen. Die britische Regierung vertrat den Standpunkt, dass die Buren mit Überschreitung der Grenzen der Kapkolonie nicht aufgehört hatten, britische Untertanen zu sein. Sie weigerte sich, ein unabhängiges Burenregime zu tolerieren, da dieses Häfen unter seine Kontrolle bringen konnte, was den eigenen Interessen im Indischen Ozean geschadet hätte; zudem würde die expansive Neigung der Buren mit Sicherheit weiteren Druck von Seiten der Bantu auf die Grenzen der Kapkolonie auslösen. Britische Truppen wurden nach Port Natal (das künftige Durban) geschickt, und 1845 wurde Natal formell annektiert. Als sie ihre Bemühungen um Unabhängigkeit vereitelt sahen, zogen viele Treckburen wieder über die Drakensberge zurück.

Die Buren waren von ihrem Naturell her gegen jede Einschränkung ihrer individuellen Interessen und Rechte. Weit über das Hohe Veld verstreut, neigte jede kleine Gruppe dazu, ihr eigenes Recht zu sprechen. Trotzdem wurde wegen der anhaltenden Notwendigkeit, gegen die Bantu zusammenzustehen, eine Art Zentralregierung erforderlich, und so fanden sich die Treckburen schließlich in zwei Republiken zusammen: der Südafrikanischen Republik (Transvaal) zwischen Vaal und Limpopo und dem Oranje-Freistaat zwischen Oranje und Vaal. Zum größten Teil wurde der Wille des Volkes durch Volksräte (*volksraad*) ermittelt, doch besaßen die Präsidenten, die der ausschließlich weißen und männlichen Wählerschaft direkt rechenschaftspflichtig waren, in Krisenzeiten nahezu diktatorische Autorität.

1852 und 1854 wurde die Unabhängigkeit dieser beiden Republiken von Großbritannien anerkannt. Unter der Voraussetzung, dass ihre Handlungen zu keinen ernsthaften Schwierigkeiten mit den Bantu führten, was wiederum grundlegende britische Interessen gefährdet hätte, war die britische Regierung zu der Einsicht gelangt, dass eine weitere Ausweitung der Verwaltung ins Hinterland von den

Verantwortlichkeiten und den Kosten her nicht zu rechtfertigen wäre, zumal es beiden Republiken an einer lebensfähigen Wirtschaft gebrach. Während die Wirtschaft der Kapkolonie in den sechziger Jahren des 19. Jahrhunderts durch die Entwicklung der Schafzucht und damit der Produktion von Wolle für den Weltmarkt zu expandieren begann und Natal durch den Anbau von Zuckerrohr mit Hilfe indischer Arbeitskräfte zu einigem Wohlstand gelangte, waren die beiden Republiken, denen sowohl eine effektive Landwirtschaft als auch jegliche Verbindung mit der Außenwelt fehlte (von den langen Ochsenwagenstrecken einmal abgesehen), selbst nach südafrikanischen Maßstäben sehr arm. Eben auf Grund ihrer Armut konnten die kleinen republikanischen Gemeinwesen (in den siebziger Jahren des 19. Jahrhunderts zählte Transvaal lediglich etwas mehr als 40 000 Weiße, und der Freistaat an die 30 000, wohingegen die Kapkolonie im Vergleich dazu 250 000 Weiße zählte) die selbst verursachten Kriege nicht verkraften, für die die anhaltende Neigung ihrer Bauern, sich afrikanisches Land anzueignen, verantwortlich war. 1871 konnten der Freistaat und die östlichen Grenzgebiete der Kapkolonie nur durch den „Notbehelf" gerettet werden, dass man Lesotho unter britische Kontrolle brachte. Im selben Jahr annektierte Großbritannien West-Griqualand, das mit der Entdeckung beträchtlicher Diamantenvorkommen plötzlich an Wert gewonnen hatte. West-Griqualand war ein Gebiet an der Westgrenze des Freistaats. Hier hatte der vom Freistaat erhobene Anspruch auf dieses Land seit langem zu Streit mit den Bewohnern vom Volk der Griqua geführt, Nachfahren von Khoi und Europäern, mit einer Kultur, die enge Bindungen an das Kap hatte.

Zu dieser Zeit hatten die britischen Verantwortlichen in London und vor Ort, die größeren Weitblick zeigten, erkannt, dass die Vielzahl europäischer Regierungsformen und politischer Einflussnahme in Südafrika jedwede gesunde und vernünftige Lösung der Probleme beeinträchtigte, die sich aus dem Großen Treck ergeben hatten. Indem er Schwarz und Weiß wie nie zuvor durcheinander wirbelte, hatte der Treck gezeigt, dass Südafrika im Wesentlichen ein einziges Land war. Gleichzeitig führten die Ergebnisse des Trecks unter den Bantuvölkern zu einer starken Instabilität. Sie verloren ihr Land, und es blieb ihnen kaum eine andere Alternative, als als individuelle Arbeitskräfte in den Dienst der europäischen Gemeinwesen zu treten. Zudem war die Autorität ihrer Oberhäupter derart untergraben, dass diese Völker nicht mehr als verantwortliche politische Einheiten betrachtet werden konnten, mit denen die britische Regierung Abkommen zu gegenseitigem Vorteil hätte schließen können, wie sie das in den dreißiger und vierziger Jahren versucht hatte. Die beste Lösung lag auf der Hand: eine Föderation der britischen Kolonien mit den Republiken. 1872 erhielt die Kapkolonie, deren Wohlstand und Bevölkerung infolge des Handels, den der Diamantenbergbau ermöglichte, schnell anwuchs, die innere Selbstverwaltung. Minister waren einem Parlament verantwortlich, das auf nichtrassischer Basis gewählt wurde. Die Ausweitung dieses Prinzips, so hoffte man, würde Schwarzen und Weißen ermöglichen, sich einander anzunähern und sich in ganz Südafrika selbständig mit ihren Problemen zu befassen. Dies hätte es der imperialen Regierung erlaubt, sich auf ihr eigentliches Hauptinteresse zurückzuziehen: den Marinestützpunkt am Kap.

Diese beste und am nächsten liegende Lösung aber war nicht zu erreichen. Die Kapkolonie hatte keinen Vorteil davon. Die neuen Herren hatten keinerlei Interesse daran, ihren wachsenden Reichtum zum Wohle der rückständigeren Gemeinwesen auszugeben. Sie wollten auch nicht, dass das angenehme Rassengleichgewicht in ihrer Gesellschaft (in der nahezu ebenso viele Weiße lebten wie Nichteuropäer) dadurch zerbrach, dass man Bantu-Stammesangehörigen aus den östlichen Grenzgebieten oder aus Natal, für die bislang Großbritannien verantwortlich gewesen war, den Zuzug gestattete. Der Freistaat, der ansonsten durchaus bereit war, mit dem Kap zu kooperieren, fühlte sich durch die Annexion von West-Griqualand vor den Kopf gestoßen. Natal befand sich noch unter direkter Kontrolle des Colonial Office, also blieb nur noch die Südafrikanische Transvaal-Republik (South African Republic of the Transvaal). Mit ihr glaubte 1877 Sir Bartle Frere, ein tatkräftiger britischer Prokonsul, das Vorhaben einer Konföderation vorantreiben zu können. Die Transvaal-Republik war bankrott und nicht in der Lage, mit den Swazi und Zulu an ihrer Grenze fertig zu werden. Deshalb wurde sie annektiert, und man hegte die kühne Hoffnung, die Buren zur Zusammenarbeit bewegen zu können. Doch der Plan ging völlig daneben. Großbritannien wurde in einen Krieg mit den Zulu verwickelt (zu denen es bis dahin gute Beziehungen gehabt hatte) und schaffte es nicht, das Versprechen Freres einzulösen, den Transvaalern Autonomie zu gewähren. Diese erhoben sich, ermutigt von einer frühen Niederlage, die den regulären Truppen der Briten von den Impis der Zulus beigebracht worden war, gegen die Briten. Der Sieg der Buren bei Majuba hatte Signalwirkung, was die Briten dazu bewog, ihre Politik 1881 zu ändern. Die Unabhängigkeit des Transvaal wurde anerkannt. Die Republik war lediglich in ihren Beziehungen zu ausländischen Mächten und den Afrikanern jenseits ihrer Grenzen sowie hinsichtlich eines vage formulierten Anspruchs britischer Oberhoheit einer britischen Kontrolle unterworfen. In den zehn Jahren, die seit 1871 vergangen waren, hatte Großbritannien lediglich erreicht, dass die Widersprüche, die zum Großen Treck der Buren geführt hatten, verstärkt wieder auflebten.

Die Feindschaft, die zwischen den Missionsgesellschaften und den Buren, deren Vorstellung vom Christentum keine Gleichheit von Schwarz und Weiß zuließ, entstanden war, hatte inzwischen dazu geführt, dass die Missionsgesellschaften ihre Bemühungen auf Gebiete konzentrierten, die jenseits der Grenzen der Kapkolonie und Natals lagen und noch nicht von burischen Treckern in Beschlag genommen waren. Man kann sagen, dass die Arbeit der Missionen mitunter zu einer Verhärtung des Widerstands der Bantu gegen die Buren führte. Dennoch machten sie zum Beispiel bei den Nguni erst Fortschritte, nachdem deren militärisches System im Jahr 1890 endgültig zerschlagen worden war (obwohl Robert Moffat von der „London Missionary Society“ im Transvaal eine bemerkenswerte Freundschaft mit Mzilikazi aufbaute, was das spätere Vordringen der Mission nach Matabeleland begünstigen sollte). Allerdings verfügten sie in Lesotho und bei den Griqua über beträchtlichen Einfluss. Die Gründung der Republik Transvaal beschränkte aber jedes weitere missionarische Vordringen nach Norden auf einen schmalen Streifen Landes (in Botswana) zwischen dem Transvaal und der Kalahari. Mit Khama, dem Herrscher der Bamangwato, der zwischen Buren und

Matabele unglücklich eingeschlossen war, gelang hier eine bemerkenswerte Konversion. Entlang dieser „Missionarsstraße“ begannen in den sechziger Jahren des 19. Jahrhunderts Jäger, Händler und schließlich Gold- und Diamantensucher nach Matabeleland und sogar bis ins Barotseland vorzudringen. Von Kuruman aus, einer Station der „London Missionary Society“, trat Livingstone (Moffats Schwiegersohn) seine ersten Reisen an.

Livingstones Kontinentaldurchquerung mit Makololo-Trägern aus Barotseland (1853 bis 1856) brachte ihn in engen Kontakt mit den Portugiesen in Angola und Mosambik. Er entdeckte eine Kette von Forts, die sich von der angolanischen Küste aus landeinwärts zogen. Sie bildeten die Stützpunkte der *pombeiros,* weit umherschweifender gemischtrassiger Sklaven- und Elefantenjäger. Andere Forts waren die Grundlage eines noch weit schrecklicheren Sklavensystems, das die Plantagen im unteren Sambesital und an der mosambikanischen Küste belieferte. Livingstone erkannte sehr bald, dass das Christentum noch der zivilisierende Einfluss des Handels aus dem Süden der konsequenten Zerstörung der afrikanischen Gesellschaft würde Einhalt bieten können – die Nachschublinien waren zu lang und zu unsicher. Aber sehr viel mehr als einen sicheren Weg für die Missionare zu gewährleisten, der entlang des Sambesi und des Shire ins Innere des Kontinents führte, zwei Routen, die er im Verlauf seiner zweiten großen Expedition (zwischen 1858 und 1864) erforschte hatte, und dann erst wieder 1870 – gelang ihm nicht. Erfolg hatte er dennoch, da er die Portugiesen davon zu überzeugen wusste, dass sich die Einstellung Afrika gegenüber geändert hatte und der *pombeiro*-Handel im 19. Jahrhundert zum Anachronismus geworden war, der Portugals traditionellen Anspruch auf alles Land zwischen den Küsten Angolas und Mosambiks keineswegs rechtfertigte. Als in den achtziger und neunziger Jahren die Briten zur Unterstützung der Missionen nach Malawi vorrückten und das Protektorat Nyassaland schufen und als der Moloch europäischer Siedler, von Cecil Rhodes' kolonialen Parolen angetrieben, auf den neuen Eisenbahnstrecken vorrückte, die bald vom Kap ins Matabeleland und weiter führten, begegneten sie unterwegs portugiesischen Forschern, Soldaten und Kolonialbeamten.

15 Das 19. Jahrhundert: Ost- und Nordostafrika

Nicht Europa war in den ersten drei Vierteln des 19. Jahrhunderts der wesentliche äußere Faktor in Ost- und Nordostafrika, sondern Arabien und Ägypten. Ostafrika erlebte in der ersten Hälfte des Jahrhunderts unter der Oberhoheit der al-Busaid-Dynastie aus Oman (an der Westseite des Persischen Golfs) die Konsolidierung der arabisierten, Kiswahili sprechenden Küstenbevölkerung zwischen Kap Delgado und Lamu und der arabisierten städtischen Somali in Südsomalia. Theoretisch bestand diese Oberhoheit schon, seitdem die Omani Ende des 17. Jahrhunderts die Küste von den Portugiesen befreit hatten, doch wurde diese Herrschaft erst unter dem Imam Seyyid Said effektiv ausgeübt, einem überaus talentierten Herrscher, der selbst seiner Herkunft nach ein Usurpator war und von 1806-1856 im Oman (oder wenigstens über die Hauptstadt Maskat) regierte.

Seyyid Said hatte eine kleine, aber effiziente Flotte aufgebaut und danach seine Ansprüche auf die Handel treibenden Gemeinwesen der Küstenstädte geltend gemacht, indem er zunächst Tribut und später Zölle erhob. Er wählte Sansibar zur Basis seiner Operationen in Ostafrika und legte außerdem Nelkenplantagen auf der Insel an, deren Pflanzen er von den Molukken eingeführt hatte. Der Erfolg dieses Unternehmens war derartig groß, dass Sansibar am Ende seiner Herrschaft drei Viertel des weltweiten Aufkommens an Nelken produzierte. Unter Saids Einfluss wurde Sansibar zum kommerziellen Mittelpunkt der gesamten ostafrikanischen Küste, zum Zielort aller ausländischen Schiffe, zum Exportmarkt für Sklaven und Elfenbein vom Festland und zum Importmarkt für Stoffe und Perlen, Gewehre, Munition und Eisenwaren aus Indien, Europa und Amerika. Said verbrachte einen immer größeren Teil seiner Zeit auf der Insel und machte sie 1840 schließlich zu seiner Hauptstadt. Mit ihm ließ sich eine Schicht wohlhabender Araber als Plantagenbesitzer auf Sansibar und Pemba nieder. Andere, die ihr Glück erst noch machen wollten, ermutigten ihn dazu, mit der direkten Erschließung des Festlandes für den Handel zu beginnen und benutzten die Kredite, die sie von indischen Bankiers erhielten, um Handelskarawanen auszurüsten, mit denen sie dann manchmal für Jahre im Inland verschwanden.

Die Araber aus Sansibar und die Swahili waren weder die Ersten noch die Einzigen, die sich dem Fernhandel mit dem Inneren Ostafrikas verschrieben. Vielmehr waren es die Nyamwesi des westlichen Zentraltansania, die als Erste die Routen bereisten, die zur Küste vor Sansibar führten. Während des ganzen 19. Jahrhunderts behielten sie ihre bedeutende Stellung im aufstrebenden Handel dieser Region. Sie waren es, die in den zwanziger und dreißiger Jahren des 19. Jahrhunderts Handelswege erschlossen, die westwärts bis in das Lunda-Reich des Kazembe im südlichen Katanga reichten. Aller Wahrscheinlichkeit nach waren sie es auch, die zwischen dem ausgehenden 18. und der Mitte des 19. Jahrhunderts den zunehmend wichtigeren Handel mit den großen Königreichen westlich des Viktoriasees – Karagwe, Buganda und Bunyoro – organisierten. Vor allem als Träger waren sie unübertroffen. Europäische Reisende beschrieben, wie Nyamwesi-Jungen vom jüngsten Alter an übten, kleine Stoßzähne zu tragen. Im Erwachsenenalter waren sie dann in der Lage, mühelos große Wegstrecken zurückzulegen. Den Gewinn ihrer Unternehmungen investierten die Nyamwesi in Sklaven, die das Land bebauten, während die Herren unterwegs waren.

Wahrscheinlich vermochten die Sansibari die Nyamwesi auf Grund ihrer besseren Organisation und der größeren Kredite, über die sie verfügen konnten, zu verdrängen. Während die Nyamwesi mit Perlen und Tuch handelten, konnten sich die Küstenbewohner die teureren Handelsgüter leisten, vor allem die Gewehre und die Munition, die die afrikanischen Herrscher so sehr begehrten. In kleinem Maßstab gelang es den Sansibari, ihre eigene politische Organisation auf das Festland zu übertragen. An einigen Schlüsselstellen, so zum Beispiel in Tabora im Land der Nyamwesi und in Ujiji am Tanganyikasee, gab es ständige Handelsniederlassungen, in denen sie so etwas wie extra-territoriale Rechte ausübten. Darüber hinaus kam es westlich des Tanganyikasees vor, dass Küstenbewohner (und Nyamwesi gleichermaßen) die lokalen Herrscher stürzten und selbst die politische Herrschaft übernahmen. Das blieb aber die Ausnahme. Im Allgemeinen erlangten die Sansibari ihr Elfenbein wie ihre Sklaven über den Handel und nicht mit Gewalt. Sie bewaffneten die einheimischen Herrscher, und diese erledigten den Rest. Das Resultat war eine Situation, in der die Starken auf Kosten ihrer schwächeren Nachbarn noch stärker wurden. In Südtansania fielen die mächtigen Yao über die wehrlosen Völker am Ufer des Malawisees her. In Uganda schickten die mächtigen Kabakas der Buganda ihre Armeen unter die uneinigen Soga im Osten und in die kleinen Haya-Staaten im Süden. Ihre Sklaven verkauften sie zu guten Preisen an die Sansibari, von denen sie im Austausch Waffen für ihre Waffenkammern und Stoffe erhielten, mit denen sie ihre Soldaten, Höflinge und Staatsbeamten belohnten.

In den ausgehenden fünfziger und beginnenden sechziger Jahren des 19. Jahrhunderts traf der expandierende Handelseinfluss der Sansibari von der Ostküste in Uganda auf den zeitgleich nach Süden expandierenden Einfluss aus dem Norden. Dabei handelte es sich um Vorstöße der Araber aus Khartum, der „Türken“, wie sie gewöhnlich bezeichnet wurden. Türken waren sie in dem Sinne, dass der Sultan der Türkei dem Namen nach noch immer der oberste Herrscher über Ägypten war, während die Khediven, seine Vizekönige in Ägypten, deren Amt erblich war, auch über den Sudan herrschten. 1820 marschierte Muhammad Ali in den Sudan ein, setzte die Fundj-Sultane von Sennar ab und einen ägyptischen Gouverneur in der neuen Hauptstadt Khartum ein. Das Hauptziel dieser Aktion bestand darin, die Kontrolle über den Sklavenhandel am Weißen Nil zu erlangen und damit den regelmäßigen Nachschub an Sklaven, und damit Rekruten, für die ägyptische Armee zu sichern. Die Sklavenjagd war somit eine offizielle Funktion der Regierung, und in den folgenden dreißig Jahren plünderte eine Reihe von Expeditionen das Land im Süden von Khartum zwischen Blauem und Weißem Nil, die Heimat der Dinka, der Nuer, der Shilluk und der Bari. Bereits 1839 wurde in Gondokoro, nahe der Stelle, an der der Weiße Nil die Grenze zwischen dem heutigen Uganda und dem Sudan passiert, ein ägyptischer Militärposten errichtet. Bis in die fünfziger und sechziger

Jahre hatten sich private Unternehmen entwickelt, die in Khartum ansässig waren und nicht nur den Sklavenhandel von der Regierung übernahmen, sondern auch die noch ausgedehntere Suche nach Elfenbein. Dennoch waren die eingesetzten Methoden noch immer eher militärischer als kaufmännischer Natur. Im Westen, am Bahr al-Ghazal und seinen Nebenflüssen, und auch im Süden bei den nilotischen Völkern Nordugandas, umzingelten schwer bewaffnete Raubarmeen die Rinderherden und ließen sie nur gegen die Bereitstellung von Nahrungsmitteln sowie von Elfenbein und Sklaven wieder frei. Die Männer aus Khartum waren erstaunt, als sie auf ihre Rivalen von der Ostküste trafen und erlebten, wie die Sansibari mit soliden Waren für ihre Einkäufe bezahlten. Das war etwas, wobei sie nie mithalten konnten, da ihre Nachschublinien weitaus länger waren.

Nach den portugiesischen Eroberungen des 16. und 17. Jahrhunderts wurde erstmals auch ein anhaltender europäischer Druck in dieser Region bemerkbar. Das expandierende Sultanat von Maskat und Sansibar musste zwangsläufig die Aufmerksamkeit der britischen Regierung in Bombay auf sich ziehen. Die Briten hatten ihr erstes Abkommen mit den Vorfahren von Seyyid Said zur Zeit der napoleonischen Bedrohung des Nahen Ostens und Indiens geschlossen, und aus strategischer Sicht war es ihnen nur recht, dass eine freundschaftlich gesinnte orientalische Macht ihr Hoheitsgebiet auf die Westküsten des Indischen Ozeans ausdehnte: lieber die Araber als die Franzosen. Gleichzeitig sorgte politische Einheit natürlich für gute Handelsbedingungen und erleichterte diplomatische Beziehungen. Die Hauptschwierigkeit beim Kampf gegen den Sklavenhandel an der Westküste hatte in der außerordentlich großen Zahl von politischen Autoritäten bestanden, mit denen man zu verhandeln gezwungen gewesen war. Die Hegemonie Seyyid Saids ermöglichte es, sich mit dem Handel an der Ostküste Afrikas zu befassen und gleichzeitig, über eine einzige lokale Autorität, eine Oberhoheit des britischen Einflusses in dieser Region zu errichten. 1822, Said residierte noch in Maskat, erreichten die Briten ein Abkommen, das den Sklavenhandel auf den nordöstlichen Winkel des Indischen Ozeans beschränkte. Damit sollte die Einfuhr von Sklaven nach Britisch-Indien verhindert werden. Als Said 1840 seine Hauptstadt nach Sansibar verlegte, wurde an seinem Hof das erste britische Konsulat an der ostafrikanischen Küste eingerichtet. Fünf Jahre später begrenzte ein zweites Abkommen den Sklavenhandel auf die afrikanischen Hoheitsgebiete des Sultanats. Fortan waren die Marineeinheiten in der Lage, im westlichen Indischen Ozean zu operieren und sich der ostafrikanischen Küste zu nähern. 1861, fünf Jahre nach Saids Tod, wurde das Sultanat geteilt. Ein Sohn Saids erhielt Maskat, der andere Sansibar. Schließlich unterzeichnete Sultan Barghash von Sansibar 1873 unter Androhung eines Bombardements von See her einen Erlass, der den Sklavenhandel in seinem Hoheitsgebiet verbot. Damit war der große Sklavenmarkt auf Sansibar geschlossen. Die fünfzig Jahre britischer Bemühungen auf dem Feld der Diplomatie und zur See blieben zweifellos nicht ohne Auswirkungen auf den Export afrikanischer Sklaven zu den früheren Märkten in Asien. Auf Ostafrika selbst hatten sie aber keine sichtbaren Auswirkungen. Bis 1873 war der Sklavenhandel nach Sansibar und Pemba sowie in die Küstenregionen des Festlandes legal. Und auch viele Jahre danach wurde er noch praktiziert, bis schließlich während der Kolonialzeit der Sklavenstatus für ungesetzlich erklärt wurde. Und obzwar die Ausfuhr von Sklaven zurückging, nahm die Ausfuhr von Elfenbein in diesem Zeitraum Jahr für Jahr zu. Es war weit mehr die Suche nach Elfenbein, die die Küstenbewohner jedes Jahr weiter und tiefer in das Innere trieb, doch waren die Sklaverei und die ihr anhängenden Übel nahezu untrennbar mit dem Elfenbeinhandel verbunden. Die Jagd auf Elefanten erforderte Waffen und Munition, und die konnten natürlich auch zur Kriegsführung eingesetzt werden. Der Transport des Elfenbeins erfolgte mit Trägern, und viele von ihnen waren Sklaven. Wenn Letztere vielleicht auch nie übers Meer auf einen ausländischen Markt gelangen mochten, so wurden auch sie mit Gewalt aus ihrer Heimat verschleppt und letzten Endes auch verkauft: vielleicht an einen Nyamwesi-Fürsten im Innern des Kontinents oder an den arabischen Besitzer einer Nelkenplantage auf Pemba oder Sansibar oder an einen Swahili-Ladenbesitzer an der Küste. In Ostafrika gab es kein Äquivalent für das westafrikanische Palmöl. Die europäische Kampagne gegen den Sklavenhandel zur See und die Stärkung der Handelsverbindungen mit Sansibar führten lediglich zu einer intensiveren Ausbeutung der einzig verfügbaren anderen Ware, die die Kosten für den Transport zur Küste wert waren. Das führte dazu, dass das Aktionsfeld der Küstenbewohner im Innern des Kontinents enorm erweitert wurde.

Gleiches gilt für das ägyptische Einflussgebiet. In Ägypten musste der britische Druck weitaus diskreter ausfallen als in Sansibar. Dessen ungeachtet waren die drei Söhne Muhammad Alis, die ihm als Khediven nachfolgten, alle zu einem gewissen Grad vom Humanitarismus des damaligen Europa durchdrungen und hätten den Sklavenhandel unterbunden, wenn sie es gekonnt hätten. Alle drei erließen Gesetze gegen den Sklavenhandel, und Ismail, der letzte der drei Khediven, ging sogar soweit, erst den Forscher Sir Samuel Baker und später General Gordon als Gouverneure einzusetzen. Er hoffte darauf, damit eine neue Politik in die Wege zu leiten. Tatsächlich aber bestand die einzig mögliche neue Politik in dem Vorschlag, dass die ganze riesige Region unter stärkere Kontrolle gebracht werden müsse, was wiederum entsprechende Staatseinnahmen erforderte. Diese waren aber erst nach Einführung des mechanisierten Transports möglich, der die Mittel bereitstellte, mit denen die landwirtschaftlichen Produkte des Landesinnern zur Vermarktung nach Übersee transportiert werden konnten. Kurzfristig waren diese Mittel nur über den Handel mit Elfenbein bereitzustellen, der in seinen Auswirkungen auf die schwachen Gesellschaften im Südsudan mindestens ebenso verheerend war wie der Sklavenhandel.

Baker versuchte mit begrenztem Erfolg, den Handel mit Elfenbein dadurch zu kontrollieren, dass er die ägyptische Grenze weiter nach Süden verschob, von Gondokoro in das heute Norduganda hinein. Gordon, der ihm im Amt des Gouverneurs dieser „Äquatorialprovinz" folgte, erkannte sehr deutlich, dass dieses Gebiet von der Ostküste weit leichter zu erreichen war als aus nördlicher Richtung. Auf Gordons Empfehlung hin entsandte Ismail eine Flotte, die den Hafen Kismayo an der Ostküste besetzen sollte. Wahrscheinlich erkannte er nicht, oder aber er machte sich keinerlei Gedanken darüber, dass er damit auf das Hoheitsgebiet Sansibars vordrang. Jedenfalls wurden seine Truppen bei ihrer Ankunft mit diplomatischem Druck seitens der Briten gezwungen, sich friedlich wieder zurückzuziehen.

Gleichzeitig war es Gordon auf Grund der außerordentlich langen Nachschubwege nicht gelungen, die großen Bantu-Reiche von Buganda und Bunyoro unter ägyptische Herrschaft zu bringen. So verlief Ägyptens Vormarsch nach Süden bereits einige Jahre vor der Revolution des Mahdi, die 1881 der ägyptischen Verwaltung im gesamten Sudan ein Ende bereitete, weitgehend im Sande.

Man kann sagen, dass letzten Endes sowohl die ägyptische wie auch die sansibarische Einflusssphäre den Siegeszug der in Europa hergestellten Schusswaffen über Speer und Bogen Afrikas verkörperten. Es war der Besitz dieser Schusswaffen, der den beiden muslimischen Gesellschaften das Selbstvertrauen vermittelte, mit dem sie zu den ungläubigen schwarzen Afrikanern aufbrachen, und wenn sie bei den Afrikanern auf festgefügte politische Einheiten trafen, ermöglichten ihnen die Feuerwaffen unter ihren Handelswaren, sich in Konkurrenz mit weniger gut versorgten Kaufleuten durchzusetzen.

In der zweiten Hälfte des 19. Jahrhunderts entstand zwischen den Einflussgebieten Ägyptens und Sansibars eine dritte Einflusssphäre: die der christlichen Äthiopier, die in der Ausnutzung der Schwächen ihrer Nachbarn nicht weniger erfolgreich waren als die Muslime im Norden und Osten. Die äthiopische Expansion setzte später als die anderen beiden ein, da sich die chaotische innere Situation des Landes seit der Mitte des 18. Jahrhunderts immer weiter verschlechtert hatte. Mitte des 19. Jahrhunderts war das Königreich beinahe schon in seine einzelnen Provinzen zerfallen. Miteinander rivalisierende Kaiser waren zu einer regelmäßigen Erscheinung geworden. Dann gelang es Ras Kassa, einem Räuberbaron von der Nordwestgrenze, sich 1855 in Aksum unter dem Namen Theodorus zum Kaiser krönen zu lassen. Er war es, der die Grundlagen einer modernen Armee legte und folglich in der Lage war, das Blatt zu Ungunsten der Oromo zu wenden, die seit dem 16. Jahrhundert immer wieder in die Grenzgebiete im Süden und Südwesten des Königreichs eingefallen waren. Es war Theodorus, der die Wiedervereinigung von Tigray und Amhara im Norden mit der Provinz Shoa im Süden in Angriff nahm. Und es war ebenfalls Theodorus, der durch seine launische Behandlung zweier britischer Gesandter die erste direkte europäische Einmischung in dieser Region seit dem 16. Jahrhundert heraufbeschwor: die von Sir Robert Napier geleitete Strafexpedition gegen die Festung Magdala, in deren Verlauf Theodorus sich erschoss, da viele seiner Vasallen ihn verlassen hatten.

Die Überlegenheit der Waffen Napiers hinterließ einen tiefen Eindruck – nicht nur beim nachfolgenden Kaiser, Johannes IV., einem Oberhaupt der Tigray, der sich seinen Weg zum Thron mit Hilfe von Waffen bahnte, die er von den Briten als Gegenleistung für seine Unterstützung bei der Magdala-Expedition erhalten hatte, sondern auch bei seinem Vasallen, dem König Menelik von Shoa, der sich eine solche Machtfülle aneignete, dass Johannes 1878 gezwungen war, ihn zu seinem Nachfolger zu bestimmen. Während der gesamten achtziger Jahre, in denen er auf sein Erbe wartete, erhöhte Menelik seinen Vorrat an europäischen Waffen aus jeder verfügbaren Quelle – nicht zuletzt bezog er sie auch von den Italienern, die er mit Hilfe eben dieser Waffen schließlich im Jahre 1896 bei Adowa (Adua) schlagen sollte. Gleichzeitig unternahm er, wenngleich weit erfolgreicher, was alle erfolgreichen afrikanischen Herrscher seiner Zeit taten: er bezahlte seine Feuerwaffen mit Elfenbein und setzte die Schusswaffen dazu ein, mehr Elfenbein zu gewinnen. Im Verlaufe dieser Unternehmungen dehnte er sein Königreich Jahr für Jahr weiter nach Süden, Osten und Westen aus, auf Kosten der Afar von Harrar und der Somali im Ogaden, auf Kosten der Oromo im Süden, auf Kosten der Kaffa und der alten, nicht von den Oromo eroberten Königreiche der Sidamo im Südwesten. Europäische Historiker betrachten Menelik von Äthiopien allgemein als Ausnahmefall, als räuberischen Fürsten, der sich zu einem afrikanischen Herrscher wandelte. Tatsache aber ist, dass Menelik von Äthiopien aus jenem Menelik von Shoa hervorging, der sich nicht wesentlich von Mutesa von Buganda, Kabarega von Bunyoro oder Msiri von Katanga unterschied.

So also sah es, in einem notwendigerweise impressionistisch gehaltenen Überblick, in Ost- und Nordostafrika zu der Zeit aus, da die europäischen Forscher ihre Reisen unternahmen und deren Ergebnisse publizierten: die ersten Beschreibungen dieses Winkels des Kontinents, die der westlichen Welt zugänglich wurden. So also waren die

Zustände in einer Zeit, als die christlichen Missionare Niederlassungen an der Küste und im Hinterland gründeten, kleine Gruppen um sich sammelten (die häufig aus befreiten Sklaven bestanden), die ihre ersten Konvertiten werden sollten, gleichzeitig aber, und ebenso unvermeidlich, eine Rolle als Ratgeber der afrikanischen Führer spielten, die auf Grund ihrer Kenntnis der Welt außerhalb Ostafrikas zu ihnen aufsahen, wie sie zu den Kiswahili sprechenden Arabern aufblickten. So wiederum also sahen die Verhältnisse aus, als britische und französische Konsuln von ihren Stützpunkten in Kairo und Sansibar aus ihre streng begrenzten Ziele verfolgten, den Einfluss ihrer Nationen und Interessensgruppen auszudehnen.

Nichts an diesen noch immer sehr tastenden europäischen Vorstößen bereitete bewusst das nachfolgende Geraufe und die Teilung des Kontinents vor; und es wäre der größte Irrtum anzunehmen, dass die zweite Phase eine notwendige Folge der ersten gewesen sei. Die internationale Hysterie, die zu der Teilung führte, wurde nicht durch die wenigen europäischen Mächte ausgelöst, die bereits kleinere Interessensgebiete im tropischen Afrika besaßen, sondern durch den Ansturm jener Mächte, die bis dahin überhaupt kein Interesse an Afrika gezeigt hatten. Wäre es nicht zu diesem Ansturm auf Afrika gekommen, dann hätten sich die wesentlichen politischen und gesellschaftlichen Muster der Zeit vor der Teilung wahrscheinlich noch eine beträchtliche Zeit lang erhalten. In Ost- und Nordostafrika gab es bereits Gesellschaften, die von den neuen Einflüssen zu profitieren gelernt hatten, ohne sich ihnen zu unterwerfen. So konnten sie auf die halbherzige europäische Durchdringung im 19. Jahrhundert immerhin positiv genug reagieren, um sie zu ihrem Vorteil auszunutzen. Hätte es die direkte europäische Intervention nicht gegeben, dann hätte sich der muslimische Einfluss nicht nur an der Ostküste und im Nordsudan, sondern auch im Südsudan und in vielen Teilen Ostafrikas und des Kongo konsolidiert. In gewissem Maße wäre dies das Ergebnis bewusster Kolonisation durch fremde Herrschergruppen gewesen, in gewisser Hinsicht hätten aber auch Handelskontakte und politische Einflussnahme zur Islamisierung lokaler Institutionen geführt, wie das zu früheren Zeiten in großen Teilen des Sudan der Fall gewesen war. So spät wie die christliche Missionierung einsetzte, ist es zweifelhaft, ob sie einer islamischen Expansion rechtzeitig hätte wehren können, sobald die Muslime erst einmal die Macht fest in den Händen gehalten hätten. Wäre die vollständige europäische Intervention fünfzig Jahre später erfolgt, dann hätte nicht nur das nördliche Drittel des Kontinents kulturell zur Welt des Islam gehört, sondern die nördlichen zwei Drittel.

16 Der europäische Wettlauf um afrikanische Kolonien

1879 befand sich, trotz des ständigen Wachstums der Macht der westeuropäischen Nationen im Vergleich zur Macht der anderen Völker der Welt, nur ein kleiner Teil des afrikanischen Kontinents unter europäischer Herrschaft. Algerien war französisch, doch ansonsten fanden sich in Nordafrika lediglich in Ägypten und Tunis Ansätze einer europäischen Kontrolle. In Westafrika, wo die Europäer seit vierhundert Jahren in Handelsbeziehungen zu den Küstenvölkern standen, gab es nur im Senegal und an der britischen Goldküste Kolonialverwaltungen, denen eine beachtliche Zahl von Afrikanern unterstanden. Und nur im Senegal war die europäische Herrschaft mehr als nur ein paar Dutzend Kilometer in das Landesinnere vorgedrungen. Die britischen Kolonien Gambia, Sierra Leone und Lagos waren nichts mehr als winzige Enklaven in einer politischen Welt, die noch immer von afrikanischen Regierungen dominiert wurde. In der Region, die zu Portugiesisch-Guinea werden sollte, konnte man zwar von einem portugiesischen Einfluss sprechen, aber kaum von portugiesischer Herrschaft. Südlich der Bucht von Biafra bestand die französische Kolonie an der Mündung des Gabun aus wenig mehr als einer kleinen Hafenstation und der winzigen Stadt Libreville, einem Gemeinwesen befreiter Sklaven. Abgesehen von fünf oder sechs Orten an der Küste, waren Angola und Mosambik kaum portugiesische Kolonien im heutigen Sinne des Wortes, sondern bloß armselige Handelsstationen, die ihre Fühler in das Landesinnere ausstreckten.

Nördlich von Mosambik lag sogar die Küste noch vollständig von europäischer Herrschaft unberührt. Auf Sansibar verfügten die Briten über starken diplomatischen Einfluss. Die Franzosen hatten die Komoren besetzt und, darüber hinaus, auf Madagaskar Fuß gefasst. Auf dem Festland aber war bislang nur im äußersten Nordosten eine europäische Fahne gehisst worden. Das war eine Folge des Suezkanals, dessen Bau Frankreich dazu gebracht hatte, als Gegenstück zur britischen Kohlenstation in Aden selbst eine solche Station in Obok an der ungastlichen somalischen Küste einzurichten. Die einzige, wirklich tiefe Durchdringung Afrikas durch europäische Regierungen hatte der äußerste Süden des Kontinents vorzuweisen, doch war hier die Situation wegen der Feindseligkeiten zwischen den britischen Kolonien an der Küste und den Gemeinwesen der Afrikaander im Landesinneren wesentlich schwieriger.

Zwei Jahrzehnte später jedoch, am Beginn des 20. Jahrhunderts, beanspruchten europäische Regierungen die Oberhoheit über alle politischen Einheiten, in die sie den Kontinent bis zu diesem Zeitpunkt aufgeteilt hatten – mit sechs Ausnahmen. Und von diesen sechs Ausnahmen standen vier eigentlich mehr auf dem Papier, als dass sie Wirklichkeit geworden waren. Diese Aufteilung Afrikas am Ende des 19. Jahrhunderts war keineswegs die notwendige Konsequenz aus der Öffnung Afrikas durch die Europäer in den vorangegangenen drei Vierteln des Jahrhunderts. Nur wenige Erforscher Afrikas waren von ihren Regierungen mit dem Auftrag entsandt worden, Land für spätere Eroberungen zu erkunden. Man kann mit Sicherheit davon ausgehen, dass kaum jemals Missionare sich als koloniale Vorhut verstanden haben. Und sofern es ein wirtschaftliches Motiv für die Teilung gab, wie marxistische Forscher das behaupten, dann war dies ein Motiv, das lediglich die europäischen Mächte in seinen Bann schlug, die in Afrika keine Kolonien hatten und nur über geringen kommerziellen Einfluss geboten. Die Teilung Afrikas war im Wesentlichen tatsächlich das Ergebnis des Erscheinens einer politischen Macht oder deren zwei, die bis dahin keinerlei Interesse am afrikanischen Kontinent an den Tag gelegt hatten. Das zerstörte das bis dahin herrschende Gleichgewicht der Kräfte und Einflusssphären und löste eine jähe internationale Hysterie aus. Plötzlich brachen sie alle nach Afrika auf, um ihre jeweiligen Ansprüche auf politische Oberhoheit anzumelden und wütend miteinander um die Anerkennung als oberste Macht in dieser oder jener Region zu feilschen.

Der erste neue Faktor, der sich auf dem Schauplatz Afrika bemerkbar machte, war nicht eigentlich eine Staatsmacht. Es handelte sich um einen europäischen Herrscher, der aus eigenem Antrieb heraus aktiv wurde, obwohl er natürlich seinen Status als Souverän be-

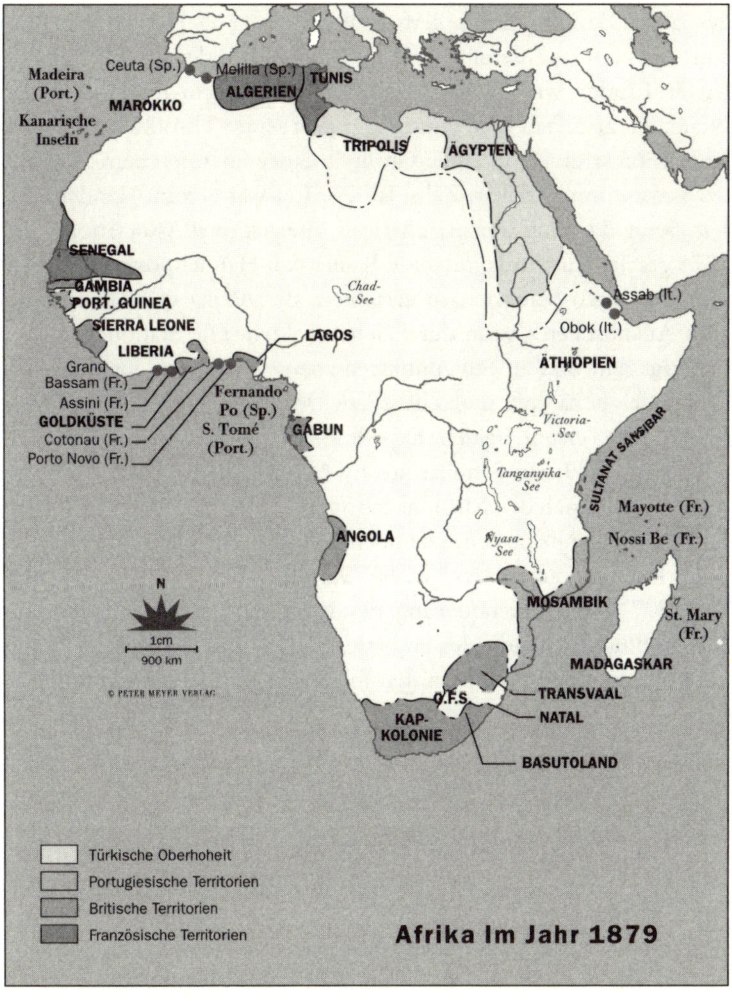

Afrika im Jahr 1879

nutzte, um die Kanäle der internationalen Diplomatie in Verfolgung seiner privaten Ziele zu manipulieren. König Leopold II. von Belgien war ein Mann, dessen Ambitionen und Fähigkeiten bei weitem größer waren, als dass er sich ausschließlich dem Land zugewandt hätte, das zu regieren er geboren worden war. Sein Interesse, ein Übersee-Imperium zu begründen, war in den fünfziger und sechziger Jahren des 19. Jahrhunderts erwacht, als er als Herzog von Brabant Ägypten bereiste und auch die Möglichkeit der Erschließung so ferner Länder wie Taiwan, Sarawak, der Fidschi-Inseln und der Neuen Hebriden in Erwägung zog. Nach seiner Thronbesteigung im Jahre 1865 widmete er einen Großteil seiner Energien dem Studium der Erforschung Afrikas. Zehn Jahre später war er zum Handeln bereit. Seine Tarnung war die „African International Association“, die 1876 geschaffen wurde, um eine Reihe von Handelsposten und wissenschaftlichen Stationen zu errichten, die Afrika von Sansibar bis zum Atlantischen Ozean durchziehen sollten. Die Stationen sollten befestigt sein und als Stützpunkte dienen, von denen aus der Sklavenhandel bekämpft und christliche Missionen geschützt werden sollten. Die ersten beiden Expeditionen der Vereinigung stießen 1878 und 1879 von Sansibar aus ins ostafrikanische Hinterland vor und schlossen sich den Missionsstationen der Weißen Väter in Tabora und am Tanganjikasee an. Dennoch verlagerte sich von nun an Leopolds Interesse zunehmend an die Westküste Bantu-Afrikas. Stanley, der 1877 seine Durchquerung des Kontinents mit der Fahrt den Kongo hinunter abgeschlossen hatte, trat 1879 in die Dienste König Leopolds und begründete in den folgenden fünf Jahren ein funktionierendes Transportsystem zu Wasser und zu Land zwischen der Kongo-Mündung und den Stanley-Fällen, über 1600 Kilometer stromaufwärts in der Nähe des heutigen Kisangani (dem ehemaligen Stanleyville).

In der Zwischenzeit bereitete Leopold geschickt die internationale Anerkennung seiner Herrschaft über das gesamte Kongobecken vor. Obwohl es seine eigentliche Absicht war, seine Kolonie auf der Grundlage eines mit eiserner Faust durchgesetzten Handelsmonopols zu entwickeln, gelang es ihm erfolgreich, die Mehrheit der europäischen Mächte davon zu überzeugen, dass es von Vorteil wäre, wenn das Kongobecken als Freihandelszone unter seine „internationale" Kontrolle gestellt würde, anstatt es irgendeiner der rivalisierenden Nationen preiszugeben. Die meisterhaften diplomatischen Fähigkeiten König Leopolds wurden weithin anerkannt. Weniger Aufmerksamkeit erfuhr, in welchem Maße sein Vorgehen das gegenseitige Misstrauen unter den europäischen Mächten, was ihre Aktivitäten in Afrika insgesamt anging, schürte. Wahrscheinlich mehr als jeder andere Staatsmann schuf Leopold jene „Atmosphäre", die für das Gerangel um Afrika kennzeichnend war.

Als nächste Macht erschien Deutschland auf der Bildfläche. Heimlich und geschwind gelang es Deutschland in den achtzehn Monaten zwischen dem Ende des Jahres 1883 und dem Beginn des Jahres 1885, in vier weit voneinander enfernten Regionen Afrikas große Gebiete zu annektieren – Südwestafrika, Togo, Kamerun und Ostafrika. Diese Aktion Deutschlands löste einen Wettlauf aus von einer Größenordnung und ständig wachsenden Intensität, die unaufhaltsam zur Aufteilung des ganzen Kontinents führte. Umso bemerkenswerter ist es daher, dass in der historischen Forschung die Tendenz überwiegt, den Nachweis zu führen, Deutschlands afrikanische Expansion habe sich weniger dem Wunsch nach einem eigenen Kolonialreich verdankt, sondern sei vielmehr Teil eines umfassenderen Plans gewesen: man wollte von den Feindseligkeiten ablenken, die in Europa zwischen Frankreich und Deutschland bestanden, indem man die Rivalitäten in Afrika anheizte und dadurch eine Situation schuf, in der Deutschland die Schiedsrichterfunktion zwischen den französischen und britischen Ambitionen übernehmen würde.

Der Schlüssel zu dieser Situation lag in Ägypten. 1881 war es hier angesichts der Revolte der nationalen Armee, die von 'Urabi Pascha, einem der ranghöchsten ägyptischen Offiziere angeführt wurde, und mit stillschweigender Zustimmung des Marionetten-Khediven Taufiq, zum Zusammenbruch der gemeinsamen französisch-britischen Finanzmacht gekommen. Frankreich und Großbritannien hatten vor, 'Urabi gemeinsam zu Fall zu bringen, doch am Vorabend der Operation hielt eine Krise in Frankreich die französische Regierung davon ab, sich an der Aktion zu beteiligen. Als Folge daraus marschierten die Briten 1882 allein in Ägypten ein und blieben trotz des

Versprechens, sich wieder zurückzuziehen, als *De-facto*-Machthaber im Land, das jedoch erst mit der Deklaration zum britischen Protektorat im Jahre 1914 auch *de iure* britischer Herrschaft unterstellt wurde.

Die anhaltende britische Okkupation Ägyptens verärgerte die Franzosen und ließ sie das Vorhaben, ein westafrikanisches Kolonialreich zu schaffen, vorantreiben. Das kam Deutschland gelegen und gab ihm zugleich die Mittel in die Hand, die Briten unter Druck zu setzen, ohne dabei offen die Franzosen unterstützen zu müssen, denn die britische Herrschaft in Ägypten war nur mit Unterstützung der Mehrheit der Gläubiger Ägyptens möglich, die durch die internationale Caisse de la Dette vertreten wurden, und diese Mehrheit wurde von Deutschland kontrolliert. Während all der Jahre, in denen die Aufteilung Afrikas vonstatten ging, unterstützte Deutschland die britische Herrschaft in Ägypten. Der Preis dafür war, dass die Briten zu deutschen Aktionen überall sonst in Afrika schwiegen. Die deutschen Annexionen zielten darauf ab, die Franzosen zu weiterem Handeln in Afrika zu bewegen. Diese Aktivitäten sollten sich aber mehr gegen Großbritannien richten als gegen Deutschland. Auf diese Weise würde das schmerzvolle Thema Elsass-Lothringen über der anglo-französischen Rivalität in Afrika in Vergessenheit geraten.

Zu den drei Mächten, die sich bereits an den afrikanischen Küsten engagierten – Großbritannien, Frankreich und Portugal – waren nun zwei weitere hinzugekommen: die eine ein europäischer Monarch auf der Suche nach einem Privatreich, die andere der mächtigste Staat auf dem europäischen Festland, der den Plan verfolgte, das jüngste Opfer seiner Aggressionen dazu zu verleiten, seinen Groll in einem kolonialen Abenteuer auszuleben. Unter diesen Umständen war eine Aufteilung Afrikas die logische Folge. Von den fünf darin verwickelten Mächten war lediglich König Leopold an einem großen territorialen Imperium interessiert. Die anderen waren aber nicht bereit, schweigend zuzusehen, wie der Kontinent von ihren Rivalen verschlungen wurde. Und so war es nur eine Frage der Zeit, bevor auch Spanien und Italien ihren Teil beanspruchten. Auch wenn alle Völker des Kontinents tief davon betroffen sein würden, war die Teilung ihrem Wesen nach ursprünglich nichts weiter als die Projektion der internationalen Politik Europas auf den afrikanischen Kontinent. Die neue Landkarte, die das Resultat dieser Aufteilung war, stand nur noch in geringer Beziehung zu den früheren Aktivitäten der Europäer in Afrika.

Als Erster sicherte sich König Leopold die internationale Anerkennung seines großen afrikanischen Reichs. 1884, nachdem die britischen Kaufleute, die am Kongo-Handel beteiligt waren, sich gegen die Absicht ihrer Regierung gestellt hatten, die portugiesischen Ansprüche auf die Region am Unterlauf des Kongo anzuerkennen, änderte Portugal seine Taktik und rief Frankreich und Deutschland um Beistand an. Frankreich, das eine Möglichkeit sah, Großbritannien zu ärgern, stimmte Bismarcks Vorschlag zu, auf einer internationalen Konferenz in Berlin die Kongo-Frage zu entscheiden. Und sogar noch vor dem Zusammentreten dieser Konferenz hatte sich Frankreich (das einen Handel mit König Leopold geschlossen hatte, nach dem es sich die Übernahme des Kongo-Reichs für den Fall sicherte, dass dessen Entwicklung Leopolds Kräfte übersteigen sollte) Deutschland und den Vereinigten Staaten angeschlossen und den „Freistaat Kongo" anerkannt. Als die Konferenz im Dezember 1884 zusammentrat, blieb den anderen Mächten nichts weiter übrig, als diesem Schritt zuzustimmen.

Die Berliner Konferenz verabschiedete viele hochtrabende Resolutionen zum Sklavenhandel, zum freien Handel und der Notwendigkeit, eine tatsächliche Okkupation nachzuweisen, bevor künftig von Annexionen die Rede sein könne. Tatsächlich war es in den sechs Monaten der Konferenzvorbereitung zu den hektischsten Gebietserwerbungen gekommen, seitdem die Europäer den Kontinent unter sich aufteilten; dies waren die deutschen Erwerbungen. Nach Eröffnung der Konferenz verkündete Bismarck das Protektorat Deutschlands über jene Teile Ostafrikas, in denen während einer einzigen Expedition, die zudem nur wenige Wochen in Anspruch genommen hatte, Carl Peters und seine Kumpane zweifelhafte Verträge mit verwirrten – und oftmals falschen – „Häuptlingen" abgeschlossen hatten. Damit war allen klar, dass eine schnelle Aufteilung des ganzen Kontinents die unvermeidliche Folge sein musste, sodass die Delegierten Anfang 1885 aus Berlin abreisten, um zu prüfen, welche Ansprüche ihre eigenen Länder am sinnvollsten geltend machen konnten.

Aus den früheren Interessen ergab sich logisch, dass sich das französische Kolonialreich zunächst im westlichen Teil des Kontinents entwickeln würde. Bis zum Jahr 1883 hatte der Krieg gegen Ahmadu, den sie 1879 begonnen hatten, die Franzosen bis an den Oberlauf des Nigers geführt. Daher war es nur natürlich, dass sie als Erstes daran dachten, entlang der Versorgungslinien zu expandieren, die dieser große Fluss bot, und die so eroberten Gebiete danach mit ihren Einflusssphären an der Küste zu verbinden. Ihr Vormarsch Niger abwärts ging jedoch langsam vonstatten: Timbuktu wurde erst 1893 erreicht. Die rechte Flanke der Franzosen wurde von Samori Touré, einem abenteuerlustigen Soldaten und Kaufmann, bedroht, der dabei war, auf der Grundlage der traditionellen Verwandtschaftsbeziehungen der Mande ein eigenes Königreich aufzubauen. Das stellte ein weit beachtlicheres Hindernis dar als Ahmadus Staat, der sich ausschließlich auf Eroberung gründete. Erst 1898 konnte Samori endgültig besiegt werden und erst ungefähr zwei Jahre vor diesem Ereignis waren die Franzosen dazu in der Lage, ihren Vormarsch nach Osten wieder aufzunehmen.

Das ganze Jahrzehnt zwischen 1880 und 1890 blieb die Zukunft Französisch-Gabuns ziemlich unsicher. Obwohl die Aktivitäten König Leopolds am Unterlauf des Kongo die Franzosen dazu angeregt hatten, in dem Gebiet, das der abenteuerlustige Marineoffizier De Brazza in ihrem Auftrag erforscht hatte, ein Netzwerk von Verträgen aufzubauen, dauerte es noch bis in die neunziger Jahre, bevor sie Expeditionen in Richtung Norden entsandten, um am Tschadsee die Verbindung zur vordringenden Grenze Französisch-Westafrikas herstellen zu können. Darüber hinaus bewegten sich die Franzosen den Ubangi entlang in nordöstlicher Richtung voran, wo sie die Gegenden am Oberlauf des Nils bedrohten.

Für Großbritannien lag eine derartige Expansionsstrategie nicht so klar auf der Hand wie für Frankreich. Das südliche Afrika stellte einen möglichen Ausgangspunkt dar. Doch war dies zugleich eine Region, in der die Briten bereits dazu gezwungen gewesen waren, die Unabhängigkeit der Burenrepubliken anzuerkennen, und in der es sich zudem mit einer extensiven deutschen Gebietserwerbung im Südwesten des Kontinents konfrontiert sah. Eine Expansion Richtung Norden hatte also über das „Nadelöhr" Botswana zu erfolgen, das man 1885 eilig besetzt hatte, um den Deutschen Einhalt zu gebieten. Darüber hinaus handelte es sich hier um ein Gebiet, in dem die Initiative zum Handeln bei den Europäern der Kapkolonie lag, ganz abgesehen von der Tatsache, dass die britische Regierung versuchen musste, die Aufteilung des Kontinents auf diplomatischem Wege zu handhaben und überhaupt erst einmal die nominelle Souveränität zu gewinnen. Der aktivste Brite war Cecil Rhodes, ein Siedler, der ein riesiges Vermögen damit gemacht hatte, dass er sich die Kontrolle über die Diamantenminen in West-Griqualand verschaffte. Auf seinen Druck hin erklärte die britische Regierung 1888 das Gebiet zwischen Botswana und dem Sambesi zum britischen Interessengebiet. 1889 wurden die Regierungsgeschäfte in dieser Region durch königlichen Erlass an die „British South Africa Company" von Cecil Rhodes übertragen.

Nördlich des Sambesi waren weiter greifende Optionen in Erwägung zu ziehen. Die kommerziell wertvollste Region war Westafrika, und viele vertraten die Meinung, dass man für eine vorteilhafte Aufteilung dieser Region unter Großbritannien und Frankreich andere Interessen opfern sollte. Es ist in der Tat sehr wahrscheinlich, dass die Franzosen in den achtziger Jahren des 19. Jahrhunderts bereit gewesen wären, den Briten unter bestimmten Bedingungen ein zusammenhängendes Gebiet zwischen Sierra Leone und Kamerun zu überlassen. Und wahrscheinlich hätte ein britischer Rückzug von der Ostküste dafür gesorgt, dass die Deutschen sich aus Westafrika zurückgezogen hätten. Die erste Bedingung wäre allerdings ein britischer Abzug aus Ägypten gewesen, und das war etwas, das keine britische Regierung nach 1885 je in Betracht gezogen hätte. Im Gegenteil. Lord Salisbury, der als Premierminister und gleichzeitiger Außenminister für Großbritannien an der Aufteilung Afrikas in den entscheidenden Jahren zwischen 1886 und 1892 beteiligt war, baute seine gesamte Afrikapolitik auf der Bewahrung Ägyptens auf. Das bedeutete zuallererst, dass es galt, die französische Expansion in Westafrika entschieden zu ermutigen, und zwar so weit gehend, dass man die völlige Einkreisung der vier britischen Einflussgebiete an der Küste in Kauf nahm. Die Folge davon war, dass man sich den hauptsächlichen Anteil an der Aufteilung des Kontinents in Ostafrika versprach, obwohl diese Region aus kommerzieller Sicht nahezu wertlos war und eine Okkupation sich auf lange Sicht als kostspielig herausstellen musste. Die Deutschen hatten gegenüber von Sansibar bereits auf dem Festland Fuß gefasst, doch gelang es Salisbury 1886, die groben Umrisse eines britischen Einflussgebiets im heutigen Kenia abzustecken und zugleich die Möglichkeit eines britisch beherrschten Uganda und einer „Hintertür" zum Sudan und Ägypten offen zu halten. Den Rückhalt für Salisburys Entscheidung, sich auf internationaler Ebene dafür einzusetzen, bildete in Ostafrika wie auch im Gebiet des Sambesi sowie in Zentral- und Nordnigeria die Bereitschaft einer Konzessionsgesellschaft, dort die administrative Verantwortung zu übernehmen.

Blieben noch die zusätzlichen Ansprüche auf die Gebiete, die heute Sambia und Malawi heißen. Sie wurden 1889/1890 angemeldet, und damit war Salisburys Vision vollständig. In den Jahren 1890 und 1891 schritt er, gemeinsam mit Deutschland, Frankreich, Portugal und Italien zur endgültigen Grenzziehung. Die wichtigste Übereinkunft war die mit Deutschland. Obwohl es häufig so dargestellt wird, als habe Großbritannien Helgoland gegen Sansibar eingetauscht, verhielt es sich in Wahrheit so, dass Großbritannien Deutschland Helgoland als Teil eines Abkommens überließ, in dem die meisten neuen Grenzen zwischen Großbritannien und Deutschland in Afrika auf eine Weise festgelegt wurden, die Salisbury zufrieden stellte. Das Abkommen mit Italien legte die Grenze zwischen dem britischen Schutzgebiet in Ostafrika und der neuen italienischen Kolonie Somalia fest. Die beiden Verträge zwischen Großbritannien und Portugal aus den Jahren 1890 und 1891 schrieben, auch wenn dabei eine starke Macht einer schwächeren ihren Willen aufzwang, endgültig die Grenzen zwischen dem britischen Zentralafrika und seinen portugiesischen Nachbarn fest. Von diesen vier Abkommen war das zwischen Frankreich und Großbritannien das am wenigsten befriedigende, da es keinerlei Entscheidung hinsichtlich der Grenzen im Inneren

Westafrikas traf und zudem versäumte, sich mit der an Bedeutung alles andere überragenden Sudan-Frage zu befassen.

*

Der herausragende Aspekt der ersten zehn Jahre dieses Wettlaufs nach Afrika war, dass sich nahezu alles, was irgendwie von Bedeutung war, in Europa abspielte. Staatsmänner und Diplomaten trafen sich in Büros und Landhäusern und trugen Linien auf Karten ein, die gewöhnlich alles andere als genau waren. Das Fehlen geografischer Details führte häufig dazu, dass die Grenzen nach Längen- und Breitengraden festgelegt wurden. In Afrika selbst hatte die Aufteilung zunächst natürlich nur geringe Auswirkungen auf die Wirklichkeit. Ein Dutzend überarbeiteter Männer waren die Repräsentanten einer Konzessionsgesellschaft, die vor Ort aktiv war. Ein Konsul und zwei Mitarbeiter stellten häufig genug die Regierung eines Schutzgebiets dar. Solche Niederlassungen waren zumeist viel zu sehr damit beschäftigt, das eigene Überleben zu sichern, als dass sie in der Lage gewesen wären, sich auf militärische Auseinandersetzungen mit den benachbarten Regierungen einzulassen. Selbst wenn konkurrierende Expeditionen in ein und demselben Gebiet um einen Vertrag wetteiferten, war es kaum wahrscheinlich, dass ihre Pfade sich kreuzten. Einander überschneidende Ansprüche wurden ein Jahr später an einem Tisch in irgendeiner europäischen Hauptstadt abgeklärt.

Als dieser Wettlauf in sein zweites Jahrzehnt eintrat, erhielten die Aktivitäten der Männer vor Ort eine neue Bedeutung. Der Verlauf der Grenzen im Innern des Kontinents hing häufig davon ab, welche der zwei benachbarten Mächte dazu in der Lage war, eine effektive Besetzung des von ihr beanspruchten Gebietes zu bewerkstelligen. Zusammenstöße zwischen Angehörigen verschiedener europäischer Mächte wurden jetzt häufiger. Vor allem an den Westgrenzen Nigerias kam es zu Zusammenstößen, an denen (nachdem die Franzosen 1893 das Königreich Dahomey erobert hatten) recht beträchtliche Militärkräfte in dem umstrittenen Gebiet von Borgu aufeinander zu prallen drohten. Borgu vor den Franzosen zu erreichen, war auch das Ziel von Goldies „Royal Niger Company“ bei ihren ersten militärischen Auseinandersetzungen mit den afrikanischen Staaten, die innerhalb ihres Konzessionsgebietes lagen. Um den Franzosen in Borgu zuvorzukommen, war es erforderlich, die Emirate von Nupe und Ilorin zu erobern. Die Notwendigkeit, auf der einen Seite die britischen Interessen zu wahren, sowie auf der anderen Seite die Gefahr, dass Truppen einer britischen Gesellschaft mit Soldaten der französischen Republik zusammenstoßen könnten, führte dazu, dass ein neuer, energiegeladener britischer Kolonialsekretär, Joseph Chamberlain, 1897 eine offizielle „West African Frontier Force“ gründete. Mit Truppen aus dem britischen Imperium marschierte man im Königreich Ashanti ein, erklärte das Land und die angrenzenden Gebiete im Norden zum britischen Schutzgebiet, um den britischen Interessen an der Goldküste ein Hinterland zu verschaffen. Auch das Königreich Benin wurde auf diese Weise erobert.

In der zweiten Hälfte der neunziger Jahre näherten sich französische Expeditionen aus drei Richtungen dem Tschadsee: aus dem französischen Kongo, aus Algerien und vom oberen Niger her, und für kurze Zeit erfasste der Traum von einem riesigen französischen Reich, das den Mittelmeerraum, den Atlantik und den Indischen Ozean miteinander verband, die Vorstellungswelt der französischen Öffentlichkeit. Eine französische Okkupation des Gebiets am Oberen Nil würde den Briten in Ägypten einen empfindlichen Schlag versetzen. Deshalb schlug, zwischen 1896 und 1898, Commandant Marchand mit einer Hand voll schwarzer Soldaten eine schmerzhafte Bresche von Gabun nach Fashoda am Weißen Nil, ungefähr sechshundert Kilometer südlich von Khartum. Großbritannien sah sich 1885 in Ägypten dazu gezwungen, sein früheres Herrschaftsgebiet im nilotischen Sudan den Streitkräften des Mahdi Muhammad Ahmad zu überlassen, da Ägypten zu diesem Zeitpunkt nicht dazu in der Lage war, die Kosten für die Rückeroberung zu tragen. Salisbury verlor jedoch den Sudan nie aus den Augen. 1896 erhielt, nach einer schrecklichen Niederlage, welche den Italienern von den mit französischen Waffen ausgerüsteten Truppen Meneliks von Äthiopien beigebracht worden war, die neue ägyptische Armee, die von Kitchener aufgestellt und ausgebildet worden war, den Befehl zum Vorstoß nach Süden. Im selben Jahr noch fiel die Provinz Dongola, 1897 war es

Berber, und schließlich Khartum selbst im September des Jahres 1898 nach der Schlacht von Omdurman. Eine Woche danach erfuhr Kitchener von Marchands Vordringen nach Fashoda und eilte, sich ihm mit einer weit überlegenen Truppe entgegenzustellen: der „Zwischenfall von Fashoda“ brachte Großbritannien und Frankreich an den Rand eines Kriegs. Diese wohl bekannte geschichtliche Tatsache hat häufig eine andere Tatsache verschleiert: dass Kitcheners Rückeroberung des Sudan bei vorsichtiger Schätzung den Tod von zwanzigtausend Sudanesen auf dem Schlachtfeld kostete. Die Aufteilung Afrikas wurde, je mehr sie sich ihrem logischen Ende näherte, immer mehr zu einem Blutbad.

Das größte Blutvergießen aber wurde in Südafrika von Weißen an Weißen begangen. Hier hatte die Entdeckung der riesigen Goldvorkommen in Witwatersrand im Jahre 1886 dem Transvaal, der bis dahin die ärmste und schwächste europäische Gemeinschaft gewesen war, eine enorme potenzielle Macht verliehen. Und dies erkannten die beiden Titanen des südafrikanischen Schauplatzes sehr wohl: Paul Krüger, zwischen 1883 und 1902 Präsident des Transvaal, und Cecil Rhodes, der seine Bergbauinteressen von Kimberley auf den Witwatersrand ausgedehnt hatte und zwischen 1890 und 1896 auch Premierminister der Kapkolonie war. Krügers Vision von der Schaffung eines vereinigten weißen Südafrika unter burisch-republikanischer Führung stellte Rhodes einen umfassenderen Traum entgegen. Er stellte sich Südafrika als Föderation vor, in der Buren, Briten und vielleicht sogar die Bantu zu größter Harmonie gelangen könnten. Eine solche Föderation sollte innere Selbstverwaltung besitzen, gleichzeitig aber eine starke Bindung an Großbritannien und das britische Empire haben, dessen Erweiterung Rhodes einmal als seine einzige Religion bezeichnete. Krüger stand also für das Ethos der Afrikaander des 17. Jahrhunderts, das verspätet den Versuch unternahm, sich den neuen Umständen und Verhältnissen anzupassen, wohingegen Rhodes die Verkörperung des neuen kapitalistischen Imperialismus des ausgehenden 19. und beginnenden 20. Jahrhunderts war, der in Südafrika überwiegend von den Briten vertreten wurde.

Zu Beginn des Konflikts hatte sich Rhodes, wie wir gesehen haben, darauf konzentriert, an Transvaal vorbei vorzurücken. Er hatte dazu beigetragen, die britische Regierungsform nach Botswana zu tragen und eine königliche Konzession erhalten, die nördlich davon liegende Region zu regieren. 1890 sandte er einen Vortrupp aus Polizeikräften und Siedlern aus, das Land der Shona im Osten und Nordosten von Matabeleland zu besetzen. 1891 wurde das Operationsgebiet seiner Gesellschaft auf den größten Teil jenes Gebietes ausgedehnt, das später zu Nordrhodesien (das heutige Sambia) werden sollte.[1] Rhodes war der Überzeugung, dass diese Maßnahmen einerseits ein erster Schritt für die Ausdehnung der britischen Herrschaft nach Norden sein konnten, um die es ihm ging, andererseits aber auch zur Einkreisung der Republik Transvaal führen und sie zu engerer Zusammenarbeit mit der Kapkolonie zwingen würden. Er hoffte darauf, dass die Bodenschätze in den neuen Territorien im Norden die Kapkolonie dazu in die Lage versetzen würden, mit dem Wohlstand des Transvaal mitzuhalten. Bevor sich jedoch die neue Siedlerkolonie in Südrhodesien richtig etablieren konnte, mussten sich Rhodes' Männer erst einmal auf einen inoffiziellen Krieg mit den Portugiesen aus Mosambik einlassen, danach das Volk der Matabele niederwerfen, das ihrer Gegenwart erbitterten Widerstand entgegensetzte, und schließlich noch einen Aufstand der Matabele und der Shona unterdrücken, der von den Forderungen der Siedler nach Land und Arbeitskräften ausgelöst worden war. Die Kämpfe dauerten insgesamt bis in das Jahr 1897. Und selbst danach erwies sich die erhoffte Goldausbeute aus dem früheren Reich des Monomotapa als enttäuschend gering. Zudem waren die Förderkosten (bis zur Einrichtung der Eisenbahnstrecken vom Kap und von Beira im Jahre 1899) sehr hoch.

Was den Transvaal anging, hatte Rhodes lediglich erreicht, Krüger davon zu überzeugen, dass der bloße Fortbestand seines Landes auf dem Spiel stand, was ihn zu der Entscheidung brachte, sich vom übrigen Südafrika zu trennen, indem er eine eigene Eisenbahnlinie bauen ließ, die den Transvaal mit dem portugiesischen Hafen Delagoa Bay verband. Damit war es ihm möglich, ohne die Eisenbahnverbindungen zu den Häfen am Kap und in Natal (und die daran ge-

1 Zum Austausch für diese Konzessionserweiterung zahlte Rhodes einige Jahre lang 10 000 Pfund Sterling an Subsidien für die Administration von Nyasaland.

bundene Zollunion) auszukommen, an die Rhodes die Hoffnung geknüpft hatte, ihn gleichsam in einem Netz fangen zu können. Im Innern wurde der Zusammenhalt von Krügers Burenrepublik durch die wachsende Zahl und den steigenden Reichtum der Uitlanders bedroht, der Ausländer, die von der Bergwerksindustrie in Transvaal gezogen worden waren. Die alten, informellen Regierungsformen der Buren hatten einer neuen Verwaltungsmaschinerie weichen müssen, die von gebildeten Holländern betrieben wurde, die darauf bestanden, dass die Uitlanders sich zu den Idealen der Afrikaander bekennen mussten, bevor ihnen politische Rechte gewährt werden konnten. Rhodes, der immer ein ungeduldiger Mensch gewesen war, rächte sich 1896 mit dem Jameson Raid, einem Versuch, Krügers Regierung durch ein Regime der Uitlander zu ersetzen, das seinen Vorhaben in Südafrika freundlicher gesinnt war.

Der schmachvolle Fehlschlag des Jameson Raid ruinierte Rhodes in politischer Hinsicht. Er verspielte allen Anspruch auf Unterstützung durch die Afrikaander, sogar in seiner Kapkolonie. Mehr noch, er überzeugte alle Afrikaander in ganz Südafrika davon, dass die Südafrikaner britischer Abstammung die Absicht hatten, mit britischer Unterstützung die beiden Republiken und die Ideale, für die sie standen, zu beseitigen. Was tatsächlich der Fall war, denn inzwischen hatte Chamberlain, der in den Plan des Jameson Raid eingeweiht gewesen war, die führende Rolle in der britischen Südafrikapolitik übernommen, zusammen mit dem von ihm zum britischen Hochkommissar in Südafrika bestimmten Sir Alfred Milner. Während Rhodes, trotz seiner Fehler und Irrtümer, zu gleichen Teilen Südafrikaner wie Brite war, nach eigener Überzeugung sogar mehr Südafrikaner als Brite, nahmen Chamberlain und Milner keinerlei Rücksicht auf die Befindlichkeiten vor Ort. Milner war sogar noch mehr als sein Herr und Meister davon überzeugt, dass man ganz Südafrika erobern und beherrschen musste, bis das holländische Element vollständig anglisiert war. Absichtlich trieb Milner den Fall der Uitlanders in die Krise, sodass es schließlich 1899 zum Krieg kam. Die Hilfe der europäischen Rivalen Großbritanniens, auf die Krüger gesetzt hatte, blieb aus. Nur der Oranje-Freistaat stand seiner Bruderrepublik gegen die ganze Macht Großbritanniens und seines Weltreichs zur

Seite. Unabhängige Burenkommandos setzten den Kampf noch lange nach der formalen Eroberung der beiden Republiken durch die englischen Armeen fort, doch 1902 war die Mehrheit der Buren kriegsmüde und sehnte sich nach Frieden.

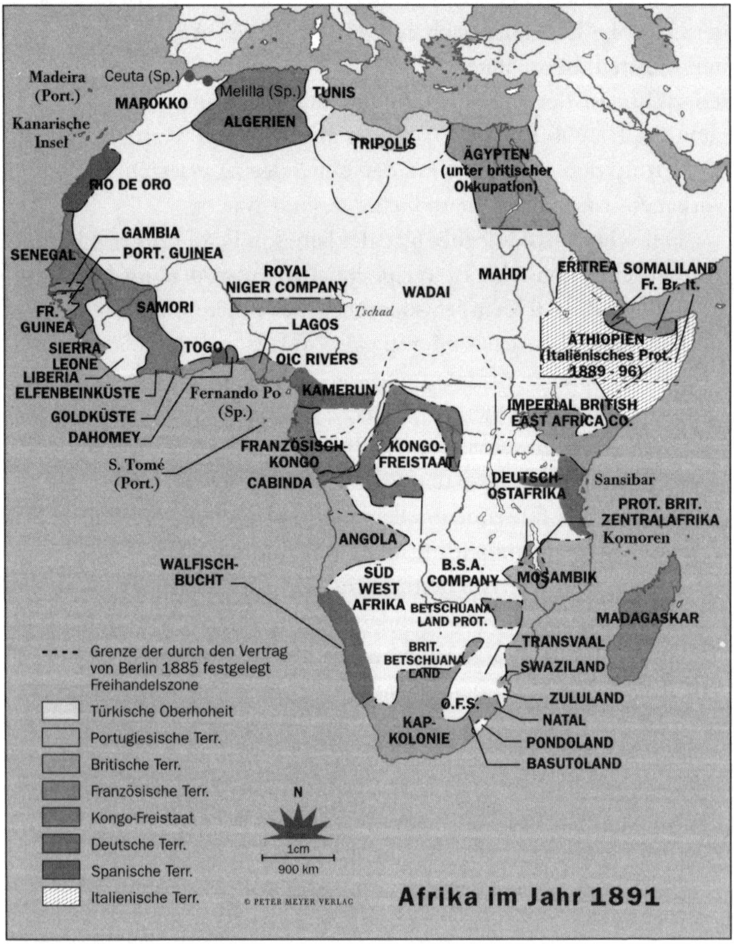

Afrika im Jahr 1891

Mit der britischen Eroberung der Burenrepubliken fand der europäische Wettlauf nach Afrika sein Ende. Zwar war die Aufteilung des Kontinents, die man in den Amtsstuben Europas ausgeheckt hatte, in weiten Teilen nichts weiter als eine Transaktion auf dem Papier, und es sollte noch lange dauern, bis ihre Bedeutung den meisten Afrikanern wirklich klar wurde, doch regte sich hier und da bereits erbitterter Widerstand. Für Ahmadu und Samori im Westsudan, für das Ashanti-Reich und Dahomey und Benin, für die Sklavenhändler arabischen und Swahili-Ursprungs in Ost- und Zentralafrika, für die Anhänger des Mahdi am Oberlauf des Nils und die Matabele in Simbabwe und nicht zuletzt für die Afrikaander im äußersten Süden, konnte die europäische Regierungsform nur die Zerstörung ihrer traditionellen Lebensweisen bedeuten und die Einrichtung einer neuen Ordnung, in der sie für sich selbst keinen Platz sehen konnten. Sie alle hatten nach besten Kräften gefochten und hatten alle verloren.

Von den afrikanischen Völkern, die im Jahre 1902 noch unabhängig waren, waren es lediglich die Marokkaner, denen die gegenseitigen Eifersüchteleien der europäischen Mächte etwas Raum gewährten. 1904 aber legten Großbritannien und Frankreich in der Entente Cordiale ihre Meinungsverschiedenheiten bei. 1911 kaufte Frankreich die deutschen Anteile auf, indem es einen großen Teil seines Territoriums im Kongo an die deutsche Kolonie Kamerun abtrat. Marokko wurde schließlich zwischen Frankreich und Spanien aufgeteilt. Nur den Äthiopiern gelang es, die Flutwelle materieller Gewalt aus Europa aufzuhalten. Sie zwangen die Italiener lange Zeit dazu, sich mit dem trockenen und ausgedörrten Küstenstreifen von Eritrea und Somalia zufrieden zu geben. 1911 suchte Italien Ausgleich in der Eroberung Libyens, das man dem untergehenden türkischen Reich abnahm. Auch Liberia hatte sich eine ständig bedrohte Unabhängigkeit bewahrt, war aber nahezu vollständig von europäischen Geldverleihern abhängig. Ansonsten aber konnte es keinerlei Zweifel daran geben, dass die Afrikaner unter der festen Herrschaft dieser oder jener europäischen Kolonialmacht in das 20. Jahrhundert eintreten würden.

17 Die Kolonialzeit: die erste Phase

Nichts veranschaulicht dieses Element des Unwirklichen im Wettlauf nach Afrika so deutlich wie die fünfunddreißig Jahre nahezu vollständigen Stillstands, die der Hochzeit der Teilung folgten. So lange die internationale Rivalität Bestand hatte, waren die afrikanischen Angelegenheiten die wichtigsten in der Welt. Die Premierminister widmeten ihnen ihre Zeit. Sie standen im Mittelpunkt von Kabinettssitzungen. Sie durchliefen nahezu alle Kanäle der internationalen Diplomatie; und unter einem bestimmten Gesichtspunkt verdienen alle daran Beteiligten das Kompliment, dass die Aufteilung Afrikas erreicht wurde, ohne die Welt in einen Krieg zu stürzen. Die internationalen Spannungen nahmen zu, je weniger es in Afrika aufzuteilen gab, doch sobald die neue Karte Afrikas vervollständigt war, ließ die Hysterie ebenso plötzlich nach, wie sie aufgekommen war. Selbst als der Wettlauf noch in vollem Gange war, erstarb das Interesse an einem Gebiet, sobald eine neue Kolonie oder ein neues Schutzgebiet den eigenen abhängigen Territorien hinzugefügt war. Die Kolonialmächte hatten Afrika als Sicherheitspfand für die Zukunft unter sich aufgeteilt, nicht weil sie etwa aktuelle Pläne für die Ausbeutung des Kontinents verfolgen wollten. Und nach der Teilung bestand ihre größte Sorge darin, darauf zu achten, dass die jährlich anfallenden Ausgaben nicht zu hoch wurden.

Die ideale Kolonie war wirtschaftlich autark. Ob die Kolonie nun viel oder wenig produzierte, ob sich der Fortschritt ihrer Menschen langsam oder schnell vollzog, ob ihre wirtschaftliche Entwicklung von der Bevölkerung selbst unter Anleitung der kolonialen Regierung getragen wurde oder von europäischen Siedlern oder Bergwerksgesellschaften, all das spielte eine geringe Rolle im Vergleich zu der Frage, wie sich das Budget ausgleichen ließ, wie niedrig sich die Zuschüsse halten ließen. Das Europa des frühen 20. Jahrhunderts hatte keinen Bedarf für mehr afrikanische Produkte, und die afrikanischen Märkte stellten für die europäischen Exporte ohnehin nur eine zu vernachlässigende Größe dar. Eines Tages mochte sich das vielleicht ändern. Bis dahin galt: je weniger man von den afrikanischen Kolonien zu hören bekam, desto besser.

Diese Haltung seitens der Kolonialmächte, die bis nach dem Ersten Weltkrieg Bestand hatte, übertrug die Verantwortung den jungen Kolonialverwaltungen. Erstaunlich daran ist, dass eben diese kolonialen Regierungen meist nur aus einer Hand voll Leuten bestanden. So schickte man Johnston mit nicht mehr als seinem eigenen Gehalt und einem Budget von 10 000 Pfund Sterling nach Nyassaland, um dort eine koloniale Verwaltung einzurichten. Colvile begann die Verwaltung des Schutzgebiets Uganda mit einem Zuschuss von 50 000 Pfund Sterling im Jahr. Lugard verfügte in Nordnigeria über wenig mehr als 100 000 Pfund Sterling für ein Gebiet, in dem zehn Millionen Menschen lebten. In den französischen Kolonien sah es nicht ganz so kleinlich aus, doch im Wesentlichen unterschied sich die Situation nicht von der in den britischen Kolonien. Was Afrika anging, musste sich Frankreich sehr schnell von der Doktrin trennen, dass die Kolonien ausschließlich mit dem Mutterland Handel treiben sollten. Man benötigte dringend alle Einnahmen, die dazu geeignet waren, die finanzielle Austrocknung des Mutterlandes zu verringern.

Da aber eine solche Haltung vorherrschte, konnte die koloniale Okkupation nur langsam vor sich gehen. Johnston konnte sich mit seinen 10 000 Pfund gerade mal eine bewaffnete Streitmacht von siebzig indischen Soldaten leisten, die zwei britischen Offizieren unterstanden. Jeder weitere Zuwachs im zivilen wie im militärischen Bereich musste mit Einnahmen vor Ort beglichen werden – wenn es denn überhaupt welche gab. Lugard standen zu Anfang für Nordnigeria lediglich fünf europäische Verwaltungsbeamte und ein Regiment der westafrikanischen „Frontier Force" zur Verfügung, das aus zwei- bis dreitausend afrikanischen Soldaten unter dem Befehl von einhundertzwanzig europäischen Offizieren und Unteroffizieren bestand. Jeder aus dem halben Dutzend mächtiger Hausa-Emire konnte leicht eine zahlenmäßig mehrfach überlegene Truppe gegen ihn ins Feld schicken. In diesem, wie in vielen anderen vergleichbaren Fällen auch, waren die Kolonialtruppen natürlich viel besser bewaffnet und disziplinierter als diejenigen, die es wagten, ihre Autorität herauszufordern. Dennoch mussten Truppen dieser geringen Stärke immer mit großer Vorsicht eingesetzt werden. Eine ernste Niederlage oder selbst ein erfolgreicher Hinterhalt konnten mit Leichtigkeit die gesamten Streitkräfte der jungen Kolonialregierungen auslöschen. Das Stereotyp von den brutalen Imperialisten, die über die von Maschinengewehren hingemähten Leichen wehrloser Afrikaner hinweg zur Macht stürmen, ist ebenso weit von der Wahrheit entfernt als ihr Gegenteil, die Behauptung nämlich, dass die koloniale Besetzung im Wesentlichen ein unblutiger Prozess war.

Natürlich bestand die erste Aufgabe jeder kolonialen Regierung, die eigene Herrschaft über die Untertanen durchzusetzen. Der Grundstein einer solchen Autorität lag in der Macht, Steuern einzuziehen. So lange die Kolonialverwaltung lediglich darauf aus war, auf eigene Kosten in dem jeweiligen Land zu leben und den einheimischen Bewohnern nicht zu sehr in die Quere zu kommen, reichten häufig ein paar schöne Worte. In einigen Kolonien hielt diese Abmachung viele Jahre lang. Schwierig wurde es erst, wenn die Kolonialregierung versuchte, die Kosten der Okkupation zurückzugewinnen. Jede Kolonialregierung bemühte sich, eine Kernregion um die Hauptstadt herum zu entwickeln und ihren Einfluss in dem Maße weiter auszudehnen, wie ihre verfügbaren Mittel wuchsen. Und jede Kolonialregierung machte die Erfahrung, dass die Bewohner in den Randgebieten nicht friedlich darauf warteten, bis sie an die Reihe kamen, von der Verwaltung erfasst zu werden. Sie handelten weiter mit Elfenbein und legten sich Waffen zu. Sie schmiedeten Allianzen gegen die Kolonialregierung oder gegen die Regierungen benachbarter Gebiete. Sie zerschnitten die Telegrafendrähte. Sie griffen Karawanen an. Sie nahmen Flüchtlinge aus den Gebieten auf, die bereits der Verwaltung unterstanden. Man musste bereits lange vor der eigentlich beabsichtigten Zeit Expeditionen gegen sie entsenden, und während die Truppen zu solchen Unternehmungen unterwegs waren, nutzten die Kernregionen die Gelegenheit zur Revolte.

Erst eine wirklich ernste militärische Krise sorgte für Verstärkungen und ließ die Zuwendungen aus dem kolonialen Mutterland so weit ansteigen, dass eine grobe politische Ordnung des gesamten

Territoriums möglich wurde. Das gilt für nahezu jedes Territorium und alle Kolonialmächte. Im Jahr 1900 war zum Beispiel der Zuschuss für Nyassaland von 10 000 Pfund Sterling auf 100 000 Pfund Sterling gestiegen, der Ugandas von 50 000 auf 400 000 Pfund Sterling. In den meisten Kolonialgebieten zeigte sich fünf bis zehn Jahre nach dem Beginn der Kolonialherrschaft eine vergleichbare Entwicklung. Gewöhnlich war dies aber gleichzeitig der Höhepunkt der Zuschüsse aus dem Mutterland, und fortan sanken die Zuschüsse jährlich in dem Maße, wie die Einnahmen vor Ort stiegen, bis sie ungefähr im Jahre 1914 weitgehend eingestellt wurden. Dass der Kongo in den Wirren der Misswirtschaft versank, lag im Wesentlichen daran, dass König Leopold nicht über das nötige Kapital verfügte, das in den konventionelleren Kolonien in Form der Zuschüsse bereitgestellt wurde. Angesichts der misslichen Tatsache, dass die Kosten die Einnahmen bei weitem überstiegen, beschäftigte er eine kaum kontrollierte und barbarische einheimische Söldnertruppe, die willkürlich Tribute in Form von Kautschuk und Elfenbein zum Wohle des Staates und der Konzessionsgesellschaften, an denen sie Anteile besaß, eintrieb. Doch selbst diese Maßnahmen brachten die erforderlichen Gelder nicht bei, und als im Ausland Nachrichten von den schlimmsten Gräueltaten bekannt wurden, zwang die internationale Öffentlichkeit den König 1908 schließlich dazu, sein privates Reich an die belgische Regierung zu übergeben.

Im gesamten subsaharischen Afrika fiel die Einstellung der Zuschüsse mehr oder weniger mit dem Zeitpunkt zusammen, an dem, bis auf die entlegensten Randgebiete, alle Regionen unter koloniale Verwaltung gestellt waren. In gewissem Sinne kann man also die Zuschüsse als die Kosten der unrentablen Militärpolitik in Gebieten, die noch nicht dieser Verwaltung unterstanden, bezeichnen. Oberflächlich betrachtet war die finanzielle Selbständigkeit einfach ein Produkt des Übergangs von der militärischen zur zivilen Herrschaft. Aus diesem Grund sprachen frühere Historiker gern von der „Befriedung", die einer anderen Phase voranging, die sie mit „Schaffung von Recht und Ordnung" bezeichneten. Dieser Fortschritt war eng mit dem Ausbau des Verkehrsnetzes verbunden. Bevor irgendwelche Steuern erhoben werden konnten, musste etwas da sein, das die Leute anbauen und verkaufen konnten. Bevor es aber Nutzpflanzen geben konnte, die wirtschaftlich verwertbar waren, mussten die Verkehrsverbindungen geschaffen werden, damit man die Produkte auf den Markt bringen konnte.

Das beste Beispiel für diese These stellte das Schutzgebiet Oil Rivers in Ostnigeria dar, wo (mit Palmöl als wirtschaftlich nutzbarer Pflanze und den Wasserwegen des Deltas als Verbindungswegen) die koloniale Verwaltung ohne alle Zuschüsse installiert und mit Hilfe von Zolleinnahmen finanziert wurde. Als Beispiel für das Gegenteil mag gelten, dass es in Uganda erst möglich war, Steuern zu erheben, als die Eisenbahnlinie von Mombasa um das Jahr 1900 bis an den Victoriasee vorrückte. Wirtschaftlich messbar in der Zeit davor war einzig und allein der Export von Elfenbein. Mit dem Endpunkt der Eisenbahnlinie in Kisumu und einer Reihe von Dampfschiffen auf dem See wurde es mit einem Mal möglich, Häute und Felle, wilden Kautschuk, Bienenwachs und eine Reihe anderer Naturprodukte zu vermarkten. Gleichzeitig öffnete sich damit ein Weg für die Einfuhr von Baumwolle und Kaffee, den beiden wichtigsten Erzeugnissen, die das Becken des Victoria-Sees heute hervorbringt. Von da an gab es das Problem der Besteuerung im Kerngebiet des Protektorats nicht mehr, doch dauerte es noch ein weiteres Jahrzehnt, bis der Bau von Straßen fortgeschritten war und Lastkraftwagen eingesetzt werden konnten und bis das Eisenbahnnetz und die Dampfschifffahrt so weit ausgebaut waren, dass die Bewohner der Nordhälfte des Landes dem Steuereinzieher mehr anzubieten hatten als die eigene Arbeitskraft. Daher wurde bis etwa 1910 das Gebiet hauptsächlich von Militärpatrouillen kontrolliert. Eine zivile Verwaltung wurde dort nicht vor 1919 verwirklicht.

Eine der schwierigsten Fragen besteht darin, ein Urteil darüber zu fällen, in welchem Maße das Leben der einfachen Menschen von diesem frühen Vordringen der europäischen Kolonialherrschaft verändert wurde. Hier treffen wir auf einen grundlegenden Unterschied zwischen solchen Territorien, in denen die Europäer auf Land und mineralische Rohstoffe aus waren, und Gebieten, in denen sie lediglich herrschen und Handel treiben wollten. Zu den erstgenannten Territorien gehörten nicht nur Südrhodesien, Nordrhodesien, Nyassaland und Kenia, sondern auch die portugiesischen Gebiete in Ost- und Westafrika, die deutschen Gebiete in Ostafrika, Südwestafrika und Kamerun sowie jene Teile im französischen und belgischen Kongo, in denen der Staat und die Handelsgesellschaften große territoriale Ansprüche besaßen. Hier gab es Hunderttausende Afrikaner, die auf die eine oder andere Weise das Land verloren, das sie kultiviert hatten. Viele wurden zwangsweise auf neues minderwertiges Land in „Eingeborenenreservaten" umgesiedelt. Vielen anderen ließ man zwar das Land, das sie zur Zeit der Besetzung bebauten, doch verloren sie das nicht kultivierte Land rings herum, das in gewissem Sinne ihr „Brachland" war. Folglich fanden sie sich, wenn sie im System der Mehrfelderwirtschaft die Brachen zu bearbeiten begannen, als rechtlose Pächter auf fremden Land wieder.

Dennoch wäre es ein großer Fehler anzunehmen, dass alle Afrikaner, die in den Kolonien der Siedler oder Konzessionsgesellschaften lebten, auf diese Weise litten oder dass dieses Leiden auf die Territorien beschränkt blieb, in denen das Land an die Europäer überging. Für Südrhodesien mag wohl zutreffen, dass der größte Teil der Bevölkerung in Folge der europäischen Einwanderung erhebliche Störungen in der Nutzung ihres Landes zu erdulden hatte, doch im ganzen Gebiet nördlich des Sambesi war die Zahl der Menschen, die davon in Mitleidenschaft gezogen wurden, im Verhältnis zur Gesamtbevölkerung eher gering. In Deutsch-Ostafrika galt dies ebenfalls nur für einen kleinen Winkel in der Nordprovinz. In Kenia blieben zahlenmäßig große Völker wie die Luo und die Baluyia von der europäischen Besiedlung nahezu unberührt, und sogar bei den Gikuyu, die später wegen der Landenteignung einen besonderen Groll entwickeln sollten, ist es sehr wahrscheinlich, dass die Zahl der direkt davon betroffenen Menschen weniger als ein Prozent der Gesamtbevölkerung ausmachte. Der Großteil des Landes, das in Kenia enteignet wurde, wurde den Hirtenvölkern weggenommen – den Masai, den Nandi und den Kipsigis. Die weiße Besiedlung blockierte lediglich den natürlichen Zugang der Bauernvölker zu Gebieten, die die Hirtenvölker schon in der Vergangenheit mit der Spitze ihrer Speere verteidigt hatten.

Des Öfteren zeigte sich eine indirekte Auswirkung, nämlich die

Forderung der Siedler in all diesen Territorien und, mehr noch, der Plantagen und Bergwerksgesellschaften nach Lohnarbeit. In der Frühzeit der Kolonialperiode wurden solche Forderungen in aller Regel durch politischen Druck der einen oder anderen Art erfüllt. Dabei muss man sich aber ins Gedächtnis rufen, dass in allen Kolonialgebieten ein Großteil der Forderungen, die die Regierungen an ihre Untertanen stellten, in Arbeitsanforderungen bestand – Arbeitsleistungen zum Bau und Erhalt von Straßen und Eisenbahnlinien, Arbeitsleistungen für die Schaffung von Regierungseinrichtungen und zur Rodung von Waldflächen sowie (vor allem) Arbeitsleistungen im Bereich der Lastenbeförderung. Nominell konnten diese Arbeitsleistungen an Stelle von Steuerzahlungen erbracht werden. In der Praxis aber handelte es sich um Zwangsarbeit, zu der nicht alle gleichermaßen gezwungen wurden, sondern nur diejenigen, die von ihren Häuptlingen in Erwiderung der Forderungen von Seiten der Verwaltungsangestellten dazu eingeteilt wurden. Die Afrikaner verstanden in dieser Zeit den Unterschied zwischen Zwangsarbeit für öffentliche und private Zwecke, der den Europäer klar war, noch nicht. Sie waren sich lediglich der Tatsache bewusst, dass eine der unmittelbaren und unangenehmsten Konsequenzen der europäischen Herrschaft darin bestand, dass diejenigen, die körperlich dazu in der Lage waren, zu anstrengenden Arbeiten herangezogen werden konnten, die man zuvor für Sklaven und Frauen als angemessen betrachtet hatte.

Für die afrikanischen Völker war in dieser Phase der Kolonialgeschichte der wichtigste Faktor wahrscheinlich nicht die Frage der europäischen Besiedlung, auch nicht die relativ konkreten Land- und Arbeitsprobleme und mit Sicherheit nicht die Unterschiede zwischen der Politik der einen Kolonialmacht und der einer anderen, sondern der weit weniger greifbare psychologische Faktor, ob eine afrikanische Gesellschaft das Gefühl hatte, die koloniale Besetzung zum eigenen Vorteil ausgenutzt zu haben oder gedemütigt worden zu sein. Zum großen Teil war dies das Ergebnis von zufälligen Ereignissen bei der Okkupation des jeweiligen Gebiets. Jede Besatzungsmacht schuf sich zwangsläufig Freunde und Feinde. Jede Besatzungsmacht brauchte, bevor sie eine einheimische Armee oder Polizei ausbilden konnte, einheimische Verbündete, und war bereit, diejenigen, die diese Aufgabe übernehmen wollten, mit beträchtlichen Privilegien auszustatten.

Nach den Wertmaßstäben des heutigen Afrika waren diese Menschen Verräter und Quislinge, doch treffen diese Kategorien kaum die wirklichen Zustände der Zeit vor einem Jahrhundert. Damals lag die Entscheidung nicht beim Einzelnen, sondern bei den politischen Führern. Waren diese weitsichtig und gut informiert, und hatten sie vor allem Zugang zu ausländischen Ratgebern wie Missionaren oder Kaufleuten, dann begriffen sie sehr wohl, dass durch Widerstand nichts und mehr durch Verhandlungen zu erreichen war. Waren sie weniger weitsichtig, weniger glücklich oder weniger gut beraten, dann erlebten sie, wie ihre traditionellen Feinde sich auf die Seite der Eindringlinge schlugen, und nahmen deshalb eine Haltung des Widerstands ein, der nur zu leicht in einer militärischen Niederlage, der Absetzung der Häuptlinge, dem Verlust von Land an die einheimischen Verbündeten der Besatzungsmacht und möglicherweise sogar mit der politischen Zerschlagung der Gesellschaft oder des Staates enden konnte. Es ist wichtig zu erkennen, wenn man die frühen Auswirkungen der kolonialen Okkupation auf die afrikanischen Völker zu beurteilen versucht, dass die Rivalitäten und Spannungen zwischen den afrikanischen Gemeinwesen mit der kolonialen Besetzung nicht aufhörten. Sie gingen weiter, und die Kolonialverwaltung nutzte sie einerseits aus und ließ sich andererseits von ihnen ausnutzen. Wie in früherer Zeit beim Sklavenhandel gab es sowohl Gewinner als auch Verlierer, und beide waren innerhalb der Grenzen eines gegebenen Kolonialgebiets zu finden.

Es besteht keinerlei Zweifel daran, dass im Zusammenhang mit Gewinn und Verlust die Anwesenheit oder das Fehlen europäischer Missionare als Vorläufer der Kolonialregime einen der wichtigsten Einflussfaktoren darstellte. Am Beginn der Kolonialzeit waren die Missionare häufig zahlreicher und in vieler Hinsicht einflussreicher als die Vertreter der kolonialen Regierungen. Sie sprachen die Sprache der Völker, bei denen sie arbeiteten, und obwohl sie sehr häufig anderer Nationalität waren als die Kolonialmacht eines bestimmten Gebiets, verstanden sie die neuen Kräfte, die über die afrikanische Welt hereinbrachen. Dadurch waren sie für die Mittlerrolle zwischen beiden Seiten gut geeignet, und als Mittler wurden sie fortan nicht nur zu Ratgebern der afrikanischen Herrscher, sondern mehr noch die Lehrer ihrer Untertanen.

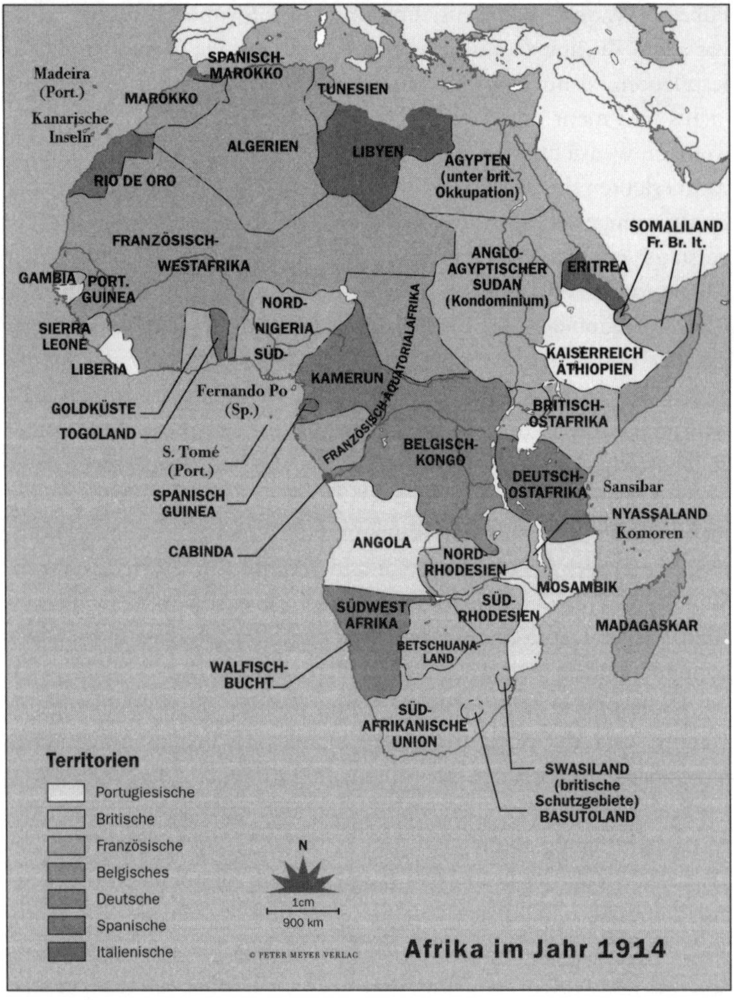

Afrika im Jahr 1914

Keine koloniale Regierung dieser Zeit verfügte über die Ressourcen, ein Bildungswesen einzurichten. Andererseits fanden die Missionare gerade heraus, dass die Schule überall in Afrika das effektivste Mittel zur christlichen Missionierung war. Zu Beginn der kolonialen Okkupation gab es im Umkreis der Missionsstationen aus vorkolonialer Zeit bereits kleine Gruppen gebildeter Konvertiten. Diese früh Bekehrten wurden nunmehr ausgesandt, in den Dörfern des Umlandes Schulen und Kirchen zu begründen. Wie grob und rudimentär die Bildung, die sie bieten konnten, auch immer war, ihre Schüler nahmen nicht nur christliche Glaubensvorstellungen auf, etwas Kenntnis der Heiligen Schrift und der kirchlichen Lehrmeinungen, sondern entwickelten zumindest auch ein Gefühl der Beherrschbarkeit der neuen Lebensbedingungen, die das Kolonialsystem mit sich brachte. Sie begriffen, dass das Wissen und die Fertigkeiten vermittelbar waren. Sie entdeckten, dass die neue Zeit für diejenigen, die lernten, nicht nur Knechtschaft, sondern auch Erneuerung bedeuten konnte.

Das erste Drittel der Kolonialzeit war demzufolge in ganz Afrika von der Sahara bis zum Sambesi eine Zeit, in der die Kolonialmächte keine positive Politik verfolgten und die kolonialen Regierungen zu allererst und im Wesentlichen damit befasst waren, die wirtschaftliche Selbständigkeit ihrer Hoheitsgebiete herbeizuführen. Erste kleine Schritte in dieser Richtung konnten getan werden, indem man Import- und Exportzölle festsetzte, Konzessionen vergab, Land- und Schürfrechte verpachtete oder verkaufte. Im Wesentlichen aber bestand das Problem darin, den Einheimischen Gelegenheit zu verschaffen, ein Einkommen zu erwirtschaften, das man dann besteuern konnte. Dies konnte entweder dadurch erreicht werden, dass man sie anregte, auf eigenen Feldern wirtschaftlich nutzbare Pflanzen anzubauen, oder indem man, alternativ dazu, europäische Siedler oder Gesellschaften ermutigte, Plantagen anzulegen oder den Bergbau zu entwickeln, um afrikanische Lohnarbeiter beschäftigen zu können. In beiden Fällen wirkte die direkte Besteuerung als Ansporn, doch ließ diese sich erst durchsetzen, nachdem die Regierungen die dazu nötigen Infrastrukturen in der Zivilverwaltung, der Rechtsprechung und dem Verkehrswesen geschaffen hatten. Folglich dauerte es gewöhnlich zwanzig bis dreißig Jahre, bis die wirtschaftliche Selbstversorgung erreicht werden konnte, auch wenn sich die Einnahmen und Ausgaben dabei auf unterstem Niveau bewegten. In dieser gesamten Zeit mussten Mindereinnahmen mit Zuschüssen aus dem kolonialen Mutterland ausgeglichen werden, was, wenngleich zähneknirschend, in der Regel auch geschah.

Wo immer eine bestimmte Kolonialregierung den Schwerpunkt auf die wirtschaftliche Entwicklung legte, sei es, dass sie auf Unternehmen setzte, die sich ansiedelten, oder auf die Produktion der einheimischen Bauern, war diese Entscheidung teilweise von den Gegebenheiten vor Ort abhängig, zum größten Teil aber auch von den persönlichen Ansichten der einzelnen Gouverneure. Frankreich verfolgte eine bestimmte Politik in Westafrika, eine ganz andere im äquatorialen Afrika. Britische Kolonialregierungen befürworteten in Kenia und teilweise auch in Nyassaland die europäische Plantagenwirtschaft, setzten ihr in Uganda eher Hindernisse in den Weg und verboten sie in den westafrikanischen Gebieten generell. Die Regierungen in den imperialen Mutterländern befassten sich nicht sonderlich mit diesen Angelegenheiten. Und bestenfalls für einen kleinen Teil der Afrikaner, die in den Gebieten nördlich des Sambesi lebten, machten die verschiedenen politischen Strategien der Zeit wirklich einen Unterschied. Erst später, als die Siedler versuchten, angesichts der wachsenden Bestrebungen der afrikanischen Mehrheitsbevölkerung ihren eigenen politischen Einfluss zu sichern, wurde der Unterschied zwischen den Siedlerterritorien und den anderen Gebieten spürbar und zu einer ernsten Angelegenheit. Für die afrikanische Bevölkerung war in den ersten dreißig Jahren der Kolonialherrschaft überall die entscheidende Frage, wie die einzelnen Volksgruppen mit der kolonialen Regierung zu Rande kamen, ob dies nun früher oder später erfolgte, ob im Einvernehmen oder gezwungenermaßen, ob mit Vorteilen oder Nachteilen – und immer im Vergleich zu den afrikanischen Nachbarn. In diesem Kontext kommunaler und vom Kolonialismus ausgelöster Veränderungen mussten individuelle Entscheidungen getroffen werden: für die Zusammenarbeit oder für den Widerstand.

18 Die Kolonialzeit: die zweite Phase

In den Jahren, die dem Ersten Weltkrieg unmittelbar vorausgingen, nahmen die Kolonien in ganz Afrika – südlich der Sahara und nördlich des Sambesi – nach und nach die klassische Form an, die sie bis zum Übergang zur Unabhängigkeit kennzeichnen sollte. Die Kolonialregierungen, ob nun die britische oder die französische, die deutsche oder die italienische, die belgische oder die portugiesische, waren inzwischen die eigentlichen Herren ihrer Kolonien geworden. Die Zeit des Widerstands durch traditionelle Gemeinwesen war vorüber, die Zeit der Opposition seitens eines emanzipierten Nationalismus noch nicht angebrochen. Militärgarnisonen, die meist fast ausschließlich aus afrikanischen Truppen unter dem Befehl europäischer Offiziere bestanden, waren ohne Schwierigkeiten dazu in der Lage, mit kleineren Zwischenfällen fertig zu werden, während die Verbindungen zur See und der Eisenbahnverkehr so weit entwickelt waren, dass Verstärkungen innerhalb von Wochen, wenn nicht von Tagen, ohne Mühe von einem Gebiet in ein anderes verlegt werden konnten.

Die zivile Verwaltung war auch in die entlegensten Distrikte vorgedrungen. Unter den Gouverneuren, mit ihren kleinen zentralen Sekretariaten, entwickelten sich jetzt die regulären Hierarchien des Provinz- und Distriktbeamtentums. Diese waren inzwischen ausgebildete Fachkräfte, und nicht mehr, wie noch ihre Vorgänger, abkommandierte Armeeoffiziere oder Kaufleute, die im lokalen Handel aktiv waren, oder gar Großwildjäger. Auch in hygienischer und medizinischer Hinsicht hatte man große Fortschritte gemacht, zumindest, was das Leben und Überleben der Europäer in den Tropen anging, und so zeigten sich jetzt mitunter auch die Ehefrauen europäischer Beamter in Afrika. Die zweite Generation der Kolonialherren war nicht nur im Hinblick auf Sicherheit, sondern auch in ihrem äußeren Erscheinungsbild viel stärker in Afrika verwurzelt als die erste.

Bei Ausbruch des Ersten Weltkriegs war die Zahl der Beamten aus Europa in den meisten afrikanischen Kolonien von ursprünglich ein paar Dutzend auf einige Hundert angewachsen. Dennoch waren die Obliegenheiten der kolonialen Regierungen noch immer äußerst begrenzt. Was an Personal, ermöglicht durch das schrittweise Wachstum der Einnahmen, hinzugekommen war, hatte bis zu diesem Zeitpunkt für den Aufbau der allgemeinen Verwaltung Verwendung gefunden. Die einzigen technischen Verwaltungsbereiche, um deren Entwicklung man sich ernsthaft gekümmert hatte, waren öffentliche Vorhaben wie Eisenbahnlinien, Straßen, Wasserwege und Regierungsbauten, wobei zu Letzteren auch die Häuser für die Beamten aus dem Mutterland zählten. Die medizinischen Dienste reichten in der Regel nur für Regierungsangestellte aus. Ein Bildungswesen, als Aufgabe der Regierung, gab es praktisch nicht. Obwohl in der Forschung und im experimentellen Bereich wichtige Fortschritte erzielt worden waren, verfügten die landwirtschaftlichen und veterinärmedizinischen Dienste, von der gelegentlichen Unterstützung seitens Verwaltungsangestellter einmal abgesehen, über keinerlei Hilfsmittel für die Beschaffung und Einführung neuer Pflanzen und Techniken. Der Beamte der Distriktverwaltung war demzufolge der Achsnagel des gesamten Systems, doch waren selbst seinem Einfluss enge Grenzen gesetzt. Seine vorrangigen Pflichten als Repräsentant der Kolonialmacht vor Ort bestanden darin, Recht und Ordnung aufrechtzuerhalten und die Einziehung der Steuern zu überwachen. In der Praxis hieß das, dass er eine gewisse Kontrolle über die Selbstregierung der lokalen Gemeinwesen ausübte. Wie weit diese Kontrolle reichte und auf welchem Niveau sie sich bewegte, das war nicht nur von Kolonie zu Kolonie verschieden, sondern bereits in unterschiedlichen Regionen ein und derselben Kolonie. Die Kolonialregierungen Frankreichs und Belgiens hatten nahezu alle traditionellen afrikanischen Könige und großen Häuptlinge abgesetzt. Sie hatten die größeren politischen Einheiten der Einheimischen zerschlagen und herrschten mit Hilfe von ihnen eingesetzter Häuptlinge über die Fraktionen. Deutschland und Großbritannien tendierten dazu, die Integrität größerer Einheiten, wo diese existierten, etwas mehr zu respektieren. Sie regierten die entsprechenden Gebiete indirekt über die traditionellen Herrscher und die vorhandenen Führungshierarchien. Zugleich aber gab es viele Gebiete mit lediglich kleinen politischen Einheiten, wo die Macht in den Händen unbestimmter Gruppen von Ältesten lag. In diesen Gebieten glich sich die Praxis der Deutschen wie der Briten der der französischen oder belgischen Verwaltung an.

So gab es zwar graduelle Unterschiede bei der Einmischung, doch wurden die gewöhnlichen Dinge des Lebens für die meisten Afrikaner weiterhin von Afrikanern geregelt. Die Mehrzahl der kriminellen und zivilen Vergehen wurde vor einheimischen Gerichten nach dem Gewohnheitsrecht verhandelt. In ein paar wenigen, schwerwiegenderen Fällen traten Europäer als Richter in Erscheinung, doch bestand der Großteil ihrer juristischen Arbeit in der Revision und Modifizierung der Urteile und des Vorgehens der einheimischen Gerichte. Fragen von Landbesitz und Erbe, von Heirat, Geburt, Krankheit und Tod wurden nach wie vor weitgehend auf die gleiche Weise behandelt wie in den Tagen vor der Kolonialzeit (vom christlichen Einfluss, der von den Missionen ausging, einmal abgesehen). Für die Bewohner ländlicher Gebiete – und bei den meisten Gebieten handelte es sich um ländliche – stellten das Verbot kriegerischer Auseinandersetzungen und die Einführung von Steuern die beiden wesentlichsten Neuerungen der ersten Kolonialphase dar. Die Steuer war in aller Regel gering, und es gab viele, von denen sie nie eingezogen wurde. Für eine noch weitaus größere Zahl von Menschen wurde daraus die Verpflichtung, auf Wunsch des jeweiligen traditionellen Oberhaupts einige Tage oder Wochen Dienste als Träger oder beim Straßenbau zu leisten. In den meisten Kolonien geschah nicht mehr, als dass die fremden Regierungen eine leichte Form politischer und verwaltungsmäßiger Kontrolle ausübten, weil sie nach zwanzig Jahren defizitärer Entwicklung jetzt dazu in der Lage waren, die laufenden Ausgaben von den Regierten einzuziehen. Es bestand keine Notwendigkeit, daran etwas zu ändern. Auf Seiten aller Kolonialmächte herrschte die Vorstellung, dass das Kolonialsystem die nächsten hundert Jahre weiterhin so funktionieren würde. Es war Aufgabe der Regierungen, den Frieden sowie Recht und Ordnung aufrechtzuerhalten. Bildung, moralische Erziehung und Gesundheitswesen blieben den Missionen überlassen, die wirtschaftliche Entwicklung der Initiative einzelner Produzenten und Kaufleute.

Selbst in der Zeit zwischen dem Ersten und Zweiten Weltkrieg ließen es die Kolonialregierungen noch recht gemächlich angehen. Dennoch machte sich ein bezeichnender Unterschied in ihren Auffassungen von den Funktionen einer kolonialen Regierung bemerkbar. Dies war teilweise eine Folge des Ersten Weltkriegs. Nachdem sie vier Jahre lang in einen vernichtenden Krieg verwickelt gewesen waren, gaben sich die Kolonialmächte nicht mehr so arrogant selbstbewusst, was die angeborene Überlegenheit der westlichen Welt und vor allem die uneingeschränkte Oberhoheit ihrer nationalen Gebilde betraf. In den Mutterländern begann sich das Gefühl breit zu machen, dass der Kolonialismus ein Ziel haben und mit einer ihn rechtfertigenden Philosophie unterlegt werden müsste. Der Bedarf daran wurde durch die Entscheidung der Siegermächte, das deutsche Kolonialreich aufzuteilen, umso dringender. In Afrika wurden die früheren deutschen Kolonien Togo und Kamerun in britische und französische Einflusssphären aufgeteilt, Südwestafrika wurde der Südafrikanischen Union, Deutsch-Ostafrika teils Großbritannien und teils Belgien zugeschlagen. Doch obwohl sie die Einzelheiten unter sich ausmachten, annektierten die Alliierten diese Gebiete nicht einfach im Friedensvertrag. Sie ließen sich vom neu geschaffenen Völkerbund die Pflicht auferlegen, sie als „heiliges Pfand der Zivilisation" zu regieren, bis sie zu einem späteren Zeitpunkt in der Lage wären, „unter den schwierigen Bedingungen der modernen Welt auf eigenen Füßen zu stehen". Diese Abmachung enthielt ohne Zweifel einen Großteil Heuchelei, doch befanden sich unter denen, die sie trafen, ein paar Männer von großer Integrität und starkem Einfluss, denen ehrlich daran gelegen war, eine neue und schöpferische Form des Kolonialismus zu entwickeln, die der dritten und vierten Generation kolonialer Herrschaft gerecht werden sollte.

Es gab eine Idee, die am Mandatssystem des Völkerbundes neu und wichtig war. Sie wurde in den Jahren unmittelbar nach dem Krieg sowohl von Lord Lugard, Großbritanniens größtem Verwaltungsbeamten auf dem afrikanischen Kontinent, in seinem Buch *Dual Mandate in British Tropical Africa*, als auch von dem französischen Kolonialminister Albert Sarraut in *Mise en valeur des colonies françaises* ausgearbeitet und bestand darin, dass die Kolonialmächte dazu verpflichtet wurden, die kolonisierten Völker nicht nur zu regieren, sondern sie sowohl wirtschaftlich als auch politisch entscheidend vorwärts zu bringen. Beide, Lugard und Sarraut, hatten dabei eine lange Zukunft des Kolonialismus vor Augen, doch waren ihre Vorstellungen alles andere als statisch. Zudem kamen beide Autoren zu der Schlussfolgerung, dass das, was für die Kolonien am besten war, auch im materiellen Interesse der Kolonialmächte lag. Die Zeiten, da Afrikas Produktionskapazitäten und potenzielle Märkte „in Reserve" gehalten wurden, war damit vorüber. Sowohl vom europäischen Standpunkt als auch von afrikanischer Seite aus war eine Ära wirtschaftlicher Entwicklung angebrochen.

> Der Pflicht zur Eroberung entledigt, kann Frankreich seine Bemühungen in den Kolonien nunmehr darauf richten, das Ererbte in vollem Umfang zu entwickeln. Das höchste Interesse Frankreichs in seinem Kampf um Wiederherstellung nach einem Krieg, in dem sein Heroismus das Schicksal seiner Kolonien gesichert hat, deckt sich heute mit dem Interesse jedes kolonialen Besitzes: die sicheren Leitlinien, wesentlichen Prinzipien und einheitlichen Ansichten festzulegen, die das Entwicklungsvorhaben lenken und kontrollieren müssen.

Die wesentliche Folgerung aus Sarrauts Doktrin, wie sie auf sehr fähige Weise von den beiden Ormsby-Gore Reports auch für die britischen Afrika-Territorien – 1924 für Ostafrika, 1926 für Westafrika – getroffen wurde, war der Gedanke, dass die wirtschaftliche Entwicklung im gesamten tropischen Afrika auf die Einheimischen ausgerichtet sein sollte, und dass sie mit der Entwicklung des Gesundheitswesens, des Bildungswesens und der Landwirtschaft ihren Anfang zu nehmen hatte. Das sollte jedem Afrikaner die Möglichkeit eröffnen, eine gesunde Familie zu gründen und zu unterhalten und seinen Blick auf die Notwendigkeit der Verbesserung des Lebensstandards zu richten. Darüber hinaus sollten in den ländlichen Gegenden Hilfsleistungen und Ausbildungsmöglichkeiten gewährleistet werden, um die bäuerlichen Eigner in die Lage zu versetzen, einerseits für den Weltmarkt zu produzieren und andererseits importierte Waren zu kaufen. Der Ormsby-Gore-Plan war keineswegs Ausdruck eines blauäugigen Idealismus, sondern vielmehr von aufgeklärtem

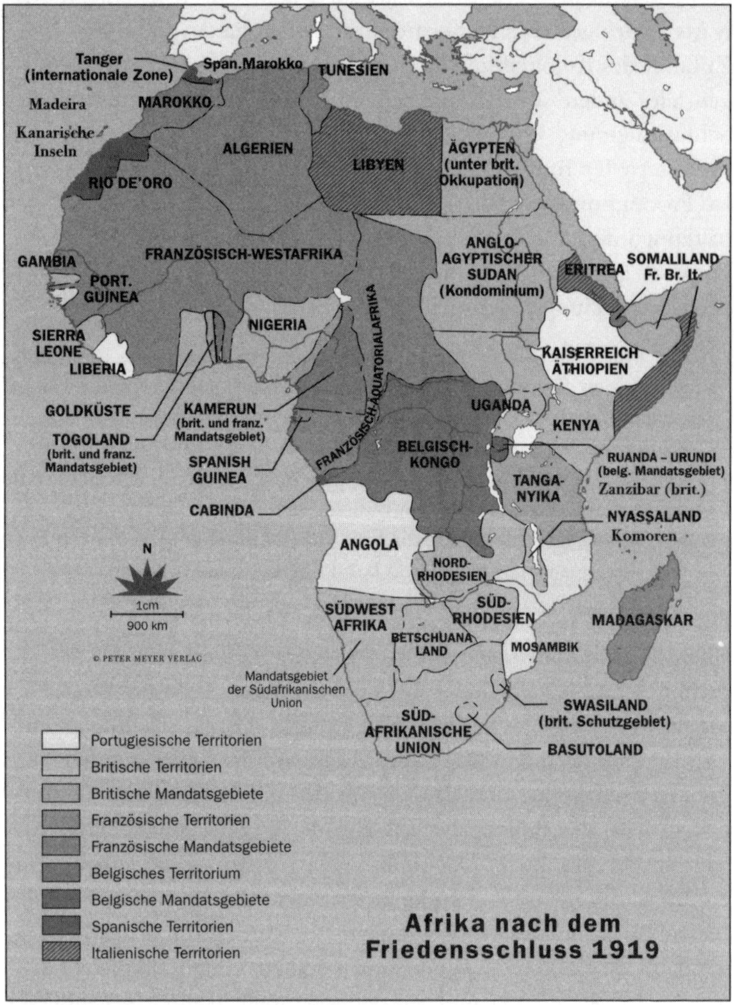

Afrika nach dem Friedensvertrag von 1919

Eigeninteresse getragen. Er redete nicht einer groß angelegten Hilfe für die Kolonien aus dem Mutterland das Wort. Dennoch: zu einer Zeit, da die kolonialen Einnahmen gerade anfingen, die Kosten für die Aufrechterhaltung von Recht und Ordnung zu übersteigen, empfahl dieser Plan, die Regierungsfunktionen in einer Weise zu erweitern, die die meisten Kolonialregierungen von sich aus kaum ins Auge gefasst hätten.

Das Bildungswesen, ein Feld, auf dem die kolonialen Regierungen, wenn sie sich selbst überlassen blieben, besonders tatenlos waren, wurde in den britischen Kolonien zum herausragenden Beispiel. 1925 richtete die britische Regierung im Kolonialministerium eine Beraterstelle und ein mit weitreichenden Vollmachten ausgestattetes Beratergremium ein. Dann wurden die Gouverneure der afrikanischen Kolonien zu einer Konferenz zusammengerufen, und man einigte sich auf eine praktikable und umfassende Bildungspolitik, wonach die kolonialen Regierungen ihre begrenzten Mittel für die finanzielle Unterstützung, die Kontrolle und Verbesserung all jener Schulen zur Verfügung stellen würden, die bereits von den christlichen Missionen unterhalten wurden, anstatt ein konkurrierendes und weitaus kostspieligeres staatliches Schulsystem aufzubauen. In den nachfolgenden zehn bis fünfzehn Jahren erlebten so die meisten Gebiete im britischen Afrika südlich der Sahara die Entwicklung eines Bildungssystems, das dazu in der Lage war, ungefähr ein Viertel der jungen Bürger in den Kolonien für zwei bis vier Jahre auf die Schule zu schicken und ein paar wenige für eine acht- oder gar zwölfjährige Schulbildung auszuwählen. Die Politik Belgiens im Kongo sah ähnlich aus, legte aber den Schwerpunkt auf die Grundschulbildung. Im Gegensatz dazu machten sich die Franzosen die bereits bestehenden Missionsschulen nicht zunutze, sondern errichteten staatliche Schulen, in denen eine Minderheit von Afrikanern nach den Lehrplänen des Mutterlands Frankreich unterrichtet wurde. Schülerzahlen spielten in dieser Phase eine untergeordnete Rolle. Von überragender Bedeutung war die Tatsache, dass überall im subsaharischen Afrika der Beweis angetreten wurde, dass die Afrikaner wie alle anderen Menschen bildungsfähig, effizient und verantwortungsbewusst waren und überdies in der Lage, die anspruchsvollsten Aufgaben zu lösen, die in einem modernen Staat zu lösen waren. Von diesem Augenblick an stand die Zukunft des Afrikaners im größten Teil seines Kontinents nie mehr ernsthaft in Zweifel.

Auf theoretischem Gebiet trat in diesen Zwischenkriegsjahren ein grundlegender Unterschied zwischen der britischen Kolonialpolitik und derjenigen aller anderen Kolonialmächte Europas ans Licht. Frankreich, Belgien, Portugal und Italien hielten theoretisch die Doktrin der Assimilation aufrecht. Trotz des Aufstiegs und nachfolgenden Zusammenbruchs der früheren französischen Kolonialreiche in Kanada und Indien bezeichnete man das französische Afrika als *France Outre-mer*. Der Theorie nach sollten die Senegalesen lernen, sich als Franzosen, die Kongolesen sich als Belgier, die Angolaner sich als Portugiesen und die Somali sich als Italiener zu fühlen. Wenn ihre wirtschaftlichen und bildungsmäßigen Verhältnisse es rechtfertigten, konnten die Afrikaner in den französischen und portugiesischen Gebieten theoretisch den Antrag stellen, vom Status des Untertanen in den des Staatsbürgers überzuwechseln, der nun dem Recht des Mutterlandes und nicht mehr dem Gewohnheitsrecht unterstand und Anspruch darauf hatte, in der Regierung des Mutterlandes repräsentiert zu werden, was als Recht weit höher eingestuft wurde als die Vertretung durch die lokalen Räte in den Kolonien. Dass die afrikanischen Kolonien zu irgendeinem Zeitpunkt von den kolonialen Metropolen unabhängig werden sollten, dafür gab es zwischen den Kriegen in keinem dieser europäischen Länder ernst gemeinte Vorschläge. Die Bewohner der Kolonien sollten lediglich zu Staatsbürgern eines größeren Frankreich, eines größeren Belgien, eines größeren Portugal oder eines Italien heranwachsen, das eher an das Römische Reich erinnerte. Im Gegensatz dazu dachte man in Großbritannien zwischen den Weltkriegen nicht an ein Weltreich. Selbst das Commonwealth war eine Idee, die erst 1930 in den Statuten von Westminster zum ersten Mal formuliert wurde, und gewiss fasste niemand ernsthaft ins Auge, dass Indien oder gar die afrikanischen Kolonien eines Tages dazugehören sollten. Man stellte sich einfach nicht vor, dass aus Afrikanern Briten würden. Im Gegenteil: man sprach davon, ihnen zu gestatten, sich „nach eigenen Vorstellungen zu entwickeln", auch wenn diese Vorstellungen, da man keine klare Idee hatte, wie sie denn aussehen sollten, in aller Regel britisch waren.

War die zentralistische und assimilationistische Politik der übrigen europäischen Mächte genauso unrealistisch wie die empirische und dezentral ausgerichtete Praxis der Briten, so blieb den anderen Europäern wenigstens der Verfassungsstreit über die politischen Rechte der weißen Siedler in Afrika erspart, der zwischen 1920 und dem Übergang zur Unabhängigkeit einen Großteil der britischen Beziehungen zu den afrikanischen Kolonien bestimmte. Die Doktrin, nach der eine Kolonie politisch in das Mutterland integriert war oder es zumindest sein sollte, erwies sich als irreführend, doch beschwichtigte sie, solange nach dieser Richtlinie verfahren wurde, die schlimmsten Ängste der europäischen Siedler in den Kolonien. Der britische Empirismus bestärkte aber die britischen Siedler in Ost- und Zentralafrika in dem Glauben, dass ihre politische Zukunft von ihren eigenen Bemühungen abhing und dass sie, wenn es ihnen gelang, schrittweise die Kontrolle der kolonialen Regierung vom europäischen Personal des Kolonialministeriums zu übernehmen, das eigene Schicksal und das ihrer afrikanischen Mitbürger auf unbestimmte Zeit selbst bestimmen könnten. Das war natürlich ebenfalls eine völlige Illusion. Überall nördlich des Sambesi war die Zahl der britischen Kolonisten so niedrig, dass ihre Lage, ob sie das nun wahrhaben wollten oder nicht, völlig davon abhing, dass im Hintergrund stets die britische Imperialmacht gegenwärtig war. Wäre es ihnen gelungen, diese Macht auszuschalten, wären sie überhaupt nicht in der Lage gewesen, die riesige Mehrheit der Afrikaner, in deren Mitte sie lebten, zu kontrollieren. Dennoch gab ihnen die britische Afrikapolitik, die hierin dem Beispiel der älteren Kolonien und nicht demjenigen Britisch-Indiens folgte, Stimme und Vertretung in den legislativen Organen der Kolonialregierungen. Sie ermutigte sie, sich auf ihren hoffnungslosen Kampf um die Macht einzulassen, wahrscheinlich aber ohne klare Vorstellung davon, wohin dieser Kampf führen würde.

Abgesehen von der Südafrikanischen Union kam es nur noch in Südrhodesien zur Machtübergabe an eine lokale europäische Minderheit, eine Folge der besonderen Umstände der Besetzung Südrhodesiens, bei der von Anfang an private Siedler als starker Arm der

Konzessionsgesellschaft fungiert hatten. Als 1923 die Konzession ablief, wäre es schwierig gewesen, eine koloniale Regierung an ihre Stelle zu setzen. Man bot den weißen Rhodesiern an, sich entweder mit der Südafrikanischen Union zu vereinigen oder sich für eine innere Autonomie auf der Basis eines einkommensabhängigen Wahlrechts zu entscheiden, das die schwarzen Afrikaner bis auf eine verschwindend kleine Minderheit von der Wahl ausschließen würde. Sie wählten die Autonomie, und da sie in den nächsten dreißig Jahren ihre gesamte Politik darauf ausrichteten, weitere weiße Ansiedlungen zu fördern, gelang es ihnen, ihre Macht und wirtschaftliche Vorherrschaft so weit auszubauen, dass es mehr als nur eine nationalistische Bewegung brauchte, um sie wieder zu vertreiben.

Im Vergleich dazu stellte die Siedlerpolitik im übrigen Zentral- und Ostafrika nicht mehr als eine temporäre Fassade dar. Das erste Zentrum befand sich in Kenia, wo in der Zeit vor 1914 eine Hand voll reicher und mit guten Verbindungen ausgestatteter Siedler unter der Führung von Lord Delamere beträchtlichen Einfluss auf die territoriale Regierung gewonnen hatte. Die britischen Siedler sollten bis in die ausgehenden fünfziger Jahre eine hervorragende Rolle in der kenianischen Politik spielen, doch was ihren Einfluss anging, lag der eigentliche Wendepunkt bereits in den zwanziger Jahren. Ein Versuch, in den Jahren 1919 bis 1922 die weiße Besiedlung wesentlich voranzutreiben, schoss über das Ziel hinaus und wurde erfolgreich von jenen attackiert, die die Meinung vertraten, dass die Besiedlung die Entwicklung der afrikanischen Bevölkerung behinderte. 1923 erklärte die britische Regierung, dass in Kenia, wie in Uganda und Tanganjika, die afrikanischen Interessen im Mittelpunkt zu stehen hätten, und dass trotz der Respektierung europäischer Interessen eine Regierungsverantwortung nach südrhodesischem Muster nicht zu erwarten sei. Von diesem Zeitpunkt an ging der Einfluss der Siedler langsam aber stetig zurück.

Der wirklich zukunftsweisende Faktor war in Ostafrika, aber auch in Nigeria, an der Goldküste und in den reicheren französischen Gebieten wie dem Senegal und der Elfenbeinküste jene kleine wachsende Zahl von Afrikanern, die eine weiterführende Schule besuchten und sich damit einem Bildungsniveau annäherten, das dem der

Immigranten und europäischen Beamten entsprach. Nördlich des Sambesi konnten lediglich in Nordrhodesien europäische Einwanderer – in der Zeit des aufblühenden Kupferbergbaus in den zwanziger und dreißiger Jahren – einen beträchtlichen politischen Machtzuwachs für sich verbuchen. Die belgische Regierung hatte ihren Standesgenossen in der älteren Kupferindustrie Katangas bereits unmissverständlich zu verstehen gegeben, dass sie zwar mit Privilegien rechnen könnten, aber keine politischen Rechte zu erwarten hätten.

An der Oberfläche sah es in dieser Zeit zwischen den Kriegen, von 1919 bis 1939, so aus, als wären alle wichtigen Initiativen in Afrika von den Europäern ausgegangen. Es gab zudem damals kaum einen Afrikaner, der sich in einer Position wirklicher Verantwortung für sein Land befunden hätte. 1936 ging selbst das uralte Königreich Äthiopien vor Mussolinis italienischen Invasionsarmeen in die Knie. Die kolonialen Regierungen befanden sich überall auf dem Höhepunkt ihrer Macht. Afrikanische Könige waren, wenn sie die Zeit überhaupt überstanden hatten, entweder auf ein Marionettendasein reduziert oder untergeordnete Verwaltungsangestellte geworden. Selbst die erfolgreichen Kämpfe, die in Verteidigung der afrikanischen Interessen gegen die Interessen der Einwanderergesellschaften ausgefochten wurden, wurden nicht von Afrikanern, sondern von europäischen Missionaren und Kolonialbeamten bzw. den liberalen Kräften in den Mutterländern geführt. Diese Menschen verließen sich in ihrem Urteil auf den Glauben, dass die Bewohner des „dunkelsten Afrikas" die gleichen potenziellen Fähigkeiten besäßen wie alle anderen Menschen auch, weshalb es auf lange Sicht erforderlich sei, nicht noch mehr Herren in das Land zu bringen, sondern mehr Einheimische auszubilden. In dieser Zeit trat eine neue Generation von Afrikanern in die Schulen ein. Wie sich zeigen sollte, waren unter den Absolventen nicht nur die üblichen Mitläufer, sondern auch einige, die zur Führung in einem neuen Afrika bestimmt waren. Manche Weiße in Afrika begannen verächtlich von „Afrikanern in Hosen" und einer „Hand voll durchs Examen gegangener Studenten" zu sprechen, doch war das Erscheinen der jungen Intellektuellen in dieser zweiten Phase der Kolonialzeit das wichtigste Ereignis in der afrikanischen Geschichte.

19 Die Kolonialzeit: Die dritte Phase – wirtschaftliche Entwicklung und soziale Verhältnisse

Bis in die zwanziger Jahre des 20. Jahrhunderts sah die Theorie der Kolonialmächte – und bis in die vierziger Jahre trifft dies auch für die Praxis zu – eine finanzielle Unterstützung von außen zur Anregung der wirtschaftlichen Entwicklung der kolonialen Gebiete nicht vor. Im Wesentlichen war dies eine Projektion jener beschränkten Auffassung von wirtschaftlicher Verantwortlichkeit, die damals bei den meisten europäischen Regierungen auch zu Hause vorherrschte, auf das Feld der Kolonien. In Afrika waren die Kolonialmächte dazu bereit gewesen, die rudimentären staatlichen Einnahmen in ihren Kolonien bis zu dem Zeitpunkt zu subventionieren, da diese ausreichten, das Minimum des für die koloniale Verwaltung Erforderlichen abzudecken. Was Kapitalausgaben anging, hatten die Regierungen der Mutterländer hie und da Kredite für die Errichtung strategisch wichtiger Eisenbahnlinien gewährt – hierfür war die Uganda Railway ein frühes Beispiel, und auch die Eisenbahnlinien in Deutsch-Ost- und Deutsch-Südwestafrika wurden in den Jahren unmittelbar vor 1914 stark ausgebaut –, doch erst nachdem das Versagen anderer Finanzierungsmodelle unübersehbar geworden war. Von diesen Ausnahmen abgesehen, erwartete man von den kolonialen Regierungen, dass sie mit den eigenen mageren Einnahmen auskamen und ihre aufgenommenen Schulden mit den Sicherheiten abstimmten, die diese Einnahmen boten.

Angesichts dieser Beschränkungen ist beachtlich, was alles erreicht wurde. So hatte das afrikanische Eisenbahnnetz seine heutige Gestalt bereits in den 1920ern weitgehend erreicht. Das daraus resultierende wirtschaftliche Wachstum war, obwohl mitunter durchaus beeindruckend, allerdings nicht so groß, wie es hätte sein sollen. Hier ist an erster Stelle das Transportsystem zu nennen, das, nur auf die

Verwaltungsbedürfnisse abgestellt, nicht immer effizient war, wenn es um den Handelsverkehr ging. So konnten Regierungsbarkassen den Niger und Senegal zwischen Eisenbahnendpunkten befahren, während dies für Boote mit nützlicher Fracht unmöglich war. Das Gleis- und Wassertransportsystem des Kongo machte derartig viele Be- und Entladungen vom Zug aufs Dampfschiff und vom Dampfschiff auf den Zug notwendig, dass die Unwirtschaftlichkeit offensichtlich war. Darüber hinaus blieb der Bau von Seehäfen, in denen ein ausreichendes Handelsaufkommen, wie es der Schienenverkehr erforderte, bewältigt werden konnte, weit hinter dem Ausbau der Eisenbahnlinien zurück. Selbst in der vergleichsweise wohlhabenden Kolonie Goldküste wurde zum Beispiel der Tiefseehafen, der erforderlich gewesen wäre, die Ashanti Railway zu bedienen, erst 1928 eröffnet, wohingegen die Eisenbahnlinie bereits 1903 gebaut worden war.

Die Eisenbahnen waren darüber hinaus kein Instrument, mit dem sich wirtschaftliches Wachstum automatisch ankurbeln ließ. Es lag auf der Hand, dass sich ein solches Wachstum am leichtesten und natürlichsten in Gegenden einstellte, die bereits in die kommerzielle Warenproduktion einbezogen waren. Der Bau von Eisenbahnlinien ging in Westafrika schneller und mit größerem Erfolg als in Ostafrika vonstatten. Und in den Küstenregionen Westafrikas waren die Erfolge stärker spürbar als in den entlegenen Gebieten des Westsudan. Die Völker der südlichen Goldküste und Nigerias erkannten die Vorteile des neuen Transportsystems für den Export von Kakao, Edelholz und die Produkte der Ölpalme. Senegal und Nigeria folgten mit der Ausfuhr von Erdnüssen gleich danach, und die Wirtschaft an der Elfenbeinküste und in Französisch-Guinea zeigte ebenfalls schon früh erste Lebenszeichen. In Ostafrika bestand das größte Entwicklungshindernis darin, dass die Eisenbahnlinien über Hunderte von Kilometern durch trockenes und spärlich bewohntes Land geführt werden mussten, um an die landwirtschaftlichen Produkte des mit Wasser gut versorgten und dicht besiedelten Beckens um den Victoriasee heranzukommen. Eine Teillösung für das wirtschaftliche Problem der Uganda Railway fand sich, indem man weiße Siedler in den Bergen Kenias ansiedelte. In Deutsch-Ostafrika, das zwischen 1919 bis 1963

Tanganjika hieß, war nicht einmal diese Lösung möglich, weil der zentrale Teil des Landes völlig ausgetrocknet war, sodass der Bau von Eisenbahnlinien in die Region südlich vom Victoriasee konsequenterweise um zwanzig Jahre verschoben wurde. Südwestafrika kann vielleicht als das beste Beispiel für ein extensives Eisenbahnnetz dienen, das aus größtenteils strategischen Gründen über riesige Strecken unfruchtbaren, äußerst dünn besiedelten Landes verlegt wurde und sich in kommerzieller Hinsicht niemals rentieren konnte.

In der Zeit des Wettlaufs nach Afrika hatte man große Hoffnungen in den wirtschaftlichen Anreiz durch europäische Siedler gesetzt. Obwohl zwischen 1880 und 1930 nahezu fünfzig Millionen Menschen aus Europa in andere Kontinente emigrierten, fanden nur wenige von ihnen ihren Weg nach Afrika, und von diesen ließen sich wiederum die meisten entweder in Algerien oder in Südafrika nieder. Nördlich des Limpopo und südlich der Sahara belief sich die europäischstämmige Bevölkerung in den frühen dreißiger Jahren des 20. Jahrhunderts auf bloße sechzigtausend. Bei den meisten europäischen Emigranten handelte es sich um freigesetzte Arbeitskräfte, die über wenig Ausbildung und keinerlei Kapital verfügten. Diesen Menschen eröffneten sich in Afrika nur geringe Möglichkeiten. Afrika benötigte Kapital und technische Fertigkeiten, verfügte es doch selbst über eine ausreichende Zahl ungelernter einheimischer Arbeitskräfte. Gewöhnlich wurden viele Fehler begangen, und es vergingen viele magere Jahre, bevor der kapitalträchtige europäische Farmer, der mit afrikanischen Arbeitskräften wirtschaftete, lernte, welche Pflanzen angebaut und welche Tiere gezüchtet werden konnten. Und eben diese Überlegungen sprachen gleichzeitig gegen kollektive europäische Investitionen in die Plantagenwirtschaft. Mit ein paar Ausnahmen – Tabak in Südrhodesien, Tee in Nyassaland und Sisal in Tanganjika – konnten die erfolgreichsten in Plantagen gezogenen Feldfrüchte nahezu ebenso gut und meist wirtschaftlicher von afrikanischen Bauern angebaut werden, die auf eigene Rechnung auf eigenem Land arbeiteten. Wenn Europäer in Afrika Geld investieren wollten – und bis in die zwanziger Jahre hinein war eine Investition auf anderen Kontinenten für gewöhnlich weniger risikoreich und versprach zudem höhere Profite –, dann war es profitabler, Handelskompanien zu unterstützen, die überwiegend von afrikanischen Agrarproduzenten kauften und an sie verkauften, als solche, die sich selbst der landwirtschaftlichen Produktion zugewandt hatten.

Die große Ausnahme von dieser Regel, sowohl als Voraussetzung für eine europäische Besiedlung als auch als Anreiz für europäisches Privatkapital, stellte der Bergbau dar. Es waren die Entdeckungen von Gold- und Diamantenvorkommen in den siebziger und achtziger Jahren des 19. Jahrhunderts, die in Südafrika die Entstehung einer ansehnlichen städtischen und industriellen Gemeinschaft bewirkten. Es war die Aussicht auf Gold und andere Bodenschätze, die es dieser Gemeinschaft ermöglichte, sich in den neunziger Jahren nach Südrhodesien hinein und in den ersten drei Jahrzehnten des 20. Jahrhunderts bis zum Kupfergürtel an der Sambesi-Kongo-Wasserscheide auszubreiten. Welche Bedeutung reiche Bodenschätze und eine nachfolgende Industrialisierung haben, wurde von Professor S. H. Frankel 1938 anschaulich dargestellt, als er die Kapitalmengen veröffentlichte, die bis dahin in Afrika südlich der Sahara investiert worden waren. Von einer geschätzten Gesamtsumme von 1,222 Milliarden Pfund Sterling – einer Summe, die sich nahezu zu gleichen Teilen privaten Investitionen und öffentlichen Zuwendungen verdankte – waren nicht weniger als 555 Millionen in Südafrika investiert worden. Weitere 102 Millionen fielen auf Rhodesien und 143 Millionen auf den Kongo. Mit anderen Worten: es waren zwei Drittel der europäischen Investitionen in Gebieten eingesetzt worden, deren Wirtschaft auf dem Bergbau basierte.

In Südafrika war der wirtschaftliche Impuls derart stark, dass sogar kostenintensive Einrichtungen wie Eisenbahnlinien von privaten Unternehmen finanziert und gebaut werden konnten. Privates Unternehmertum führte auch zur Entstehung der Städte, die rings um die Lager der Bergarbeiter in die Höhe schossen und das Leben der gesamten Bevölkerung in diesen Regionen tief prägten. Lediglich in der belgischen Hälfte von Katanga verfolgten die Bergwerksunternehmen eine stabile Arbeitspolitik und ermutigten ihre Angestellten, ihre Familien in die Bergbaustädte zu holen, wo sie, sobald sie sich einmal niedergelassen hatten, eine urbanisierte Schicht bildeten. In Südafrika und Rhodesien machte es das Vorhandensein europäischer Niederlassungen vor dem Beginn des Bergbaus unmöglich, eine stabile afrikanische Belegschaft heranzubilden. Weiße Gewerkschaften befürchteten, dass die Afrikaner Erfahrungen sammeln und Fertigkeiten entwickeln könnten, die sie in die Lage versetzten, die Monopolstellung der Weißen in technischer Hinsicht zu bedrohen. Deshalb waren die meisten Afrikaner im Bergbau „Wanderarbeiter", die auf Zeitbasis in den ländlichen Gebieten im Umkreis mehrerer hundert Kilometer rekrutiert wurden, ihre Familien auf dem Land zurückließen und ein Jahr lang in den „Eingeborenenlagern" lebten, die die Bergwerksunternehmen einrichteten. Auch wenn dies sozial unbefriedigend war und letztlich auch unwirtschaftlich – da Kurzzeitarbeit trotz niedriger Löhne ineffektiv blieb und demzufolge keinesfalls billig war –, war die Folge, dass weithin viele Menschen die Erfahrungen städtischen Lebens machten. Ende der dreißiger Jahre gab es wahrscheinlich kaum eine afrikanische Familie zwischen dem Kap der Guten Hoffnung und Malawi, die nicht einige Angehörige bei der Arbeit in der Stadt wusste.

Obwohl im südlichen Afrika ein enormes Gefälle zwischen den Einkommen der afrikanischen Arbeitskräfte und denen der europäischen Manager und ausgebildeten Handwerker bestand, war hier das Einkommen eines Afrikaners im Durchschnitt deutlich höher als andernorts im subsaharischen Afrika. Und weil es eine beträchtliche europäische Bevölkerung gab, war es europäischen Unternehmern möglich, eine verarbeitende Industrie aufzubauen und für den lokalen Markt zu produzieren. Solche Industrien traten in Südafrika in den zwanziger Jahren und in Südrhodesien in den späten vierziger Jahren in Erscheinung. Die wachsende Industrialisierung erhöhte den Zustrom afrikanischer Arbeitskräfte in die Städte erheblich und führte überdies zu einer tendenziell dauerhaften Ansiedlung. Die europäischen Herren der südafrikanischen Gesellschaft hatten eine solche Entwicklung eines schwarzen Proletariats keineswegs vorausgesehen, und schließlich lebten Hunderttausende von Afrikanern in entsetzlichen Barackenstädten am Rande der wichtigsten europäischen Zentren.

Diese genuine industrielle Revolution löste im südlichen Afrika zwar schwerwiegende neue Spannungen aus, gleichzeitig aber sorgte sie für die Entstehung einer Wirtschaft, die von der des übrigen Afrika deutlich verschieden war. Mitte der dreißiger Jahre entfiel allein auf die Südafrikanische Union über die Hälfte des gesamten internationalen Handels südlich der Sahara. Der Außenhandel der Union erbrachte zweiundzwanzig Pfund Sterling pro Kopf der Bevölkerung. Im Vergleich dazu ergab derjenige Tanganjikas lediglich eineinhalb Pfund pro Kopf, und im gesamten französischen Westafrika lag er noch darunter. Ansonsten hatten überhaupt nur die größeren westafrikanischen Kolonialgebiete Großbritanniens, die über einige Rohstoffe und aufstrebende bäuerliche Gemeinwesen verfügten, die für den Export produzierten, Ansätze zu einer Integration in die Weltwirtschaft gezeigt. Bevor die Weltwirtschaftskrise der dreißiger Jahre die Nachfrage nach Agrarprodukten aus den westafrikanischen Kolonien stark zurückgehen ließ, betrug ihr Anteil wenigstens ein Sechstel des Handels im subsaharischen Afrika. Und im Jahr 1937 hatte die Handelsbilanz im reichsten dieser Gebiete, der Goldküste, immerhin noch einen Wert von sieben Pfund Sterling pro Kopf der Bevölkerung.

Es war tatsächlich die Weltwirtschaftskrise, die den europäischen Mächten erstmals klar machte, dass sie nicht erwarten konnten, dass die Wirtschaft in ihren afrikanischen Territorien sich auf Grund der Bemühungen ihrer Bewohner brauchbar entwickelte, wenn die ein zige Hilfe von privaten europäischen Investoren und Siedlern kam. Beispielsweise unternahm die britische Regierung 1929 zum ersten Mal Anstrengungen, den Kolonien Geld zur Verfügung zu stellen oder zu leihen, um ihre wirtschaftliche Entwicklung anzuregen. Das geschah nicht aus Altruismus, sondern im eigenen Interesse. Während der Depression bestand für Großbritannien die dringende Notwendigkeit, den eigenen Außenhandel steigern zu müssen, und die stagnierende Wirtschaft in den Kolonien schien dafür ein geeignetes Betätigungsfeld zu sein, das sich noch dazu in bequemer Reichweite befand. Doch war in jenen Jahren das Geld ziemlich knapp, und die Resultate deshalb alles andere als beeindruckend. Bis 1938 hatten die britischen Gebiete in Afrika gerade mal vier Millionen Pfund Sterling aus dem neu geschaffenen „Colonial Development

Fund" erhalten, eine Summe, die lediglich ein Prozent der Gesamteinnahmen der Kolonien ausmachte.

Ein wirkliches Verständnis dafür, wie sehr die Potenzen des kolonialen Afrika unentwickelt geblieben waren, begann sich erst mit dem Zweiten Weltkrieg durchzusetzen. Transport- und Währungsschwierigkeiten machten ältere Versorgungslinien hinfällig. Es bestand eine große Nachfrage nach den Rohmaterialien, die Afrika zu bieten hatte, und außerdem waren für die Zeit nach dem Krieg Engpässe bei Nahrungsmitteln und vielen Rohstoffen zu erwarten. Mit einem Mal erhielten die Kolonien einen immensen wirtschaftlichen Wert. Zwischen 1940 und 1944 stellten die afrikanischen Kolonien für Frankreich und Belgien die einzigen Ressourcen dar, die zu den Kriegsanstrengungen beitragen konnten.

Die Folgen dieser neuen Situation waren oftmals bemerkenswert. Der Bergbau in Nordrhodesien und Belgisch-Kongo, dessen frühere Entwicklung von der Depression stark gebremst worden war, erlebte einen phantastischen Aufschwung. 1953 hatte sich der Wert der Exporte des Kongo auf das Vierzehnfache erhöht, die Staatseinnahmen waren auf das Vierfache gestiegen. Nordrhodesien erlebte eine Exportsteigerung um das Neunfache – nahezu ausschließlich durch Kupfer – und eine Steigerung der Einnahmen um das Zwanzigfache. Ursprünglich zusammen mit Nyassaland das „Aschenputtel" des britischen Zentralafrika, stieg Nordrhodesien mit einem Mal zum mit Abstand reichsten Land auf. Durch die Einrichtung regierungsamtlicher Agenturen für den Einkauf wichtiger Produkte wie Ölpflanzen und Kakao wurde im britischen Westafrika das Monopol gebrochen, das die europäischen Handelsgesellschaften bislang über die bäuerliche Wirtschaft ausgeübt hatten. Diese Agenturen bereiteten den Weg für Handelskammern unter lokaler Kontrolle, die nach dem Krieg eingerichtet wurden und den Bauern einen von den Schwankungen des Weltmarktes unabhängigen Preis für ihre Produkte garantierten und sie darüber hinaus in die Lage versetzten, substanzielle Rücklagen für magere Jahre zu bilden. Diese Rücklagen waren bald so groß, dass es möglich wurde, große Summen für wirtschaftliche und soziale Entwicklungsvorhaben vor Ort zur Verfügung zu stellen oder zu leihen. Zudem war die europäische Industrie in den Kriegsjahren und bis in die fünfziger Jahre hinein nicht in der Lage, die afrikanischen Territorien mit all den Waren zu beliefern, für die angesichts enorm gestiegener Kaufkraft Nachfrage bestand. Viele Kolonien vermochten daher in Europa beträchtliche Guthaben aufzubauen.

Die reicheren Kolonien konnten sich daher nach dem Krieg ambitionierten Entwicklungsvorhaben zuwenden, wussten sie doch, dass sie diese zum Teil aus eigenen Mitteln finanzieren konnten. In ganz Afrika kam es zu einer beträchtlichen Zunahme privater europäischer Investitionen, da den Investoren mittlerweile der Zugang zu vielen profitablen Wirkungsfeldern aus früherer Zeit in Asien und Amerika verwehrt war. Auch nordamerikanisches Kapital wurde in zunehmendem Maße stärker verfügbar. Zudem versuchten die europäischen Regierungen mitunter, ihre eigenen Sonderinteressen zu befriedigen, indem sie sich direkt an ambitionierten afrikanischen Projekten beteiligten, die in früheren Jahren privaten Unternehmen überlassen worden wären – auch wenn einige dieser Projekte, vor allem das übertriebene Vorhaben, in Ostafrika die Produktion von Erdnüssen zu mechanisieren, nicht immer wohl durchdacht waren.

Dic Atlantik-Charta und das Konzept der Vereinten Nationen brachten ebenfalls eine Veränderung im politischen Klima mit sich, sodass sich die schnelle wirtschaftliche und soziale Entwicklung der afrikanischen Territorien fortsetzte, nicht nur, weil rückständige Kolonien für die Mächte, denen sie gehörten, keinen Wert hatten, sondern auch weil die Kolonialmächte eine moralische Verpflichtung ihren kolonialen Untertanen gegenüber empfanden. Am Ende des Krieges war, um es mit den Worten Sir Keith Hancocks, eines der stärksten Verfechter einer progressiven Kolonialpolitik, zu sagen, ein „energisches Handeln des Staates zur Förderung der kolonialen Entwicklung und Wohlfahrt" zur „neuen Orthodoxie" geworden. In Großbritannien wurde das 1929 begründete Prinzip der kolonialen Entwicklung auf Vorhaben ausgedehnt, die den sozialen und wirtschaftlichen Fortschritt gleichermaßen ins Auge fassten. Die genehmigten jährlichen Ausgaben stiegen von maximal einer Million auf fünf Millionen Pfund Sterling im Jahr (1940), und dann (1946) auf zwölf Millionen. Mitunter lagen die Ausgaben noch höher. Mit Hilfe dieser zur Ergänzung der lokalen Ressourcen verfügbaren Summen war es selbst den wirtschaftlich schwächeren britischen Gebieten möglich, mit den begünstigteren zusammen Entwicklungspläne zu schmieden, die in den Jahren 1946 bis 1955 Gesamtausgaben von annähernd 210 Millionen Pfund Sterling zuließen. Im französischen Afrika waren die Veränderungen noch beeindruckender, weil dort die Investitionsrate bislang weit niedriger gewesen war, vor allem was Gelder aus privaten Quellen betraf. Die Entwicklungspläne für die neuen Territorien in Westafrika beliefen sich in derselben Periode auf eine Gesamtsumme von 277 Millionen Pfund Sterling, wobei der Anteil, der von der Kolonialmacht zur Verfügung gestellt wurde, weit höher lag als in den britischen Territorien. Im Kongo allerdings war die belgische Regierung kaum dazu in der Lage, all das Geld aufzubringen, das Belgien seiner Kolonie bei Kriegsende schuldete.

In vielerlei Hinsicht waren die beeindruckendsten Ergebnisse dieser neuen Einstellung zur kolonialen Entwicklung sozialen und nicht so sehr wirtschaftlichen Charakters. Zumindest in den reicheren Territorien ergab sich ein Großteil des wirtschaftlichen Fortschritts ganz natürlich aus den veränderten ökonomischen Bedingungen. Auf sozialem Gebiet verhielt sich das jedoch anders. Die europäischen Regierungen waren sich des Ausmaßes bewusst geworden, in dem ihre afrikanischen Untertanen mehr Ärzte, Sozialarbeiter und Gewerkschafter, eine bessere Wasserversorgung, ein besseres Gesundheitswesen und bessere Unterkünfte sowie vor allem viel mehr und bessere Schulen benötigten. Die neuen Entwicklungspläne zielten deshalb ganz bewusst auf wirtschaftliche *und* soziale Verbesserungen. Besonders betont wurde die Notwendigkeit, das Bildungswesen auszubauen. So begann die britische Regierung 1943 zum Beispiel über das Ziel allgemeiner Schulbildung in den afrikanischen Kolonien nachzudenken. Kurz nach dem Krieg wandte sie sich der Einrichtung kolonialer Universitäten zu. Das war ein Schritt, der notwendigerweise auch die Stärkung aller darunter angesiedelten Bildungszweige einschloss. Die Regierungen Belgiens und Frankreichs folgten nur wenig später, auch wenn ihre Methoden häufig unterschiedlichen Charakter trugen. Für die Franzosen, und damit zugleich für alle französischen Afrikaner, blieb der Besuch einer Universität in Frankreich der Höhepunkt des Bildungsfortschritts. Fast überall in den afrikanischen Kolonien wurde die wirtschaftliche Revolution jetzt zunehmend von einer Revolution im Bildungs- und Sozialwesen begleitet.

Die Folgen dieser Revolution waren natürlich nicht überall auf dem Kontinent die gleichen, und manche Folgen stellten sich zudem völlig unerwartet ein. Sie waren so verschieden wie die letztendlichen Absichten der Kolonialmächte. Unterschiede ergaben sich auch aus dem Maß, in dem die lokalen Verwaltungen den Einfluss der europäischen Siedler zu berücksichtigen hatten. Deshalb lag im britischen Zentral- und Ostafrika, wo die Siedler oft einen beträchtlichen Einfluss auf den Verlauf der öffentlichen Angelegenheiten nehmen konnten, und auch im belgischen Kongo, wo es keine Pläne gab, den oft sehr beeindruckenden wirtschaftlichen Fortschritt durch politische Maßnahmen zu flankieren, der Schwerpunkt der Bildungspolitik auf der Verbesserung des Primar- und Sekundarschulsystems. In diesen beiden Regionen sah man eine Gefahr darin, zuzulassen, dass die Afrikaner zu schnelle oder zu weit gehende Fortschritte machten.

Mit Blick auf die beschränkten Bildungsmöglichkeiten, die Afrikaner früher hatten, konnte man die extensiven Pläne für einen sozialen und wirtschaftlichen Fortschritt nur dann in die Praxis umsetzen, wenn die Zahl der Europäer vor Ort stark erhöht wurde. Bis zu diesem Zeitpunkt waren Europäer in Afrika – abgesehen von den Siedlern, da wo es sie gab – hauptsächlich in drei Bereichen tätig gewesen: im Handel und in anderen Formen wirtschaftlicher Ausbeutung, in der Missionsarbeit (die natürlich nahezu die gesamte frühe Bildungsarbeit einschloss) und in der Verwaltungs- und Regierungsarbeit samt den dafür wesentlichen Dienststellen. Jetzt war es erforderlich, in großer Zahl Lehrer ins Land zu bringen, Universitätsdozenten, Sozialarbeiter, Arbeitsorganisatoren, Bewässerungsingenieure für die bäuerlichen Gegenden, Landvermesser, Bauingenieure sowie zahllose Forscher, Planungsfachleute und Berater. Sie alle erhielten hohe Gehälter und Reisevergünstigungen, damit sie ihre Ferien regelmäßig in Europa verbringen konnten. Ebenso brauchten sie Unterkunft und Dienstleistungen, damit sie und ihre Familien unter Bedingungen leben konnten, die denen in ihren Heimatländern so weit wie möglich ebenbürtig waren, wenn nicht sogar besser. Damit verschwand aber auch ein beachtlicher Teil des Geldes, das für die Entwicklung Afrikas zur Verfügung gestellt wurde, wieder in europäischen Taschen.

Im Großen und Ganzen vermochten die Afrikaner in Westafrika damit spielend fertig zu werden. Bereits kurz nach dem Krieg sahen sie den Weg, auf dem sie die Kontrolle über ihr eigenes Territorium erlangen könnten. Sie wussten auch, dass sie binnen kurzem in der Lage sein würden, viele der ausländischen „Experten" zu ersetzen und die restlichen unter gebührender Kontrolle zu halten. In anderen Regionen aber verstärkte und vertiefte die neuerliche europäische Invasion Afrikas die Spannungen zwischen Afrikanern und Europäern, vor allem, wenn mit den Neuankömmlingen die etablierte Siedlerbevölkerung noch verstärkt wurde. Im besten Falle mochte diese Invasion dann afrikanische Forderungen nach politischem Fortschritt auslösen oder gar ermutigen. In manchen Fällen aber, und dies trifft vor allem für den Süden des Kontinents zu, führte diese Invasion lediglich dazu, die Wohlstands- und Bildungskluft zwischen den Afrikanern und ihren europäischen Herren zu verbreitern, was ihre Überbrückung noch schwieriger erscheinen ließ als zuvor.

Es steht fest, dass das koloniale Afrika in den vierziger und fünfziger Jahren des 20. Jahrhunderts die Stagnation des vorangegangenen halben Jahrhunderts sehr schnell hinter sich ließ. Zum wachsenden Wohlstand und zu einem stark verbesserten Verkehrsnetz – das durch die neuen Straßen symbolisiert wurde, die jetzt selbst entlegene Gebiete erreichten – traten neue Bildungsmöglichkeiten, was alles einer neuen sozialen Mobilität förderlich war, die die alten Sozialbeziehungen in den Stammesverbänden schwächte und viele neue Probleme schuf. Sowohl das physische Aussehen des Kontinents als auch das Aussehen seiner Völker wandelte sich in einem Maße und mit einer Geschwindigkeit, wie es sie bisher nicht gegeben hatte. Ungleichmäßig und oftmals unter großen Schmerzen schlossen die Afrikaner ein weiteres Mal zum Rest der Welt auf. Noch lag ein langer Weg vor ihnen. Die Ökonomien Afrikas waren noch immer viel zu sehr vom Export einiger weniger Güter abhängig. Das nationale Pro-Kopf-Einkommen lag, sofern es – in Gebieten, in denen die meisten Menschen noch immer hauptsächlich für die Subsistenz produzierten – überhaupt berechnet werden konnte, nach europäischen und auch asiatischen Maßstäben nach wie vor sehr niedrig. Gemessen an typischen Zahlen Westeuropas mit einem Pro-Kopf-Einkommen von jährlich dreihundert Pfund Sterling Mitte der fünfziger Jahre, lagen die Zahlen für Tanganjika und Nyassaland lediglich bei siebzehn beziehungsweise sieben Pfund. Für Kolonien wie Somalia und Obervolta waren sie noch immer kaum messbar. Das beste Ergebnis, das Afrika vorweisen konnte, war ein jährliches Mittel von einhundertfünfzehn Pfund Sterling in Südafrika, das allerdings sehr ungleichmäßig zwischen Weißen und Schwarzen verteilt war, und fünfundsiebzig Pfund Sterling bei den Afrikanern der Goldküste. Dennoch bildete sich auf unzähligen Wegen ein Klima heraus, das der fortgesetzten politischen Herrschaft Europas über Afrika letzten Endes gefährlich werden musste.

20 Der Weg in die Unabhängigkeit

Der allgemeine Zusammenbruch des Kolonialsystems in Afrika – der 1957 ausgelöst wurde, als aus der britischen Kolonie Goldküste der unabhängige Staat Ghana wurde – war im Wesentlichen eine Erscheinung des subsaharischen Afrika, Folge der gerade beschriebenen wirtschaftlichen und sozialen Entwicklungen. Zeitpunkt und Umstände der Unabhängigkeit waren in den verschiedenen Gegenden des Kontinents recht unterschiedlich. Zunächst hatten sich 1909 die vier britischen Kolonien mit europäischen Siedlern in Südafrika zu einer Union vereinigt, die den Status eines selbst verwalteten Dominions im britischen Commonwealth inne hatte. 1923 war Südrhodesien, der anderen wichtigen Siedlerkolonie im Süden des Kontinents, ein nahezu ähnlicher Status zuerkannt worden.

Die Selbstverwaltung aber, die die Südafrikanische Union und Südrhodesien errungen hatten, blieb in der Wirklichkeit ausschließlich den weißen Einwohnern vorbehalten. Der Burenkrieg von 1899 bis 1902 war ein Versuch gewesen, die Streitigkeiten zwischen den beiden weißen Bevölkerungsschichten beizulegen, mit dem Ergebnis, dass beide Burenrepubliken britische Kolonien wurden. Wenn weiße Südafrikaner damals von „Rassenbeziehungen" sprachen, meinten sie fast immer nur die Beziehungen zwischen den Briten und den Buren. Eine der Bedingungen, unter denen die Buren 1902 in den Frieden einwilligten, war, dass die Frage des Stimmrechts für die Bantu-Einwohner der ehemaligen Republiken nicht auf die Tagesordnung gesetzt werden würde, bevor die beiden Territorien nicht wieder die Selbstverwaltung erlangt hätten. Bereits 1906 bzw. 1907 wurde dem Transvaal und dem Oranje-Freistaat die Autonomie gewährt. Der Grund dafür war hauptsächlich der, dass die liberale britische Regierung, die 1905 ins Amt kam, vorwiegend aus Männern bestand, die Chamberlains Südafrikapolitik und den aus ihr folgenden Krieg als ungerechtfertigten Angriff auf die kleine burische Nation erbittert bekämpft hatten. Diese Liberalen waren von dem Gladstoneschen Prinzip einer nicht aggressiven Außenpolitik so besessen (was von den neuen burischen Führern des Transvaal, den Generalen Botha und Smuts schlau ausgenutzt wurde), dass sie die Verpflichtungen Großbritanniens den nichteuropäischen Einwohnern Südafrikas gegenüber, den Bantu, den Farbigen und den Indern, völlig aus dem Blick verloren. Die neuen Verfassungen Transvaals und des Oranje-Freistaats verliehen nur Weißen die Bürgerrechte.

Als sich 1908 und 1909 die politischen Führer der Kapkolonie, Natals, Transvaals und des Oranje-Freistaats trafen, um die Grundlagen der Union zu verhandeln, repräsentierten mit Ausnahme der Kapkolonie alle Delegierten eine rein weiße Wählerschaft. Die Delegierten der Kapkolonie scheiterten kläglich bei dem Versuch, die anderen davon zu überzeugen, sich ihrer Tradition, wonach Männer jeder Hautfarbe, die über ein bestimmtes Einkommen verfügten oder Besitz vorweisen konnten, ein Stimmrecht hatten, anzuschließen. Obwohl die Notwendigkeit einer gemeinsamen „Eingeborenenpolitik" einen der Faktoren darstellte, der ursprünglich zur Bildung einer verfassungsgebenden Versammlung beigetragen hatte, konnte man sich über die Gründung einer Union nur auf der Grundlage verständigen, dass die Behandlung der „Eingeborenenfrage" auf einen späteren Zeitpunkt verschoben wurde. Eine Folge davon war, dass die drei britischen Schutzgebiete Basutoland (das heutige Lesotho), Betschuanaland (Botswana) und Swasiland der Union nicht beitraten. Eine weitere Folge war, dass es kein allgemeines Stimmrecht für die Wahlen zum ersten Unionsparlament gab: es blieb beim Status quo, dem zufolge Afrikaner außerhalb der Kapprovinz kein Stimmrecht bekamen. Und obwohl die Staatsmänner der Kapprovinz – sowohl afrikaans- als auch englischsprachige – ihre Tradition, „zivilisierten Nichtweißen" das Stimmrecht zu geben, für richtig und maßgeblich hielten, kam man nicht umhin, diese Abmachung durch eine der in der Unionsverfassung enthaltenen „Sonderklauseln" zu schützen, wonach Änderungen nur mit – zusammen genommen – Zweidrittelmehrheit in beiden Kammern des Parlaments beschlossen werden konnten.

Die nachfolgende Geschichte Südafrikas dreht sich um die Kampagnen des burischen Nationalismus, die Niederlage von 1902 wett zu machen und die Prinzipien des Großen Trecks wieder in Kraft zu setzen. Das Stimmrecht für alle Nichtweißen in der Kapprovinz wurde zunächst beschnitten und später abgeschafft, und von 1948 an stimmte die Mehrheit der Wähler für die Apartheid, jene Anschauung, nach der Schwarze und Weiße in Südafrika vollständig voneinander getrennt bleiben sollten (oder zumindest so weit voneinander getrennt, wie dies praktisch möglich war). Die Republik Südafrika, die im Mai 1961 gegründet wurde, hatte sich den Ausschluss aller Nichtweißen von jeglicher Teilnahme am politischen Leben sowie die Relegation der Bantu in gesonderte Gebiete („Bantustans") auf die Fahne geschrieben. Man vertraute darauf, dass in diesen Bantustans eines Tages eigenständige Nationen entstehen würden.

Die Gründung der Republik machte die Apotheose des burischen Nationalismus manifest. Die Entwicklung des Bergbaus und der Industrie, und später die Gründung der Union, führten dazu, dass sich die wirtschaftliche und politische Führung vom Kap in den Transvaal verlagerte, von einem relativ aufgeschlossenen und weltoffenen Gemeinwesen, das sich liberale Prinzipien leisten konnte, weil – zumindest während des größten Teils seiner Geschichte – relativ wenig Schwarze innerhalb seiner Grenzen lebten, hin zu einem Gebiet, in dem die konservativsten Treckburen darum gerungen hatten, im Innern von Bantu-Afrika ihre eigene Gesellschaft zu errichten. Politik war für die Buren eine von den Vorfahren ererbte Tradition. Die meisten englischsprachigen Weißen waren es zufrieden, sich der Früchte einer sich entwickelnden Wirtschaft erfreuen zu können, und bei den Parlamentswahlen wurden die Städte mit englischsprachiger Bevölkerung nicht gerade bevorzugt. Alle südafrikanischen Premierminister, von der Union angefangen, waren Buren, und das galt auch für die Mehrheit ihrer Minister. Offen nationalistische Regierungen waren von 1924-1933 unter General Hertzog im Amt, andere wurden, nach 1948, von Malan, Strijdom, Verwoerd, Vorster und P. W. Botha geführt. Die andere wichtige, weiße politische Gruppierung, die sich erst die Südafrikanische, später die Vereinigte, Partei nannte, widersetzte sich den Nationalisten nie, wenn es um deren grundlegendes Ziel, die Rassentrennung, ging. Sie riet eher dringend zu einem vorsichtigen Vorgehen, man sollte sich die „farbige“(nichtschwarze) Bevölkerung nicht völlig entfremden oder ein engeres Verständnis zwischen Buren und englischsprachigen Südafrikanern befördern. Auch die Führer dieser Partei waren Buren, insbesondere die Generale Louis Botha (Premierminister von 1910 bis 1919) und Jan C. Smuts (Premierminister von 1919 bis 1924 und 1939 bis 1948). Zwischen 1933 und 1939 trat diese Partei einer Koalitionsregierung unter Hertzog bei.

Die Trennung zwischen Buren und englischsprachigen Weißen, die im gesamten 19. Jahrhundert die Aufmerksamkeit der Politiker in Anspruch genommen hatte, fand allmählich weniger Beachtung und wurde in den sechziger Jahren des 20. Jahrhunderts praktisch bedeutungslos. Diese Tendenz zeigte sich erstmals 1924, als Hertzogs erste nationalistische Regierung nur mit Hilfe weißer Gewerkschafter an die Macht gelangte, die damals vorwiegend Englisch sprachen. Die Gewerkschafter hatten ebenso viel Interesse daran, ihre Arbeitsplätze vor der Konkurrenz durch Nichteuropäer zu sichern, die die gleiche Arbeit zu niedrigeren Löhnen verrichten konnten, wie die Buren die weiße Herrschaft über das Land und das Privileg des Stimmrechts behalten wollten. Seither verführte das Eigeninteresse englischsprachige Südafrikaner dazu, den Nationalisten zumindest stillschweigende Unterstützung zukommen zu lassen. Als der schwarze Widerstand gegen die zunehmend schärfere Politik der Rassentrennung in Sachen Grundbesitz, städtisches Wohnrecht, Mobilität, Anstellung und Bildung aktiver und gewalttätiger zu werden drohte, schlossen sich diese beiden Sektionen der weißen Bevölkerung gemäß der *Laager*-Mentalität enger zusammen.[1]

Der afrikanische Widerstand gegen die Politik der Weißen war natürlich zunächst ethnisch und militärisch geprägt und organisiert. Der Krieg zwischen Schwarzen und Weißen war erst vorbei, als der große Zulu-Aufstand in Natal, zu dem es in den Jahren 1906 und 1907 kam, niedergeschlagen war. Zur gleichen Zeit demonstrierten die Asiaten Südafrikas unter Führung von Mahatma Gandhi bereits

1 Laager bedeutet Lager, und hier den Kreis aus Ochsenwagen, der gebildet wurde, die Treckburen vor Angriffen zu schützen.

die Möglichkeiten eines organisierten, gewaltfreien Widerstands. Sowohl am Kap als auch in Natal hatten die christlichen Missionen einer ganzen Reihe von Afrikanern Bildung vermittelt, und so manche verliehen ihrer Sehnsucht nach Unabhängigkeit von der weißen Herrschaft durch die Gründung eigener, „äthiopischer" Kirchen Ausdruck. Vorreiter wie J. T. Jabavu und John Dube begannen damit, in bantusprachigen Zeitungen afrikanischen Anschauungen Stimme zu geben. Das asiatische Beispiel und die vollständige Missachtung nichteuropäischer Meinungen bei der Bildung der Südafrikanischen Union waren offensichtliche Auslöser für die Gründung afrikanischer politischer Organisationen.

1912 wurde ein Afrikanischer Nationalkongress gegründet. Fast ein halbes Jahrhundert lang glaubten die Führer des ANC, dass Diskussion und Verhandlung ausreichen würden, das Los der Afrikaner zu verbessern. Doch bereits in den zwanziger Jahren stellte der kurzzeitige Erfolg der von Clements Kadalie geführten „Industrial and Commercial Workers' Union" (I.C.U.) unter Beweis, dass unmittelbarere Aktionen auf wachsende Unterstützung stoßen würden. In den Lebensbedingungen der Afrikaner kam es zu radikalen Veränderungen. Die Eingeborenenreservate, die Basis der späteren Bantustans, machten nur dreizehn Prozent der Gesamtfläche des Landes aus und waren immer weniger imstande, die afrikanische Bevölkerung zu ernähren, die dreimal so groß war wie die weiße Bevölkerung und bis zum Jahre 1960 auf fast zehn Millionen anwuchs. Obwohl diese Afrikaner augenscheinlich besser gestellt waren als die 1,36 Millionen „Farbigen" und die 440 000 Asiaten, die noch nicht einmal „Stammesland" ihr eigen nennen konnten, war die Mehrheit doch gezwungen, Arbeit in der weißen Wirtschaft zu suchen und zunehmend auch in den weißen Städten und Industrien. Ihre Arbeitskraft und in wachsendem Maße auch ihre Kaufkraft waren von entscheidender Bedeutung, wenn die weiße Wirtschaft florieren sollte und die Weißen auch künftig ihren Lebensstandard halten wollten. Aber in diesem weißen Südafrika wurden Nichteuropäer ganz und gar wie Fremde und Ausländer behandelt. Sie waren demütigenden Passgesetzen unterworfen, die ihre Bewegungsfreiheit und Arbeitsmöglichkeiten einschränkten, und durften legal nur in vorgeschriebenen Quartieren oder elenden Townships weit vor den Städten und oftmals Kilometer von ihren Arbeitsstellen entfernt wohnen. In dieser Situation, in der Schwarze und Weiße wirtschaftlich immer stärker aufeinander angewiesen waren und einander zugleich politisch und sozial so fern standen, war die Gewalt nie sehr weit unter der Oberfläche. Auch wenn sich der schwarze Protest passiv ausdrückte, konnte es von weißer Seite – aus Furcht vor der schwarzen Gewalt – leicht zu Gewalthandlungen kommen. Als es 1943 offenkundig wurde, dass schwarze Gewerkschaften nicht anerkannt werden würden, und als 1948 der „Native Representative Council" (ein Beschwichtigungsforum, das 1936 eingerichtet wurde, als der Sturm auf das Stimmrecht für Nichteuropäer einsetzte) seine Arbeit einstellte, blieben den Nichteuropäern keine Alternativen als die aktive Verweigerung und den Weißen nichts anderes als die Errichtung eines Polizeistaats.

Die Versuche liberal gesinnter Menschen, politische Parteien mit fortschrittlicheren und humaneren Philosophien als die der Nationalisten oder der Mehrheit der Mitglieder der „United Party" zu gründen, stießen bei der ausschließlich weißen Wählerschaft auf keine wesentliche Unterstützung. Der ANC war in eine Politik der Boykotte, Streiks und Massenproteste involviert, doch selbst das schien vielen Afrikanern noch zu moderat. 1959 gründete sich in Form des „Pan-African Congress" eine radikale Alternative, die als erste Maßnahme das Verbrennen der Pässe proklamierte. Das führte 1960 zum Massaker von Sharpeville und einer massiven Demonstration der Afrikaner in der Innenstadt von Kapstadt. Für einen kurzen Augenblick schienen die Weißen zu zögern. Doch schnell schlossen sich ihre Reihen: jede Abweichung von der Meinung der weißen Mehrheit galt, von wem auch immer geäußert, als Hochverrat. Viele, die anderer Meinung als die Mehrheit waren, emigrierten oder wurden ins Exil gezwungen; diejenigen, die im Lande blieben, wurden verschiedenen Formen der Inhaftierung unterworfen oder der Möglichkeit der öffentlichen Meinungsäußerung beraubt. Die Weißen richteten sich in ihrem *Laager* ein und achteten sorgsam darauf, dass sie ausreichend bewaffnet und organisiert waren, um jedem Angriff auf dieses *Laager* standzuhalten.

Eine Folge des zunehmend nationalistischen, burisch-republikanischen Trends in der südafrikanischen Gesellschaft war, dass sich die wachsende weiße, vorwiegend britische Bevölkerung Südrhodesiens in ihrem Wunsch bestärkt sah, außerhalb der Südafrikanischen Union zu verbleiben. Auf der anderen Seite aber war diese weiße Minderheit fest dazu entschlossen, die Macht im zentralen Afrika in den Händen „zivilisierter" Männer zu bewahren, womit sie natürlich für die absehbare Zukunft sich selbst meinte. Deshalb waren sie entschieden gegen das Stimmrecht für Nichtweiße, das sie von der Kapprovinz geerbt hatten, und gingen zu einer Politik der Rassentrennung über. Die südrhodesischen Weißen glaubten, sie könnten ihre Ziele erreichen, wenn es ihnen gelänge, ein britisches, zentralafrikanisches Dominion zu schaffen, das sowohl Nord- als auch Südrhodesien umfasste und möglicherweise auch Nyassaland. Das, so hofften sie, würde sie mit einem Schlag von der in der Verfassung von 1923 festgelegten Aufsicht befreien, die die britische Regierung nominell über die Eingeborenenpolitik hatte, und zugleich einen politischen Block schaffen, der stark genug wäre, der politischen und wirtschaftlichen Stärke der Südafrikanischen Union standzuhalten. Die Siedler in Südrhodesien erhielten bald Unterstützung von der weißen Gemeinschaft, die sich entlang des nordrhodesischen Kupfergürtels bildete und die aufgeschreckt worden war, als die britische Regierung 1930 den letztendlichen Vorrang afrikanischer Interessen in den zentral- und ostafrikanischen Territorien verkündete. Anfangs wurden die Pläne der Siedler zu einer solchen Föderation durch die im Bledisloe-Report von 1939 getroffene Feststellung der britischen Regierung zunichte gemacht, dass die Afrikaner der beiden nördlichen Territorien vehement gegen eine engere Verbindung mit Südrhodesien und seiner Rassentrennungspolitik eingestellt waren. Nach dem Krieg wurde die Kampagne jedoch wieder aufgenommen und der Schwerpunkt jetzt auf die wirtschaftlichen Vorteile einer Föderation gelegt. Es wurde darauf hingewiesen, dass sowohl Nord- als auch Südrhodesien zu einem Großteil in Nyassaland nach Arbeitskräften Ausschau hielten; dass die nordrhodesischen Kupfergruben von der südrhodesischen Kohle abhängig waren, und dass der neue Wohlstand, der davon herrührte, zur Entwicklung der ärmeren Gebiete benutzt werden könnte; dass die neuen Wirtschaftszweige in Südrhodesien die Gebiete im Norden als natürlichen Absatzmarkt für ihre wachsende Produktion betrachteten. Es wurde geltend gemacht, dass eine zentralafrikanische Föderation zum Wohle Großbritanniens, des Commonwealth und der eigenen Bürger all diese Ressourcen zu einem Ganzen zusammenfassen könnte und mehr Kapital (und Siedler) anziehen würde.

Diese Argumentation, die Repräsentanten der Siedler und ihrer Verbündeten in Großbritannien vortrugen, wurde 1953 von der britischen Regierung akzeptiert, sodass es zur Bildung der Föderation von Rhodesien und Nyassaland kam. Der afrikanische Widerstand aber war stärker und deutlicher geworden als je zuvor. Er ließ sich weder durch eine Minderheit von Sitzen für Afrikaner im Föderationsparlament beschwichtigen, noch dadurch, dass der Zuständigkeit dieses Parlaments und der ihm verantwortlichen Regierung alle Angelegenheiten, die afrikanische Interessen in den beiden nördlichen Territorien berührten, entzogen wurden, noch durch die Beibehaltung einer theoretischen Kontrolle letzter Instanz seitens der britischen Regierung bei Fragen, die die Eingeborenenpolitik innerhalb der Föderation betrafen. So blieb die föderative Verfassung zwar erheblich hinter den Ambitionen der Siedler zurück, provozierte aber starke afrikanische, nationalistische Reaktionen. Die Bewegungen, die daraus hervorgingen, setzten sich ihre Abschaffung sowie die Erlangung der Unabhängigkeit für die beiden nördlichen Territorien zum Ziel.

Die grundlegende Forderung der afrikanischen Nationalisten in der Föderation lief darauf hinaus, dass die Regierung der Legislative, die von der gesamten erwachsenen Bevölkerung zu wählen war, rechenschaftspflichtig sein sollte, wobei bei den Wahlen die Stimmen schwarzer Frauen und Männer das gleiche Gewicht haben sollten wie die der Weißen. In Südrhodesien waren die ganzen fünfziger Jahre des 20. Jahrhunderts hindurch nahezu alle Wähler weißer Hautfarbe und obwohl die von ihnen gewählten Politiker wie zum Beispiel Garfield Todd (ein früherer Missionar) und Sir Edgar Whitehead multirassische Ideale verkündeten, waren die meisten Weißen nicht im Mindesten gewillt, das Prinzip „Ein Mann, eine Stimme“ anzuerkennen. Deshalb sah sich ihr Staat zunehmend zu Polizeimaßnahmen gezwungen, um die Aktivitäten der schwarzen Nationalisten zu begrenzen, wobei er fraglos über die Mittel verfügte, dies auch erfolgreich zu tun. In den beiden nördlichen Territorien der Föderation aber, wo kleinere und weniger gut situierte weiße Bevölkerungsgruppen lebten, wurden aufgrund der kompromisslosen Verweigerungshaltung, die der „Zambia National Congress“ von Kenneth Kaunda und Hastings Bandas „Malawi Congress Party“ einnahmen, ernste Spannungen offensichtlich. Diese Spannungen veranlassten die britische Regierung im Jahre 1960, eine Kommission unter der Leitung von Lord Monckton einzusetzen. Sie empfahl, die politische Vertretung der Afrikaner zahlenmäßig schnellstens zu erhöhen und zudem jedem Territorium das Recht einzuräumen, sich von der Föderation zu lösen. Nach diesen Empfehlungen wurden neue Verfassungen für die drei Territorien ausgearbeitet. In Nyassaland und Nordrhodesien führte dies zur Regierungskontrolle durch die gewählten Vertreter der afrikanischen Mehrheit und später, 1964, zur Unabhängigkeit der Republiken Malawi und Sambia mit Banda und Kaunda als ersten Präsidenten.

Die neue Verfassung, die Südrhodesien 1961 erhielt, wurde von der britischen Regierung euphemistisch als erster Schritt auf dem Weg zu einer vollständig multirassischen Regierung bezeichnet. Die weißen Rhodesier stimmten einer zweiten Wahlliste mit niedrigeren Qualifizierungen zu, die zum ersten Mal das Stimmrecht für einige Tausend Afrikaner bedeutete. Doch waren in einer Legislative mit fünfundsechzig Sitzen, bei der das Recht zur Änderung der Verfassung bei einer Zweidrittelmehrheit lag – und damit effektiv bei den Europäern –, lediglich fünfzehn Sitze für Afrikaner vorgesehen. Aus diesem Grunde wollten die afrikanischen Nationalisten in Rhodesien dieser Verfassung nicht zustimmen und machten sich für volle Gleichheit nach dem Prinzip „Ein Mann, eine Stimme“ stark. Doch nach dem Auseinanderbrechen der Föderation, das unabhängige schwarzafrikanische Staaten an der Sambesi-Grenze zu ihren Nachbarn machte, versteinertern die weißen Rhodesier in ihrem Widerstand gegen die afrikanische Forderung nach Besserstellung regelrecht. Sie fertigten jeden Politiker ab, der auch nur die leisesten Sympathien für das multirassische Prinzip zeigte, und forderten die vollständige Unabhängigkeit auf der Grundlage der Verfassung von 1961. Als 1965 klar wurde, dass Großbritannien einer Unabhängigkeit ohne den Beweis eines zumindest substanziellen und kontinuierlichen Fortschritts in Richtung wahrer Mehrheitsverhältnisse nicht zustimmen würde, gab der neue Premierminister Ian Smith, der den größeren Teil der Siedler fest hinter sich wusste, einseitig und rechtswidrig eine rhodesische „Unabhängigkeitserklärung" ab.

Im nördlichen Afrika wurde der Gang der Ereignisse von zwei Ereignissen geprägt, die anderswo auf dem Kontinent keinerlei Rolle spielten: das waren zum einen die unmittelbaren politischen und militärischen Konflikte zwischen den europäischen Staaten und zum anderen, von noch größerer Bedeutung, ein wachsender arabischer Nationalismus.

Zwischen 1940 und 1943 kämpften britische, französische und amerikanische Armeen auf nahezu der gesamten Länge des nordafrikanischen Küstenstreifens gegen die Armeen Italiens und Deutschlands. Darüber hinaus führte Großbritannien die Zerstörung des italienischen Kolonialreichs in Nordostafrika herbei. Die älteren Mitglieder des imperialen Klubs, Großbritannien und Frankreich vor allem, sahen in Mussolinis Eroberung Äthiopiens in den Jahren 1935 und 1936 eine anachronistische Machtentfaltung in sehr schlechtem Stil, die noch durch die Tatsache verschlimmert wurde, dass Äthiopien, auch wenn es in Dingen wie seiner Haltung zur Sklaverei bedauerlich vage blieb, ebenso Mitglied des Völkerbundes war wie Italien oder sie selbst. 1941 waren alle italienischen Truppen und Verwaltungsangestellten aus allen ostafrikanischen Territorien vertrieben. Äthiopien erhielt seinen Status als unabhängiges Land zurück, und der Kaiser des Landes wandte sich, mit neuer Dringlichkeit, wieder der Frage zu, wie er sein mittelalterliches Königreich modernisieren könnte, ohne dabei die Kontrolle darüber zu verlieren. Eritrea und Italienisch-Somalia blieben zunächst unter britischer Militäradministration; 1952 gelang es dann, Eritrea und Äthiopien föderativ zu vereinigen. Die ebenso traditionelle wie sehr lebendige Feindschaft der Somali-Nomaden Äthiopien gegenüber verbot eine derartige Lösung für Somalia, sodass die Vereinten Nationen 1950 die Verwaltung des Landes auf zehn Jahre den Italienern übertrugen (die in Eritrea und Äthiopien eine Menge an Grundlagenarbeit für den Aufbau eines modernen Staates geleistet hatten). Am Ende dieser Periode schloss sich Somalia mit Britisch-Somalia zur unabhängigen Republik Somalia zusammen.

Auch die italienische Kolonie Libyen war in den anglo-italienischen Konflikt verwickelt. 1942 fiel sie unter die Kontrolle einer britischen Militäradministration. Neun Jahre danach wurden ihre drei Regionen – Tripolitanien, Kyrenaika und Fezzan – unter König Idris al-Senussi, dem geistlichen Führer der Senussi, einer Muslimbruderschaft, die beim indigenen Widerstand gegen die italienische Herrschaft den entscheidenden Zusammenhalt gewährleistet hatten, zu einem vereinigten Königreich verschmolzen.

Im übrigen Nordafrika waren die Auswirkungen der Kämpfe der Europäer indirekter, doch nicht weniger bedeutsam. Das britische Protektorat über Ägypten, das 1914 erklärt worden war, weil Großbritannien sich im Krieg mit Ägyptens nominellem Souverän, der Türkei, wiederfand, war 1922 abgelaufen. Das Land war unter König Fuad, einem Sohn des Khediven Ismail, zur nominell unabhängigen Monarchie geworden, doch blieben die britischen Truppen als Besatzungsmacht, um den Suez-Kanal zu beschützen. Diese Besatzung war natürlich nicht nach dem Geschmack der ägyptischen nationalistischen Wafd-Partei, die bereits in den Jahren vor dem Krieg aus der studentischen Opposition gegen die britische Herrschaft hervorgegangen war. Diese Opposition wiederum verdankte sich zum größten Teil der Tatsache, dass, obwohl die britischen Beamten unter Lord Cormers autokratischer Führung viel für die Reformierung und Modernisierung von Verwaltung, Armee und Polizei und der gesamten Wirtschaft Ägyptens getan hatten, nur wenig unternommen worden war, ein Bildungssystem zu etablieren, das in der Lage gewesen wäre, junge Ägypter so auszubilden, dass sie die Herrschaft von den Briten übernehmen konnten.

Wann immer es nach 1922 zu freien Wahlen kam, wurde die Wafd wiedergewählt, die dann aber erleben musste, wie ihre Bestrebungen entweder von den Briten oder von Fuad, der es gleichermaßen liebte zu regieren und zu herrschen, blockiert wurden. Anschließend ging die ägyptische Regierung regelmäßig in die Hände der „Moderaten" über, reicher Landbesitzer, die ebenfalls versagten, weil sie das Vertrauen weder der Allgemeinheit noch das des Königs besaßen. Darauf folgte gewöhnlich eine Phase, in der der königliche Hof die Herrschaft übernahm, bis sich schließlich die Wafd und die Moderaten verbündeten, um erneut freie Wahlen zu erzwingen. In den dreißiger Jahren des 20. Jahrhunderts aber begannen sowohl die Wafd als auch die Briten, moderatere Ansichten zu vertreten. Das führte zum anglo-ägyptischen Pakt von 1936. Die beiden Länder wurden Partner in einer Allianz, in der die Briten ihre Truppen bis auf einen schmalen Streifen auf beiden Seiten des Suez-Kanals zurückziehen mussten. Allerdings war Ägypten bereits lange vor dem Ende dieses Truppenabzugs zur lebenswichtigen Basis für die Kampagnen der britischen Armee in den Jahren 1940-43 geworden. Die anfänglichen Siege der Achsenmächte ließen in dem jungen neuen König Faruq und seiner Palastclique die Vorstellung aufkommen, dass die völlige Befreiung Ägyptens nahe war. 1942 zwang Großbritannien Faruq, eine Regierung der Wafd zu akzeptieren. Bereits 1945 aber richteten sich die positiven Energien der Wafd auf die Gründung der Arabischen Liga und das Palästina-Problem. Innenpolitisch war sie ebenso korrupt und selbstsüchtig geworden wie die Palastpartei oder die anderen politischen Gruppierungen. Die Inkompetenz und Korruption, die in der politischen Führung des arabischen Krieges gegen Israel offenbar wurde, veranlassten eine Gruppe junger Armeeoffiziere, die sich von dem Obersten Gamal Abdul Nasser inspirieren ließen, das Erbe Muhammad Alis und Urabi-Paschas anzutreten. 1952-1953 beseitigten sie schließlich das alte parlamentarische und monarchistische Regime.

Nassers Militärregierung führte grundlegende Reformen durch, die das Leben der Ägypter in allen Bereichen betrafen, vor allem den Landbesitz. Letzteres sicherte ihm die volle Unterstützung der ägyptischen Massen. Außenpolitisch war seine Karriere weniger ausgeglichen. Nassers Ambition, eine vereinte arabische Welt anzuführen, wurde durch den Fortbestand Israels und die Eifersüchteleien der Araber untereinander zunichte gemacht. Zudem verärgerte seine Außenpolitik unvermeidlich die westlichen Mächte, denen es schwer fiel, Vergangenes zu vergessen oder die moralische Stärke des arabischen Nationalismus anzuerkennen. Doch ungeachtet dessen gelang es Nasser letzten Endes, Ägypten von den letzten Hinterlassenschaften der europäischen Vorherrschaft zu befreien. 1953 konnte er mit Großbritannien eine Übereinkunft über die Zukunft des Sudan treffen, und als diese Angelegenheit aus der Welt geschafft war, stimmten die Briten im folgenden Jahr zu, ihre restlichen Truppen aus der Suezkanalzone abzuziehen. Nassers Bestreben, den westlichen Interessen in Ägypten gleichgewichtige entgegenzusetzen, indem er Beziehungen zu kommunistischen Staaten anknüpfte und sich ihre militärische und andere Hilfe sicherte, veranlasste 1956 die Westmächte, ein Finanzierungsangebot für den Bau des Assuan-Staudamms zurückzuziehen, von dem Nasser sich eine Steigerung der Produktivität und des Wohlstands in Ägypten erhofft hatte. Nasser reagierte, indem er die im Wesentlichen französisch-britische Suezkanal-Gesellschaft verstaatlichte. Im darauf folgenden Jahr erwiderten die Franzosen und Briten dies damit, dass sie, in geheimer Absprache mit Israel, das in Ägypten eingedrungen war und alle ägyptischen Truppen östlich des Suezkanals überrannt hatte, die Kanalzone militärisch besetzten, wobei sie versuchten, ihr Handeln mit der Ausrede zu rechtfertigen, dass sie den Kanal vor den Israelis schützen wollten!

Allerdings wurden die Franzosen und die Briten von der Weltöffentlichkeit, namentlich von den Vereinigten Staaten, zum Rückzug gezwungen, was Nasser einen moralischen Sieg bescherte, der von seiner Niederlage gegen die Israelis ablenkte und ihn überall in Afrika und Asien augenblicklich zum Helden der antikolonialistischen Bewegungen machte. Doch sah er sich jetzt in einem ständigen Konflikt, der den Weltfrieden stark gefährdete, einem militanten Israel gegenüber. 1967 führten die Israelis einen weiteren Angriffsschlag, den Sechs-Tage-Krieg, der die ägyptischen Streitkräfte fast völlig vernichtete und mit der israelischen Besetzung allen ägyptischen Territoriums bis zum Ostufer des Kanals endete. Die UdSSR übernahm die Wiederbewaffnung Ägyptens – der Vereinigten Arabischen Republik, wie Ägypten seit 1958 bezeichnet wurde – und sicherte die

Finanzierung des Assuan-Staudamms, doch war Nasser nicht mehr die herausragende Figur der Weltpolitik, die er einst gewesen war.

Aufgrund seiner Abhängigkeit vom Wasser des Nils hatte Ägypten immer ein grundlegendes Interesse am Sudan. Eine vereinte Truppe aus Briten und Ägyptern hatte den Sudan zurückerobert und die Herrschaft des Mahdi beendet, und 1899 war man übereingekommen, dass der Sudan ein anglo-ägyptisches Kondominium werden sollte. Der Generalgouverneur wurde auf Empfehlung Großbritanniens von den Ägyptern bestimmt und hatte sowohl ägyptische als auch britische Beamte und Truppen unter sich. 1924 aber hatte Großbritannien, als Vergeltungsmaßnahme für die Ermordung Sir Lee Stacks in Kairo, der sowohl Generalgouverneur des Sudan als auch Oberbefehlshaber der ägyptischen Armee war, Ägypten aus aller Regierungsverantwortung für den Sudan ausgeschlossen. Von diesem Zeitpunkt an wurde der Sudan von einer effizienten Bürokratie verwaltet, die in den oberen Rängen von Briten besetzt war, während darunter in zunehmendem Maße Sudanesen zu finden waren – im Interesse des Sudans, oder was die Briten dafür hielten, und ohne sich sonderlich um die Belange Ägyptens zu kümmern. Ein Teil des Nilhochwassers wurde dem Gezira-Projekt zugeleitet, einem beeindruckenden Beispiel kooperativer Landwirtschaft, das dem Sudan durch den erfolgreichen Anbau von Baumwolle eine lebensfähige ökonomische Grundlage bescherte. Der größere Wohlstand und ein Zuwachs an Bildung brachten eine Schicht von höher gebildeten Berufstätigen mit nationalistischen Zielen hervor, die sich bald in zwei Richtungen aufspalteten: eine Gruppe, die einfach das Ziel verfolgte, die Herrschaft von den Briten zu übernehmen, und eine andere, die glaubten, es sei erforderlich, Ägypten zu Hilfe zu rufen, um die Briten zu vertreiben. Sowohl das alte Ägypten von König Faruq als auch das neue Ägypten der jungen Offiziere hätte gern in dieser verworrenen Situation mitgemischt. Doch das anglo-ägyptische Abkommen von 1953 legte fest, dass es den Sudanesen gestattet sein sollte, nach einer dreijährigen Übergangsphase der Selbstverwaltung unter internationaler Kontrolle über ihre Zukunft selbst zu entscheiden. Und als 1956 diese Frist abgelaufen war, stimmte der Sudan für eine unabhängige Republik.

Während Frankreich in den Zweiten Weltkrieg verwickelt war, hatte sich seine Nordafrika-Politik als völlig unfruchtbar erwiesen. Algerien wurde als Teil des französischen Mutterlandes betrachtet, doch hatten acht der neun Millionen Menschen in Algerien kein oder nur ein geringes Mitspracherecht bei der Regierung des Landes, da Muslime damals nicht den Status und die Rechte eines französischen Staatsbürgers erlangen konnten, wenn sie sich nicht bereit erklärten, ihrem eigenen, islamischen Recht abzuschwören. Deshalb wurde das Land, soweit es nicht im Interesse Frankreichs regiert wurde, im Interesse der europäischen Siedler geführt. Die Anwesenheit der Siedler hatte jedoch nicht zu besseren wirtschaftlichen Möglichkeiten für die Muslime geführt, die den Verlust ihres besten Ackerlandes hätten kompensieren können, und so gab es einen beständigen Zustrom algerischer Arbeitsemigranten nach Frankreich.

Tunesien und Marokko waren immer noch Protektorate, die Frankreich stellvertretend für ihre traditionellen Herrscher zu regieren behauptete. Die Verwaltung beider Territorien war im Wesentlichen absolutistisch. Selbst die 400 000 Europäer in Marokko und die 250 000 in Tunesien hatten keinerlei politische Rechte. In Tunesien hatte dieser Absolutismus 1934 bei den französisch gebildeten Tunesiern zur Gründung der „Néo-Destour“[2] geführt, einer nationalen Befreiungsbewegung, an deren Spitze Habib Bourgiba stand. Binnen vier Jahren befand sich Bourgiba im Gefängnis. Seine Partei wurde verboten.

In Marokko verliefen die Dinge zunächst nicht so geradlinig. Als die Franzosen 1911 nach Marokko kamen, erstreckte sich die Herrschaft des Sultans kaum über die Ebenen hinaus, sodass die Franzosen bis 1934 hauptsächlich damit beschäftigt waren, die Bergvölker zu unterwerfen. Eine funktionierende nationalistische Bewegung war zunächst kaum überlebensfähig, da es keine umfassende französische Verwaltung gab, gegen die man sich hätte verschwören, und noch kein moderner Staat existierte, dessen Strukturen man hätte über-

2 Destour bedeutet Verfassung. Bereits früher hatten gebildete Tunesier eine „Destour“-Partei gebildet, die die Art und Weise ablehnte, in der die französische Herrschaft die Verfassung unterlief, die der Bey von Tunis seinem Volk 1857 gegeben hatte.

nehmen können. Selbst 1953 war es den Franzosen noch möglich, die traditionelle Feindschaft der Atlas-Berber gegenüber jeder marokkanischen Regierung als Ausrede für die Absetzung des Sultans auszunutzen, der zu diesem Zeitpunkt unbotmäßige Sympathien für die Bestrebungen der „Istiqlal" zu hegen schien, einer Unabhängigkeitspartei, die 1944 gegründet worden war.

Von diesen drei Territorien war Marokko am wenigsten vom Krieg und dem Prestigeverlust, den Frankreich durch seine Niederlage im Jahre 1940 erleiden musste, betroffen (auch wenn Spanien die Gelegenheit ergriff, sich in den Besitz der internationalen Stadt Tanger zu setzen und zweifellos darauf hoffte, ein deutscher Endsieg würde ihm ganz Marokko einbringen). Um Algerien und Tunesien aber wurde heftig gekämpft. Der französische Widerstand gegen die anglo-amerikanische Landung im Jahr 1942 überzeugte die Nordafrikaner schließlich vom Obskurantismus der französischen Politik. Einen Augenblick hatte es den Anschein, als sollten Deutschland und seine Verbündeten als Befreier dastehen: in der kurzen Zeit der Besetzung Tunesiens durch Deutschland wurde Bourgiba befreit und dem Bey gestattet, Minister aus den Reihen der „Néo-Destour" einzusetzen. Doch 1943 hatte der Sieg der Alliierten in Nordafrika trotz der Atlantik-Charta und trotz der Konferenz von Casablanca und dem Interesse Roosevelts die Franzosen wieder fest in den Sattel gesetzt. Bei der Gründung der Arabischen Liga schauten die nordafrikanischen Nationalisten natürlich nach Ägypten und erwarteten Hilfe in ihrem Kampf. 1945 entwarf Bourgiba einen Plan, den auch die Algerier kurz danach aufgreifen sollten: Propaganda und Widerstand gegen Frankreich von ägyptischem Boden aus zu organisieren.

Direkte Feindseligkeiten entwickelten sich in Tunesien 1952, nachdem die französischen Bemühungen um einen Kompromiss mit den Nationalisten von den ansässigen Europäern sabotiert worden waren. Nach zweijährigem Guerillakrieg stimmten die Franzosen einer Autonomie Tunesiens zu. 1955 kehrte Bourgiba zurück und trat an die Spitze der Regierung. In Algerien erklärte 1954 die „Front Libération Nationale" (F.N.L.), ein Zusammenschluss verschiedener Parteien, die alle gegen die europäische Herrschaft eingestellt waren – und zugleich alle seit ihrer jeweiligen Gründung in den zwanziger Jahren von Frankreich unterdrückt wurden –, den Franzosen den offenen Krieg. Da sich Tunesien bereits auf dem Weg in die Unabhängigkeit befand, erkannten die Franzosen die Nutzlosigkeit ihres Kampfes zur Erhaltung ihrer Position in Marokko. Es schien besser, alle Anstrengungen auf Algerien zu konzentrieren, dessen beträchtliche Siedlergemeinschaft über eine gewichtige Stimme in der französischen Politik verfügte. Deshalb setzte man den Sultan wieder auf den Thron und gewährte Marokko 1956 die volle Souveränität, das kurz darauf den Anschluss Tangers und des spanischen Protektorats erreichte. Tunesien wollte nicht zurückstehen und verlangte ebenfalls die Unabhängikeit, die es auch erhielt. 1957 wurde der Bey abgesetzt und Tunesien wurde Republik mit Bourgiba als Präsidenten.

Jetzt hatte Frankreich nur noch einen Krieg auszutragen, doch sollte sich dieser als der bitterste Kampf Frankreichs in Afrika seit der ursprünglichen Unterwerfung des algerischen Volkes zwischen 1840 und 1879 herausstellen. Und tatsächlich kämpfte Frankreich diesen ganzen Krieg noch einmal. Lediglich die Umstände waren jetzt andere. Die F. L.N. genoss die moralische Unterstützung der ganzen muslimischen Welt und des gesamten unabhängigen Afrika und erhielt Hilfe aus Ägypten, Tunesien und Marokko. Nur der Einsatz von fast einer halben Million Soldaten erlaubte Frankreich standzuhalten. Doch waren die Kosten dieser Anstrengungen hoch, politisch wie finanziell und auch in Bezug auf die Opfer. 1958 erhob sich die französische Armee in Algerien gegen die Handhabung der Angelegenheiten durch das französische parlamentarische Regime und setzte General De Gaulle an die Spitze des französischen Staats. Doch im Gegensatz zu den Erwartungen einiger Armeeoffiziere war De Gaulle mittlerweile wie die Mehrheit der Franzosen im Mutterland davon überzeugt, dass es sinnlos geworden war, die französische Verfügungsgewalt über Algerien gewaltsam aufrecht erhalten zu wollen. 1959 erkannte er das Recht der Algerier auf Selbstbestimmung an. 1962 gelang es seiner Regierung schließlich, einen Waffenstillstand mit den Nationalisten zu vereinbaren. Frankreichs Hauptproblem bestand darin, die Kolonisten in Algerien von dieser Politik zu überzeugen, befanden sich doch unter ihnen Extremisten, die auch, in einem verzweifelten letzten Versuch, die Gründung eines unabhängigen Algerien zu verhindern, das von der muslimischen Mehrheit kontrolliert werden würde, vor Terrorakten nicht zurückschreckten – Terrorakten sowohl gegen Frankreich als auch gegen die Muslime. Zu guter Letzt aber wurde die Republik Algerien mit Muhammed Ben Bella als Präsidenten anerkannt.

Im subsaharischen Afrika machte sich der erste Widerstand gegen die europäische Herrschaft in den traditionellen Gesellschaften bemerkbar, die der neuen Herrschaftsform, in die die kolonisierenden Mächte sie zwingen wollten, ablehnend gegenüberstanden. Diese Art des Widerstands war vor allem für die entlegenen Gebiete der Kolonien und für die Frühzeit der Kolonisation charakteristisch, doch war die Kohäsionskraft einer traditionellen Gesellschaft mitunter so groß, dass die Kolonialregierung schließlich Kompromisse mit ihr eingehen musste. In solchen Fällen mochte der Traditionalismus auch weiterhin politisch relevant sein, wie das zum Beispiel bei den Baganda der Fall war. Insgesamt aber gelang es der europäischen Administration sich zu etablieren, und als sich das wirtschaftliche und soziale Klima zu ändern begannen, machten auch neue Formen der Opposition von sich reden.

Einige waren nicht offen politisch ausgerichtet. So fand im östlichen, zentralen und südlichen Afrika, wo die christlichen Missionen oftmals der europäischen Verwaltung vorausgegangen waren und eine fortschreitende europäische Besiedlung zu ernsten Verwerfungen in den afrikanischen Gesellschaften führen konnte, die afrikanische Opposition mitunter ihren Ausdruck im „Äthiopismus“ – der Gründung separater und exklusiv schwarzer, christlicher Kirchen, in denen Glauben und Bräuche, die man von den Missionen übernommen hatte, oft mit lokalem Kolorit versehen wurden. Mitglieder solcher Kirchen konnten sich gelegentlich in blinden Revolten gegen die europäischen Verwalter und Siedler ergehen, von denen sie generell mit Feindseligkeit und Misstrauen beobachtet wurden. Eines der bekanntesten Beispiele dafür war der 1915 von John Chilembwe geführte Aufstand in Nyassaland. Auf andere Weise war die Mau-Mau-Bewegung der Gikuyu in Kenia zwischen 1952 und 1956 wahrscheinlich ebenso sehr eine psychologische und magisch-religiöse wie politische Reaktion auf den Druck von außen.

Die politischen Protestbewegungen waren aber in letzter Konsequenz weit bedeutsamer. Sie entstanden im subsaharischen Afrika zuerst in den Küstengebieten Westafrikas, wo der lang andauernde Kontakt mit Europa vor dem Beginn des Kolonialzeitalters gewährleistete, dass die Entstehung der kolonialen Administration mit dem Heranwachsen einer Schicht von europäisch gebildeten, afrikanischen Berufsgruppen in etwa einherging. Als sich die politische Herrschaft Europas festigte und sich die koloniale Entwicklung in einem Maße beschleunigte, dass die Europäer die afrikanischen Angelegenheiten immer mehr bestimmten, fühlte sich diese Klasse in wachsendem Maße ausgeschlossen und frustriert. Ihre Mitglieder begannen mit dem Gedanken zu spielen, selbst die Kontrolle über die neuen Herrschaftseinrichtungen zu erlangen, die Europa Afrika übergestülpt hatte.

Welche Richtung diese Opposition zu Anfang einschlug, war stark davon abhängig, welche Kolonialpolitik die beiden wichtigsten Mächte verfolgten. Im britischen Westafrika lag die praktische Durchführung der Kolonialpolitik in den Händen der Gouverneure vor Ort. Beraten wurden sie von einem Ministerialrat und einem gesetzgebenden Rat, wobei Ersterer vollständig aus britischen Beamten bestand, Letzterer aber auch ein paar afrikanische Kandidaten einschloss. Ziel der politisch wachen Afrikaner wurde hier zunächst die Umwandlung der gesetzgebenden Räte in afrikanische Parlamente, dem sich als zweites Ziel die nachfolgende Umwandlung der Ministerialräte in afrikanische Ministerien anschloss, die diesen Parlamenten rechenschaftspflichtig sein sollten. Bereits in den neunziger Jahren des 19. Jahrhunderts waren politische Vereinigungen entstanden, die auf diese Ziele hinarbeiteten. Diese Zielsetzungen waren auch im allgemeinen Programm des 1918 gegründeten „West African National Congress“ verankert. Was die französischen Kolonien betrifft, war die Macht hingegen sehr viel effektiver in Frankreich selbst konzentriert. Bereits 1848 war das Prinzip, dass Afrikaner französische Staatsbürger werden konnten, denen das Recht zustand, sich an den Parlamentswahlen der französischen Metropole zu beteiligen, in einigen senegalesischen Niederlassungen verwirklicht worden. Deshalb neigten französische Afrikaner in ihren politischen Bestrebungen anfänglich dazu, sich einen größeren Einfluss in Paris zu sichern. Politische Vereinigungen der Afrikaner in den französischen Kolonien knüpften Verbindungen zu Parteien des Mutterlandes; Bedeutung erlangten sie aber erst in den dreißiger Jahren des 20. Jahrhunderts. Diese frühen politischen Vereinigungen waren aber weder im britischen noch im französischen Westafrika von besonderem Gewicht, vor allem weil damals die praktische Verwirklichung der politischen

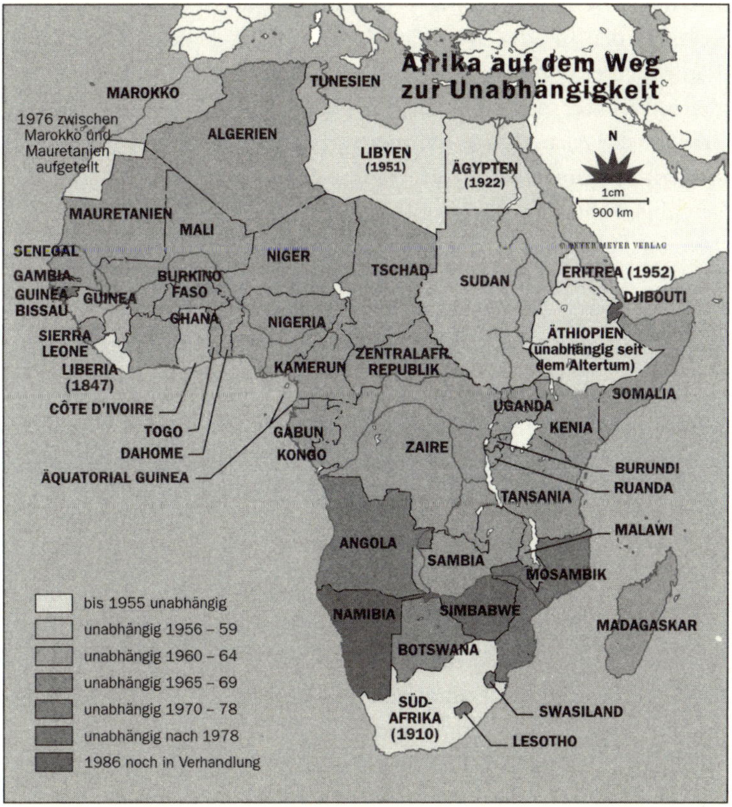

Afrika – fortschreitende Unabhängigkeit

Freiheit für die Afrikaner noch in weiter Ferne lag. In den französischen Territorien konnten nur die wenigen Afrikaner, die wirklich in einer der vier französischen Gemeinden im Senegal geboren worden waren, die französische Staatsbürgerschaft erlangen. Ebenso gewährten die Briten vor 1947 nur den europäischen Siedlerkolonien die Selbstverwaltung. Vor diesem Hintergrund machten sich viele spätere Führer des neuen Afrika zunächst mehr als Intellektuelle einen Namen denn als praktische Politiker. Léopold Sedar Senghor zum Beispiel war ein bemerkenswerter senegalesisch-französischer Dichter, bevor er zum erfolgreichen nationalistischen Staatsmann wurde. Fodeba Keita errang sich zunächst als Direktor der „Ballets Africains“ internationale Anerkennung. J. B. Danquah, der erste Führer der Bewegung, die aus der Kolonie Goldküste das heutige Ghana (ein Name, den er selbst ganz bewusst ausgewählt hatte) machte, war zugleich Verfasser mehrerer Bücher über Glaubensvorstellungen und Bräuche der Akan. Diese Männer verbrachten gewöhnlich ihre Studienzeit an Universitäten in Frankreich, Großbritannien oder den Vereinigten Staaten. Da war es nahezu unvermeidlich, dass sie sich dem intellektuellen Sozialismus zuwandten, der damals unter den Studenten eine große Rolle spielte. Zudem wurden sie von der Euphorie der „Black Renaissance“ in Amerika und der Karibik ergriffen, die von Männern wie Marcus Garvey und W. E. B. DuBois angeführt wurde. Von dieser Bewegung kamen die ersten Anstöße eines Panafrikanismus, auch wenn der Panafrikanismus erst auf der letzten einer ganzen Reihe panafrikanischer Konferenzen, die dem inspirierenden Einfluss von DuBois zu verdanken waren – und zwar jener, die 1945 in Manchester das bedeutsame Zusammentreffen von George Padmor, Kwame Nkrumah und Jomo Kenyatta ermöglichte – die Form einer wirkungsvollen politischen Bewegung anzunehmen begann. Das Hauptanliegen der schwarzen Führer auf beiden Seiten des Atlantiks bestand darin, ihren Völkern in einer Welt, die bis auf das Äußerste von den Traditionen und Werten der Westeuropäer dominiert zu sein schien, eine respektable intellektuelle und moralische Stellung zu verschaffen. Die Prägung solcher Begriffe wie der *Négritude*, der „afrikanischen Präsenz“ (*présence africaine*) oder der „afrikanischen Persönlichkeit“ (*African personality*) war ganz offensichtlich eine wesentliche Vorbedingung für effektives afrikanisches Handeln im politischen Bereich.

Diese intellektuelle Konzentration früher Nationalisten war auch eine Folge der Situation, die sich ihnen in ihren Heimatländern bot: so hatten ihre ersten politischen Gruppierungen in der Tat ebenso sehr den Charakter von Debattierklubs wie von politischen Parteien. Sie konnten kaum auf Unterstützung im Volk hoffen, da nur wenige Afrikaner außerhalb ihrer kleinen Zirkel überhaupt die Möglichkeit hatten, sich die Sprache der nationalistischen Politik anzueignen, geschweige denn deren Ideen. Darüber hinaus gab es, wenn überhaupt, nach wie vor nur wenige Möglichkeiten, wie eine afrikanische Öffentlichkeit die koloniale Administration wirksam beeinflussen konnte. Also wandten sich die frühen afrikanischen Politiker ebenso sehr an europäische wie an afrikanische Zuhörer (wenn nicht sogar eher an europäische), stritten mit den Verwaltungsbeamten vor Ort oder versuchten in Europa Unterstützung für ihre Vorstellungen zu finden. Zumindest die Afrikaner der französischen Kolonien verfolgten offensichtlich diese Taktik, auch wenn die Entsendung von Delegationen und das Schicken von Depeschen nach London sogar bis in die fünfziger Jahre hinein auch im britischen Westafrika ein wesentlicher Bestandteil des politischen Spiels blieb.

Der Zweite Weltkrieg veränderte das Bild grundlegend. Sowohl Afrikaner als auch Europäer begriffen, dass das europäische Weltreich kein unwandelbarer Monolith in der Landschaft der Weltgeschichte war. Am deutlichsten wurde das in Asien demonstriert. Zunächst durch die Japaner, als sie viele einträgliche Kolonialgebiete okkupierten, und dann durch die Briten, Holländer und Franzosen selbst, die auf unterschiedliche Weise und unterschiedlich schnell erkannten, dass sie, obwohl es ihnen gelungen war, den Japanern eine Niederlage zuzufügen, in ihren asiatischen Kolonien nicht einfach wieder dort anfangen konnten, wo sie 1941 zum Rückzug gezwungen worden waren. Innerhalb weniger Jahre nach dem Ende des Krieges hatte eine ganze Reihe süd- und südostasiatischer Völker – Inder, Pakistanis, Burmesen, Indonesier, Indochinesen – entweder die Unabhängigkeit errungen oder befanden sich auf dem Weg dorthin. Die Afrikaner begannen sich zu fragen, warum sie nicht auch den Weg in die gleichberechtigte Welt der Vereinten Nationen beschreiten sollten, in der die neuen asiatischen Staaten schon bald zu einer bedeutsamen Gruppe wurden, die sich dem Antikolonialismus verschrieb – einem Anliegen, das bereits, auf jeweils unterschiedliche Weise, von den amerikanischen Republiken und den kommunistischen Staaten unterstützt wurde.

Für die Kolonialregimes im subsaharischen Afrika kam es zu keinem vergleichbaren direkten Schockerlebnis durch einen Krieg. Doch hatten die deutsche Besetzung Frankreichs im Jahre 1940 und die nachfolgende Spaltung der Franzosen in Gaullisten und Anhänger Vichys bedeutende Auswirkungen auf die französischen Gebiete. Die Politik Nazi-Deutschlands war publizistisch weithin diskutiert und kritisiert worden. Daher führte die Parteinahme der französischen Administration in Westafrika für Vichy bei vielen Afrikanern zu dem Verdacht, die koloniale Verwaltung halte es mit dem Nazi-Rassismus. Zusammen mit einigen ihrer politischen Aktivitäten entstand daraus ein neuer Unruhefaktor, der noch gesteigert wurde, als sich die weit weniger fortschrittlichen äquatorialafrikanischen Kolonien unter dem anregenden Einfluss von Félix Eboué, einem Schwarzen aus der Karibik, der damals Gouverneur des Tschad war, für De Gaulle und ein befreites Frankreich aussprachen. Eboué wurde bald Generalgouverneur, und unter seiner dynamischen Führung entwickelte sich das französische Äquatorialafrika zu einer Bastion, von der aus afrikanische und französische Soldaten ihren Teil zur Befreiung Nordafrikas beitrugen. 1942 erkannten die Franzosen in Westafrika, dass es an der Zeit war, die Seite zu wechseln, doch hatten bereits andere die Initiative übernommen, die französische Politik in Afrika zu bestimmen. 1944 entwickelten, angeregt durch Eboué und seine Freunde, Politiker des Freien Frankreich und Kolonialbeamte aus ganz Schwarzafrika in Brazzaville einen Plan für die Zukunft des französischen Afrika. Ihre wichtigste Entscheidung bestand darin, dass Repräsentanten der Afrikaner zur Ausarbeitung der französischen Nachkriegsverfassung beitragen sollten. Zusammen mit den besonderen Vorschlägen von Brazzaville führte dieser Beschluss letztlich die Umwandlung des Kolonialreichs in eine Französische Union herbei, in der die „Überseegebiete" „Partner" Frankreichs waren. Alle Afrikaner wurden französische Staatsbürger und waren damit in der Lage, sich an französischen Parlamentswahlen zu beteiligen. Vielleicht noch bezeichnender aber war, dass sich das französische Kolonialreich zu dezentralisieren begann, sodass der territorialen Verwaltung größere Autorität zukam und den gewählten Versammlungen eine gewisse Finanzkontrolle zugebilligt wurde.

Die aufstrebenden afrikanischen Führer verfügten jetzt über einen politischen Status, mit dem sich etwas erreichen ließ. Von allen neu entstehenden Parteien erfreute sich die „Rassemblement Démocratique Africain" der größten Unterstützung. Dies war eine interterritoriale Partei, die unter der Leitung von Félix Houphouët-Boigny aus der Elfenbeinküste sowohl in Frankreich als auch in Afrika schon bald eine führende politische Rolle spielen sollte. Zwischen 1948 und 1959 führten ihre militante Agitation und die enge Verbindung zu den französischen Kommunisten zu Unterdrückungsmaßnahmen von Seiten der Kolonialbehörden.

An diesem Punkt befreiten die Ereignisse in den angrenzenden britischen Territorien Westafrikas die französischen Afrikaner aus ihrer politischen Sackgasse – nämlich Frankreich und nicht Afrika als das Hauptschlachtfeld anzusehen. Hier hatten der Krieg und seine Nachwirkungen zu beträchtlichen wirtschaftlichen und sozialen Spannungen geführt, vor allem in den Küstengebieten der Goldküste und Nigerias, den Regionen, die am engsten mit der Außenwelt verbunden waren. Wie wir gesehen haben, hatten die Bedingungen der Kriegszeit und die Knappheit tropischer Produkte nach dem Krieg zu einem bedeutenden Ansteigen des Einkommens sowohl bei den afrikanischen Produzenten als auch bei den Kolonialregierungen geführt. Gleichzeitig hatte der Krieg viele Afrikaner in engere Berührung mit Ereignissen und geistigen Strömungen der Außenwelt gebracht als jemals zuvor. Viele Westafrikaner hatten auf gleichberechtigter Basis mit britischen Soldaten in anderen Teilen der Welt gekämpft, vor allem während des Birma-Feldzugs. Weit mehr noch hatten erlebt, wie das alte Bild des Europäers als bloßen Verwalters oder Führers afrikanischer Arbeitskräfte zerschmettert wurde, weil es in ihren Ländern eine beachtliche Zahl britischer oder amerikanischer Militärangehöriger gab. Die Gespräche über die Atlantik-Charta und die eben erst gegründeten Vereinten Nationen, die Unabhängigkeit in Asien, die neuen britischen Entwicklungs- und Sozialpläne in den Kolonien weckten große Erwartungen. Doch wurden die Jahre unmittelbar nach dem Krieg sowohl im persönlichen als auch im öffentlichen Bereich zu einer Enttäuschung. Die westafrikanischen Erzeuger fühlten sich betrogen, weil es zu einer ernsten Verknappung der Konsumgüter kam, die sie sich inzwischen leisten konnten. Sie vermuteten, dass die europäischen Importeure versuchten, sie mit überhöhten Preisen auszunutzen. Die Umsetzung der Entwicklungspläne von Seiten der Regierungen und privater europäischer Unternehmen wurde verschoben, weil es auch an Investitionsgütern fehlte. Zugleich kamen aber mit den Investitionen immer weitere europäische Berater, Techniker und Supervisoren ins Land. Die Erwartungen der Afrikaner, die mit neuen Fertigkeiten und Anschauungen einen neuen Wohlstand und Lebensstandard erreicht hatten, wurden in jeder Beziehung grausam enttäuscht.

Zuerst kochten die Spannungen in der Goldküste über. 1948 kam es zu einem ausgedehnten Boykott europäischer Kaufleute und nachfolgend zu tumultartigen Zuständen in den größeren und wichtigen Städten. Die Nationalisten schlugen aus diesen Unruhen Kapital, denn im vorangegangenen Jahr hatten Danquah und seine Kollegen Kwame Nkrumah aus England zurückgeholt, der zur radikalen Spitze des neuen Panafrikanismus zählte, damit er bei der Organisation der öffentlichen Unterstützung für eine landesweite politische Partei half, die die Selbstverwaltung forderte. Die offizielle Untersuchung der gewalttätigen Ausschreitungen ergab eine wachsende afrikanische Unzufriedenheit als Ursache der Tumulte. Zudem wurde darin festgestellt, dass die neue Verfassung, die die Goldküste erst zwei Jahre zuvor erhalten hatte – und in der Afrikanern zum ersten Mal im kolonialen Afrika eine Mehrheit im gesetzgebenden Rat zugebilligt worden war – „bei ihrer Einführung bereits nicht mehr zeitgemäß gewesen" sei. Daraus leitete sich der Vorschlag ab, schnelle Schritte in Richtung einer selbstverantwortlichen Regierung zu unternehmen. 1949 ernannte der Gouverneur ein vollständig aus Afrikanern bestehendes Komitee, das zu diesem Zweck eine neue Verfassung ausarbeiten sollte.

Die alte Garde der Nationalisten von der Goldküste war an der Ausarbeitung dieser Verfassung beteiligt. Nkrumah und die neue Spitze aber gingen ihren eigenen Weg und erklärten, dass sie sich mit nichts weniger als der Ausübung „selbstverantwortlicher Regierungsgewalt *jetzt*“ zufrieden geben würden. Die Massengefolgschaft, die Nkrumah aufgebaut hatte, schloss sich bald ihm und seiner neuen „Convention People's Party“ an, und bei den ersten Wahlen, die nach der neuen Verfassung durchgeführt wurden (1951), erhielt er die überwältigende Mehrheit der Stimmen. Zu diesem Zeitpunkt befand sich Nkrumah wegen Aufwiegelung im Gefängnis, doch der neue Gouverneur, Sir Charles Arden-Clark, beurteilte die Situation richtig. Nkrumah wurde entlassen, und er und seine Kollegen erhielten die führenden Posten in der neuen Regierung. Bis 1957 hatten die vereinten Bemühungen Nkrumahs, seiner Partei und der Briten aus der Goldküste das unabhängige Mitglied des Commonwealth Ghana entstehen lassen.

Der britischen Regierung war klar, dass das Kolonialsystem im britischen Westafrika unmöglich weiter aufrechterhalten werden konnte, sobald mit der Goldküste der erste Stein aus dem Gesamtgefüge herausgebrochen war. So bedurfte es nur geringer Versprechungen durch einheimische Nationalisten, um Nigeria, Sierra Leone und Gambia auf einen vergleichbaren Weg in die Unabhängigkeit zu bringen. Zwar wurde dieser Weg weniger schnell beschritten, aber das lag vor allem an den jeweiligen lokalen Bedingungen und ihren Besonderheiten. Die Größe Nigerias und die beträchtlichen Unterschiede zwischen den drei wichtigsten Regionen des Landes, was Wohlstand und Zukunftsaussichten anging, führten zwangsläufig zur Entwicklung eines föderalen Systems mit regionaler Autonomie, bevor die volle Unabhängigkeit des ganzen Landes erreicht werden konnte (1960) – wobei man sich weitgehend auf die Methode „Versuch und Irrtum“ verließ. Auch in Sierra Leone mußten innere Unterschiede überwunden werden: zwischen den Kreolen (Nachkommen der befreiten Afrikaner), die bislang die afrikanische Politik dominiert hatten, und den weit zahlreicheren Einheimischen des Landesinnern. Doch auch Sierra Leone konnte 1961 unter der Führung von Milton Margai, dem ersten Einheimischen aus dem Landesinnern, der eine Universitätsbildung durchlaufen hatte, die Unabhängigkeit erringen. Schließlich kam man 1965 überein, daß auch den Gambiern nicht verweigert werden konnte, was den anderen Westafrikanern zugestanden worden war, obwohl das Land nur über eine zahlenmäßig kleine Bevölkerung verfügte und gemessen an den Ressourcen arm war.

Es darf bezweifelt werden, ob die britische Regierung sich der radikalen Auswirkungen bewusst war, die ihre neue Politik in Westafrika in anderen Teilen des subsaharischen Afrika haben sollte. Unmittelbare Konsequenzen ergaben sich für das französische Afrika, denn wenn den Westafrikanern, die vordem unter britischer Herrschaft gestanden hatten, zugestanden wurde, dass sie in der Lage seien, ihre Angelegenheiten selbst zu regeln, so galt dies aller Wahrscheinlichkeit nach auch für ihre französischer Herrschaft unterstehenden Nachbarn. Das wurde sofort im französischen Togo spürbar, dem, da einige Völker der früheren deutschen Kolonie zum Teil auch zum neuen Ghana gehörten, 1955 nahezu vollständige Unabhängigkeit gewährt wurde. Insgesamt begannen sich sowohl die Bestrebungen der westafrikanischen Nationalisten in den französischen Kolonien als auch die Ausrichtung der französischen Politik zu ändern, wobei sich Letztere langsamer änderte als Erstere. Obwohl die R.D.A. sich kurzzeitig von dem Desaster erholte, das sie mit ihrer früheren Taktik angerichtet hatte, und eine neue Politik des Fortschritts durch gegenseitiges Verständnis mit den Franzosen entwickelte, sah sie sich jetzt in einigen Kolonien der Konkurrenz nationalistischer Parteien gegenüber. Als Houphouët-Boigny 1956 einer Regierung der französischen Sozialisten beitrat, wurde er zur entscheidenden Gestalt bei der Ausarbeitung des *loi cadre*, eines grob umrissenen Gesetzeswerks, das die französische Regierung ermächtigte, jeder Kolonie ein beträchtliches Maß an Selbstverwaltung zu gewähren. Territorialversammlungen und Ministerräte übernahmen nach und nach die Macht, die vordem bei den Franzosen in Paris, Dakar oder Brazzaville gelegen hatte.

Sowohl Houphouët-Boigny als auch der *loi cadre* zogen wachsende Kritik seitens jener Nationalisten auf sich, die der Ansicht waren, das französische Afrika werde in Einheiten zersplittert, die zu klein und nicht hinreichend autonom wären, um sich der französischen Kontrolle wirklich entziehen zu können. Innerhalb der R.D.A. arbeitete Sekou Touré, ein guineischer Nachfahre von Samori und Führer einer starken interterritorialen, afrikanischen Gewerkschaftsbewegung, auf einen Verbund der Kolonien hin, der weit unabhängiger von Frankreich sein sollte. Auch Senghor, dessen „Bloc Populaire Sénégalaise" im Senegal, der einzigen Kolonie, in der sich die R.D.A. niemals eines starken Zuspruchs erfreut hatte, über den *loi cadre* an die Macht gekommen war, brachte ähnliche Argumente vor.

Der nächste Fortschritt ging 1958 von den Franzosen aus, als das neue Regime von De Gaulle, das durch die Ereignisse in Algerien an die Macht gelangt war und jetzt versuchte, die Gunst der Stunde zu nutzen, alle schwarzafrikanischen Kolonien vor die Wahl stellte, entweder zur vollständigen Unabhängigkeit überzugehen oder sich für eine Autonomie als eigenständige Republiken innerhalb einer französischen „Gemeinschaft" zu entscheiden, die eine gemeinsame Außen- und Verteidigungspolitik verfolgen und weitere gemeinsame Anliegen ebenfalls gemeinsam entscheiden sollte. Diese Initiative schien Erfolg zu haben, denn im anschließenden Referendum entschieden sich alle Kolonien mit Ausnahme Guineas, wo Sekou Tourés Einfluss eine zweifelhafte Entscheidung für die Unabhängigkeit nach sich zog, für die Autonomie im Rahmen der Gemeinschaft. Guineas Schritt aber führte zur Zerstörung der Gemeinschaft in der Form, in der De Gaulle sie sich vorgestellt hatte. 1959 baten Senegal und der französische Sudan darum, als Mali-Föderation *innerhalb* der Gemeinschaft die volle Unabhängigkeit zu erhalten. Als diese gewährt wurde, meinten die Territorien, die sich noch innerhalb der Einflusssphäre Houphouët-Boignys befanden – die Elfenbeinküste, Niger, Dahomey und Obervolta –, sie müssten noch einen Schritt weiter gehen. Sie forderten und erhielten die Unabhängigkeit *außerhalb* der Gemeinschaft. Man sah darin einen vorbereitenden Schritt zu einem Übereinkommen mit Frankreich. Ende 1966 waren alle früheren Kolonien im französischen West- und Äquatorialafrika technisch von Frankreich unabhängig geworden.

Als Guinea seine Unabhängigkeit erklärte, zog Frankreich sofort seine Verwaltungsbeamten zurück und stellte alle Wirtschafts- und Finanzhilfe ein. Das Land war in der Folgezeit auf Hilfe angewiesen, die zum größeren Teil von kommunistischer Seite geleistet wurde: der UdSSR, der CSSR, China und der DDR. Sofortige und dramatische Hilfe aber kam aus Nkrumahs Ghana, mit dem Guinea für kurze Zeit eine Art Union einging. Damit wurde offenbar, dass Nkrumah die ghanaische Unabhängigkeit lediglich als Mittel zu einem größeren Zweck betrachtete: der vollständigen Befreiung Afrikas vom Kolonialismus und dem Erreichen einer größtmöglichen Einheit der afrikanischen Bevölkerung. Dies im Blick konnte er jedwede Uneinigkeit in Ghana nicht hinnehmen, das er in eine monolithische Republik umwandelte, die der vollständigen Kontrolle seiner Partei unterstand und von seiner Persönlichkeit als Präsident (1960) dominiert wurde. Alle Energien und Ressourcen des Staates sollten nach außen in den antikolonialen und panafrikanischen Kampf fließen. 1958 war Accra Schauplatz der ersten Konferenz der Regierungen unabhängiger afrikanischer Staaten und, was vielleicht bezeichnender ist, auch der ersten „All-African Peoples' Conference", zu der Vertreter nationalistischer Bewegungen aus achtundzwanzig afrikanischen Territorien anreisten, von denen viele noch unter kolonialer Herrschaft standen. Von diesem Augenblick an war klar, dass die afrikanische Revolution nicht auf Westafrika beschränkt bleiben würde. Und bereits damals gab es viele gut informierte Menschen, die davon ausgingen, dass die Revolution sich mit wachsender Stärke bis in die Hochburgen der weißen Überlegenheit im tiefsten Süden ausbreiten würde.

Die Folgen der „All-African Peoples' Conference" wurden am unvermitteltsten in Belgisch-Kongo spürbar, dessen Regierung ihre rigide, paternalistische Herrschaft kaum gemildert hatte und, obwohl sie oftmals in ihrer Sorge um den wirtschaftlichen Fortschritt als durchaus aufgeklärt zu bezeichnen ist, den Afrikanern keinerlei politisches Mitspracherecht zugestand (nebenbei bemerkt, den belgischen Siedlern auch nicht). Nach 1955 begannen die Belgier ein wenig zur Kenntnis zu nehmen, was sich ringsum in Afrika zutrug, vor allen Dingen in den französischen Territorien am anderen Ufer des unteren Kongo und jenseits des Ubangi. Ihre vorsichtige Neubewertung der Lage ermöglichte das Entstehen zahlreicher politischer Vereinigungen, doch waren diese – in einem so riesigen Land, in dem nur wenige Afrikaner überhaupt Kontakt mit der Außenwelt gehabt oder eine höhere Bildung besessen hatten und in dem keiner auch nur irgendeinen verantwortlichen Posten bekleidet hatte – zum größten Teil auf regionaler oder gar tribaler Ebene organisiert. Die Unabhängigkeit schien noch weit entfernt. Als 1956 A. A. J. van Bilsen, ein junger belgischer Professor, einen Plan vorlegte, der die politische Emanzipation des Kongo innerhalb von dreißig Jahren vorsah, wurde er wegen seiner Unverschämtheit noch heftig angegriffen. 1958 nahm Patrice Lumumba, der einzige kongolesische Führer, der mehr als eine bloß lokale Gefolgschaft vorweisen konnte, an der gesamtafrikanischen Völkerkonferenz in Accra teil, wo sein radikales, auf staatliche Einheit abzielendes Herangehen an das Problem der Unabhängigkeit für den Kongo unmittelbare Anerkennung fand und er für die Panafrikanisten zum Helden des kongolesischen Nationalismus wurde. 1959 war ein Jahr zunehmender Unruhe im Kongo, und 1960 kamen die Belgier zu dem Schluss, dass es für die Wahrung ihrer großen wirtschaftlichen Interessen in diesem Territorium das Beste sei, wenn sie freie Wahlen und sofortige Unabhängigkeit gewährten.

Lumumba wurde ordnungsgemäß der erste Premierminister, doch war seine Regierung von der parlamentarischen Unterstützung durch Politiker abhängig, deren Ansichten stark von den seinen abwichen, sodass er nur mit Hilfe der belgischen Verwaltung und der von Belgiern geführten Armee regieren konnte. Als die Soldaten dieser Armee meuterten, weil sie angesichts der fortbestehenden Gegenwart ihrer weißen Offiziere und Unteroffiziere keine Unabhängigkeit für sich selbst sehen konnten, brach das ganze Gefüge zusammen. Zwischen einzelnen Stammesgruppen brachen Kämpfe aus, über die alte Rechnungen beglichen werden sollten. Die für die ganze Wirtschaft des Kongo lebenswichtige Provinz Katanga, die von einer unheiligen Allianz aus Interessensvertretern der belgischen Bergbauindustrie und lokalen afrikanischen Politikern unter Führung von Moise Tshombe kontrolliert wurde, erklärte ihre Unabhängigkeit. Belgien wandte Gewalt an, um seine Bürger und seine Interessen zu schützen. Zunächst erzielten die unabhängigen afrikanischen Staaten einen großen Erfolg, weil sie darauf bestanden, dass die Ordnung nur durch ihre eigenen Soldaten, die unter Kontrolle der Vereinten Nationen handelten, wieder hergestellt werden sollte. Doch bald schon taten sich zwischen ihnen Meinungsverschiedenheiten darüber auf, in welchem Rahmen es legitim sei, sich in die Angelegenheiten eines afrikanischen Bruderlandes einzumischen. Die eine Gruppierung, zu der Guinea, Ghana und Ägypten gehörten, hielten an der strikten panafrikanischen Linie fest, dass die Regierung Lumumba die einzig legitime Regierung im Kongo war. Nach der Ermordung Lumumbas in Katanga äußerte sich diese Gruppe sehr kritisch gegenüber den Vereinten Nationen. Andere Staaten wie Tunesien, Nigeria und der Sudan sahen die Notwendigkeit, einen Kompromiss herbeizuführen – eine Koalition aus den verschiedenen sich befehdenden kongolesischen Fraktionen, die in der Lage sein sollte, in der Nationalversammlung über eine starke Mehrheit zu gebieten und vielleicht auch eine verfassungsmäßige Annäherung zwischen den Einheitsforderungen der Anhänger Lumumbas und dem Föderalismusgedanken anderer einflussreicher kongolesischer Führer zu erreichen. Im Verlauf des Jahres 1960 komplizierte sich die Lage noch dadurch, dass viele französische Kolonien die Unabhängigkeit erlangten. Da sie näher am Kongo lagen und enger mit dem Westen verbunden waren als andere unabhängige afrikanische Staaten, waren sie der Auffassung, sowohl die Panafrikanisten als auch die Vereinten Nationen hätten sich ungerechtfertigt in Angelegenheiten eingemischt, die man am besten den Kongolesen und ihnen überlassen sollte.

Schließlich wurde die Sezession Katangas beendet und im Kongo der Anschein von Ordnung wiederhergestellt, indem man unter Kontrolle der Vereinten Nationen Truppen und Beamte im Kongo stationierte. Diese aber konnten nicht für immer bleiben (die Finanzierung ihrer Maßnahmen trieb die Vereinten Nationen beinahe in den Ruin). Als sie sich zurückzogen, sah sich die Regierung unter Präsident Kasavubu in mehreren Gebieten mit bewaffnetem Widerstand konfrontiert – von Lumumbisten, von abtrünnigen Stammesführern, Gangstern oder Möchtegern-Kriegsfürsten. Um dieser Situation Herr zu werden, bediente sich Kasavubu einer raffinierten Taktik, die darin bestand, dem bis dato Erzdissidenten Tshombe den Posten des Premierministers seiner Regierung anzubieten. Tshombes Verbindungen zum Westen setzten ihn in die Lage, die Mittel aufzutreiben – einschließlich weißer Söldner –, mit denen sich eine grobe Herrschaft über nahezu den gesamten Kongo mit Ausnahme der entlegeneren ländlichen Gebiete etablieren ließ. Doch weder Tshombe noch Kasavubu schafften es, bei den Afrikanern – ob nun innerhalb oder außerhalb des Kongo – Vertrauen zu gewinnen, und 1965 wurden ihre erfolglosen Versuche, eine arbeitsfähige parlamentarische Regierung auf die Beine zu stellen, vom Oberbefehlshaber der kongolesischen Arme, General Mobutu Sese Seko, mit einem Handstreich beendet. Mobutu gelang es mit finanzieller Unterstützung der USA, letzten Endes eine Willkürherrschaft über das ganze Land zu errichten, das er kurz darauf in Zaire umbenannte.

Der Unabhängigkeit Zaires 1960 folgte kurz darauf die Unabhängigkeit der vier ostafrikanischen Kolonien Tanganjika (1961), Uganda (1962), Kenia (1963) und Sansibar (1963). Hier gibt es keinerlei Zweifel daran, dass die britische Regierung es vorgezogen hätte, wenn das alles wesentlich langsamer über die Bühne gegangen wäre, um ein System „multirassischer“ Verfassungen anwenden zu können, das den Schutz der europäischen und asiatischen Minderheiten bis zu einem Zeitpunkt garantiert hätte, da Rassenunterschiede durch Eheschließungen über die Rassengrenzen hinweg bedeutungslos geworden wären. Eine derartige Politik ließ sich jedoch nur so lange aufrecht erhalten, als Westafrika das einzige Vergleichsbeispiel darstellte. Mit einem unabhängigen Kongo und einem unabhängigen Somalia hörte das auf. Zudem zeigten die politischen Parteien in Ostafrika seit Ende der fünfziger Jahre, was in ihnen steckte. Die „Tanganyika African National Union“ (TANU), 1954 von Julius Nyerere gegründet, erwies sich schnell als ebenso erfolgreiche Massenpartei, die alle früheren politischen Vereinigungen in sich aufnahm, wie Nkrumahs „Convention People's Party“. Auch begegnete Nyerere in Sir Richard Turnbull einem Gouverneur mit ähnlich pragmatischen Ansichten, wie Nkrumah ihn in Arden-Clark gefunden hatte. Innerhalb weniger Wochen nach seiner Berufung im Jahre 1958 hatte Turnbull die multirassische Politik seiner Vorgänger begraben. Hatte Arden-Clark für Nkrumah noch eine „Lehrzeit" von sieben Jahren veranschlagt, so einigte Turnbull sich mit Nyerere auf deren drei.

Die anderen ostafrikanischen Territorien waren auf Grund ihrer inneren Meinungsverschiedenheiten ein klein wenig langsamer. Obgleich es in Uganda keine europäischen Siedler gab und das Land wirtschaftlich und auf dem Gebiet des Bildungswesens weiter und besser daran war als Tanganjika, hatte sich der Unabhängigkeitsprozess dadurch verzögert, dass sich Buganda nicht bereit zeigte, von der privilegierten Stellung abzulassen, deren es sich unter dem Kolonialregime erfreut hatte. Als mit dem landesweiten Auftreten der „Democratic Party" eine Partei erschienen war, die willens war, die Kolonialregierung herauszufordern, gründeten die Baganda in Opposition dazu die „Kabaka Yekka Party". Erst als Milton Obote eine dritte Partei gründete – den „Uganda People's Congress", der seine Basis im weniger entwickelten Nordteil des Landes hatte –, ließen sich die Baganda-Anhänger der „Kabaka Yekka" überzeugen, eine Koalition mit der U.P.C. gegen die „Democratic Party" einzugehen und damit eine Gruppierung zu bilden, die stark genug war, 1962 die Unabhängigkeit zu erreichen.

Die Zurücknahme der britischen Unterstützung für die bislang privilegierten Minderheiten der Europäer und Asiaten in Kenia ein wenig abzumildern, war eine Notwendigkeit, da sie es über die Jahre zu einem beachtlichen Anteil an den Regierungsgeschäften gebracht hatten und ihre friedliche Mitarbeit in der Regierung des Landes sehr gewünscht wurde. Natürlich war dies aber auch der entscheidende Verzögerungsfaktor auf dem Weg zur Unabhängigkeit. Angesichts der Ereignisse war es durchaus bemerkenswert, dass trotz einiger Gerüchte von Betrug und Verrat über die Hälfte der Europäer und die Mehrheit der Asiaten in Kenia blieben, als das Land im Dezember 1963 unter afrikanische Herrschaft kam. Jomo Kenyatta, der Veteran der ostafrikanischen Nationalisten, der erst kurz zuvor nach elf Jahren Haft aus dem Gefängnis entlassen worden war – er war wegen seiner Beteiligung am Mau-Mau-Aufstand verurteilt worden –, erwies sich als ein ungemein versöhnlicher und ausgleichender Führer in einem der bis in die 90er Jahre stabilsten und erfolgreichsten afrikanischen Nachfolgeregime.

Im selben Jahr, in dem Kenia unabhängig wurde, erkannten die Briten die Unabhängigkeit des Sultanats Sansibar an, das sie 1890 unter ihre Oberhoheit gestellt hatten, und das seit 1961 eine Legislative mit gewählter Mehrheit hatte. Anfang 1964 aber erlebte Sansibar eine bewaffnete Revolution, bei der viele Angehörige der alten arabischen Landbesitzerklasse, die über die Insel herrschte, getötet oder ins Exil getrieben wurden. Die neuen radikalen Führer Sansibars erhielten bald beträchtliche Hilfe von den kommunistischen Ländern, militärische eingeschlossen. Zweifellos überzeugte dies Präsident Nyerere von Tanganjika davon, dass er sich darum bemühen sollte, eine moderate Kontrolle über diese neue Inselrepublik, die weniger als dreißig Kilometer vor seiner Küste entstanden war, auszuüben. Im April 1964 wurde die Vereinigte Republik Tansania (United Republic of Tanzania) ins Leben gerufen, in der der Präsident Sansibars als erster Vize-Präsident wirkte.

Mitte der sechziger Jahre waren Spanien und Portugal die einzigen Kolonialmächte, die es in Afrika noch gab. Wie im folgenden Kapitel zu sehen sein wird, sah Spanien schnell ein, dass Kolonialherrschaft in der zweiten Hälfte des 20. Jahrhunderts einen Anachronismus darstellte, wohingegen Portugal sich bereits in allen Kolonien bewaffneten Erhebungen großen Umfangs gegenübersah. Es war klar, dass die Zeit der formalen europäischen, politischen Herrschaft über Afrika und die Afrikaner vorbei war.

21 Das unabhängige Afrika: die frühen Jahre

Im Gegensatz zu vielen Vorhersagen vollzog sich die Übergabe der Macht an die erste Gruppe unabhängiger afrikanischer Regierungen relativ reibungslos. Zaire und Guinea bildeten, wie wir gesehen haben, die Ausnahme von der allgemeinen Regel. Ansonsten wurden die alten Flaggen eingezogen und neue gehisst, doch blieben viele Verwaltungsangestellte und Armeeoffiziere auf ihren Posten, und an den grundlegenden Strukturen der Machtausübung änderte sich nur wenig. Die aktivsten Politiker aus der Zeit vor der Unabhängigkeit wurden mit parlamentarischen Privilegien, Parteiposten oder Direktorenposten in öffentlichen Organisationen geehrt. Aus der gebildeten Elite pickte man sich das Personal für den diplomatischen Dienst heraus oder gab ihr in der Öffentlichkeit wirksame Posten in der Verwaltung des Landes. In den ersten Jahren der Unabhängigkeit gab es nur wenige Probleme mit der inneren Sicherheit. So war dies eine Periode, in der afrikanische Staatsoberhäupter und ihre Kollegen in den Ministerien ihre Aufmerksamkeit der Außenpolitik zuwenden konnten. Unvermeidlich stand dabei jener Teil des afrikanischen Kontinents im Mittelpunkt ihres Interesses, der sich noch immer unter Kolonialherrschaft befand. Wir haben gesehen, dass Ghana bereits im ersten Jahr seiner Unabhängigkeit Gastgeber einer All-African Peoples' Conference war, von der Tom Mboya in das heimatliche Kenia zurückkehrte, um die „Pan-African Freedom Movement of East and Central Africa" zu gründen. Kaum war Tanganjika unabhängig geworden, stellte es sich in den Dienst des Befreiungskampfes in Mosambik, bot Lager für die Ausbildung und Nachschubwege für die Waffenlieferungen aus Ländern des Ostblocks an. Nachdem es durch bewaffneten Kampf die eigene Unabhängigkeit errungen hatte, wurde Algerien zum aktiven Ausbildungsland für Aufständische und ein wichtiger Abnehmer sowjetischer Waffen. Die Organisation für Afrikanische Einheit, die 1963 in Addis Abeba gegründet worden war, etablierte ein neun Nationen umfassendes Befreiungskomitee, das seinen Hauptsitz in Dar es Salaam nahm. Um 1965 stand fest, dass alle nichtafrikanischen Regierungen, die es noch in Afrika gab – ob sie nun aus Kolonialbeamten oder ansässigen Siedlern bestanden –, schon bald nicht nur mit zivilem, sondern auch mit militärischem Widerstand zu rechnen hatten.

Von den beiden Kolonialmächten, die nach 1965 in Afrika verblieben, war Spanien weit weniger in die afrikanischen Angelegenheiten verstrickt als Portugal. Die Regierung von General Franco, die in Erwartung seines Todes und der Restauration der Monarchie ein bereits abgeschwächtes doktrinäres Verhalten an den Tag legte, zeigte sich bereit, mit dem Strom der Entkolonisierung zu schwimmen. Äquatorial-Guinea, das heißt die Inseln Fernando Póo und Annobón im Golf von Guinea sowie die 16 000 Quadratkilometer große Enklave Rio Muni auf dem Festland, erhielt 1968 prompt die Unabhängigkeit. Ein größeres Problem stellte aber Spanisch-Sahara – das Küstenland am Atlantik zwischen Marokko und Mauretanien – dar. Zwar nur dünn besiedelt, besaß dieses Territorium in seinen Phosphatlagerstätten und den Fischgründen vor der Küste einen beachtlichen Reichtum, so dass sowohl die nördlichen als auch die südlichen Nachbarn Anspruch darauf erhoben. 1976 gelangte man zu der Lösung, das Territorium zwischen ihnen aufzuteilen.

Kein Akt dieser Dekolonisation verbesserte das Los der betroffenen afrikanischen Völker wesentlich. Macias Nguema, der in Äquatorial-Guinea gewählte Präsident, erwies sich als grausamer Tyrann, dessen konstruktivste Tat wahrscheinlich in der Umbenennung seiner zwei Inseln bestand, die jetzt unter den Namen Bioko und Pagalu bekannt sind. 1979 wurde er von seiner Armee gestürzt und getötet. Die Wirtschaft des Landes war ruiniert, und ungefähr ein Drittel seiner Bevölkerung war in die Nachbarländer geflohen. Obiang Nguema, seinem Nachfolger (und Neffen), gelang es, aus Spanien und anderen Ländern Hilfe zu bekommen, doch lag vor ihm die überwältigende Aufgabe, die Wirtschaft wieder in Gang zu bringen und eine verantwortungsbewusste Regierungspolitik zu verfolgen. Als Marokko und Mauretanien versuchten, ihr neu hinzugewonnenes Land in der Westsahara zu besetzen, trafen sie auf den bewaffneten Widerstand der Polisario, der Befreiungsbewegung der einheimischen Sahrawi, die den Anspruch erhoben, dass die Sahrawi selbst über ihre Zukunft bestimmen können sollten. Die Polisario erhielt substanzielle Unterstützung seitens der radikaleren afrikanischen und muslimischen Regierungen, vor allem aus Algerien. Das Marokko König Hassans war stark genug für diesen Kampf, doch für Mauretanien war der Krieg zu viel. 1978 brach die zivile Regierung zusammen, und die nachfolgenden Militärherrscher hatten keine andere Wahl, als die Polisario anzuerkennen und hinzunehmen, dass sie dadurch für militärischen und politischen Druck aus Marokko anfällig wurden.

Die Entkolonisierung war überhaupt nicht nach dem Geschmack des *Estado Novo* in Portugal. 1951 hatte Portugal proklamiert, dass es keine portugiesischen Kolonien gäbe, sondern lediglich einige portugiesische Provinzen, die sich durch Zufall in Übersee befänden, deren Einwohner mittels Assimilation die selben Rechte wie die Bürger Portugals erlangen könnten. Doch da der *Estado Novo* eine Diktatur war, schlossen diese Rechte eine eigenverantwortliche Regierung nicht ein. Darüber hinaus erlangten weniger als ein Prozent der Menschen in den afrikanischen Kolonien den Status eines *assimilado*, d.h. Assimilierten. Die Übrigen betrachtete man einfach als billige und rekrutierbare Arbeitskräfte, die mobilisiert werden sollten, um die portugiesische Wirtschaft zu stützen, die die schwächste in ganz Europa war. Von den vierziger Jahren des 20. Jahrhunderts an wurden Portugiesen aus dem Mutterland ermutigt, sich in Afrika anzusiedeln. Dies war ein Versuch, einerseits die Armut im Mutterland zu lindern und andererseits die „Überseeprovinzen" zu entwickeln, indem man dort Land und Arbeitskräfte ausbeutete. Das Klima stellte einer Emigration nach Guinea Hindernisse in den Weg, doch lebten 1960 über zweihunderttausend Europäer in Angola und über achtzigtausend in Mosambik. Ihr Anteil an der jeweiligen Gesamtbevölkerung belief sich auf viereinhalb beziehungsweise ein Prozent. Diese Zahlen stiegen noch an, bis sie sich Anfang der siebziger Jahre insgesamt einer halben Million näherten. Die Anwesenheit der Europäer hatte eine deprimierende Wirkung auf diejenigen Afrikaner, vor allem die *assimilados*, die sich der Fortschritte bewusst waren, die ihre Nachbarn unter anderen Kolonialregimes in Richtung eigenverantwortliche Regierung und Unabhängigkeit machten. 1956 wurden der „Partido Africano de Independência da Guiné e Cabo Verde" und das „Movimento Popular de Libertação de Angola" (MPLA) gegründet. In Mosambik, das durch die weißen Regimes in Südafrika und Rhodesien in gewisser Weise abgeschirmt war, entstand mit der „Frente de Libertação de Moçambique" (FRELIMO) etwas später, 1962, eine vergleichbare Organisation. Doch hatte die portugiesische Obrigkeit bereits 1959/1960 sowohl in Mosambik als auch in den beiden anderen Kolonien gezeigt, dass sie nicht zögern würde, Streiks und Protestkundgebungen niederschießen zu lassen. Schon bald danach setzten bewaffnete Aufstände gegen die Herrschaft der Portugiesen ein: in Angola 1961, in Guinea 1963 und in Mosambik 1964.

Diese Erhebungen entwickelten sich zu vollständigen Revolutionen, die sich gewitzter Guerilla-Taktiken bedienten und Unterstützung in den ländlichen Gebieten zu finden vermochten und zudem Ausbildungsmöglichkeiten und Waffen und andere Formen der Hilfe aus den unabhängigen afrikanischen Staaten erhielten, die aber gemeinhin aus den kommunistischen Staaten auf anderen Kontinenten kam. Innerhalb weniger Jahre war die portugiesische Regierung gezwungen, drei Viertel seiner Wehrpflichtigenarmee nach Afrika zu verlegen und einen beträchtlichen Teil seiner Marine und Luftwaffe. Die zahlenmäßige Überlegenheit der Truppen Portugals, die Professionalität seines Offizierskorps, seine Ausrüstung auf NATO-Niveau und die Ausgaben in Höhe der Hälfte des Staatshaushalts für diesen Krieg in Afrika reichten nicht aus, um die vollständige Kontrolle wiederzuerlangen. Am Ende waren die Belastungen für die portugiesische Wirtschaft und Gesellschaft derart hoch, dass es 1974 zum Sturz des *Estado Novo* durch eine Junta desillusionierter, junger Armeeoffiziere kam.

Portugiesisch-Guinea wurde sofort die Unabhängigkeit gewährt, da man dort die Kontrolle schon längst verloren hatte. In Angola und Mosambik versuchte man sich mit den Nationalisten zu einigen. In Mosambik wurde schnell eine Machtübergabe organisiert und, 1975, die Unabhängigkeit des Landes anerkannt. In Angola aber musste die Unabhängigkeit bis zum Ausgang eines bewaffneten Kampfes warten, der zwischen der MPLA und zwei anderen Unabhängigkeitsbewegungen ausgebrochen war: der „Frente Nacional de Libertação de Angola“ (FNLA), 1962 gegründet, und der „União Nacional para a Independência Total de Angola“ (UNITA), die 1966 gegründet worden war. Die beiden Letzten fanden vorwiegend regionale Unterstützung, doch eröffneten beide Zugangsmöglichkeiten für ausländische Interessensgruppen, die die angolanischen Angelegenheiten beeinflussen wollten. Die FNLA hatte ihre Basis im Norden bei den Bakongo und erhielt ihre Unterstützung aus Zaire. Das Zentrum der UNITA lag im Süden, vor allem bei den Ovimbundu, und weckte vor allem südafrikanische Interessen. Die Angelegenheit wurde entschieden, nachdem eine südafrikanische Militäreinheit von Südwestafrika aus nach Angola vorgestoßen war, angeblich um die dortigen südafrikanischen Stellungen zu verteidigen. Daraufhin kam es seitens der Länder des kommunistischen Blocks zu einer großen Demonstration aktiver Unterstützung für die MPLA, wobei Truppen und Techniker aus Kuba eine führende Rolle spielten. Südafrika hielt angesichts der Situation einen Rückzug für politisch angemessen. Damit war die MPLA frei, allen Widerstand der FNLA im Norden zu brechen, und wurde, als sie ihre Kontrolle über den größeren Teil Angolas ausgedehnt hatte, allgemein als Nachfolger der portugiesischen Kolonialmacht anerkannt.

Nachdem Portugal die Macht über Angola und Mosambik verloren hatte, waren die Regierungen der weißen Siedler im südlichen Afrika dem schwarzen Nationalismus weit stärker ausgesetzt als zuvor. Das war vor allem bei der viel kleineren und weniger stark etablierten rhodesischen Gemeinschaft der Fall, deren Unabhängigkeit von keinem einzigen anderen Land in der Welt anerkannt worden war, nicht einmal von Südafrika. Die unabhängigen schwarzafrikanischen Länder sprachen sich dafür aus, das Siedlerregime in Rhodesien mit Waffengewalt zu Fall zu bringen und an seiner Statt eine Mehrheitsregierung einzusetzen. Und sie erwarteten, dass Großbritannien, die enteignete Kolonialmacht, dabei die Führung übernahm. Es war aber nur schwer vorstellbar, wie die Briten ausreichend überlegene Truppen in ein Binnenland verlegen sollten, das viele tausend Kilometer von ihrer nächsten Militärbasis entfernt lag, um die beileibe nicht bedeutungslose Armee samt Luftstreitkräften, über die die Weißen in Rhodesien mit heimlicher Unterstützung durch Südafrika geboten, militärisch zu besiegen. Es war zudem höchst fraglich, ob die öffentliche Meinung in Großbritannien die Anwendung von Gewalt gegen Siedler guthieß, die zur „Verwandtschaft" gehörten. So mussten die Afrikaner schließlich hinnehmen, dass die Aktionen gegen Rhodesien auf Handelssanktionen beschränkt blieben. So lange aber Rhodesien freien Zugang zu den Häfen in Mosambik und Südafrika hatte – und die Regierungen beider Länder waren Rhodesien gegenüber mehr als freundlich gesonnen –, so lange war es schwierig, diese Sanktionen durchzusetzen.

Sobald Mosambik erst einmal unter afrikanischer Herrschaft stand, änderte sich die Lage. Es wurde sehr viel leichter, effektive militärische Schläge gegen die Weißen in Rhodesien zu führen. Frühere Guerilla-Angriffe aus dem Norden, von jenseits des Sambesi, hatten sich als wirkungslos erwiesen und waren auch nur sporadisch möglich. Die Hauptanstrengung der afrikanischen Nationalisten, ob sie innerhalb oder außerhalb Rhodesiens aktiv waren, das Stimmrecht für alle Menschen in Simbabwe (so nannten sie Rhodesien) durchzusetzen, erfolgte nach wie vor eher auf politischem als auf militärischem Gebiet. Nach 1975 aber hatte sich die rhodesische Obrigkeit mit einer langen Grenze im Osten auseinanderzusetzen, hinter der ein Territorium lag, dessen Herrscher über die zehnjährige Erfahrung eines erfolgreichen militärischen Feldzuges gegen den europäischen Imperialismus verfügten. Weiten Teilen Rhodesiens außerhalb der großen Städte drohte der Guerilla-Krieg. Das belastete die menschlichen und finanziellen Ressourcen der relativ kleinen weißen Gemeinschaft, die darüber hinaus noch unter der weltweiten Wirtschaftskrise der siebziger Jahre zu leiden hatte – in diesem Fall noch vom kumulativen Druck der Sanktionen verstärkt. 1977 war das Land mit seinem Paket aus militärischen und wirtschaftlichen Schwierigkeiten an einem Punkt angelangt, an dem Ian Smith einsehen musste, dass es besser wäre, wenn er die einseitig herbeigeführte Unabhängigkeit dadurch abzusichern versuchte, dass er das Prinzip der Mehrheitsherrschaft anerkannte.

Aussicht darauf, dass es ihm gelingen könnte, ein Übereinkommen mit den beiden wichtigsten nationalistischen Bewegungen, der „Zimbabwe African People's Union" (ZAPU) unter Führung des altgedienten Nationalisten Joshua Nkomo, und der „Zimbabwe African National Union" (ZANU), die von dem jüngeren und gebildeteren Robert Mugabe geleitet wurde, zu erreichen, bestand kaum. Als beide sich 1976 zu einer „Popular Front" zusammenschlossen, um den Kampf gegen das weiße Regime besser organisieren zu können, trug das eindeutig dazu bei, einen Wandel in Smiths Taktik herbeizuführen – beide waren nämlich entschlossen, bis zum endgültigen Sieg zu kämpfen. Es gab andere schwarze Nationalisten, die keinen so harten Kurs verfolgten, und es gelang Smith, mit ihnen in Verhandlungen einzutreten. 1978 arbeiteten beide Seiten eine neue Verfassung aus, die ein allgemeines Stimmrecht zu gewähren schien, ohne dabei weiße Interessen zu bedrohen. 1979 trat Bischof Abel Muzorewa sein Amt als schwarzer Premierminister an der Spitze einer multirassischen Regierung in diesem Staat an, der jetzt Simbabwe-Rhodesien hieß. Aber dieses Regime erwies sich weder als fähig, die Kämpfe zu beenden, die immer blutiger wurden und sich immer weiter ausdehnten, noch für das Land internationale Anerkennung zu erringen. Im selben Jahr war zufällig Rhodesiens nördlicher Nachbar Sambia Gastgeber einer der regelmäßigen Konferenzen von Staatsmännern des Commonwealth. Auf dieser Konferenz setzten sich diejenigen afrikanischen Commonwealth-Führer, die freundschaftliche Beziehungen zur „Popular Front" hatten, mit der Forderung durch, die britische Regierung möge eine Konferenz einberufen, bei der sich Mugabe und Nkomo mit Smith und Muzorewa treffen sollten. Diese Konferenz fand im Dezember im Lancaster House in London unter der energischen Leitung des britischen Außenministers, Lord Carrington, statt. Man kam zu einer Übereinkunft. Danach schwor Rhodesien seiner Unabhängigkeit ab und alle Seiten akzeptierten eine kurze Übergangsperiode unter britischer Aufsicht. Innerhalb dieser Zeit sollten der Waffenstillstand eingehalten, die Guerillas entwaffnet und entlassen sowie die ersten verfassungsgemäßen Wahlen nach dem Prinzip „Ein Mann, eine Stimme" abgehalten werden. Den Weißen wurden zugleich für die ersten zehn

Jahre zwanzig Sitze im einhundertköpfigen Parlament zugesichert. Bei den Wahlen Anfang 1980 errang der ZANU-Flügel der „Popular Front“ einen überwältigenden Sieg, und Mugabe wurde der erste Premierminister eines unabhängigen Simbabwe.

Zu Anfang empfanden die Weißen in Südafrika die Entstehung unabhängiger schwarzer Staaten im Norden nicht als Bedrohung. In den sechziger Jahren ging es ihrer Wirtschaft so gut, dass die Afrikaander nicht mehr länger verarmt, verbittert und ausschließlich auf ländliche Gemeinden beschränkt waren. Strotzend vor Erfolg und vor Selbstvertrauen geradezu überströmend, gelang es ihnen jetzt, englischsprachige Südafrikaner in ihr Konzept einer geeinten weißen Nation mit sicherer Zukunft einzubinden. Zudem verfügten sie über die weitaus größte Industrie- und Militärmacht im gesamten subsaharischen Afrika. 1960 entschied die weiße Bevölkerung per Volksentscheid, dass das Land zu den Traditionen der Afrikaander aus der Zeit des Großen Trecks zurückkehren und eine Republik werden sollte. Als während der Commonwealth-Konferenz im darauf folgenden Jahr die Führer anderer afrikanischer Commonwealth-Staaten die Frage auf die Tagesordnung setzten, ob dieser rekonstituierte Staat seine Mitgliedschaft behalten könne, zog die Regierung Verwoerd den Rückzug aus dem Commonwealth vor.

Mit dem neuen Selbstvertrauen ging auch eine neue, weniger provinzielle Haltung einher, was das Auftreten des schwarzen Nationalismus außerhalb Südafrikas anging. Gegen den konstitutionellen Fortschritt der britischen Schutzgebiete im südlichen Afrika ließ sich wenig einwenden. Betschuanaland und Basutoland erhielten 1966 als Botswana und Lesotho den Status der Unabhängigkeit, Swasiland wurde 1968 unabhängig. Die Lage dieser Binnenländer ließ eine Alternative zur wirtschaftlichen Assoziation mit der Republik praktisch nicht zu. Aus südafrikanischer Sicht war das kaum mehr als ein positiver Aspekt der Apartheid, wie sie von Verwoerd und seinen Nachfolgern praktiziert wurde. Es war die Politik der „getrennten Entwicklung“, nach der die Stammesreservate zunächst Autonomiestatus erhalten und – aus Sicht der südafrikanischen Regierung – schließlich zu legal unabhängigen Staaten, sogenannten „Bantustans“, werden sollten. Dieser Weg wurde auch von der

Transkei beschritten, die 1976 die Unabhängigkeit erhielt, sowie von einer Reihe weiterer „Homelands". Die Unabhängigkeit dieser kleinen schwarzen Satrapenstaaten wurde jedoch von keinem anderen Land anerkannt, und auch die Führer einiger wichtiger afrikanischer Ethnien in der Republik Südafrika, allen voran der Zulus, sahen darin ebenfalls einen Taschenspielertrick und wandten sich dagegen.

Neuer war hingegen die Erkenntnis der Führer des weißen Südafrika, dass sich die europäische Herrschaft auf dem Kontinent für immer dem Ende zuneigte und es demnach im besten Interesse ihres Landes lag, wenigstens mit einigen der neuen afrikanischen Regierungschefs übereinzukommen. Das machte sowohl politisch als auch wirtschaftlich Sinn. Feindseligkeit gegenüber den neuen Staaten, die sich natürlich an den Sozialismus anlehnten, konnte dazu führen, dass sie bei der UdSSR oder in China um mehr und stärkere militärische Hilfe nachsuchten. In wirtschaftlicher Hinsicht waren die neuen unabhängigen afrikanischen Länder, allesamt noch weitgehend Rohstoffexporteure, jetzt natürliche Handelspartner der führenden Wirtschaftsmacht auf dem Kontinent. Die Ausweitung des Handels mit Südafrika sollte dazu beitragen, dass diese Länder sich möglichst wenig mit den kommunistischen Mächten einließen.

Aus dieser neuen Außenpolitik erwuchs die entscheidende Frage, wo die Trennlinie zwischen dem weißen und dem schwarzen Afrika zu ziehen sei. Der Instinkt riet den Südafrikanern, mit den weißen Rhodesiern und den portugiesischen Regimes in Mosambik und Angola gemeinsame Sache zu machen. Eine realistischere Einschätzung der Situation in Rhodesien und des anhaltenden Kriegs, den die Portugiesen gegen die afrikanischen Nationalisten führen mussten, die von den unabhängigen afrikanischen Staaten unterstützt wurden, lehrte allerdings, dass die eigentliche Grenze nicht am Sambesi, sondern am Limpopo verlief. Für das Gebiet zwischen diesen beiden Flüssen ließ sich höchstens hoffen, dass sich der Übergang zur Unabhängigkeit so lange hinauszögern ließ, bis die weiße Bastion im Süden sich noch weniger angreifbar gemacht hatte. In den siebziger Jahren sah es so aus, als ob die südafrikanischen Führer, ungeachtet ihrer tiefsten Überzeugungen, Ian Smith den Rat gaben, sich mit den

Nationalisten in Simbabwe auf einen Kompromiss einzulassen, bevor es zu spät war.

Andererseits hatten eben diese Führer nicht den geringsten Zweifel daran, dass Südwestafrika fest in ihre Einflusssphäre eingebunden bleiben müsse. Ein großer Teil dieses Landes bestand aus Wüste, und es war auch nur sehr dünn besiedelt – sieht man einmal von der Grenzregion zu Angola ab, wo fast die Hälfte der Bevölkerung dem Volk der Ovambo angehörte, die 1960 etwa 500 000 Menschen zählten und bis 1980 auf ungefähr eine Million Menschen anwuchsen. Unter der übrigen Bevölkerung bildeten an die 70 000 weiße Siedler, hauptsächlich burischer oder deutscher Abstammung, eine beträchtliche Größe. Sie siedelten im südlichen Zentralhochland, das relativ gut mit Wasser versorgt war. Wertvoll war dieses Gebiet aber auch deswegen, weil es reiche Vorkommen an Diamanten und unedlen Metallen (einschließlich Uran) barg.

Nach der Eroberung der deutschen Kolonie durch südafrikanische Truppen während des Ersten Weltkriegs war der südafrikanischen Regierung das Völkerbundsmandat zur Verwaltung des Territoriums übertragen worden. Im Gegensatz zu anderen Mandatsmächten weigerte sich Südafrika nach dem Zweiten Weltkrieg anzuerkennen, dass die Schirmherrschaft über das Gebiet vom Völkerbund auf die neu gegründete Organisation der Vereinten Nationen übergegangen war. So wurde Südwestafrika, das die Vereinten Nationen 1968 in Namibia umbenannten, nicht zu einem Treuhandgebiet, das auf die Selbstverwaltung vorbereitet wurde. Statt dessen begannen die Südafrikaner, Südwestafrika als fünfte Provinz ihrer Republik hinzuzufügen, ein Prozess, der 1969 abgeschlossen war. Die Apartheid wurde in vollem Umfang eingeführt, und die „South-West African People's Organisation" entwickelte sich zu einer eigenständigen nationalistischen Bewegung. Als 1971/72 die Illegalität der Handlungen Südafrikas durch den Internationalen Gerichtshof und die Resolution des Sicherheitsrates der Vereinten Nationen bestätigt wurde, ging die SWAPO zum bewaffneten Widerstand über.

Nachdem Angola unabhängig geworden war und von den Kubanern bzw. anderen kommunistischen Ländern militärisch und anderweitig unterstützt wurde, hatte die SWAPO, in der die Ovambo die Mehrheit stellten, einen nützlichen Verbündeten jenseits der Grenzen Namibias gefunden. Deshalb weitete Südafrika seine Unternehmungen gegen die SWAPO auf regelmäßige Streifzüge nach Angola hinein aus und unterstützte die UNITA im Krieg gegen die Regierung der MPLA. Diese Aktionen brachten, obgleich sie aus militärischer Sicht einigermaßen erfolgreich waren, die Weltmeinung gegen Südafrika auf und vermochten das politische Problem nicht zu lösen. Von 1978 an waren die westlichen Mitglieder des Sicherheitsrates der Vereinten Nationen darum bemüht, eine Übereinkunft herbeizuführen, derzufolge freie Wahlen in Namibia unter Aufsicht der Vereinten Nationen die Unabhängigkeit der Kolonie vorbereiten sollten. Gleichzeitig versuchten die Südafrikaner, in Namibia ein politisches System auf multirassischer partnerschaftlicher Grundlage zu etablieren, dem sie ihre Verantwortlichkeiten hinterlassen konnten. Keine dieser einander widersprechenden politischen Strategien konnte zum Erfolg führen, da sich die Südafrikaner nicht an ersterer beteiligen wollten, die SWAPO hingegen nicht an Letzterer.

Während die weißen Südafrikaner bereit waren, außerhalb ihrer Grenzen mit dem schwarzen Nationalismus ihren Frieden zu schließen, dachten sie nach wie vor nicht daran, ihm im eigenen Land Vorschub zu leisten. Es war nicht möglich, die Apartheid ohne die aktive Unterdrückung jeglichen Widerstands gegen sie und eine strenge Kontrolle der schwarzen Bevölkerung aufrechtzuerhalten. Die Vorstellung, dass die Bantustans adäquate Betätigungsfelder für die wirtschaftlichen und politischen Bestrebungen der Schwarzen abgeben könnten, entbehrte jeder Grundlage. Die Bantustans waren zu klein, zu arm, zu wenig entwickelt und besaßen kaum Ressourcen. Darüber hinaus stieg die Zahl der Schwarzen, die in der Republik und den Bantustans lebten, extrem schnell an: im Schnitt jährlich um drei Prozent, und Mitte der achtziger Jahre würde sich die schwarze Bevölkerung auf ungefähr 25 Millionen belaufen (im Vergleich zu 5 Millionen Weißen, 3 Millionen „Farbigen“ und knapp unter einer Million Asiaten). Solange die große Mehrheit der Schwarzen, die außerhalb der Reservate lebten, weiterhin Einschränkungen ihrer Bewegungsfreiheit, Arbeitsmöglichkeiten und Bildung hinnehmen mussten und ihnen politische Rechte verweigert wurden, konnten die Rassenspannungen nicht aufhören. Sie wurden von schwarzen Nationalisten – gleichgültig ob diese innerhalb oder außerhalb der von den Weißen gemachten Gesetze operierten – zu ihren Zwecken genutzt und mündeten von Zeit zu Zeit in gewaltsame Ausbrüche. 1976 kam es in Soweto und anderen Townships am Rand der weißen Städte zu ernsten Auseinandersetzungen. Anfang der achtziger Jahre ging der militante Flügel des verbotenen ANC zu Bombenanschlägen über, und sein inhaftierter Führer Nelson Mandela wurde zum landesweiten Symbol für den Aufstand. 1985 war der Aufruhr allgemein. Die Regierung war gezwungen, in einigen Regionen den Ausnahmezustand auszurufen und Armee-Einheiten zur Unterstützung der Polizei einzusetzen. Innerhalb von zwölf Monaten waren über eintausend Tote zu beklagen.

Die zunehmenden Unruhen und die Maßnahmen, die dagegen eingeleitet wurden, brachten dem südafrikanischen Regime weltweite Ablehnung ein. Seit den frühen sechziger Jahren hatten die schwarzafrikanischen Staaten die Kämpfer des ANC offen unterstützt und nach Interventionen verlangt, die den Schwarzen in Südafrika helfen sollten. Mitte der siebziger Jahre hörte man auch in den entwickelten Ländern außerhalb des afrikanischen Kontinents mehr und mehr von der Notwendigkeit internationaler Sanktionen gegen Südafrika. Aber eine Übereinkunft, dass die südafrikanische Regierung nicht mehr mit Waffen beliefert werden sollte, war auch schon alles, das erreicht wurde. Noch 1985 fand die Forderung nach einem Handels- oder Investitionsembargo keine allgemeine Zustimmung. Die konservative Regierung des Vereinigten Königreichs (die neben den USA, der Bundesrepublik Deutschland und Japan zu Südafrikas wichtigsten Handelspartnern gehörte) vertrat zum Beispiel die Auffassung, dass solch eine Maßnahme nicht nur die Wirtschaft des Vereinigten Königreichs schädigen, sondern sich auch auf jene Menschen in Südafrika sehr negativ auswirken würde, die besonders der Hilfe bedürften, nämlich die schwarze Mehrheit.

Dennoch sahen es in Südafrika selbst die Regierungen von B. J. Vorster (1966-1978) und P. W. Botha (ab 1978) als ratsam an, die Praxis der Apartheid ein wenig zu modifizieren. Wenn die Wirtschaft weiter wachsen und das Land die Weltwirtschaftskrise, die in den siebziger Jahren eingesetzt hatte, überstehen sollte, dann war die Kooperation der Schwarzen wichtig, vor allem im Bereich der Fachkräfte. Deshalb schenkte man den schwarzen Gewerkschaften, die 1973 mit wirkungsvollen Streiks Zähne zu zeigen begonnen hatten, etwas Aufmerksamkeit. Man akzeptierte, dass aus Gründen der wirtschaftlichen Effizienz manche Schwarze nicht mehr als Wanderarbeiter gelten, sondern im Umkreis der Städte Wohnungen mit Kündigungsschutz erhalten sollten. Die „kleine Apartheid", das heißt die Rassentrennung in der Öffentlichkeit, wurde erheblich zurückgenommen, und Eheschließungen über die Rassenschranken hinweg waren nicht länger verboten. Doch blieb als grundlegendes Prinzip bestehen, die politische Entscheidungsgewalt nicht der schwarzen Mehrheit der Bevölkerung Südafrikas anzuvertrauen oder mit ihr zu teilen. Dennoch hielt es Botha für wichtig, die „Farbigen" und Asiaten angesichts des ständig sinkenden weißen Bevölkerungsanteils als Juniorpartner der Weißen versuchsweise in die Regierung zu holen. 1984 ließ er mittels Referendum eine neue Verfassung absegnen, unter der er zum Staatspräsidenten an der Spitze eines komplizierten politischen Gebäudes wurde, in dem es jetzt, zusätzlich zur nationalen Regierung – der neben den weißen Ministern ein paar „Farbige" und Asiaten angehörten, die aber einem Parlament rechenschaftspflichtig war, das nur aus von weißen Stimmberechtigten gewählten Weißen bestand – untergeordnete Regierungen der „Farbigen" und der Asiaten gab, die untergeordneten Parlamenten, die von farbigen und asiatischen Wahlberechtigten gewählt worden waren, rechenschaftspflichtig und für die inneren Angelegenheiten dieser ethnischen Gruppen verantwortlich waren. Es bleibt zu zeigen, welche Bedeutung diese Neuerungen hatten. Durch die Einbeziehung anderer Rassen in die Regierung und die etwas nachgiebigere Gestaltung der Apartheidsgesetze hatte Botha allein auf Grund dieser winzigen Veränderungen die konservativeren Wähler, die seit 1948 Regierungen der weißen Nationalistenpartei gewählt hatten, gegen sich aufgebracht. Andererseits waren wenige „Farbige" und Asiaten mit dem begrenzten Rollenangebot glücklich, das ihnen die neue Verfassung zugestand. Doch vor allem schienen die neuen Regelungen der

Forderung der Schwarzen nach vollen politischen Rechten in ihrem eigenen Land die letzten Erfolgsaussichten zu nehmen.

Apologeten Südafrikas könnten behaupten, dass es den Bewohnern dieses von allen afrikanischen Staaten am stärksten industrialisierten und urbanisierten Landes weit besser ging als den Menschen fast überall sonst auf dem Kontinent. In den sechziger und siebziger Jahren konnte die südafrikanische Wirtschaft auf eine reale jährliche Wachstumsrate von zweieinhalb Prozent verweisen. Am Ende dieser beiden Jahrzehnte wurde das Bruttosozialprodukt pro Kopf auf 2500 US-Dollar geschätzt. Auf dem gesamten Kontinent hatten nur zwei Staaten ein höheres Pro-Kopf-Einkommen, und das waren die beiden Erdöl exportierenden Länder, nämlich Libyen mit über 5000 US-Dollar und Gabun mit ungefähr 3250 US-Dollar, die auch noch eine sehr geringe Bevölkerung haben.

Dennoch ist dieses Pro-Kopf-Einkommen aus zwei Gründen irreführend. Der erste Grund besteht darin, dass der Reichtum Südafrikas zwischen den Weißen und Schwarzen sehr ungleichmäßig verteilt war und ist. Zum Beispiel verdienten die im Bergbau beschäftigten Weißen wenigstens fünf Mal so viel wie die Schwarzen; viele Schwarze waren als Landarbeiter oder Hausangestellte in sehr niedrig bezahlten Arbeitsverhältnissen beschäftigt, Weiße hingegen so gut wie überhaupt nicht; und während praktisch alle Weißen Familienverbänden angehörten, die ein messbares finanzielles Einkommen hatten, war dies bei wesentlichen Teilen der Schwarzen – vor allem in den Homelands – nicht der Fall. Zweitens schließt die südafrikanische Statistik die vorwiegend schwarze Bevölkerung der „unabhängigen" Bantustans und der drei ehemals britischen Protektorate aus, die Lohnarbeiter nach Südafrika exportierten und in gewissem Grade alle Satelliten der südafrikanischen Wirtschaft waren. Zieht man dies in Betracht, dann lässt sich schätzen, dass der durchschnittliche Anteil eines schwarzen Südafrikaners am Bruttosozialprodukt 1980 wahrscheinlich unter 1000 US-Dollar lag. Dass diese Zahl nicht allzu weit neben der Realität liegt, legen Schätzungen in zwei der wohlhabenderen ehemaligen Protektorate, Botswana und Swasiland nahe, die sich für das Jahr 1979 auf 720 bzw. 650 US-Dollar belaufen.

Doch selbst bei dieser Rechnung stünden die südafrikanischen Schwarzen in materieller Hinsicht immer noch besser da als die Einwohner aller anderen schwarzafrikanischen Länder mit Ausnahme von Gabun und der Elfenbeinküste (für die sich die Zahl auf 1040 US-Dollar belief). 1979 zählten fünfundzwanzig der neununddreißig Länder südlich der Sahara, für die überhaupt Zahlen verfügbar waren, mit durchschnittlichen Jahreseinkommen pro Kopf zwischen 110 und 370 US-Dollar zu den ärmsten Ländern der Welt. Weitere zwölf der „Länder mit mittlerem Pro-Kopf-Einkommen" hatten Durchschnittseinkommen pro Kopf der Bevölkerung zwischen 380 und 720 US-Dollar aufzuweisen (wobei der Durchschnitt bei 530 US-Dollar lag). In den zwei Jahrzehnten seit Beginn der sechziger Jahre hatte das Pro-Kopf-Einkommen in einigen der ärmsten Länder, vor allem der Länder im Halbwüstengürtel, der sich unmittelbar südlich der Sahara quer über den ganzen Kontinent zieht, kein oder lediglich ein geringes reales Wachstum erkennen lassen. Bei acht der neununddreißig Länder nimmt man sogar an, dass sie negative Wachstumsraten hatten, das heißt, dass sie zwischen 1960 und 1979 ärmer geworden sind. Dazu gehörten auch drei Länder mit relativ hohem Pro-Kopf-Einkommen im Bereich zwischen 400 und 440 US-Dollar. Deren zwei – Ghana und der Senegal – hatten in der Kolonialzeit zu den am weitesten entwickelten Ländern gehört, wohingegen im dritten – Angola – das Erdöl als wichtige neue nutzbare Ressource hinzugekommen war. Die Wachstumsraten von elf Ländern betrugen in diesen zwanzig Jahren weniger als ein Prozent im Jahr. Fünf weitere hatten eine Wachstumsrate von ein bis zwei Prozent jährlich. Nur vierzehn besaßen Wachstumsraten, die derjenigen Südafrikas entsprachen oder darüber lagen, und von diesen waren vier – die drei ehemaligen britischen Protektorate und Malawi (in dem Südafrika beträchtlich investiert hatte) – stark von der südafrikanischen Wirtschaft und Politik abhängig.

Südafrikas Spitzenposition in der subsaharischen Wirtschaft schien mit zwei historischen Faktoren verbunden zu sein: es war in den Welthandel integriert und hatte früher als die anderen Länder erfolgreich seine Industrie entwickelt. Es konnte kaum überraschen, dass die Herrscher der neuen, unabhängigen Staaten meist der Ansicht waren, die angemessene wirtschaftliche Strategie müsse einerseits darin bestehen, sofort den Export derjenigen landwirtschaftlichen Produkte oder Rohstoffe zu fördern, für die auf dem Weltmarkt Nachfrage bestand, und andererseits das daraus resultierende Einkommen zu besteuern oder es als Sicherheit für Kredite einzusetzen, um die Mittel für eine wirtschaftliche Entwicklung und die Verbesserung ihrer Gesellschaften zur Verfügung zu haben. Vor allem sollte eine besser ausgebildete, gesündere und besser untergebrachte Armee von Arbeitskräften in der Industrie beschäftigt werden. Und in dem Maße, in dem sich die industrielle Produktion steigerte, würde die Notwendigkeit abnehmen, das Volksvermögen für den Import von ausländischen Waren auszugeben. Die Handelsbilanz würde sich verbessern; somit könnten die Raten der ausländischen Kredite leichter bezahlt und sogar die Schulden verringert werden, und die neuen Nationen könnten generell dem Beispiel Südafrikas und der reicheren Ökonomien folgen und ihre Situation würde sich fortwährend verbessern.

Die Lage in den fünf afrikanischen Ländern nördlich der Sahara und die Entwicklungspolitik, die ihre Regierungen verfolgten, unterschied sich nicht wesentlich von der Lage und der Politik in den Ländern des subsaharischen Afrika. Ägypten, Algerien und Tunesien waren in den Kreislauf des Welthandels einbezogen und hatten, früher als das im subsaharischen Afrika der Fall war, ausländische Investitionen angezogen. Das hatte ihnen allen eine gewisse Industrialisierung erlaubt. Marokko aber war vor der Ausrufung des französischen Protektorats im Jahre 1912 ziemlich isoliert gewesen, und Libyen, ein sehr dünn besiedeltes Land, das zu großen Teilen aus Wüste bestand, war bis zur Ausbeutung seiner Öllager, die im Jahr 1960 einsetzte, ärmer und rückständiger als viele Länder im subsaharischen Afrika. Sie waren alle vom Export landwirtschaftlicher Grundprodukte oder mineralischer Rohstoffe abhängig. Libyen und Algerien hätten ohne die Öl- und Gasvorkommen weit geringere Einkünfte erzielt. Diese waren natürlich für das hohe Bruttosozialprodukt Libyens verantwortlich, das bereits erwähnt wurde, und ebenso für die 1800 US-Dollar Pro-Kopf-Einkommen in Algerien. Marokko und Tunesien standen mit rund 850 US-Dollar an der Spitze der Länder mit mittlerem Einkommen, doch ging es ihnen weniger gut als der Elfenbeinküste. Ägypten litt, obwohl es in vielerlei Hinsicht durchaus fortgeschritten war, unter seiner großen Bevölkerung von über vierzig Millionen, unter den Militärausgaben und anderweitig durch die Kriege mit Israel bedingten Kosten und unter einer hohen Inflationsrate. Mit ungefähr 500 US-Dollar pro Kopf gehörte es in die mittlere Gruppe der Länder mit mittlerem Einkommen. Es befand sich ungefähr auf einer Stufe mit Sambia. Der hauptsächliche Unterschied zwischen den nordafrikanischen und den weiter südlich gelegenen Ländern bestand in der höheren Wachstumsrate der Ersteren. Bei Libyen hätte man dies ohne Zweifel erwartet, doch auch die Anderen kamen in den siebziger Jahren auf Wachstumsraten zwischen sieben und acht Prozent.

In den sechziger Jahren funktionierte die Entwicklungsstrategie, auf die die meisten afrikanischen Länder setzten, im Großen und Ganzen recht gut, gab es doch einen jährlichen Zuwachs zwischen drei und vier Prozent, der in Nordafrika sogar noch deutlich darüber lag. Doch bereits damals herrschte im subsaharischen Afrika ein offensichtliches Problem, denn wenige dieser Länder hatten genügend Einwohner für den Aufbau eines Binnenmarktes, der groß genug war, um mehr als nur einige sehr einfache verarbeitende Industrien zu tragen. 1970 hatten lediglich Nigeria, Äthiopien, Zaire, Sudan, Tansania und Kenia Bevölkerungen mit mehr als zehn Millionen Menschen, und es gab sechs Länder mit weniger als jeweils einer Million Einwohnern. Es muß hinzugefügt werden, dass sich die jüngst unabhängig gewordenen Staaten weniger als die früheren Kolonien damit anfreunden konnten, sich zu regionalen Wirtschaftsorganisationen oder Zollverbänden zusammenzuschließen.

In den siebziger Jahren war die üblich gewordene Entwicklungsstrategie jedoch weniger erfolgreich. Und in den achtziger Jahren sah man sich ernsten Schwierigkeiten gegenüber. Ein Grund dafür bestand darin, dass jedes Modernisierungs- und Industrialisierungsprogramm davon abhängig war, dass ausreichende Energiemengen zu vernünftigen Kosten verfügbar waren. Außerhalb Südafrikas verfügten nur wenige afrikanische Länder über abbaubare Kohlevorkommen. Eine nennenswerte Produktion gab es lediglich in Simbabwe,

Sambia, Marokko, Mosambik, Nigeria und Botswana. Zumindest zwei Dutzend Länder hatten Wasserenergie nutzbar gemacht, doch die Investitionen – in das Verteilernetz ebenso wie in Dämme und Kraftwerke –, die erforderlich waren, nennenswerte Energiemengen bereit zu stellen, waren nicht so leicht aufzubringen, es sei denn, große übernationale Konzerne benötigten die gewonnene Elektrizität für Schmelzvorgänge, wie das zum Beispiel in Ghana, Guinea, Zaire und Sambia der Fall war. Was die Energievorräte für Produktion und Distribution (und selbstverständlich auch das Transportwesen allgemein) anging, setzten daher afrikanische Länder meistenteils auf Erdöl und Erdölprodukte, die schließlich sechzig bis neunzig Prozent ihres gesamten Verbrauchs ausmachten. Seit zirka 1950 wurden in einer Reihe von afrikanischen Ländern Erdölfelder erschlossen. Drei davon wurden zu wichtigen Lieferanten für den Weltmarkt, vor allem Libyen und Nigeria, die Ende der siebziger Jahre jeweils rund zwei Millionen Barrel täglich förderten. Dazu kommt noch Algerien mit rund 1,2 Millionen Barrel pro Tag. 1979 gehörten zu den wichtigsten Erdölförderländern Afrikas noch Ägypten (etwa 500 000 Barrel pro Tag), Gabun (200 000 Barrel pro Tag), Angola (200 000 Barrel pro Tag), Tunesien (100 000 Barrel pro Tag) und Kongo (60 000 Barrel pro Tag). Die anderen afrikanischen Länder mussten das Öl, das sie benötigten, auf dem Weltmarkt kaufen.

In den sechziger Jahren war Erdöl zwar ein Energieträger, der schwer zu transportieren war, gleichzeitig aber war es sehr billig. In den siebziger Jahren begann der Preis jedoch zu steigen. 1970-1971 wurde das Barrel (das sind 160 Liter) Rohöl zu $ 1,80 verkauft. Bis Mitte 1973 war der Preis auf drei US-Dollar gestiegen. Am Ende dieses Jahres, als die Nahostländer, die fast die Hälfte des Erdöls förderten, die Produktion drosselten, um jene westlichen Staaten unter Druck zu setzen, die Israel im Yom-Kippur-Krieg (in dem Ägypten und Syrien versuchten, verlorenes Gebiet zurückzuerobern, was im Falle Ägyptens von einigem Erfolg gekrönt war) unterstützten, schnellte der Preis steil nach oben. Anfang 1974 hatte sich der Preis bei ungefähr zwölf US-Dollar stabilisiert. Bis 1979 blieb er dann auf dieser Höhe. Die Krise im Iran aber und der anschließende Krieg mit dem Irak gaben den Anstoß zu weiteren großen Preiserhöhungen, zunächst auf zwanzig US-Dollar je Barrel und danach, im Jahre 1981, auf vierunddreißig US-Dollar und mehr.

So hatte sich der Ölpreis im Zeitraum von zehn Jahren nahezu um das Zwanzigfache erhöht; es war zu einem extrem teuren Rohstoff geworden. Noch schlimmer war, dass der Ölpreisanstieg nicht nur in Afrika, sondern auch in den entwickelten Ländern außerhalb des Kontinents, in den Ländern, in denen die afrikanischen Nationen um Industriewaren und Kapital nachsuchten, eine große Inflation auslöste. Die Folge war, dass die afrikanischen Staaten, die in den sechziger Jahren jährliche Inflationsraten von höchstens zwei bis drei Prozent hatten, sich in den siebziger Jahren an Inflationsraten von rund zehn Prozent gewöhnen mussten (in ein oder zwei Fällen lagen sie sogar bei über dreißig Prozent). Da die Öl fördernden und exportierenden afrikanischen Länder über mehr Geld verfügten, um sich in den entwickelten Ländern Kapital und Konsumgüter zu beschaffen, litten sie fast genauso unter der Inflation wie die Erdöl importierenden Länder.

Der Anstieg des Ölpreises löste eine Krise im Welthandel aus, die von 1979 an ernste Auswirkungen auf die afrikanischen Länder hatte, die dazu gezwungen waren, aus dem Export agrarischer und mineralischer Grundstoffe maximale Erlöse zu erzielen, wollten sie die nötigen Geldmittel für ihre Entwicklungsprogramme bereitstellen. Die Industrienationen reduzierten ihre Nachfrage nach diesen Waren und Rohstoffen, und die Preise, die man auf dem Weltmarkt erzielen konnte, glichen sich der Inflation an. Dazu kam noch, dass die afrikanischen Länder wachsende Schwierigkeiten hatten, ausreichend Nahrungsmittel für die Selbstversorgung anzubauen, so dass sie einen immer größeren Teil ihrer gleich bleibenden oder sinkenden Staatseinnahmen aus dem Export verwenden mussten, um diese Dinge auf dem Weltmarkt zu kaufen. Man schätzt, dass die landwirtschaftliche Produktion in den meisten subsaharischen Ländern um 1,4 Prozent jährlich sank, so dass sie im Lauf der Zeit ebenso viel für den Import von Nahrungsmitteln ausgaben wie für den Import von Brennstoffen, wobei beide zusammen im Durchschnitt fast dreißig Prozent der Importausgaben eines Landes ausmachten.

Die Ursache für die wachsende Unfähigkeit der afrikanischen

Nationen, sich selbst zu ernähren, bestand darin, dass seit einiger Zeit vor allem die Säuglingssterblichkeit zurückgegangen und die Lebenserwartung gestiegen war. In den siebziger Jahren hatte das dazu geführt, dass in fast allen afrikanischen Ländern die Bevölkerung um jährlich zweieinhalb bis drei Prozent wuchs – das heißt, es war zu erwarten, dass sich die Bevölkerung in einem Zeitraum von fünfundzwanzig Jahren verdoppelte. Das hätte vielleicht keine große Rolle gespielt, wenn man der Ertragssteigerung bei einheimischen Nahrungsmitteln größere Aufmerksamkeit geschenkt und den bäuerlichen Produzenten bessere Distributionsmöglichkeiten und Lebensbedingungen – Bildung, medizinische Versorgung, gute Wasserversorgung usw. – zur Verfügung gestellt hätte. Doch war das Hauptaugenmerk bei der Planung und finanziellen Unterstützung der Landwirtschaft auf die Produktion für den Export gerichtet worden. Das bedeutete häufig, dass die Bauern sich auf den Anbau agrarischer Produkte konzentrierten, die nicht der Subsistenz dienten: Kakao, Kaffee, Tee, Tabak, Kautschuk und Sisal zum Beispiel.[1] Wie wir gesehen haben, erwartete man, dass die Einnahmen aus dem Verkauf dieser Produkte und die von den bäuerlichen Produzenten bezahlten Steuern zum Aufbau der „moderneren“ Wirtschaftssektoren beitrugen. Zugleich sollte damit der Abbau von Bodenschätzen für den Weltmarkt und vor allem die Entwicklung der Industrie und der Städte vorangetrieben werden, da hier die Arbeitskräfte und die Dienstleistungen zu finden waren, die von Industrie und Bergbau benötigt wurden.

Auch die stark ansteigende Verstädterung spielte bei der wachsenden Unfähigkeit der Länder in den afrikanischen Tropen, sich selbst mit Nahrungsmitteln zu versorgen, eine Rolle. Der Glanz des Geldes, das man in den Städten und Bergwerken verdienen konnte, lockte die ländlichen Arbeitskräfte an, die dann der heimischen Lebensmittelproduktion fehlten. Die Konzentration der Menschen in den Städten ermöglichte ihre Versorgung mit Dienstleistungen und

1 Mitunter machten die Konsumtionsbedürfnisse der wachsenden afrikanischen Bevölkerung den Export landwirtschaftlicher Produkte wie zum Beispiel Erdnüsse und Palmöl in Nigeria, die auch im Lande selbst als Nahrungsmittel verwendet werden konnten, unmöglich.

Einrichtungen – Wasser und Elektrizität, Märkten, Geschäften, Schulen, medizinischer Versorgung, Freizeitangeboten und so weiter – und das viel besser oder in größerem Umfang, als das auf dem Land möglich war, sodass die Menschen unweigerlich in die Städte gezogen wurden, auch wenn sie nicht sicher sein konnten, dort eine entsprechende Arbeit zu finden. (In jedem Falle galt, dass sich, je größer die Städte waren, umso mehr Gelegenheiten boten, im Dienstleistungsbereich Arbeit zu finden.) Diese Form der Verstädterung war bereits seit langem ein Charakterzug der gemäßigten Gebiete im Norden und im Süden des Kontinents. 1945 gab es zum Beispiel in Ägypten zehn Städte mit mehr als 100 000 Einwohnern, neun in Marokko, vier in Algerien, je eine in Tunesien und Libyen, elf in Südafrika und zwei in Rhodesien, aber nur elf auf dem ganzen übrigen Kontinent (davon wiederum vier in Nigeria). In den siebziger Jahren aber zählte man einhundertzwanzig solcher Städte in Afrika, und nur wenige Länder hatten nicht zumindest eine (allein in Nigeria gab es zweiunddreißig). Schätzungsweise hat sich in der kurzen Zeit von zwanzig Jahren zwischen 1960 und 1979 die Stadtbevölkerung südlich der Sahara verdoppelt, und 1980 dürfte über ein Fünftel der Menschen in Städten gelebt haben. Die Hauptstädte wuchsen stärker als die anderen: ihre Bevölkerung verdoppelte sich ungefähr alle zehn Jahre.

Schließlich suchten Katastrophen die Nahrungsmittelproduktion im subsaharischen Afrika heim, vor allem, jedoch nicht ausschließlich, die Halbwüstengebiete unmittelbar südlich der Sahara und in Nordostafrika (Sudan, Äthiopien und Somalia). Nach 1973 gab es überdurchschnittlich viele Jahre, in denen die Regenfälle deutlich geringer ausfielen als gewohnt. Die meisten afrikanischen Bauern und Rinderhirten konnten ein Jahr ohne Regenfälle überstehen, zwei oder gar mehrere solcher Jahre nacheinander waren jedoch eine andere Sache. Die Herden fraßen das Gras auf den Weideflächen am Rande der Anbaugebiete. Diese konnten sich nicht erneuern, und so wurde das Land zur Wüste. Eine große Zahl Rinder verendete, und die überlebenden Tiere wurden von ihren Besitzern auf Land getrieben, das bislang dem Ackerbau gedient hatte und wo die Nahrungsmittelproduktion auf einem höheren Niveau stand als die Tierzucht. Dieses Land wurde nun seinerseits in randständige Weideflächen umgewandelt, auf die der Ackerbau nicht zurückkehren konnte, wenn nicht durch Dämme und Brunnenbohrungen die Möglichkeit gefunden wurde, eine permanente Wasserversorgung sicherzustellen. Eine derart dramatische Schwächung der traditionellen Mechanismen der Nahrungsmittelproduktion führte zu Hungersnöten, auf deren Bewältigung die Regierungen nicht vorbereitet waren. Sie verfügten nicht über die Mittel, von gemäßigten Ländern in Europa oder Amerika zusätzliche Lebensmittel zu kaufen, noch hatten sie die Organisations- und Distributionsstrukturen, um große Mengen Nahrungsmittel zu den Einwohnern zu transportieren, die sich bislang selbst ernährt hatten. Neben den Tieren starben auch Millionen von Menschen, vor allem Kinder, Alte und Gebrechliche. Die Überlebenden lagerten an den Rändern der Städte oder wurden in Flüchtlingslagern versammelt, wo sie von internationalen Hilfsorganisationen mit Grundnahrungsmitteln versorgt und medizinisch betreut wurden, ohne die sie weder den Hunger noch die Durchfall- und Choleraepidemien überlebt hätten, die damit einhergingen.

Das Ausbleiben der Regenfälle für zwei oder mehr aufeinanderfolgende Jahre und die Hungersnöte, die sich daraus ergaben, waren in der afrikanischen Geschichte nichts Neues. Man könnte sogar sagen, dass sie wiederkehrende Bedrohungen darstellten. Doch waren in der Vergangenheit die Bevölkerungszahlen kleiner gewesen, sodass der Druck auf das Land nicht so groß wurde, und es waren weniger unproduktive Esser wie Kinder, Alte und Gebrechliche mit Nahrung zu versorgen. Daher war es den Menschen leichter gefallen, sich von einer Hungersnot zu erholen, und dies umso mehr, als das Niveau materiellen Wohlstands, das als annehmbar galt, niedriger lag. Die Langzeitwirkungen der Hungersnöte der siebziger und achtziger Jahre müssen erst noch erforscht werden, nicht zuletzt deshalb, weil Gesellschaften von ihnen betroffen waren, die die Fähigkeit, sich selbst zu ernähren, verloren hatten. Die Art und Weise, wie die Nomaden und die Bauern auf die Dürren reagierten, hatte die Fähigkeit zur einheimischen Nahrungsmittelproduktion weiter geschwächt, und die aus dem Ausland kommende Lebensmittelhilfe hatte Gefallen an und damit die Nachfrage nach importierten Lebensmitteln steigen lassen.

In den achtziger Jahren war ein weiteres ernstes Problem entstanden. Mit der Verschlechterung der *Terms of Trade* für afrikanische Länder und dem insgesamt weniger guten Zustand ihrer Ökonomien wurde die Zurückzahlung der Kredite, die sie in besseren Tagen aufgenommen hatten, um ihre Entwicklungsprojekte zu finanzieren, zu einer immensen Belastung für ihre Außenhandelseinnahmen. Man hat zum Beispiel ausgerechnet, dass 1982 zwei Drittel der Exporteinnahmen Zaires für die Schuldendienstbegleichung der Auslandsschulden dieses Jahres und der Überhänge von 1981 hätten eingesetzt werden müssen. Die Situation im Sudan sah für das Jahr 1983 recht ähnlich aus, und auch mit der offenkundig ziemlich wohlhabenden Elfenbeinküste stand es kaum besser: der Schuldendienst verschlang über vierzig Prozent der Staatseinnahmen aus dem Export. Die Schuldenlast der Erdöl produzierenden Länder mag in Prozenten nicht so hoch gewesen sein, doch wuchsen die Schulden auch hier, und die Summen, die zur Tilgung benötigt wurden, waren erheblich. So erhöhten sich die Kosten für Nigerias Schuldendienst von weniger als zehn Prozent der Exporterlöse im Jahre 1982 auf über fünfzehn Prozent im Jahre 1983 (die Gesamtschulden schätzte man auf mindestens zehn Milliarden US-Dollar). In einer solchen Situation hatten die afrikanischen Staaten kaum eine Alternative, als den Internationalen Währungsfonds anzurufen und um Umschuldung nachzusuchen. Diese aber war mit Bedingungen verknüpft, die die Handlungsfreiheit der Länder im wirtschaftlichen Bereich einschränkte. Schlimmer noch war die Tatsache, dass sich die Kreditwürdigkeit der afrikanischen Länder gerade zu dem Zeitpunkt auf äußerst niedrigem Stand befand, sie also die Hilfe der reicheren Nationen der Welt benötigten, wenn sie in ihrer wirtschaftlichen Entwicklung nicht noch weiter zurückfallen wollten.

Unter diesen Umständen kann es kaum überraschen, dass die reicheren westlichen Nationen und Institutionen wie der IWF und die Weltbank, in denen man ihre Ausführungsorgane sah, des „Neokolonialismus“ bezichtigt wurden. Die politische Unabhängigkeit, die die afrikanischen Völker errungen hatten, konnte kaum als vollständig angesehen werden, solange sie wirtschaftlich abhängig blieben. Doch traf man im nachkolonialen Afrika nicht nur auf *wirtschaftliche* Abhängigkeit. Wie wir noch sehen werden, waren afrikanische Regierungen von Zeit zu Zeit auf militärische Hilfe von außen angewiesen, um ihre politische Position halten zu können, und solche Hilfe konnte sowohl von den kommunistischen Ländern als auch von den industriellen Demokratien des Westens kommen.

In den ersten Jahren der Unabhängigkeit waren die Probleme, denen sich die Führer der neuen afrikanischen Staaten gegenübersahen, in erster Linie politischer Natur gewesen. Die grundlegenden wirtschaftlichen und sozialen Probleme, die vorstehend umrissen wurden, waren entweder noch nicht zutage getreten oder noch in ihren Anfängen. Die wesentliche politische Frage war: Wie konnten die kleinen, vergleichsweise gut gebildeten und wohlhabenden einheimischen Gruppen, die in die nahezu absoluten Machtpositionen nachgerückt waren, in denen zuvor fremde Kolonialregierungen geherrscht hatten, einerseits ihre Integrität bewahren und andererseits das Vertrauen eines ausreichenden Teils der armen und weitgehend ungebildeten Massen gewinnen, um ihre privilegierte Stellung zu rechtfertigen. Die Kolonialherren hatten sich ihre privilegierte Stellung notfalls durch die überlegenen Machtmittel gesichert, über die sie verfügten, und als sie sich entschlossen, sich dieser Machtmittel in Afrika nicht mehr zu bedienen, war die Macht in afrikanische Hände übergegangen. Die neuen schwarzen Führer hatten buchstäblich den Platz eingenommen, der zuvor von den Kolonialbeamten besetzt war. Sie zogen in die Büros und die Häuser ihrer Vorgänger, wurden von den gleichen Chauffeuren in den gleichen oder noch größeren Autos gefahren, hatten die gleichen Diener, die gleichen Verwaltungsangestellten und das gleiche technische Personal, die gleichen Polizisten und Soldaten zu ihrer Verfügung.

Der Unterschied bestand darin, dass die neuen Herren selbst Afrikaner waren, und dass sie nicht durch Gewalt in ihre Stellungen gelangt waren, sondern durch die Wahlstimmen ihrer afrikanischen Landsleute. Doch es existierte eine große Kluft zwischen ihnen und der Masse der einfachen Männer und Frauen in den Dörfern und auf den Feldern, für die das Leben praktisch so weiterging wie bisher, nur dass der *District Commissioner* jetzt ein schwarzes Gesicht hatte. Die neuen afrikanischen Herren, ob sie nun einen radikalen Sozialismus vertraten oder politisch konservativ waren und auf die Tradition setzten, fanden es allesamt schwierig, die Erwartungen zu erfüllen, die bei ihren Bürgern geweckt worden waren, zunächst durch den zunehmenden Kontakt mit der entwickelten Welt, den die Kolonialzeit durch Handel und Bildung ermöglicht hatte, und dann durch die Tatsache, dass die entwickelte Welt die kolonialen Führungsleinen durchschnitten und erklärt hatte, die Afrikaner könnten auf eigenen Füßen stehen. Durch Zeitungen und Werbung, durch Transistorradios und in zunehmendem Maße das Fernsehen wurden sich die einfachen Afrikaner mehr und mehr dessen bewusst, was das zwanzigste Jahrhundert zu bieten hatte, und waren erpicht, sich ihren Anteil daran zu sichern.

Die relative Schwäche und die fehlende Entwicklung der ehemals kolonialen Ökonomien – mitunter auch einfach der bloße Mangel an Ressourcen – bedeuteten aber, dass nicht alle Wähler den Anteil bekommen konnten, den sie als ausreichend akzeptiert hätten, zumindest nicht in absehbarer Zeit. Deshalb lag den neuen Herren oftmals nicht viel daran, sich in regelmäßigen Abständen erneut zur Wahl zu stellen. Statt dessen behaupteten sie, dass die Parteipolitik ein Luxus sei, den sich Entwicklungsländer nicht leisten könnten, und dass es eine starke Einheitspartei brauche, die die politische Mobilisierung der ganzen Nation repräsentiere und die ohne Einmischung den Regierungs- und Entwicklungsgeschäften nachgehen könne. Man behauptete, und das einigermaßen überzeugend, dass eine solche Einparteienherrschaft der moderne Ausdruck traditioneller afrikanischer Regierungssysteme sei, in denen sich der Wille der Nation nicht im periodisch wiederkehrenden Auszählen von Stimmen manifestierte, sondern in der Entscheidung der Ältesten, die feststellten, was die Leute sagten und wollten.

Was aber geschah, als die Leute herausfanden, dass sie nicht erhielten, was ihnen ihrer Auffassung nach rechtmäßig zustand? Oder wenn sie – oder doch einige von ihnen – das Gefühl hatten, dass ein zu großer Teil der begrenzten Ressourcen der Nation nicht für das

Allgemeinwohl verwendet, sondern der prächtigen Machtentfaltung in den neuen Hauptstädten zugeführt wurde, den Präsidentenpalästen, Botschaften, Fluggesellschaften und Armeen, die souveräne Staaten offensichtlich unterhalten mussten, oder einfach nur dafür, den Reichtum der Politiker und ihrer Freunde und Verwandten zu mehren? Darauf eine Antwort zu finden, war nicht schwer. Wie die Kolonialregierungen vor ihnen, oder wie Regierungen überhaupt, hingen die sich immerfort an der Macht haltenden politischen Maschinerien Afrikas letztlich davon ab, ob sie das Militär unter Kontrolle hatten. Es zeigte sich, dass in den neuen afrikanischen Armeen eine rivalisierende Elite entstanden war, die sich benutzen ließ, wenn es erforderlich war, die es aber auch auf sich nehmen mochte, die politische Elite herauszufordern und zu stürzen.

Der Prototyp solchen Handelns in Afrika war – zumindest für die jüngere Vergangenheit – der Militärputsch in Ägypten, der 1952 die Monarchie beseitigt und Nasser an die Macht gebracht hatte. Bis Ende 1985 hatte es über fünfzig weitere Anlässe gegeben, bei denen die Streitkräfte erfolgreich dazu benutzt worden waren, die Regierung eines unabhängigen afrikanischen Staates zu übernehmen. Manchmal richteten sich die militärischen Führer in der Macht ein, manchmal teilten sie die Macht mit Zivilisten, manchmal schrieben sie Wahlen aus und übergaben die Macht dann an die Politiker, die diese Wahlen gewannen. Über all diese Staatsstreiche wurde, vor allem wenn sie mit Blutvergießen verbunden waren, in den Medien der Welt berichtet. Mit dem Ergebnis, dass nach allgemeiner Meinung die afrikanische Politik seit der Unabhängigkeit im Großen und Ganzen gewalttätig und instabil gewesen ist.

Bei näherer Betrachtung erweist sich diese Beobachtung aber als unzulässige Verallgemeinerung. In den Fällen, wo sich das Militär entschloss, die Macht selbst zu behalten, und wo es ihm gelang, die Disziplin in den eigenen Reihen aufrechtzuerhalten, bedeutete das zunächst nicht mehr, als dass die Regierung von einem Rat ranghoher Offiziere geleitet wurde, während Zivilverwaltung und Jurisdiktion im Wesentlichen so weiter funktionierten wie zuvor. Nur wenn das Militär sich nach einem zweiten oder dritten Staatsstreich selbst spaltete, konnte seine Herrschaft in eine Unterdrückung großen

Ausmaßes oder allgemeine Anarchie ausarten. Es muss ferner darauf hingewiesen werden, dass von den vierundvierzig unabhängigen Staaten auf dem afrikanischen Kontinent, die im Jahre 1985 bestanden, achtzehn (einundvierzig Prozent) nie eine Machtübernahme durch das Militär erlebt und weitere vierzehn (zweiunddreißig Prozent) nur einen einzigen Militärputsch zu verzeichnen hatten.

In den fünf afrikanischen Ländern nördlich der Sahara waren die Regierungen bemerkenswert stabil. Das von Nasser (der 1970 starb) etablierte ägyptische Regime blieb trotz der Kriege mit Israel und der Ermordung von Nassers unmittelbarem Nachfolger, General Sadat, seinem früheren Vizepräsidenten (dem dann *dessen* Vizepräsident im Amt nachfolgte), im Jahr 1981, intakt. In Tunesien war Bourguiba, der sein Land 1956 in die Unabhängigkeit geführt hatte, im Jahre 1986 noch immer Präsident. Marokko hatte seinen König. In Algerien wurde Ben Bella 1965 durch einen Militärputsch von seinem Waffenbruder, Oberst Boumédienne, gestürzt. Letzterer starb 1978, doch das Regime, das er errichtet hatte, war auch zwanzig Jahre später noch an der Macht. In Libyen hatten sich 1969 junge Offiziere unter Führung von Oberst Gaddafi erhoben, um die Monarchie abzuschaffen und ein sozialistisches Regime nach dem Vorbild Nassers zu errichten. 1986 stand Gaddafi ebenfalls noch an der Spitze der Regierung.

Im subsaharischen Afrika waren die Unterschiede größer. Dennoch erwiesen sich die neuen Führer, selbst wenn sie nicht alle Leute zufrieden stellen konnten und mitunter hart mit einigen ihrer führenden Widersacher umsprangen, als bemerkenswert geschickte Manipulatoren des Kräftegleichgewichts, denen es nicht nur gelang, den Lohn der Macht einzustreichen und ihre eigenen Positionen zu behaupten, sondern auch die nationale Stabilität zu bewahren. Acht Führern, die in den fünfziger und sechziger Jahren ihren Ländern die Unabhängigkeit gebracht hatten, gelang es, zwanzig Jahre und mehr im Amt zu bleiben. Das waren die Präsidenten Sekou Touré (Guinea, Unabhängigkeit 1958, starb 1984), Ahidjo (Kamerun, Unabhängigkeit 1960, 1982 zurückgetreten), Houphouët-Boigny (Elfenbeinküste, Unabhängigkeit 1960, starb 1993), Senghor (Senegal, Unabhängigkeit 1960, 1980 zurückgetreten), Nyerere (Tansania, Unabhängigkeit 1961, 1985 zurückgetreten), Banda (Malawi, Unabhängigkeit 1964, 1994 zurückgetreten), Kaunda (Sambia, Unabhängigkeit 1965, 1991 zurückgetreten) und Jawara (Gambia, Unabhängigkeit 1965, 1994 gestürzt). Auch Kenias Präsident Kenyatta hätte gut zu dieser Gruppe gehören können, doch war er bereits siebzig Jahre alt, als sein Land 1963 unabhängig wurde. Als er 1978 starb, ging die Macht relativ reibungslos an seinen Nachfolger Daniel arap Moi über. Stabilität und Kontinuität lassen sich auch für Botswana (Unabhängigkeit 1966), dessen erster Präsident Seretse Khama 1980 starb, und Swasiland (Unabhängigkeit 1968 unter König Sobhuza II., der 1982 starb) verzeichnen.

Es gibt auch eine Reihe von Staaten, die gewalttätige Phasen durchliefen, ansonsten aber für beträchtliche Zeitspannen stabile Regierungen hatten. Kenia und Tansania lassen sich gut in diese Kategorie einordnen, denn nur 1964 wurden für kurze Zeit britische Truppen zu Hilfe gerufen, um Meutereien in den damals noch winzigen Armeen niederzuhalten (zusätzlich noch in der Armee Ugandas). Eine ähnliche, aber weit ernstere Situation gab es nahezu zeitgleich in Gabun. Hier wurde Präsident M'Ba von seiner Armee abgesetzt, doch gelang es ihm mit Hilfe der französischen Armee in sein Amt zurückzukehren. Als er 1967 starb, kam Omar Bongo, sein Vizepräsident, an die Macht und hatte, da das Land über große Vorkommen an Erdöl, Uran, Mangan und Edelhölzern verfügt, keine Schwierigkeiten, die politische Stabilität zu bewahren.

Mali besaß keinen der Vorzüge Gabuns. Es ist ein weites, kaum überschaubares, unfruchtbares Binnenland und gehört zu den ärmsten Ländern in Afrika. Der Architekt seiner Unabhängkeit, Präsident Modibo Keita, behandelte die vielfältigen Probleme des Landes nicht sonderlich kompetent. Deshalb war es 1968 keine Überraschung, als er von Leutnant Moussa Traoré gestürzt wurde, einem jungen Armeeoffizier, der danach die Präsidentschaft antrat. Traoré war so erfolgreich, dass er sich achtzehn Jahre später noch immer im Amt befand. Doch war dies keinesfalls das einzige Beispiel eines neuen Staates, dessen Gründungsvater nach ein paar Jahren Regierungserfahrung abgesetzt und durch einen neuen Regierenden ersetzt wurde, der Geschick besaß, um eine beachtliche Zeit an der

Macht zu bleiben und bis 1986 politisch zu überleben. So wurde in Niger, das die gleichen Probleme hatte wie Mali – auch wenn es nicht ganz so arm war –, Präsident Hamani Diori nach einem Militärputsch im Jahr 1974 durch Oberst Kountche abgelöst.

Einige Fälle verliefen nicht so geradlinig. In Togo wurde Präsident Sylvanus Olympio, seit den vierziger Jahren ein führender Nationalist, 1963 bei einem Militärputsch getötet, wonach seinem wichtigsten politischen Gegner das Präsidentenamt angetragen wurde. Er erwies sich jedoch als nicht sonderlich geeignet für das Amt, sodass es 1967 zu einem weiteren Putsch kam. Danach ernannte der Oberbefehlshaber der Armee, Oberst Eyadema, sich selbst zum Präsidenten. In der angrenzenden ehemaligen französischen Kolonie Dahomey gelang es drei Politikern mit regionaler Machtbasis nicht, für eine stabile Regierung zu sorgen, sodass die Armee sich fortwährend einmischte. Nicht weniger als drei Militärputsche führten zu Veränderungen in der Zivilregierung, bevor sich schließlich 1972 General Kerekou dazu entschloss, selbst die Macht zu ergreifen. Der neue Präsident hielt es für ratsam, sich eine neue Ideologie zuzulegen und das Land in Volksrepublik Benin umzubenennen. Sierra Leone wurde unter der parlamentarischen Regierung von Premierminister Milton Margai unabhängig. Nachdem er 1964 gestorben war, folgte ihm sein Bruder Albert Margai im Amt, der, als er 1967 die Wahl verlor, sich auf einen Einparteienstaat zubewegte. Anschließend putschte der Oberbefehlshaber der Armee, um zu verhindern, dass Margais eher populistischer Widersacher Siaka Stevens die Macht übernahm, doch ergriffen seine Offiziere selbst die Macht, bis sie 1968 durch eine Meuterei einfacher Soldaten abgesetzt wurden, die Stevens an die Regierung brachten. 1971 stand Stevens einem weiteren Putsch gegenüber und rief guineische Truppen zu Hilfe. Im selben Jahr wurde er Präsident und errichtete 1978 einen Einparteienstaat.

In Sierra Leones Nachbarland Liberia tat ein Präsident, der bereits 1943 gewählt worden war, W. V. Tubman von der „True Whig Party", viel, um neben den Nachfahren der Afroamerikaner, die sich seit 1820 im Land angesiedelt hatten, auch die einheimischen Afrikaner an der Regierung zu beteiligen. Als er 1971 starb, schien er seinem Vizepräsidenten und Nachfolger W. R. Tolbert ein gesichertes

Erbe zu hinterlassen. Doch von den benachbarten exkolonialen Territorien hatte eine radikale Leidenschaft die Intellektuellen, Studenten und Soldaten ergriffen. 1980 zerstörten junge Soldaten Liberias politisches und soziales System, das wenigstens seit 1860 Bestand gehabt hatte, als die „True Whig Party“ zum ersten Mal in die Regierung gewählt worden war. Sie setzten einen *People's Redemption Council* unter Führung des früheren Sergeanten Samuel Doe ein, mit dem Ziel, wie der Name sagt, einer inneren Versöhnung des Landes.

Das Regime der „True Whig Party“ in Liberia war in vielerlei Hinsicht mit den Monarchien vergleichbar, die in Ägypten und Libyen gestürzt worden waren. Die älteste Monarchie Afrikas – und eine der ältesten überhaupt – wurde 1974 abgeschafft. Mit Ausnahme der fünf Jahre italienischer Besatzung war Äthiopien seit 1916 von Haile Selassie beherrscht worden, zunächst als Regent und später, nach 1930, als Kaiser. Er hatte sich darum bemüht, eine feudale Regierung und Gesellschaft zu modernisieren, doch war er in den frühen sechziger Jahren bereits siebzig Jahre alt, und seine Regierung verwickelte sich in immer größere Schwierigkeiten. 1962 wurde beschlossen, dass das bisher föderativ angegliederte Gebiet Eritrea Provinz des Kaiserreichs werden sollte, und das rief natürlich schnell den Widerstand einer „Eritrean Liberation Front“ hervor, die von den benachbarten muslimischen Ländern unterstützt wurde. 1972 hatte sich dieser Widerstand zu einem offenen Krieg entwickelt. In den sechziger Jahren setzte zudem ein offener bewaffneter Konflikt mit Somalia über die Weidegebiete im Grenzland von Ogaden ein. Zwischen 1972 und 1973 kam es zur ersten einer Reihe von Hungersnöten, die letztlich in weiten Gebieten Äthiopiens zur Dezimierung der Bevölkerung führten. Keines dieser Probleme wurde Erfolg versprechend angegangen. Das war zum Teil eine Folge von Haile Selassies größtem Fehler: es widerstrebte ihm nämlich, jungen Menschen, die in Schulen, Oberschulen und Universitäten im In- und Ausland ausgebildet worden waren, entsprechende Macht und Verantwortung zu übertragen. Von der Mitte der sechziger Jahre an machten sich Unzufriedenheit mit und Kritik an seinem Regime in Studentendemonstrationen und Arbeiterstreiks offen bemerkbar. 1974 wurde auch die Armee von diesen Protesten angesteckt und junge Offiziere setzten, ermutigt von den diplomatischen Vertretern der kommunistischen Länder, den Kaiser ab (der kurz darauf starb) und einen Provisorischen Militärischen Verwaltungsrat (den *Derg*) ein, der den von ihnen ausgerufenen sozialistischen Staat regieren sollte.

Es folgten drei schlimme Jahre, in denen verschiedene Gruppen - jede mit ihren eigenen Vorstellungen von der angemessenen sozialistischen Ideologie und Strategie – offen und heftig um die Macht kämpften. Dabei kamen viele tausend Menschen ums Leben. 1977 aber trat mit Oberst Mengistu ein alleiniger Revolutionsführer in Erscheinung, der sich an die enorme Aufgabe machte, das zerschlagene Land mit Hilfe der UdSSR und anderer kommunistischer Länder wieder aufzubauen. Die strategische Position Äthiopiens, das die Erdöltransportrouten durch das Rote Meer beherrschte, war dabei zweifellos ein besonderer Gesichtspunkt. Eine somalische Invasion wurde 1978 abgewehrt, doch viele Probleme blieben bestehen. In Eritrea kam es zu einer anhaltenden Rebellion, und in den Nordprovinzen breitete sich Unzufriedenheit aus. Das machte es, zusammen mit dem weit verbreiteten Widerstand gegen die Landreform, den Äthiopiern fast unmöglich, sich erfolgreich mit den überwältigenden Problemen von Dürre und Hungersnot zu beschäftigen.

Dennoch kann man nicht sagen, dass, abgesehen von der kurzen Zeit zwischen 1974 und 1977, die Zentralregierung in Äthiopien instabil gewesen wäre. Ihr Problem bestand vielmehr darin, dass sie von ungefähr 1960 an keinen vollständigen Zugriff mehr auf alles Land hatte, das zu regieren sie beanspruchte. Ähnlich war auch General Mobutus Herrschaft, obwohl er bereits 1965 Staatsoberhaupt wurde und zwanzig Jahre später noch immer im Amt war, über einige Teile seines riesigen Landes, die sich in großer Entfernung zur Hauptstadt befanden, keineswegs immer gesichert. Andere große Staaten, die das gleiche Problem hatten, waren die ehemaligen portugiesischen Kolonien Angola und Mosambik. Hier unterstützte Südafrika alle, die bereit waren, gegen die Autorität der marxistischen Zentralregierungen vorzugehen, in der Hoffnung, diese dadurch zu destabilisieren. In Angola sorgte das für das Überleben der UNITA, trotz der substanziellen Militärhilfe an Personen und Material, die die MPLA-Regierung von den kommunistischen Ländern erhielt.

Natürlich konnten kleine Staaten genauso gut in Schwierigkeiten geraten wie große. Gambia, eines der ärmsten und kleinsten Länder, in dem kaum mehr als eine halbe Million Menschen leben und das zudem vollständig vom Senegal eingeschlossen wird, war immer ein schwieriges Staatswesen. Dennoch war es unter Präsident Jawara eine funktionierende, allem Anschein nach stabile Demokratie mit regelmäßigen Wahlen. 1981 aber verbündete sich eine kleine Gruppe von Verschwörern mit Angehörigen der winzigen Verteidigungsstreitmacht, um eine Rebellion vom Zaun zu brechen. Jawaras Regierung konnte sich nur mit Hilfe von Truppen aus dem Senegal an der Macht halten, die nach Niederschlagung des Putsches gebeten wurden, zur Aufrechterhaltung der Ordnung im Land zu bleiben. Gambia kehrte zu seiner demokratischen Praxis zurück, und schloss sich mit seinem größeren Nachbarn zur Konföderation Senegambien zusammen.

Rwanda erlebte einen Moment höchster innerer Gewalt, als sich die Hutu-Mehrheit der Bevölkerung am Vorabend der Unabhängigkeit erhob, viele tausend Menschen aus der herrschenden Kaste der Tutsi abschlachtete und die Überlebenden als Flüchtlinge nach Uganda vertrieb. Im Vergleich dazu stellte die militärische Übernahme der Regierungsgeschäfte Präsident Kayibandas durch General Habyarimana 1973 ein friedliches Ereignis dar. Andererseits hatte das benachbarte Burundi eine beklagenswerte Geschichte innerer Gewalt vorzuweisen, die in den Ereignissen des Jahres 1972 gipfelte, als einhunderttausend Hutu – über dreieinhalb Prozent der Gesamtbevölkerung – von der Tutsi-Regierung General Micomberos innerhalb weniger Wochen ausgelöscht wurden. Über fünfzehntausend Hutus suchten in den Nachbarstaaten Asyl.

Die französischen Kolonialbeamten waren sich immer unsicher darüber gewesen, wie sie mit dem mittelgroßen, ziemlich dicht bevölkerten und sehr armen Gebiet verfahren sollten, das sie Obervolta nannten und das 1984 den afrikanischen Namen Burkina Faso annahm. Einige Zeit behandelten sie es als Teil des französischen Sudan, dann wieder als Teil der reicheren Kolonie Elfenbeinküste. 1960 war es dann gerade eine eigenständige Kolonie und wurde auf diese Weise ein unabhängiger Staat. Doch schon bevor es von Hungersnöten heimgesucht wurde, schienen seine Ressourcen für eine stabile Regierung nicht auszureichen, wobei es keine Rolle spielte, ob die Regierungsgewalt von Zivilisten oder Militärs ausgeübt wurde. Zwischen 1966 und 1983 gab es nicht weniger als vier erfolgreiche Staatsstreiche. Nach dem letzten dieser Staatsstreiche begann Hauptmann Sankara, ein rangniederer Offizier von radikaler Gesinnung, in dem gleichen Geist zu handeln, den der Hauptmann Rawlings etwas weiter südlich in Ghana demonstrierte, ja er dachte sogar daran, Burkina Faso in das stärker entwickelte südliche Nachbarland zu integrieren.

Ghana war ursprünglich das Land, das im subsaharischen Afrika den Maßstab für die Unabhängigkeit gesetzt hatte. Darauf war Kwame Nkrumah sehr stolz und widmete, nachdem sein Land 1957 unabhängig geworden war, einen wesentlichen Teil seiner Energie und Eloquenz sowie einen Teil der Ressourcen Ghanas der Verkündung des Panafrikanismus und des Antikolonialismus. Im Lande selbst favorisierte er teure und unrentable Prestigeobjekte und tat wenig, den Eigennutz vieler Mitglieder seiner politischen Partei zu beschneiden. Die Folgen mögen nicht so extrem und brutal gewesen sein wie in der Zentralafrikanischen Republik unter General Bokassa, der 1965 die Macht ergriff, sich 1976 mit napoleonischem Glanz zum Kaiser krönen ließ und 1979 schließlich von seinem Volk mit Hilfe französischer Truppen entthront wurde. Doch das lag daran, dass Ghana sowohl hinsichtlich der Bildung und Ausbildung als auch in materieller Hinsicht ein weit besser entwickeltes Land war. 1966 aber hatte Nkrumahs Regierung einen Großteil der Ressourcen, die sie mit der Unabhängigkeit übernommen hatte, verschleudert, und als er und seine Kollegen durch einen Militärputsch abgesetzt wurden, wurde das in weiten Teilen des Landes mit Freude aufgenommen. Die Soldaten bewerkstelligten danach die Rückkehr zu einer demokratischen, parlamentarischen Regierung und die Wahl konservativerer Politiker. Doch vermochte die Regierung, die unter Dr. Busia 1969 gewählt wurde, nicht unter Beweis zu stellen, dass sie effektiver und ehrlicher als Nkrumahs Einparteienregierung war, da sich ihre wirtschaftlichen Maßnahmen in einer Zeit sinkender Kakaopreise als unpopulär erwiesen und die ungeduldigen Soldaten wieder die Macht ergriffen. 1972 wollten General Acheampong und sein Rat der Nationalen Wiedergutmachung (*National Redemption Council*) den Beweis antreten, dass sie es besser konnten. Doch sie versagten gleichfalls, die wirtschaftliche Situation verschlechterte sich und das Volk zeigte, dass es eine Militärdiktatur ebenso wenig mochte wie es die Diktatur Nkrumahs gemocht hatte. Deshalb machte General Acheampong 1978 General Akuffo Platz, der die Rückkehr zu einer zivilen Regierung versprach. Dem kam aber 1979 ein Staatsstreich jüngerer Offiziere und Unteroffiziere zuvor, der von einem charismatischen jungen Luftwaffenoffizier, Jerry Rawlings, angeführt wurde. Diese jungen Offiziere waren der Ansicht, ihre Vorgesetzten seien Wichtigtuer und korrupt und ließen daher viele hinrichten. Als das erneuerte parlamentarische System 1981 ihre Hoffnungen nicht erfüllte, ergriffen Rawlings und seine Anhänger erneut die Macht und installierten einen Provisorischen Nationalen Verteidigungsrat (*Provisional National Defence Council*) mit dem Ziel, die gesamte ghanaische Gesellschaft wiederzubeleben.

Der Statistik zufolge ist der Tschad das ärmste Land in Afrika – wenn nicht der ganzen Welt. Das riesige Territorium, das fünf Mal so groß ist wie Burkina Faso, hat weniger Einwohner, ist noch unfruchtbarer und vor allem im Norden, wo es sich mitten durch die Sahara bis an die Südgrenze Libyens erstreckt, für Hungersnöte anfällig. Im Süden reicht es bis an den Rand des Kongobeckens. Diese Situation hat eine fatale politische Teilung zwischen nomadisierenden, muslimischen Rinderhirten im Norden und Ackerbauern im Süden hervorgebracht, die zum größten Teil eigenen Religionen anhängen, aber auch von christlicher Erziehung nicht unberührt geblieben sind. 1967 befand sich der Norden in einer offenen Rebellion gegen die Herrschaft einer Einheitspartei, die ihre Basis im Süden hatte. In den siebziger Jahren unterstützte Libyen die Muslime militärisch in diesem Bürgerkrieg und annektierte im eigenen Interesse einen rohstoffreichen Streifen entlang der nördlichen Grenze des Tschad. Zwischen 1975 und 1980 konnten die Nordfraktion und ihre libyschen Verbündeten nur durch das Eingreifen französischer

Truppen daran gehindert werden, in den Süden vorzudringen. Gegen Ende dieser Periode bemühten sich afrikanische Staaten in verschiedenen Kombinationen vergeblich darum, die Lage auf diplomatischem Wege oder durch die Einsetzung einer Sicherheitstruppe, die sich aus ihren jeweiligen Armeen rekrutierte, zu stabilisieren. Als die Libyer 1983/84 einen neuerlichen Vorstoß unternahmen, wurden erneut die Franzosen zu Hilfe gerufen. Die Teilung des Tschad schienen einheimische Politiker oder Soldaten nicht überwinden zu können.

Die Republik Sudan, Tschads östliches Nachbarland, ist noch größer – das größte Land in Afrika –, hat aber doppelt so viele Einwohner pro Quadratkilometer wie der Tschad und steht an der Spitze, und nicht am Ende, der Reihe von Ländern mit niedrigem Einkommen. Das Bruttosozialprodukt pro Kopf ist im Sudan dreimal so hoch wie im Tschad. Doch leidet das Land unter der gleichen Teilung zwischen Nord und Süd. Allerdings ist es im Sudan der muslimische Norden, der über bessere Bildung und größere politische Erfahrung verfügt als der Süden. 1955 war es der ärmere, zum Teil christianisierte Süden, der sich gegen den Norden erhob. 1958 kam es zu einer militärischen Machtübernahme durch General Abboud, nachdem sich die parlamentarische Regierung auch im Norden als unfähig erwiesen hatte. Es gelang ihm, im Norden wieder eine kompetente Verwaltung einzusetzen, doch erreichte er es trotz des Einsatzes der gesamten Streitkräfte nicht, die Kontrolle über den Süden zu erlangen. Auch die Rückkehr zur parlamentarischen Regierungsform im Jahr 1964 brachte keine besseren Ergebnisse, sodass das Militär 1969 erneut die Macht ergriff, diesmal durch eine Gruppe junger Offiziere, die von Oberst Nimeri (Numeiri) angeführt wurde. Ein neuerlicher Versuch, den Süden gewaltsam zu unterwerfen, führte lediglich zu weiterem Blutvergießen und Chaos sowie wachsender internationaler Kritik, vor allem seitens der christlichen Kirchen. Deshalb kam es 1972 zu Friedensverhandlungen mit dem Süden, dem eine lokale Autonomie versprochen wurde. Danach wurde Nimeris Regime immer konservativer. Als die Lebensmittel knapp wurden und die Preise stiegen, nahm die Opposition ständig zu. Diese Entwicklung erreichte einen Höhepunkt, nachdem Nimeri 1983 das islamische Recht zum Staatsrecht erklärt und 1984 das Kriegsrecht ausgerufen hatte. 1985 – er hatte gerade begonnen, eine etwas moderatere Politik zu machen – wurde er von General Swar al-Dahab, einem neu ernannten Minister, abgesetzt.

Wesentliche regionale und kulturelle Unterschiede stellten auch Uganda und Nigeria in der nachkolonialen Zeit vor ernste Probleme, zwei Länder, die zusammen mit Ghana zu den erfolgreicheren Beispielen der britischen Kolonialpolitik gezählt worden waren. Ugandas Schwierigkeiten rührten daher, dass sich Bildung und wirtschaftliche Entwicklung während der Kolonialzeit eher in den bantusprachigen Südprovinzen konzentrierten, während die Soldaten immer unter den „martialischen Völkern" des ärmeren Nordens rekrutiert wurden. 1962, beim Übergang zur Unabhängigkeit, ruhte die Regierungsgewalt auf den Schultern einer unsicheren Allianz zwischen der hauptsächlich im Norden agierenden Partei von Milton Obote und der Partei der traditionalistischen Baganda, deren Kabaka Mutesa gleichzeitig der Präsident Ugandas war. 1966 fühlte sich Obote stark genug, den Kabaka zu stürzen und die Präsidentschaft an sich zu reißen. Doch er setzte seine Macht unklug ein, weder im Interesse seines Landes noch in seinem eigenen, so dass er 1971 durch eben den militärischen Befehlshaber gestürzt wurde, der den Angriff auf den Palast des Kabaka geführt hatte: General Amin, der gleichfalls aus dem Norden stammte. Dieser Wandel wurde zunächst sowohl im Inland als auch im Ausland gut geheißen. Doch hatte Amin noch weniger als Obote eine Vorstellung davon, wie die Macht konstruktiv einzusetzen wäre. Er errang Popularität im Land, weil er die asiatische Gemeinde des Landes verwies, doch half dies einer Wirtschaft, die unaufhaltsam zerfiel, nur wenig. In dem Maße, in dem mehr und mehr Einzelpersonen und Gruppierungen Amin zu kritisieren begannen, fühlte er sich ermächtigt, Gewalt anzuwenden, um sich von wirklichen oder eingebildeten Widersachern zu befreien. Selbst die Armee befand sich inmitten des gesellschaftlichen Chaos, das sie mit herbeigeführt hatte, im Zustand beginnender Auflösung, und um sich selbst und seinen Soldaten etwas Ablenkung zu verschaffen, marschierte Amin 1978 in Tansania ein. Als aber die tansanische Armee zum Gegenangriff überging, zerfiel seine Armee in gesetzlose Banden. Innerhalb von fünf Monaten hatten die tansanischen Truppen den größten Teil von Uganda einschließlich der Hauptstadt besetzt und Amin war gezwungen, ins Ausland zu fliehen.

Dennoch gelang es den Ugandern nur schwer sich zu einigen, wie ihr befreites Land am besten regiert werden sollte. Schließlich gewann Obote, der von Tansania deshalb unterstützt wurde, weil er 1971 ungesetzlich des Amtes enthoben worden war, die Wahlen und wurde zum zweiten Mal Präsident. Als aber die tansanischen Truppen abgezogen wurden, versank die öffentliche Ordnung – die nie vollständig wiederhergestellt worden war – erneut im Chaos. 1983 war Obotes „ugandische" Armee nichts weiter als eine Bande, die sich mit anderen Guerillas um Macht und Beute schlug. Auch wenn Ende 1985 in Form der „National Resistance Army", eine wesentlich disziplinierte und entschlossenere Streitmacht, die von Yoweri Musoveni aus dem Westen des Landes geführt wurde, ein militärischer Sieger des Konflikts gefunden war, ließ sich noch nicht recht absehen, wie Uganda wieder zu Stabilität und Wohlergehen finden sollte, vor allem in den nördlichen Distrikten.

Nigeria, ein wesentlich größeres Land als Uganda, hatte vergleichbare regionale und ethnische Unterschiede und Rivalitäten aufzuweisen, die jedoch nie zu einem solch völligen, nationalen Zusammenbruch von Recht und Ordnung führten, wie er über Uganda gekommen war. Das verdankte sich aber nicht so sehr der Tatsache, dass Nigeria über größere Ressourcen verfügte, einschließlich beachtlicher Erdölvorkommen, die seit dem Ende der fünfziger Jahre ausgebeutet wurden, denn so reich das Land auch war, sein Reichtum musste unter die mit Abstand größte Bevölkerungszahl eines afrikanischen Landes aufgeteilt werden. 1985 soll sich die Bevölkerung auf bereits mehr als achtzig Millionen Menschen (doppelt so viel wie in Ägypten) belaufen haben. Eher scheint dies eine Folge der Tatsache zu sein, dass die trennenden Unterschiede 1967 in einen großen Bürgerkrieg mündeten, der zweieinhalb Jahre lang zwischen zwei großen Armeen mit wahrscheinlich insgesamt einer halben Million Soldaten ausgefochten wurde, einem Krieg, der zu mindestens einer Million Toten führte, wobei die Verluste in der Zivilbevölkerung auf Grund von Hunger und Krankheit die Zahl der militärischen Opfer möglicherweise um das Zehnfache überstiegen. Eine Tragödie dieses Ausmaßes machte es für Soldaten wie Politiker gleichermaßen unumgänglich, künftig Regierungsformen auszuprobieren und zu entwickeln, die für alle Sektionen im Land annehmbar wären.

Nigeria wurde als Föderation aus Nord-, Ost- und Westprovinz unabhängig. Im Norden lebten mindestens doppelt so viele Menschen wie in den beiden südlichen Regionen zusammen. Deshalb hatte der Norden deutlich mehr Sitze in der gesetzgebenden Versammlung des Bundesstaats als Letztere. In jeder Region besaß eine Partei die Mehrheit und bildete die Regierung. Im weiter entwickelten und bildungsmäßig fortgeschritteneren Süden waren dies typisch nationalistische Parteien, wenngleich auf ethnischer Basis: die Igbo im Osten und die Yoruba im Westen. Die regierende Partei im Norden war eine Vereinigung der konservativen muslimischen Emire. Keine Regierung im Zentrum vermochte ohne ihre Unterstützung zu agieren. Beim Übergang zur Unabhängigkeit ging die Macht an eine Koalition aus den Konservativen des Nordens und den radikaleren Nationalisten im Osten über. Als diese Koalition 1964 auseinander brach, behielt der Norden die Kontrolle mit Hilfe der Stimmen einer mittelwestlichen Region, die gerade gebildet worden war, und einer Marionettenregierung im Westen. Die Folge waren ein allgemeiner Zusammenbruch der Ordnung im Westen und wachsende Unzufriedenheit bei den Verwaltungsangestellten und den Armeeoffizieren – die zum größten Teil aus dem Süden stammten, vor allem aus dem Südosten – wegen der Unredlichkeit der Föderationspolitiker. Im Januar putschten junge Armeeoffiziere und töteten den Premierminister der Föderation, den Führer der Nordpartei und den Premierminister des Westens. Unter General Ironsi, einem Igbo, wurde eine Militärregierung gebildet. Im Westen zog wieder Frieden ein, und man beschloss, die vier Regionen in eine größere Anzahl ausgeglichenerer Staaten aufzuteilen. Die Militärregierung aber war nicht nach dem Geschmack der Führung im Norden, unabhängig davon, ob es sich dabei um die traditionelle Elite oder die Soldaten handelte, die den Großteil der unteren Dienstgrade der Armee besetzten. Beide Gruppen waren der Ansicht, dass die

Igbo zu sehr dominierten. Im Juli wurden Ironsi und zahlreiche Igbo-Offiziere bei einer Meuterei getötet. Unter General Gowon, einem Christen aus dem Norden, wurde die militärische Disziplin wieder hergestellt, doch war Gowon gezwungen, sich im Norden mit einer Welle von Hass auseinander zu setzen, der sich gegen Menschen aus dem Süden, vor allem gegen die Igbo, richtete, die im Handel, der Verwaltung und im Dienstleistungssektor des Nordens eine bedeutende Rolle spielten. Viele wurden getötet, und ungefähr eine Million Menschen floh Richtung Süden. Angeführt vom Militärgouverneur des Ostens, Oberst Ojukwu, fürchteten die Igbo nun, dass das neue Staatssystem die Dominanz des Nordens fortschreiben würde. Ende Mai 1967 erklärte Ojukwu die Sezession des Ostens als unabhängige Republik Biafra. Einen Monat später begann der Bürgerkrieg.

Biafra stellte eine Armee von ungewöhnlicher Findigkeit und unerwartetem Kampfgeist auf, konnte aber auf lange Sicht der zahlenmäßigen Überlegenheit und besseren militärischen Ausrüstung, über die die Bundesregierung gebieten konnte, und der von ihr über das Land verhängten Blockade nicht standhalten. Eine verhängnisvolle Lebensmittel- und Munitionsknappheit brachte Biafra schließlich zu Fall. Ojukwu floh im Januar 1970, und die zurückgebliebenen Sezessionisten waren bereit, sich zu ergeben. Sie wurden von Gowon und seiner Regierung großzügig behandelt, und man tat viel, damit sie sich im neuen Nigeria, das nun aufgebaut werden sollte, heimisch fühlten. Bevor es aber Hoffnung auf eine funktionierende demokratische Regierung geben konnte, war eine riesige Wiederaufbauarbeit – sowohl materiell als auch politisch – zu leisten. Gowon fiel es zunehmend schwerer, Absichten in Wirklichkeit umzusetzen. 1975 wurde er durch einen aktiveren Offizier aus dem Norden, General Murtala Muhammad, ersetzt, der schnell Popularität erlangte, weil er einen Zeitplan für die Rückkehr zu einer zivilen Regierung im Jahr 1979 aufstellte. Obwohl er 1976 ermordet wurde, hielt man sich an diesen Zeitplan. Eine zweite nigerianische Republik wurde gegründet, mit einem Staatspräsidenten an der Spitze der nicht weniger als neunzehn Bundesstaaten, deren jeder ein eigenes Parlament und eine eigene Regierung hatte, und einem fünfgängigen Wahlsystem. Doch war dieses neue föderative System nicht erfolgreicher bei der Schaffung einer guten Regierung als das alte. Zu viele unterschiedliche politische Überzeugungen mussten aufeinander abgestimmt werden. Ambitionierte Entwicklungspläne wurden zu oft auf politische Ziele hin zugeschnitten, und 1983 waren dann selbst die beachtlichen Finanzmittel, die das Erdöl dem Land bescherte, überstrapaziert. Die meisten Nigerianer sahen es mit Erleichterung, als am Ende dieses Jahres das Militär wieder die Macht übernahm.

Die Geschichte der jungen afrikanischen Staaten bis in die 80er Jahre scheint nicht immer die Hoffnungen erfüllt zu haben, die in die Unabhängigkeit gesetzt worden waren. Doch wäre das auch eine zu große Erwartung gewesen. Trotzdem, in einer Welt, in der Gewalt und Zerstörung immer selbstverständlicher werden, ist es wichtig, dass diese Staaten zunächst einmal überlebt haben. Trotz des großen Bevölkerungswachstums auf dem ganzen Kontinent, trotz der Schicksalsschläge durch Dürre, Hungersnot und Krankheit, die viele Gebiete heimgesucht haben, trotz der Schwierigkeiten bei der Nahrungsmittelproduktion, standen die meisten afrikanischen Länder materiell mittlerweile etwas besser da als am Ende der Kolonialzeit. Es stimmt natürlich, dass die meisten Länder noch immer schrecklich arm waren, dass 1980 in der Hälfte der Länder das mittlere Pro-Kopf-Einkommen weniger als 380 US-Dollar im Jahr betrug (und in vier Fällen sogar weniger als 200 US-Dollar), und dass es nur fünf Länder gab, in denen es 1000 US-Dollar überstieg. (In Großbritannien – das ebenfalls kein besonders reiches Land mehr war – betrug 1980 das Bruttosozialprodukt pro Kopf ungefähr 7250 US-Dollar.) Man hätte annehmen können, dass die Armut ein wesentlicher Grund für politische Unruhen und Katastrophen gewesen wäre, doch scheint es den Afrikanern tatsächlich ebenso leicht gefallen zu sein, selbst, wie im Falle Nigerias, Ghanas oder Ugandas, in einem Kontext relativen Wohlstands miteinander in Streit zu geraten.

Wenn von einer geringeren Instabilität als mitunter angenommen die Rede ist, dann muss hinzugefügt werden, dass politische Stabilität nicht zwangsläufig bedeutet, die Bevölkerung sei immer glücklich und zufrieden gewesen. Sekou Tourés Guinea war zum

Beispiel nicht das angenehmste Land zum Leben, wenn man nicht Mitglied der regierenden Partei war – und nicht einmal dann war man sicher. Noch bedeutet es, dass alle Probleme gelöst wurden. So könnte sich herausstellen, dass das „Wirtschaftswunder", durch das die Elfenbeinküste unter Houphouët-Boigny zum bei weitem wohlhabendsten Staat Schwarzafrikas – nach dem erdölreichen Gabun – wurde, mehr den französischen und anderen westlichen Unternehmen nutzte als dem Durchschnitts-Ivorer, der mit Sicherheit eine höhere Pro-Kopf-Auslandsschuld zu tragen hatte als die meisten anderen Afrikaner. Trotzdem hat es den Anschein, als sei die Stabilität ebenso sehr durch gute staatsmännische Fähigkeiten und Vernunft wie durch Dogmatik erreicht worden. Die Ideologien und politischen Anschauungen der politischen Führer, die lange im Amt waren (und zum Teil noch sind), weisen ein breites Spektrum auf: vom herkömmlichen Marxismus (Sekou Touré zum Beispiel) über verschiedene Spielarten eines „afrikanischen Sozialismus" (Nyerere, Nasser) und des Pragmatismus (Kaunda, Kenyatta) bis hin zum Vollblutkapitalismus eines Houphouët-Boigny, und selbst die Zusammenarbeit mit dem weißen Südafrika (Banda) fehlt nicht. Jede dieser Strategien beinhaltete zudem ein hohes Maß an Flexibilität. Zum Beispiel Guinea: Obwohl Sekou Touré von Anfang an Hilfe bei den kommunistischen Staaten suchte, blieb die Wirtschaft seines Landes immer vom Verkauf von Bauxit und Tonerde an die westlichen Industrienationen abhängig, und als er starb, war er gerade um eine engere Zusammenarbeit mit ihnen bemüht. Ein Staatschef wie Senghor im Senegal erschien manchmal als afrikanischer Sozialist und dann wieder als reiner Pragmatiker; überdies wandte er sich immer an die ehemalige Kolonialmacht Frankreich um Hilfe, wenn es den Verlust auszugleichen galt, den das Auseinanderbrechen des französisch-westafrikanischen Staatenbundes verursacht hatte. Und auch Angola vertraute die Förderung seiner Erdölressourcen der Gulf Oil, einer US-amerikanischen Gesellschaft, an, obwohl es von der Sowjetunion, was Waffen, und von Kuba, was die allgemeine militärische Unterstützung anging, abhängig war.

Allgemeiner ausgedrückt konnten wir in vielen Fällen eine Machtverlagerung von parlamentarischen und Einparteiensystemen zu Formen persönlicher Herrschaft beobachten, wo ein Einzelner, der als Quell alles Guten und großer Wohltäter des ganzen Volks auftritt, mehr und mehr die Entscheidungen fällt. Solche Personen werden in der Regel von Leuten umgeben, die eher Höflinge als Kabinettsmitglieder sind – Höflinge, die nicht so sehr mit Gehältern belohnt werden als mit der Möglichkeit, bei den verschiedenen von der Regierung finanzierten Projekten, bei öffentlichen Aufträgen, Bau- und Einfuhrgenehmigungen, Devisenhandel und dergleichen ihren Schnitt zu machen. Dieses System wäre wohl jedem Monarchen im Europa des 16. oder 17. Jahrhunderts überaus vertraut vorgekommen. Wenn einige Entscheidungen keine positiven Ergebnisse zeitigen, dann ist nicht der Führer zu tadeln, sondern es sind institutionelle Defekte verantwortlich oder weniger gottähnliche Gestalten in der Partei oder der Bürokratie, die eine Verbindung herstellen zwischen dem Führer und den Volksmassen. Offensichtlich kann man dennoch an einem Punkt angelangen, jenseits dessen eine solche Verlagerung der Verantwortung nicht länger hinnehmbar ist, und häufig hat sich an einem solchen Punkt das Militär in die zivilen Angelegenheiten eingemischt, mit der Begründung, die Dinge seien so falsch gelaufen, dass man notgedrungen einen völlig neuen Anfang wagen musste. Ob die Soldaten zu so einem neuen Anfang allerdings in der Lage waren, stand auf einem ganz anderen Blatt. Wenn sie sich entschieden, eine parlamentarische oder eine Parteienregierung einzusetzen, dann bestand immer die Möglichkeit, dass diese genau die gleichen Fehler – Ineffektivität, Disziplinlosigkeit und Korruption – wiederholte, die ursprünglich einmal zur Rechtfertigung der Herrschaft eines Einzelnen gedient hatten. Danach stand man gewöhnlich vor dem Dilemma, dass weitere Interventionen des Militärs nur dazu ermutigen würden, die gleichen Fehler in den eigenen Reihen zu wiederholen. Andererseits konnte sich ein militärischer Befehlshaber auch für befähigt halten, seine eigene persönliche Herrschaft zu errichten.

Die Bedeutung des Militärs in der jüngeren politischen Geschichte Afrikas ist klar. Man kann mit Recht behaupten, dass die Militärs mehr Zeit und Energie darauf verwendet haben, Regierungen zu korrigieren, als sie Kriege geführt haben. Dennoch hat es in

Afrika Kriege gegeben – auch wenn fraglich ist, ob sie häufiger oder grausamer als in einigen anderen Teilen der Welt gewesen sind. Ein paar dieser Kriege waren beachtlich, zum Beispiel der, in den Marokko, Mauretanien und die Polisario verwickelt waren, oder der Kampf im südlichen Angola, an dem die MPLA-Regierung und ihre kubanischen Helfer sowie die SWAPO, die UNITA und Südafrika beteiligt waren. Zudem gab es große Bürgerkriege wie in Nigeria oder Zaire und das große umfassende Chaos, das in Ländern wie dem Sudan und Äthiopien bürgerkriegsähnliche Ausmaße annahm, von denen weite Gebiete erfasst wurden. Dennoch sollte man fairerweise darauf hinweisen, dass es nur in Zaire, Tschad und Uganda über einen längeren Zeitraum zu einem vollständigen Zusammenbruch der friedlichen Ordnung gekommen ist.

Einige Kriege waren zumindest teilweise ein Erbe der Kolonialzeit. So bestanden zum Beispiel Unklarheiten über den Grenzverlauf zwischen den Italienern in Libyen und den Franzosen im Tschad sowie zwischen Italienisch-Somaliland und Äthiopien, die nicht bereinigt worden waren. Doch waren Grenzstreitigkeiten in der Zeit nach der Unabhängigkeit wirklich die Ausnahme. Generell ist bemerkenswert, wie sakrosankt die früheren kolonialen Grenzen für die afrikanischen Staatsmänner waren, obwohl sie sie früher von einer nationalstaatlichen Warte aus als künstlich und Völker trennend kritisiert hatten. Das Prinzip, dass jeder Staat die Souveränität und territoriale Integrität der anderen respektieren sollte, war in der Verfassung der Organisation für Afrikanische Einheit (OAU), die alle unabhängigen Staaten mit Ausnahme Südafrikas umfasste, festgelegt worden. In diesem Zusammenhang muss man darauf hinweisen, dass Präsident Nyerere, eigentlich einer der am wenigsten militanten afrikanischen Führer, 1978 wegen des Einmarschs seiner Armee in Uganda heftig kritisiert wurde, obwohl sich damit ganz eindeutig die Absicht verband, einen Tyrannen zu beseitigen, der sein Land böswillig angegriffen hatte. Positiv ist auch zu bewerten, dass die afrikanischen Staaten eine zunehmende Bereitschaft gezeigt haben, ihren Nachbarn in schweren Zeiten beizustehen, so zum Beispiel Guinea und Sierra Leone, Senegal und Gambia, Ghana und Burkina Faso und natürlich auch die vielen Länder, die im Tschad und in Zaire eingegriffen haben. Mitte der achtziger Jahre gab es Anlass zu der Hoffnung, dass solche Aktionen zu einer generellen und dauerhafteren Zusammenarbeit führen könnten, derer es so dringend bedurfte, wenn die kleineren und schwächeren Länder, denen es an Öl oder anderen wertvollen Ressourcen mangelte, nicht für immer in ihrer Entwicklung stagnieren sollten.

In vieler Hinsicht war das Afrika der ausgehenden achtziger Jahre ein stärker verwestlichter Kontinent als der, der in den sechziger und siebziger Jahren die Unabhängigkeit errungen hatte. Die Städte und Großstädte fielen stärker auf, ihre Zentren waren vom Charakter her internationaler. In den meisten Ländern gab es eine erkennbare Mittelklasse recht wohlhabender Städter, die auf Verbesserung ihres Lebensstandards bedacht waren und ihren Kindern die beste Bildung sichern, Geld sparen und in Grund- und Hausbesitz investieren, im eigenen Auto fahren und abends gebannt vor dem Fernseher sitzen wollten. Der größte Teil der Bevölkerung beherrschte eine europäische Sprache oder aber das Arabische. Drei- oder viermal so viel Menschen gehörten christlichen Kirchen an, und auch die Zahl der Muslime hatte stark zugenommen. Gleichzeitig verblassten die Erinnerungen an eine direkte Abhängigkeit vom Westen langsam. In den Regierungen oder im Bildungswesen gab es kaum noch Europäer, und in den Kirchen waren es noch weniger. Für die unter Dreißig- und Vierzigjährigen war die Kolonialzeit lediglich ein undeutliches Bild aus der Kinderzeit oder etwas, von dem sie in der Schule gehört hatten. Selbst für die älteren Menschen wurde die Kolonialherrschaft zu einer fernen Erinnerung, und niemand betete für ihre Wiederkehr. Alles in allem fühlten sich die Afrikaner für die Fehler wie die Erfolge ihrer Gesellschaften selbst verantwortlich. Langsam aber sicher nahmen das Nationalgefühl zu und die lokalen Loyalitäten ab. Auf höherer Ebene befand sich der Panafrikanismus als politisches Programm im Niedergang, doch blieb ein starkes afrikanisches Gemeinschaftsgefühl erhalten. Es ging teilweise auf die allen Afrikanern gemeinsame Erfahrung des Kolonialismus zurück und wurde dann durch den gemeinsamen Widerstand gegen den Fortbestand der weißen Vorherrschaft in Südafrika weiter gefestigt. Dennoch ist einem Historiker bewusst, dass das afrikanische Gemeinschaftsgefühl viel tiefer wurzelt als in der zeitweisen Bevormundung durch Europa. Bevor die arabischen oder portugiesischen Seeleute und Händler die Küsten Afrikas erschlossen, zogen sich die afrikanischen Verkehrswege durch das Innere des Kontinents, und auf diesen seit uralter Zeit bestehenden Binnenwegen haben sich die entscheidenden Einflüsse verbreitet, die zu diesem afrikanischen Gemeinschaftsgefühl geführt haben.

22 Afrika seit 1988

Das zwischen 1988 und 2000 bedeutendste Ereignis für den afrikanischen Kontinent als Ganzes war, wie für einen Großteil der übrigen Welt auch, der Zusammenbruch und die Auflösung der Sowjetunion. Auch wenn dieses Ereignis nicht direkt dazu beitrug, Afrikas drängende Probleme mit Armut und Krankheit, unglaublich hohem Bevölkerungswachstum, Bürgerkrieg, Hunger und Flüchtlingen sowie der epidemischen Verbreitung des gefürchteten HIV-Virus zu lindern, so veränderte das Ende des Kalten Krieges doch auf dramatische Weise den internationalen Kontext, in dem diese Probleme zu sehen und anzugehen waren. Von diesem Zeitpunkt an hatten weder die Nachfolgestaaten der Sowjetunion noch ihre ehemaligen Alliierten im kommunistischen Block ein Interesse daran, abhängige Staaten in Afrika zu subventionieren oder sich dort strategische Verbündete zu suchen. Folgerichtig sahen auch die Vereinigten Staaten und die anderen westlichen Demokratien keinen Grund mehr, ihre Hilfsleistungen als politische Waffe einzusetzen und Regimes zu stützen, die häufig höchst undemokratisch waren, nur weil sie fürchteten, dass sie andernfalls an den rivalisierenden Machtblock fallen würden. Sie setzten ihre Hoffnung darauf, dass fortan sie und die von ihnen kontrollierten Kapitaleinrichtungen, namentlich die Weltbank und der Internationale Währungsfonds, sich in der Lage sähen, darauf bestehen zu können, dass vorhandene Schulden nur dann umgeschuldet und neue Hilfe nur jenen Regierungen gewährt werden würden, die dazu bereit wären, ihr wirtschaftliches und bürokratisches System zu reformieren und sich selbst freien und regelmäßigen Wahlen zu stellen. Angesichts der in den ehemaligen Ostblockstaaten aufkommenden Nachfrage nach umfassender Wirtschaftshilfe war für Afrika insgesamt weniger Hilfe verfügbar als vorher, und damit wuchs in den afrikanischen Ländern die Notwendigkeit, ihre Probleme selbst zu lösen.

Die Sowjetunion hatte bereits vor ihrem endgültigen Zusammenbruch damit begonnen, sich von den beiden Hauptschauplätzen aktiver Intervention in Afrika, wo ihre massive Militärhilfe durch den Einsatz kubanischer Söldner ergänzt worden war, zurückzuziehen. Von 1988 an hatte die UdSSR ihre Unterstützung für die Regierung General Mengistus in Äthiopien drastisch verringert. Das führte dazu, dass die seit langen Jahren aktiven Widerstandsbewegungen in Eritrea und Tigray schnell die Oberhand gewannen. 1991 schließlich floh Mengistu ins Ausland und überließ den Tigrinja kampflos die Hauptstadt. Die erste Amtshandlung der neuen Regierung bestand in der Anerkennung der Unabhängigkeit Eritreas. Als Nächstes ging sie daran, zur Vorbereitung auf Wahlen ihre eigene Basis im restlichen Äthiopien zu verbreitern. Die Wahlen fanden 1993 unter einer neuen, föderalistischen Verfassung statt. Gleichzeitig wurde 1989 im Südwesten Afrikas ebenfalls ein Ende der aktiven Einmischung der Sowjetunion ausgehandelt. Im Zuge dieser Verhandlungen erklärten sich Kuba und Südafrika bereit, ihre jeweiligen Truppen aus Angola abzuziehen. Traurigerweise ging der Bürgerkrieg in Angola unvermindert weiter, doch machte Südafrika den Weg frei für allgemeine Wahlen in Namibia, aus denen Sam Nujoma und seine SWAPO-Partei als klare Sieger hervorgingen. Wenige Wochen später, im März 1990, erkannte Südafrika Namibias Unabhängigkeit an.

Es scheint zudem festzustehen, dass dieselbe Übereinkunft, die die Kubaner in Angola betraf, eine unerlässliche Voraussetzung für die folgenschweren Ereignisse in Südafrika darstellte, die damit begannen, dass Bothas Nachfolger, Präsident De Klerk, am 2. März 1990 einer erstaunten Weltöffentlichkeit verkündete, die Zeit der Versöhnung und des Wiederaufbaus sei gekommen, die Beschränkungen für den „African National Congress“, den „Pan-African Congress“ und die „South African Communist Party“ seien aufgehoben und bald würde die bedingungslose Freilassung von Nelson Mandela aus seiner lebenslangen Haft erfolgen. Auch wenn wir mittlerweile wissen, dass den Ankündigungen De Klerks über mehrere Jahre hin Geheimgespräche zwischen Mandela und Mitgliedern der südafrikanischen Regierung vorausgegangen waren, so spielte das Ende der

Sowjetunion für diese Erklärung De Klerks doch eine herausragende Rolle, und es ist unvorstellbar, dass es ohne diese Voraussetzung dazu gekommen wäre.

Nelson Mandela verließ das Gefängnis nach siebenundzwanzig Jahren Haft wie ein Fürst unter den Menschen – lächelnd, selbstbewusst, würdevoll, offenherzig – und begann seine erste öffentliche Rede mit denselben Worten, die er bei seinem Prozess gesprochen hatte:

„Ich habe mich dem Kampf des afrikanischen Volkes verschrieben. Ich habe gegen die weiße Vorherrschaft gekämpft und ich habe gegen schwarze Vorherrschaft gekämpft. Ich habe am Ideal einer freien und demokratischen Gesellschaft festgehalten, in der alle Menschen in Harmonie und mit gleichen Chancen zusammenleben. Es ist ein Ideal, für das ich weiter eintreten will und das ich zu erreichen hoffe. Und für das ich, wenn es sein muss, bereit bin zu sterben."

Diese Gelassenheit bewahrte er sich auch durch die vier Jahre harter Verhandlungen, die erforderlich waren, um einen friedlichen Übergang der Macht von der weißen Minderheit an eine Regierung zu bewerkstelligen, die von allen Menschen in Südafrika gewählt worden war. Die ersten beiden Jahre dienten der alten, weißen Regierung hauptsächlich dazu, die Apartheidsstrukturen abzubauen. Der *Group Areas Act*, die *Separate Amenities*-Gesetzgebung, die Einschränkung der Bewegungsfreiheit im Land sowie das gesamte System der Registrierung nach Rassen wurden abgeschafft. Die neue Entwicklung wurde unumkehrbar, als De Klerk 1992 alle weißen Wahlberechtigten in einem Referendum über seine Reformen abstimmen ließ und dabei eine klare Mehrheit gewann.

Innerhalb der nächsten zwei Jahre ging die Initiative an eine multirassische Konferenz für ein Demokratisches Südafrika (CODESA) über, die Pläne für eine neue Nationalversammlung und einen Übergangssenat ausarbeitete, die auf der Basis des Erwachsenenstimmrechts gewählt und proportional besetzt werden sollten, um auch die Beteiligung von Minderheitsparteien in Kammern und Kabinett zu sichern. In all diesen Jahren lautete die brennende Frage, ob sich eine überzeugende Mehrheit der Stimmberechtigten an einer Wahl zu einer Einheitsregierung beteiligen würde, wie sie De Klerks „National Party" und Mandelas „African National Congress" vorschwebte. Denn einerseits gab es weiße Extremisten, die eine separate weiße Enklave verlangten; andererseits schien, und das war weitaus ernster zu nehmen, eine beträchtliche Zahl von Zulu-Nationalisten der „Inkatha Freedom Movement" von Mangosuthu Buthelezi auf einem föderalistischen Weg zu einem autonomen Zulu-Staat folgen zu wollen. Politische Meinungsverschiedenheiten rivalisierender Fraktionen vor allem in den Townships führten zum gewaltsamen Tod von über fünfzehntausend Menschen. Im letzten Augenblick stimmten die Inkatha-Führer zu, sich an den Wahlen zu beteiligen, kamen aber nur auf zehn Prozent der Stimmen, gegenüber zwanzig Prozent für die „National Party" und dreiundsechzig Prozent für den ANC. Und so ging im April 1994 Mandela schließlich als der rechtmäßige Präsident des neuen Südafrika aus dieser Wahl hervor. De Klerk wurde einer seiner zwei Vizepräsidenten.

Die Gebiete nördlich des Limpopo erlebten zwischen 1988 und 2000 in mehreren Fällen bewaffnete Konflikte, und einige waren von nahezu unvorstellbarem Grauen. Wo jedoch Frieden herrschte, gab es auch ermutigende Anzeichen für gute Fortschritte in der Regierung und in der wirtschaftlichen Entwicklung. Unglücklicherweise bedeutete das Ende des Kalten Krieges nicht auch das Ende des Waffenhandels. Die Russische Republik blieb ein wichtiger Waffenproduzent. Dies trifft auch auf alle westlichen Demokratien zu, in denen die Erhaltung hoch bezahlter Arbeitsplätze und die nationale Zahlungsbilanz nach wie vor wichtiger sind als das Umschmieden von Schwertern zu Pflugscharen. Zu den Herstellerländern gehörten auch Israel und Südafrika. Eine von Mandelas ersten Amtshandlungen als Präsident bestand darin, den Verkauf von Waffen zum Zwecke der Verteidigung für gesetzmäßig zu erklären. Zudem kauften viele afrikanische Staaten Waffen aus zweiter, dritter oder gar vierter Hand. Zu den Zwischenhändlern gehörten der Iran, Irak, Libyen, Algerien und Saudiarabien. Wo immer es eine schwache afrikanische Regierung gab, waren leichte Handfeuerwaffen, darunter auch automatische, zu erschwinglichen Preisen im Umlauf und standen ganz einfachen Menschen zur Verfügung – das mochten Einzelne oder Gruppen, Wilderer oder Banditen sein, Nomaden, die bei benachbarten

Hirtenvölkern Rinder stehlen wollten, Warlords, die sich anschickten, weite Gebiete mit wertvollen Bodenschätzen zu unterwerfen, oder Führer von Rebellenbewegungen, die die Macht über ganze Länder an sich zu reißen suchten.

Für die verschiedenen Schauplätze der Gewalt in Afrika lässt sich kein gemeinsamer Nenner finden. Für Jonas Savimbi und die Guerillakämpfer der UNITA in Angola war das Kriegführen zum Lebensstil geworden. Dem Rückzug der Südafrikaner begegneten sie damit, dass sie auf Kosten des Landes lebten und sich mit geschmuggelten Diamanten neue Waffen kauften. Im Sudan wurde der auf den Süden des Landes begrenzte Krieg durch das Auftreten einer neuen Militärdiktatur in Khartum verschlimmert, die sich einer fundamentalistischen Strömung im Islam verbunden fühlte und unter dem Verdacht stand, vom Iran mit Waffen versorgt zu werden. In Somalia wurde mit Siad Barre 1991 ein lange herrschender Diktator vertrieben, und der Kampf zwischen den verschiedenen Clans resultierte in Chaos und einer selbst verschuldeten Hungersnot, in deren Folge zehntausende Somalis starben und weitere tausende aus dem Lande flohen. Die Warlords zogen ihren Gewinn aus dem Hunger, indem sie von den internationalen Organisationen, die sich um die Verteilung von Lebensmitteln bemühten, Schutzgelder erhoben und mit diesem Geld Waffen und Munition kauften, um ihre Anhänger auszurüsten. Versuche der Vereinten Nationen und später der USA, der Anarchie Herr zu werden, erwiesen sich als wenig erfolgreich, und erst als 1994 die letzten amerikanischen Truppen abgezogen wurden, erklärten sich die Oberhäupter der Clans bereit, in einer neuen Regierung zusammen zuarbeiten. Ihre Versuche zu einer Kooperation fielen in der Nordhälfte des Landes überzeugender aus. Dort fanden sich im Jahre 2000 die Clans, die in der ehemaligen britischen Kolonie lebten, zu einem neuen Staat Somalia zusammen, wohingegen sich die Bewohner des Nordostens der ehemaligen italienischen Kolonie zu Puntland zusammenschlossen. Südlich von Mogadischo aber waren und blieben die Clans die alleinigen Herrscher in ihren jeweiligen Einflussgebieten.

1990 begann sich die Lage in Liberia zuzuspitzen. Dort zettelte Charles Taylor, ein ehemaliger Armeeoffizier, unter den Völkern des südöstlichen Landesteils eine Revolte an, rekrutierte eine undisziplinierte Bande Jugendlicher, die er grob in Guerilla-Taktiken unterrichtete, bevor er sie gegen die Regierung Samuel Does in Monrovia ins Feld führte. Er konnte durch die Intervention eines Expeditionskorps der Wirtschaftsgemeinschaft westafrikanischer Staaten (ECOWAS) gerade noch daran gehindert werden, die Hauptstadt im Sturm zu überrennen, hatte aber bereits Präsident Doe gefangen nehmen und töten lassen. Seine Truppen, die, wie es hieß, von Libyen gelieferte Waffen einsetzten, wandten sich daraufhin plündernd den ländlichen Gebieten und dem Osten von Sierra Leone zu, wo sie die Kontrolle über die wertvollen Gold- und Diamantenfelder erlangten, die sich hier beiderseits der Grenze erstrecken. Über 250 000 Menschen starben durch Krieg und Hungersnot, eine halbe Million floh nach Guinea und in die Elfenbeinküste. Auf politischer Ebene machten die eindringenden Terroristen aus Liberia gemeinsame Sache mit den Dissidenten aus dem Landesinnern Sierra Leones und gründeten unter der Führung von Foday Sankoh die „Revolutionary United Front".

1994 hatten sie ihre Macht im Gebiet der Diamantenfelder von Kenema gefestigt. Ihre Streitmacht begründeten sie durch die Rekrutierung der verwaisten Kinder ihrer früheren Opfer und ihr Waffenarsenal stockten sie auf, indem sie mit Diamanten, die sie über die liberianische Grenze nach Monrovia schmuggelten, Angriffswaffen kauften. Als Nächstes versuchten sie die Landeshauptstadt Freetown unter ihre Kontrolle zu bringen, hier befinden sich zudem der einzige ausgebaute Hochseehafen und der Flughafen, die das Land mit der Außenwelt verbinden. In den Straßen der Hauptstadt trafen sie auf ein zweites, von der ECOWAS entsandtes Expeditionskorps. Sankoh wurde gefangen genommen und erst nach seiner Zustimmung, in einer Zentralregierung mit zuarbeiten, wieder freigelassen. Er flüchtete schon bald, wurde aber erneut gefangen genommen und inhaftiert. Unabhängig davon funktionierte die Militärdiktatur der RUF im Landesinnern weiter. So ist bekannt, dass 1999 und 2000 zwei große Ladungen mit Angriffswaffen ukrainischen, russischen, und bulgarischen Ursprungs über Monrovia in der von den Rebellen kontrollierten Region eintrafen.

Von allen menschlichen Katastrophen, die Afrika im letzten Jahrzehnt des 20. Jahrhunderts heimgesucht haben, waren die Vorkommnisse in Rwanda und Burundi die schrecklichsten, wo der Kampf zwischen Hutu und Tutsi um die politische Macht und die Kontrolle über das Land seit der Unabhängigkeit im Jahr 1961 unablässig geschwelt hatte und jetzt plötzlich in beiden Ländern zum Flächenbrand des Genozids entflammte. 1988 wandte sich in Burundi eine Tutsi-Regierung gegen die Hutu-Mehrheit der Bevölkerung. Es war der Versuch, alle höher gebildeten Hutu zu eliminieren, die in der Lage gewesen wären, eine Alternative zur Regierung zu bilden. Bis Ende 1993 waren 700 000 überlebende Hutu nach Rwanda, Zaire und Tansania geflohen. Weitere 200 000 lebten in Flüchtlingslagern an den Grenzen ihres Heimatlandes. In Rwanda sah sich unterdessen eine Hutu-Regierung einer Rebellenbewegung gegenüber, die von Tutsi-Flüchtlingen in Uganda unter Oberst Paul Kagame gegründet worden war. Kagame, selbst Kind von Tutsi-Flüchtlingen aus den sechziger Jahren, war zum Stabschef der Armee Musevenis in Uganda aufgestiegen und hatte im Ostteil Rwandas bereits beachtliche Erfolge erzielt. 1994 sah die Situation in Rwanda und Burundi so gefährlich aus, dass Beamte der Vereinten Nationen ein Treffen zwischen den Präsidenten beider Länder in Tansania arrangierten. Bei ihrer Rückkehr wurde das Flugzeug mit beiden an Bord beim Landeanflug auf Kigali abgeschossen. Alle Insassen starben. Nach diesem Desaster kam es zu einem Pogrom der Bürgerwehren der Hutu-Regierung gegen die gesamte Tutsi-Bevölkerung des Landes. In Radiosendungen, die vorbereitet gewesen sein müssen, wurden die Hutu angestachelt, zu ihren Macheten zu greifen und ihre Tutsi-Nachbarn umzubringen. Dieser Aufforderung folgten so viele, dass im Verlauf der folgenden zwei Monate eine halbe Million Menschen getötet wurde und weitere 1,3 Millionen Tutsi flohen, um wenigstens ihr Leben zu retten. Die Rebellen aus Uganda machten sich diese chaotische Situation zunutze und eroberten Kigali. Von dort aus stießen sie weiter in Richtung der südlichen und westlichen Landesteile vor. Infolgedessen zogen zwischen einer und zwei Millionen Hutu unter dem Schutz ihrer Bürgerwehren und der Soldaten ihrer geschlagenen Armee in die Provinz Kivu im benachbarten Zaire. Die vor Ort vorhandenen Ressourcen reichten überhaupt nicht aus, einen Zustrom dieser Größenordnung zu versorgen, sodass viele tausend Menschen an Unterernährung starben, bevor internationale Hilfe sie erreichen konnte. Man schätzt, dass Ende Juli 1994 nur noch ein Drittel der 7,5 Millionen Menschen, die noch drei Monate zuvor in Rwanda gelebt hatten, am Leben waren und sich innerhalb der Grenzen des Landes aufhielten.

Die neue Tutsi-Regierung in Rwanda unternahm nur wenig, die Hutu-Flüchtlinge zur Rückkehr zu bewegen, auch wenn sie so tat, als wollte sie sich beiden Volksgruppen gegenüber unparteiisch verhalten. Wer zurückzukehren versuchte, fand häufig sein ehemaliges Land und seinen früheren Besitz an Tutsi überschrieben vor und sah sich oft genug Verhaftung und Schikanen seitens der Polizei und des Militärs ausgesetzt. Deshalb blieben die meisten in Ostzaire. Ihre Flüchtlingslager verwandelten sich bald in Elendsquartiere, die von militanten Hutu-Führern beherrscht wurden, die die Massenmorde und Massaker an den Tutsi in Rwanda angestiftet hatten und nun ihre gewaltsame Rückkehr vorbereiten wollten. Sie gerieten schnell in Konflikt mit den Mitarbeitern der internationalen Hilfsorganisationen und ihrem Gastland Zaire. Auch die neue Regierung Rwandas sah in ihrer Gegenwart in Grenznähe eine beständige Bedrohung. Im östlichen Streifen des Graslandes von Zaire lebten Tutsi oder zumindest ein Volk, das den Tutsi ähnlich war: die Banyamulenge. Für die Hutu-Flüchtlinge empfanden sie ebenfalls keine Sympathien. Ihrer Ansicht nach sollten sie weiter Richtung Westen in den Regenwald hineingetrieben werden. In der Person Laurent Kabilas fanden die Banyamulenge einen Führer, einen älteren Dissidenten und einstigen Anhänger Lumumbas, der seit über zwanzig Jahren als Warlord in den Bergen westlich des Tanganjika-Sees operiert hatte und dessen eigentliches Ziel es war, die zunehmend unpopuläre Regierung Präsident Mobutus in Zaire zu stürzen. Verstärkt durch Freiwillige der Banyamulenge und durch Hilfstruppen, die die neue Regierung in Rwanda zur Verfügung stellte, zettelte Kabila eine ungeheuer erfolgreiche Rebellion an. Mit seiner zahlenmäßig kleinen Truppe zog er von einer kleinen Stadt mit Flughafen zur nächsten, rekrutierte unterwegs neue Kämpfer und stieß bis nach Kinshasa vor.

Der Hauptstoß der rwandischen Truppen, die durch ein großes Kontingent, das Präsident Museveni aus Uganda entsandt hatte, wesentlich verstärkt worden waren, richtete sich darauf, die Hutu-Flüchtlinge aus ihren Stützpunkten beiderseits der Westgrenzen von Burundi und Rwanda zu vertreiben. Hier liegt, im Westen eines engen Streifen Graslandes, der riesige Ituriwald, den lediglich die Hauptstraße zwischen Beni und Kisangani, der Hauptstadt der Ostprovinz von Zaire und Ausgangspunkt eines durchgehenden Wasserweges, der westwärts bis nach Kinshasa führt, durchschneidet. Der Hauptteil der Hutu floh auf dieser Straße. In den Dörfern entlang ihres Wegs suchten sie an Nahrung, was sie erhalten konnten. Ihnen folgten die Soldaten der Armeen Rwandas und Ugandas dicht auf den Fersen. Sie wiederum waren bemüht, eine Bresche bis zur Hauptstadt zu schlagen. Zu Wasser und zu Luft gelangten sie zunächst in den Distrikt Mbandaka, die Heimat Mobutus, und eroberten die Gegend. Kinshasa erreichten sie zur gleichen Zeit wie Kabila. Mobutu, bereits ein kranker Mann, floh ins Exil, in seine Urlaubsvilla in Südfrankreich, wo er kurz darauf starb. Mit Zustimmung seiner Helfer aus Rwanda und Uganda wurde Kabila Präsident. Eine seiner ersten Amtshandlungen bestand darin, den Namen des Landes von Zaire in Demokratische Republik Kongo zu ändern.

Kabila brauchte nicht lange, um für seine Helfer und Sponsoren zur Enttäuschung zu werden, nicht nur, weil er die Ausweitung ihres Einflusses im Ostteil des Landes blockierte, indem er Truppen stromaufwärts sandte und sie in Mbandaka und Kisangani stationierte, sondern auch durch seine Parteinahme für die Hutu-Rebellen, die noch immer in der Ostprovinz lebten. Im Gegenzug formierten Rwanda und Uganda eine Widerstandsbewegung gegen ihn. Diese folgte mehr oder weniger dem Weg, den Kabila zwei Jahre zuvor eingeschlagen hatte, und näherte sich Kinshasa bis auf Schussweite. Dort wurde sie plötzlich von einer Interventionstruppe aus Simbabwe und Angola gestoppt. Beide Länder behaupteten, sie würden die Rechte der legitimen Regierung verteidigen, waren gleichwohl aber von der Aussicht angezogen worden, im Austausch für ihre Hilfe Bodenschätze und andere Konzessionen zu erhalten. Auch Namibia erklärte seine Unterstützung für Kabila, desgleichen der Sudan, der, wegen der Art und Weise, wie Uganda die politischen Flüchtlinge aus dem Sudan aufgenommen und behandelt hatte, seine eigene blutige Fehde gegen das Land führte. So befanden sich im Jahr 2000 sechs afrikanische Nationen im Krieg um die zukünftige Regierung des Kongo (Zaire). Auf der einen Seite standen Uganda, Rwanda und Burundi, denen es nicht gelungen war, den Kongo zur Gänze in ihr politisches Netz zu ziehen, und die nun darauf aus waren, wenigstens die Osthälfte in ihrem Einflussbereich zu halten. Auf der anderen Seite standen Simbabwe, Angola und Namibia, die den Bestand des Kongo als staatliche Einheit verteidigten und damit die wirtschaftlichen Verbindungen, vor allem was die Förderung und den Export von Bodenschätzen anging, mit ihrem eigenen Transportnetz von Eisenbahnlinien und Überseehäfen im Süden und Westen. Wie die anhaltenden Kämpfe in Sierra Leone und Liberia muss auch der Krieg im Kongo mit all seinen Schrecknissen als ein Krieg angesehen werden, den eine Gruppe wichtiger afrikanischer Staaten auf einem Kontinent austrug, der nicht länger vom Kalten Krieg dominiert wurde.

Den größten Teil des Raums, der Afrika in den Medien der Außenwelt zugestanden wurde, beanspruchten tendenziell jene Gebiete des Kontinents, die am stärksten unter dem Krieg und seinen üblen Begleiterscheinungen wie Hunger, Krankheit und gewaltsam erzwungener Migration litten. In Wirklichkeit aber waren es in den seltensten Fällen die größten Länder, die von Katastrophen geschüttelten wurden, und wenn man ihre Bevölkerungen zusammen zählt, dann erreicht man vielleicht gerade einmal ein Zehntel der Gesamtbevölkerung des Kontinents. Auch andere Länder hatten ihre Schwierigkeiten, erlebten Erfolge ebenso wie Niederlagen. Nicht erfolgreich verliefen die wiederholten Versuche sozialistischer Staatsgründungen in ganz Afrika, Versuche, die Produzenten wie Investoren gleichermaßen abgeschreckt und zu aufgeblähten Bürokratien, Polizeiapparaten und Armeen geführt hatten, die sich allesamt durch einen hohen Grad an Korruption auszeichneten. In den meisten afrikanischen Staaten war die Jurisdiktion Gegenstand politischer Einmischung, und es blieb eine Illusion, dass ausländisches Kapital in Länder fließen würde, in denen man sich auf die Einhaltung legaler Verträge unmöglich verlassen konnte. In den meisten Ländern, und vor allem in solchen, an denen Revolutionen und Bürgerkriege vorüber gegangen waren, befanden sich die politischen Führer schon zu lange im Amt, um das Risiko der Konsequenzen einer Wahlniederlage noch auf sich nehmen zu wollen. Unter diesen Umständen schien es zunächst höchst bemerkenswert, dass in den neunziger Jahren mehr als dreißig afrikanische Länder bereit waren, einen Schlussstrich unter ihre diktatorische Vergangenheit zu ziehen und ihre Einparteiensysteme aufzugeben, Wahlen zu veranstalten und sich in wirtschaftlicher Hinsicht dem Spiel der Kräfte des Marktes zu öffnen. Doch versuchten diejenigen, die sich an der Macht befanden, diese natürlich zu behalten, und es gab viele Möglichkeiten für eine ehemalige Einheitspartei, einer Bedrohung ihrer Macht durch irgendwelche Emporkömmlinge zu begegnen. So gelang es Jerry Rawlings, der in Ghana ursprünglich durch einen Militärputsch an die Macht gekommen war und eine unpopuläre Wirtschaftspolitik gemäß den Leitlinien des Internationalen Währungsfonds verfolgt hatte, zwischen 1988 und 1996 nicht weniger als dreimal wiedergewählt zu werden. In Simbabwe und Kenia gewannen Robert Mugabe und Daniel arap Moi, beide seit langer Zeit Präsidenten ihrer Länder, zwischen 1990 und 2000 jeweils zweimal die Wahlen. In Zaire hielt Präsident Mobutu eine Vielparteienwahl ab, ignorierte ihren Ausgang aber mit Erfolg. In Nigeria weigerte sich die Militärregierung, die versprochen hatte, das Land zu ziviler Herrschaft zurückzuführen, das Ergebnis der Wahlen von 1993 anzuerkennen und hielt sich mit Hilfe beständig wachsender Gewalttätigkeit bis zum plötzlichen Tod des Tyrannen an der Macht. Ähnlich weigerte sich 1991 in Algerien die Regierung der FLN, das Ergebnis einer Wahl anzuerkennen, die von der fundamentalistischen „Islamic Salvation Front" gewonnen worden war, und verhängte das Kriegsrecht. 1991 verloren sowohl Präsident Kerekou von Benin und Präsident Kaunda von Sambia durch Wahlen ihr Amt, Ersterer, nachdem er neunzehn Jahre an der Macht gewesen war, und Letzterer nach siebenundzwanzig Jahren. In Malawi führte die erste Mehrparteienwahl 1994 zur Absetzung von Hastings Banda, der nahezu dreißig Jahre als autokratischer Präsident geherrscht hatte. Insgesamt schien sich bis zum Jahr 2000 das Prinzip durchgesetzt zu haben, dass Regierungen in einem friedlichen Prozess abgesetzt werden können und dass diejenigen, die die Macht verloren, nicht um ihre persönliche Sicherheit fürchten mussten.

Im Afrika des Jahres 2000 war – wie im Afrika des Jahres 1988 – der Lebensstandard, vor allem wenn er auf konventionelle Art gemessen wurde, indem man das Bruttosozialprodukt durch die Gesamtzahl der Einwohner eines Landes teilte, niedriger als auf anderen Kontinenten. Zumindest aber war aus dem Niedergang, der in den frühen achtziger Jahren zu beobachten gewesen war, ein langsamer Aufwärtstrend geworden, wenngleich sich Verbesserungen noch langsamer einstellten. Der wesentliche Grund dafür, warum es mit Verbesserungen nicht schneller voranging, lag in dem unvermindert anschwellenden Bevölkerungszuwachs auf dem gesamten Kontinent. Noch immer lag dieser bei rund drei Prozent im Jahr, und das bedeutete, dass das Bruttosozialprodukt schneller wachsen musste, wollte man eine Verbesserung erreichen. Betrachtet man es aus einem anderen Blickwinkel, dann lebten jetzt mehr als dreimal so viel Menschen in Afrika als am Ende der Kolonialzeit. Während das koloniale Afrika im Wesentlichen ein ländlich geprägter Kontinent gewesen war, wohnte jetzt fast die Hälfte der Menschen in Städten. Und wie die Weltbank berichtete, entstand in den Städten und um sie herum eine neue afrikanische Wirtschaft. Hier wurden über die Hälfte aller Arbeitsstellen von kleinen Firmen im informellen Sektor bereit gestellt. Sie arbeiteten in Bereichen wie dem Baugewerbe, dem Transportwesen, dem Handel, der Handelsgärtnerei, in der verarbeitenden und weiterverarbeitenden Industrie. „Im informellen Sektor", stellt der Weltbank-Bericht von 1989 fest, „finden Unternehmen eine Geschäftsumgebung, die den Wettbewerb fördert, frei von ungerechtfertigten Regulierungen ist und sich den lokalen Ressourcen und der lokalen Nachfrage anpasst."

Mehr noch, die Urbanisierung Afrikas in den neunziger Jahren veränderte in den meisten afrikanischen Ländern das gesamte Muster von Regierung und Gesellschaft. Auch wenn dem Reisenden die ärmeren Viertel der afrikanischen Städte elend vorkommen mögen, das Leben in ihnen wird von ihren Bewohnern als große Verbesserung gegenüber dem Leben in den ländlichen Gebieten gewertet, denen es noch immer an Elektrizität fehlt, an Leitungswasser oder Kanalisation, in denen die Tätigkeiten auf die Stunden des Tageslichts beschränkt sind. Die urbanen Randgebiete der afrikanischen Städte nehmen ihren Anfang zumeist als Siedlungen von Blechhütten, die die Bewohner mit eigenen Händen errichten. Bald erkennt die städtische Verwaltung, selbst wenn es nur im Interesse der wohlhabenderen Einwohner der Stadt geschieht, dass Straßen angelegt und mit Bürgersteigen, Abflüssen und Beleuchtung versehen werden müssen, dass sauberes Wasser zur Verfügung gestellt werden muss, wenn auch zunächst meist nur über Standrohre, und dass bald darauf polizeiliche Kontrolle, Schulen und eine medizinische Grundversorgung Einzug halten müssen. Die Städte, und vor allem die Hauptstädte, müssen wahrlich zum Schwerpunkt aller Dienstleistungen der Regierung werden, weil es sonst zu Epidemien, Aufruhr und Gewaltverbrechen kommt. Im Gegensatz zu einer weit verbreiteten Vorstellung kamen die meisten neuen Einwohner der Großstädte nicht aus den ärmsten ländlichen Gebieten, sondern aus der unmittelbaren Umgebung. Diese Gebiete erfreuten sich bereits eines gewissen Wohlstands, weil sie Lebensmittel für die Bewohner der benachbarten Stadt anbauten, wobei sie deutlich vom leichten Zugang zu den Dienstleistungen der Stadt wie Sekundar- und Hochschulbildung profitierten, vor allem aber auch davon, dass die Stadt einigen Mitgliedern ihrer großen Familien Teilzeit- oder Vollzeitarbeit bot. Damit konnte der Hof von den Älteren unterhalten werden, war ein Rückzugsort und erhielt, wenn es saisonbedingt auf den Feldern viel zu tun gab, Hilfe von den jüngeren Familienmitgliedern, die hauptsächlich in der Stadt lebten und arbeiteten. Im Gegensatz dazu waren in den entlegeneren ländlichen Gebieten die Ärmsten der Armen Afrikas zu finden. Zentralregierungen haben ihren Sitz in der Stadt und stellen ihre Bemühungen daher auch hauptsächlich auf eine städtische Bevölkerung ab. Dementsprechend blieben die Straßen in den ländlichen Regionen eher unrepariert, die Krankenhäuser und Kliniken ohne Medikamente, die Schulen ohne Bücher und Schreibwaren, die Menschen ohne militärischen oder polizeilichen Schutz vor Überfällen durch Wilderer, Räuber oder Hirtennomaden, die ihre Weidegebiete ausdehnen wollen.

So traurig es ist, einer der normalsten Wege für junge Frauen aus ländlichen Distrikten, in der Stadt Geld zu verdienen, war die Prostitution, die wesentlichen Anteil daran hatte, dass sich der HIV-Virus, der wahrscheinlich mehr als dreißig Jahre zuvor in einer Übertragung von Affen auf Menschen seinen Ursprung hatte, in den neunziger Jahren zu einer großen und schrecklichen Epidemie entwickelte. Afrikanische Beobachter scheinen generell darin übereinzustimmen, dass die Hauptakteure seiner Übertragung und Ausbreitung unter den Menschen relativ wohlhabende Männer waren, die in mobilen Berufen (z.B. im Transportwesen) oder auch in der Armee beschäftigt waren, und sexuelle Kontakte unterhielten, wo immer sie gerade waren, ohne Vorsichtsmaßnahmen zu ergreifen. So wurde die Krankheit relativ schnell über den ganzen Kontinent verbreitet. Für das Jahr 2000 schätzt man, dass in einigen afrikanischen Ländern vierzig Prozent der Bevölkerung mit HIV infiziert waren, und die meisten von ihnen in ihren Dreißigern oder Vierzigern sterben würden, dabei den Virus aber bereits an ihre Kinder weitergegeben hätten. Diese werden im Teenageralter als Waisen zurückbleiben und auf die beständige Hilfe ihrer Großeltern oder älterer Verwandter angewiesen sein. 2000 war es noch nicht möglich vorherzusagen, wie groß letztendlich die Auswirkungen auf die Geburtenrate in Afrika sein würden, doch der unmittelbare wirtschaftliche Effekt stand außer Zweifel, da die meisten in ihren besten Arbeitsjahren starben.

Abgesehen davon war aber sicher, dass die Urbanisierung Afrikas weiter voranschreiten würde und begrüßt werden sollte. Es gab bereits fast so viele Stadtbewohner wie Bewohner der ländlichen Gebiete, und sieht man einmal vom Druck der wachsenden Bevölkerung ab, dann führt jede technische Verbesserung in der Landwirtschaft, sei es in Form von Mechanisierung oder als infrastrukturelle Veränderungen (z.B. in der Kommunikation, der Wasser- und Energieversorgung), zu einer Reduzierung der Anzahl von Menschen, die in der Nahrungsmittelproduktion Beschäftigung finden. Das Leben in den Städten gewinnt folglich immer mehr an Anziehungskraft, und man kann nur hoffen, dass die sozialen Dienstleistungen im Kampf gegen Armut, Unwissenheit und Krankheit effektiv funktionieren. Es mag sein, dass der Prozess der Urbanisierung bislang zu sehr auf den Hauptstädten des Kontinents lastete und dass deshalb im 21. Jahrhundert das Hauptaugenmerk auf ein entsprechendes Bevölkerungs- und Produktivitätswachstum in den führenden Provinzstädten gelegt werden muss. Sicher ist aber, dass das Ausmaß und die Geschwindigkeit der Urbanisierung diejenigen Lügen straft – und nicht alle darunter sind Ignoranten, was afrikanische Geschichte betrifft –, die eine Neuzeichnung der Landkarte Afrikas entlang der alten, ethnischen Linien befürworten. Immerhin war es das Ausmaß der multiethnischen Urbanisierung in Südafrika, das dem Apartheid-Konzept der „Bantu-Homelands“ die entscheidende Niederlage zufügte. Es mag jedoch einigen politischen und auch ökonomischen Sinn machen, zu überlegen, inwieweit frühere west- und nordafrikanische Konzeptionen des „Stadtstaats“ für das Afrika von morgen Relevanz besitzen könnten.

Literaturhinweise

Umfassende Darstellungen und Spezialuntersuchungen

Abun Nasr, J., *A History of the Maghrib*. 1971

Ade Ajayi, Jacob F. & Michael Crowder (Hg.), *Historical Atlas of Africa*. London 1985

Ade Ajayi, Jacob F. & Michael Crowder (Hg.), *History of West Africa*. London ³1985

Ade Ajaye, Jacob F. (Hg.), *The UNESCO General History of Africa*. 8 Bde. London 1981-93 (frz. Ausg. *Histoire générale de l'Afrique*. Paris 1981-93)

Africa South of the Sahara. Jahrbücher. London

Ake, C., *Democracy and Development in Africa*. Washington 1996

Ananaba, W., *The Trade Union Movement in Africa. Promise and Performance*. London 1979

Anderson, David M. & Richard Rathbone, *Africa's Urban Past*. Oxford – Portmouth 2000

Ansprenger, F., *Politische Geschichte Afrikas im 20. Jahrhundert*. München ³1999

Azam, J.-P. & Charles Morrisson, *Conflict and Growth in Africa*. Bd.1: *The Sahel*. Paris 1999

Baeta, Christian G. (Hg.), *Christianity in Tropical Africa*. London 1969

Baker, W. J. & J. A. Mangan (Hg.), *Sport in Africa. Essays in Social History*. New York 1987

Bandini, F., *Gli Italiani in Africa. Storie delle guerre italiane*. Mailand 1971

Barrett, David B., *Schism and Renewal in Africa*. Nairobi 1968

Bates, Robert H., *Markets and States in Tropical Africa: The Positive Basis of Agricultural Policies*. 1981

Bauer, J., *2000 Years of Christianity in Africa. An African History*. Nairobi 1994

Behrend, Heike & Ute Luig (Hg.), *Spirit Possession, Modernity and Power in Africa*. Oxford 1999

Bennett, Norman R. (Hg.), *Studies in East African History*. Boston 1963

Berger, Iris & E. Francis White, *Women in Sub-Saharan Africa: Restoring Women to History*. Bloomington 1999

Berteaux, P., *Afrika. Von der Vorgeschichte bis zu den Staaten der Gegenwart* (= Fischer Weltgeschichte Bd.32). Frankfurt am Main 1966

Bierschenk, Thomas & Georg Elwert (Hg.), *Entwicklungshilfe und ihre Folgen. Ergebnisse empirischer Untersuchungen in Afrika.* Frankfurt am Main 1997

Birmingham, David, *The Decolonization of Africa.* London 1995

Birmingham, David (Hg.), *History of Central Africa.* 3 Bde. London 1983-1998

Birmingham, David & R. Gray (Hg.), *Pre-Colonial African Trade. Essays on Trade in Central and Eastern Africa before 1900.* London 1970

Bley, Helmut (Hg.), *Sklaverei in Afrika: Afrikanische Gesellschaften im Zusammenhang von europäischer und interner Sklaverei und Sklavenhandel.* Pfaffenweiler 1991

Brunschwig, Henri, *French Colonialism: Myths and Realities.* Paris 1966

Bürkle, Horst (Hg.), *Theologie und Kirche in Afrika.* Stuttgart 1968

Büttner, Thea (Hg.), *Afrika. Geschichte von den Anfängen bis zur Gegenwart.* 4 Bde. Berlin – Köln 1979-85

Carlsson, J., G. Somolekae & N. van de Walle, *Foreign Aid in Africa. Learning from Country Experiences.* Uppsala 1997

Carter, Gwendolen Margaret, *African Politics.* New York et al. 1966

Carter, Gwendolen Margaret (Hg.), *African One-Party States.* Ithaca 1964

Carter, Gwendolen M. & Patrick O'Meara (Hg.), *African Independence, the First Twenty-Five Years.* 1985

Chilcote, Ronald L., *Portuguese Africa.* Englewood Cliffs, New Jersey 1967

Clapham, Christopher (Hg.), *African Guerillas.* Oxford 1998

Clarence-Smith, Gervase, *The Third Portuguese Empire, 1825-1975: A Study in Economic Imperialism.* Manchester 1985

Cohen, Robin (Hg.), *African Islands and Esclaves.* Beverly Hills 1983

Collier, Ruth B., *Regimes in Tropical Africa: Changing Forms of Supremacy, 1945-75.* Berkeley et al. 1982

Cornevin, Marianne, *Histoire de l'Afrique contemporaine.* Paris ^{2}1978

Cornevin, Robert, *Geschichte der deutschen Kolonisation.* Goslar 1974 (frz. Orig.*Histoire de la colonisation allemande.* Paris 1969)

Cornevin, Robert, *L'Afrique noire de 1919 à nos jours.* Paris 1973

Cornevin, Robert und Marianne, *Geschichte Afrikas von den Anfängen bis zur Gegenwart.* Frankfurt am Main ^{2}1980 (frz.Orig. *L'histoire de l'Afrique des origines à nos jours*)

Crowder, Michael, *A History of West Africa.* London 1979

Crowder, Michael & Roland Oliver (Hg.), *An Encyclopaedia of Africa*. London 1983
Curtin, Philip D., *The Image of Africa: British Ideas and Action, 1780-1850*. Madison 1973
Curtin, Philip D., Steven Feierman & Leonard Thompson, *African History: From Earliest Times to Independence*. London ²1995
Dammann, Ernst, *Das Christentum in Afrika*. München – Hamburg 1968
Davidson, Basil, *Afrika. Geschichte eines Erdteils*. Frankfurt am Main 1966 (engl. Orig. *A History of Africa*. London 1986 repr.)
Davidson, Basil, *Afrikanische Königreiche*. Frankfurt am Main 1970
Davidson, Basil, *Africa in Modern History: The Search for a New History*. London 1978
Davidson, Basil, *The People's Cause: A History of Guerrillas in Africa*. London 1981
Davidson, Basil, *Modern Africa*. London ⁴1985
Davidson, Basil, *Afrika. Mythos, Geschichte und Gegenwart des schwarzen Kontinents*. München 1987
Deschamps, Hubert (Hg.), *Histoire générale de l'Afrique noire, de Madagascar et des archipels*. Paris 1970-71
Deutsch, Jan-Georg & Albert Wirz (Hg.), *Geschichte in Afrika. Einführung in Probleme und Debatten*. Berlin 1997
Dunn, John (Hg.), *West African States, Failure and Promise: A Study in Comparative Politics*. Cambridge 1978
El-Ayouty, Y. (Hg.), *The Organization of African Unity after 30 Years*. Westport, Connecticut – London 1994
Engel, Ulf, *Die Afrikapolitik der Bundesrepublik Deutschland 1949-1999. Rollen und Identitäten*. Hamburg 2000
Engel, Ulf & Hans G. Schleicher, *Die beiden deutschen Staaten in Afrika. Zwischen Konkurrenz und Koexistenz 1949-1990*. Hamburg 1998
Enwezor, Okwui (Hg.), *The Short Century. Independence and Liberation Movements in Africa*. München 2001
Fage, John Donnelly, *An Atlas of African History*. London 1978
Fage, John Donnelly (Hg.), *Cambridge History of Africa*. 8 Bde. Cambridge 1982-84
Fanon, Frantz, *Die Verdammten dieser Erde*. Reinbek 1966/Frankfurt am Main 1981 (frz.Orig. *Les damnés de la terre*. Paris 1961)
Fayola, T. (Hg.), *African Historiography: Essays in Honour of J. F. Ade Ajayi*. London 1993
Ferdowsi, M. A. (Hg.), *Afrika zwischen Agonie und Aufbruch*. München 1998
First, Ruth, *The Barrel of a Gun: Political Power in Africa and the Coup d'Etat*. London 1970

Freund, Bill, *The Making of Contemporary Africa: The Development of African Society since 1800*. Boulder - Basingstoke 1998 (Orig. 1984)

Frobenius, Leo, *Kulturgeschichte Afrikas*. Wuppertal 1993 (urspr. 1933)

Fröhlich, W. (Hg.), *Afrika im Wandel*. Leiden 1964

Gandolfi, Alain, *Les mouvements de libération nationale*. Paris 1989

Ganiage, Jean, *L'Afrique au vingtième siècle*. Paris 1966

Ganiage, J., H. Deschamps & Odette Guitard, *L'Afrique au XXe siècle, 1900-1965*. 1966

Gann, L. H. & Peter Duignan (Hg.), *Colonialism in Africa 1870-1960*. 5 Bde. New York 1969-75

Geiss, Immanuel, *Panafrikanismus*. Frankfurt am Main 1968

Gemery, Henry A. & Jan S. Hogendorn (Hg.), *The Uncommon Market: Essays in the Econic History of the Atlantic Slave Trade*. New York 1979

Gifford, Prosser & William Roger Louis (Hg.), *Britain and Germany in Africa*. New Haven et al.1967

Gifford, Prosser & William Roger Louis (Hg.), *The Transfer of Power in Africa: Decolonization, 1940-60*. New Haven et al.1982

Grau, Ingeborg & C. Mährdel (Hg.), *Afrika. Geschichte und Gesellschaft im 19. und 20. Jahrhundert*. Wien 2000

Groves, Charles P., *The Planting of Christianity in Africa*. 3 Bde. London 1948/1954/1955

Gründer, Horst, *Christliche Mission und deutscher Imperialismus. Eine politische Geschichte ihrer Beziehungen während der deutschen Kolonialzeit (1884-1914) unter besonderer Berücksichtigung Afrikas und Chinas*. Paderborn 1982

Gründer, Horst, *Geschichte der deutschen Kolonien*. München ⁴2000

Gsell, S., *Histoire de l'Afrique du Nord*. 8 Bde. Paris ²1929

Gutteridge, William F., *The Military in African Politics*. London 1969

Gutteridge, William F., *Military Regimes in Africa*. London 1975

Hailey, William Malcolm, *African Survey*. London 1938(1945)/1957

Hallett, Robin, *Africa to 1875*. Ann Arbor 1970

Hallett, Robin, *Africa since 1975*. Ann Arbor 1974

Hallett, Robin, *The Penetration of Africa. European Enterprise and Exploration Principally in Northern and Western Africa up to 1830*. 2 Bde. London 1965/67

Hammond, Richard J., *Portugal and Africa 1815-1910*. Stanford 1966

Harding, Leonhard, *Geschichte Afrikas im 19. und 20. Jahrhundert*. München 1999

Hargreaves, John, *Decolonization in Africa*. London – New York 1988
Hastings, Adrian, *A History of African Christianity, 1950-1975*. Cambridge – London 1979
Heyden, Ulrich van der (Hg.), *Mission und Gewalt. Der Umgang christlicher Missionen mit Gewalt und die Ausbreitung des Christentums in Afrika und Asien in der Zeit von 1782-1918/19*. Stuttgart 2000
Hiskett, Mervyn, *The Course of Islam in Africa*. Edinburgh 1994
History in Africa. Zeitschrift. New Brunswick (New Jersey) 1974ff.
Hodder-Williams, Richard, *An Introduction to the Politics of Tropical Africa*. London et al. 1984
Hodgkin, Thomas, *Nationalism in Colonial Africa*. London 1956
Hofmeier, Rolf & Institut für Afrika-Kunde (Hg.), *Afrika Jahrbuch*. Opladen 1988ff.
Hopkins, Anthony G., *An Economic History of West Africa*. London [3]1980
Hopkins, J. F. P. & Nehemiah Levtzion (Hg.), *Corpus of Early Arabic Sources for West African History*. Cambridge 1981
Hutchful, Eboe & A. Bathily (Hg.), *The Military and Militarism in Africa*. Dakar 1998
Iliffe, John, *The Emergence of African Capitalism*. London 1982
Iliffe, John, *Geschichte Afrikas*. München [2]2000 (engl.Orig. *Africans*. Cambridge et al. 1995)
Inikori, Joseph E. (Hg.), *Forced Migration: The Impact of the Export Slave Trade on African Societies*. London – New York 1982
Inikori, Joseph E., *The Chaining of a Continent: Export Demand for Captives and the History of Africa South of the Sahara, 1450-1870*. Kingston 1992
Inikori, Joseph E. & E. Engerman (Hg.), *The Atlantic Slave Trade. Effects on Economics, Societies and Peoples in Africa, the Americas and Europe*. Durham 1992
International Journal of African Historical Studies. Zeitschrift. Boston 1972ff.
Isichei, Elizabeth, *A History of Christianity in Africa: From Antiquity to the Present*. London 1995
Jones, Adam, *Zur Geschichte der Afrikaforschung*. Stuttgart 1996
The Journal of African History. Zeitschrift. Cambridge et al. 1960ff.
Julien, Charles André, *Histoire de l'Afrique du Nord*. 2 Bde. Paris 1951-52 (engl. *History of North Africa*. London 1970)
Keller, Edmond J. & D. Rothchild (Hg.), *Africa in the New International Order. Rethinking State Sovereignty and Regional Security*. Boulder – London 1996

Ki-Zerbo, Joseph, *Die Geschichte Schwarz-Afrikas*. Wuppertal 1979 (frz.Orig. *L'Histoire de l'Afrique Noire*. Paris 1978)

Ki-Zerbo, Joseph & G. Mokhtar (Hg.), *The UNESCO General History of Africa*. 2 Bde. London et al. 1981

Krafona, Kwesi, *Organization of African Unity: 35 Years On. Essays in Honor of Kwame Nkrumah*. London 1988

Law, Robin, *The Horse in West African History*. Oxford 1980

Le Gall, M., & K. Perkins (Hg.), *The Maghreb in Question. Essays in History and Historiography*. Austin 1997

Lemarchand, René, *African Political Thought: Lumunba, Nkrumah and Touré*. Denver 1968

Lemarchand, René (Hg.), *African Kingships in Perspective*. London 1977

Lewis, David L., *The Race to Fashoda: European Colonialism and African Resistance in the Scramble for Africa*. London 1988

Lovejoy, Paul, *Transformations in Slavery: A History of Slavery in Africa*. Cambridge ²2000

Mabe, Jacob E. (Hg.), *Das Afrika-Lexikon. Ein Kontinent in 1000 Stichwörtern*. Wuppertal – Stuttgart 2001

Maquet, Emma, Ibrahim B. Kake & Jean Suret-Canale, *Histoire de l'Afrique centrale. Des origines au milieudu 20e siècle*. Paris 1971

The Middle East and North Africa. Jahrbücher. London

Miers, Suzanne & Igor Kopytoff (Hg.), *Slavery in Africa: Historical and Anthropological Perspectives*. Madison et al.1977

Möhlig, W. J. G. et al. (Hg.), *Zur Sprachgeschichte und Ethnohistorie in Afrika*. Berlin 1977

Morris-Jones, Wyndraeth H. & Georges Fischer (Hg.), *Decolonisation and After: The British and French Experience*. London 1980

Nantet, Bernard, *Dictionnaire d'Histoire et Civilisations africaines*. Paris 1999

Ogot, Bethwell Allen & J. A. Kieran (Hg.), *Zamani: A Survey of East African History*. London ³1974

Oliver, Roland A. & Anthony Atmore (Hg.), *Africa since 1800*. Cambridge et al. ⁴1994

Oliver, Roland A. & Anthony Atmore (Hg.), *Medieval Africa: 1250-1800*. Cambridge et al. 2001

Oliver, Roland A. et al. (Hg.), *History of East Africa*. 3 Bde. Oxford 1965/66/1976

Ottaway, Marina (Hg.), *Democracy in Africa. The Hard Road Ahead*. Boulder – London 1997

Ottaway, Marina & David, *Afrocommunism*. New York et al. ²1986

Palmer, Robin & Neil Parsons (Hg.), *The Roots of Rural Poverty in Central and Southern Africa*. London 1977

Patel, Kantilal D., *History of East Africa*. Nairobi 1964

Perham, Margery, *Lugard*. 2 Bde. London 1956/1960 (repr.1968, Hamden, Connecticut)

Phillipson, David W., *African Archaeology*. Cambridge et al. ²1993

Ranger, Terence O. (Hg.), *Aspects of Central African History*. London – Ibadan – Nairobi 1967 (repr.1982)

Ranger, Terence O. & Isaria N. Kimambo (Hg.), *The Historical Study of African Religion with Special Reference to East and Central Africa*. London – Nairobi – Ibadan 1972

Ranger, Terence O. & John Well (Hg.), *Themes in the Christian History of Central Africa*. London 1975

Reader, John, *Africa. A Biography of the Continent*. London 1997

Reinhard, Wolfgang, *Geschichte der europäischen Expansion* Bd.4: *Afrika*. Stuttgart 1990

Reno, William, *Afrika. Staatsversagen und politische Organisation jenseits des Staates*. Berlin 1997

Reno, William, *Warlord Politics and African States*. Boulder – London 1998

Robinson, Ronald & John Gallagher (with Alice Denny), *Africa and the Victorians. The Official Mind of Imperialism*. London ²1983

Rodney, Walter, *Afrika. Die Geschichte einer Unterentwicklung*. Berlin 1975 (engl.Orig. *How Europe Underdeveloped Africa*. London 1973)

Rosberg, Carl G. & T. M. Callaghy (Hg.), *Socialism in Sub-Saharan Africa. A New Assessment*. Berkeley 1979

Rotberg, Robert I. & Ali Mazrui (Hg.), *Protest and Power in Black Africa*. Oxford 1970

Saul, John S., *State and Revolution in Eastern Africa*. New York 1979

Schicho, Walter, *Handbuch Afrika*. 3 Bde. Frankfurt am Main 1999-2002

Shaw, Thurstan (Hg.), *The Archaeology of Africa: Foods, Metals and Towns*. London 1993

Sprache und Geschichte in Afrika. Zeitschrift. Köln 1979ff.

Strandes, Justus, *Die Portugiesenzeit von Deutsch- und Englisch-Ostafrika*. Berlin 1899

Suret-Canale, Jean, *Schwarzafrika*. Bd.2: *Geschichte West- und Zentralafrikas: 1900-1945*. Berlin 1969 (frz.Orig. *Afrique noire: occidentale et centrale*, Bd.2: *L'ère coloniale*. Paris 1964)

Tangri, Roger, *Politics in Sub-Saharan Africa.* London 1985

Tetzlaff, Rainer & Ulf Engel (Hg.), *Afrika zwischen Dekolonisation, Staatsversagen und Demokratisierung.* Hamburg 1995

Vansina, Jan, *Oral Tradition as History.* Madison 1985

Vansina, Jan, R. & L. V. Thomas (Hg.), *The Historian in Tropical Africa.* London – Ibadan – Accra 1964

Waller, Michael & John Markakis, *Military Marxist Regimes in Africa.* London 1986

Wallerstein, Immanuel M., *Africa: The Politics of Unity. An Analysis of a Contemporary Social Movement.* New York 1967

Wesseling, Hendrik L., *Teile und herrsche. Die Aufteilung Afrikas 1880-1914.* Stuttgart 1999

Westermann, Didrich, *Geschichte Afrikas. Staatenbildungen südlich der Sahara.* Köln 1952

Young, Crawford, *Ideology and Development in Africa.* New Haven et al.1982

Einzelne Länder und Ethnien

Adeleye, Rowland A., *Power and Diplomacy in Northern Nigeria, 1800-1906.* London 1972

Alwan, Daoud Aboubaker & Yohanis Mibrathu, *Historical Dictionary of Djibouti.* Lanham 2000

Atkins, H., *A History of Ethiopia.* Addis Ababa 1968

Bartnicki, A. & J. Mantel-Niecko, *Geschichte Äthiopiens von den Anfängen bis zur Gegenwart.* 2 Bde. Berlin 1978 (poln. Orig. Warschau 1971)

Bassett, Thomas J., *The Peasant Cotton Revolution in West Africa: Revolution in West Africa, Cote d'Ivoire, 1810-1995.* Cambridge – New York – Melbourne 2001

Böhm, G., *Sprache und Geschichte im Kanarischen Archipel.* 3 Bde. Wien 1996-99

Booth, Alan R. & John J. Grotpeter, *Historical Dictionary of Swaziland.* Lanham, Maryland 2000

Braukämper, Ulrich, *Geschichte der Hadiya Süd-Äthiopiens von den Anfängen bis 1974.* Wiesbaden 1980

Burns, A. C., *History of Nigeria.* London 1929

Clist, Bernard, *Gabon: 100 000 ans d'histoire.* Saint-Maur 1995

Cohen, David W., *The Historical Tradition of Busoga.* Oxford 1972

Cornevin, Robert, *Histoire du Togo.* Paris 1969

Cornevin, Robert, *Histoire du Congo.* Paris 1970

Cornevin, Robert, *La République Populaire du Bénin des origines dahoméennes à nos jours.* Paris 1981

Covell, M., *Madagascar. Politics, Economics and Society*. London 1987

Crowder, Michael, *The Story of Nigeria*. London [4]1978

Daaku, Kwame Y., *Trade and Politics on the Gold Coast 1600-1720. A Study of the African Reaction to European Trade*. Oxford 1970

Daffas, P., *Oromo. Beiträge zur politischen Geschichte Äthiopiens* (= Sozialwissenschaftliche Studien zu internationalen Problemen 95). Saarbrücken – Fort Lauderdale 1984

Davenport, T. R. H., *South Africa. A Modern History*. Toronto 1991

Decalo, Samuel, *Historical Dictionary of Chad*. Lanham [3]1997

De Chassie, F., *Mauritanie 1900-1975*. Paris 1978

Decorse, Christopher R., *An Archaeology of Elmina: Africans and Europeans on the Gold Coast, 1400-1900*. Washington, D.C. 2001

Donham, D. & Wendy James (Hg.), *The Southern Marches of Imperial Ethiopia. Essays in History and Social Anthropology*. Cambridge 1986

Donon, M. Bourdette, *Tchad*. Paris 1998

Dunn, D. Elwood, Amos J. Beyan & Carl Patrick Burrowes, *Historical Dictionary of Liberia*. Lanham 2000

Eggers, Ellen K. & Warren Weinstein, *Historical Dictionary of Burundi*. Lanham 1997

Egharevba, J., *A Short History of Benin*. [3]Ibadan 1960

Fage, John Donnelly, *Ghana: a Historical Interpretation*. Madison 1983

Falola, Toyin, *The History of Nigeria*. Greenwood, Connecticut 1999

Feierman, Steven, *The Shambaa Kingdom. A History*. Madison 1974

Feseha Giyorgis & Yakob Beyene, *Storia d'Etiopia*. Neapel 1987

Fisch, Jörg, *Geschichte Südafrikas*. München 1991

Fuglestad, F., *A History of Niger, 1850-1960*. Cambridge 1983

Fyfe, Christopher, *A History of Sierra Leone*. London 1968

Gadallah, F. F. (Hg.), *Libya in History*. Tripolis 1968

Gailey, H. A. J., *A History of the Gambia*. London 1964

Gann, Lewis H., *The Struggle for Zimbabwe*. New York 1981

Gann, Lewis H., *The History of Northern Rhodesia*. New York 1969

Gellar, Sheldon, *Senegal: An African Nation between Islam and the West*. Boulder et al. 1995

Gillis, D. Hugh, *The Kingdom of Swaziland*. Greenwood, Connecticut 1999

Gottberg, Achim, *Unyamwesi. Quellensammlung und Geschichte*. Berlin 1971

Grandidier, A., *Histoire de Madagascar*. 4 Bde. Paris 1908-1928

Gray, John M., *A History of the Gambia*. London 1966

Greenfield, Richard, *Ethiopia. A New Political History*. London 1965

Grotpeter, John J., Brian V. Siegel & James R. Pletcher, *Historical Dictionary of Zambia*. Lanham 1998

Hagemann, Albrecht, *Kleine Geschichte Südafrikas*. München 2001

Henze, Paul B., *Layers of Time: A History of Ethiopia*. New York 2000

Herskovits, M. J., *Dahomey. An Ancient West African Kingdom*. New York 1948

Hirs(ch)berg, Hayyim Z., *A History of the Jews in North Africa*. Leiden 1968

Hodges, Tony & Malyn Newitt, *São Tomé and Príncipe. From Plantation Colony to Microstate*. Boulder – London 1988

Hollingsworth, Lawrence W., *A Short History of the East Coast of Africa*. London 1968

Holt, Peter M. & W. Daly, *A History of the Sudan. From the Coming of the Islam to the Present Day*. London ⁵2000

Iliffe, John, *A Modern History of Tanganyika*. Cambridge – London – New York - Melbourne 1979 (repr.1994)

Imperato, Pascal James, *Historical Dictionary of Mali*. Lanham ³1996

Ingrams, William H., *Zanzibar: Its History and People*. London 1931 (repr.1967)

Johnson, Samuel, *The History of the Yorubas*. London 1956 (Orig. 1921)

Jones, A. H. M. & E. Monroe, *A History of Ethiopia*. Oxford ²1962

Julien, Charles André, *Histoire de l'Algérie contemporaine*. Paris 1964

Kalck, Pierre, *Histoire de la République Centrafricaine*. Paris 1992

Kalinga, Owen J. M. & C. A. Crosby, *Historical Dictionary of Malawi*. Lanham 2001

Karugire, Samwiri R., *A Political History of Uganda*. Nairobi 1980

Katoke, Israel K., *A History of Karagwe, Northwestern Tanzania, c.1400-1915*. Ann Arbor 1983

Killion, Tom, *Historical Dictionary of Eritrea*. Lanham, Maryland 1998

Kimambo, Isaria N., *A Political History of the Pare*. Nairobi 1969 (repr.1974)

Kimambo, Isaria N. & A. J. Temu (Hg.), *A History of Tanzania*. London – Nairobi 1969 (repr. Ann Arbor 1980)

Larson, Pier H., *History and Memory in the Age of Enslavement. Becoming Merina in Highland Madagascar, 1770-1822*. Greenwood – London 2000

Levine, Donald N., *Tradition and Innovation in Ethiopian Culture.* Chicago – London ³1967
Levine, Donald N., *Greater Ethiopia. The Evolution of a Multiethnic Society.* Chicago – London 1974
Lewis, Herbert S., *A Galla Monarchy. Jimma Abba Jifar, Ethiopia, 1830-1932.* Madison – Milwaukee 1965
Lewis, Ioan M., *A Modern History of Somaliland.* London 1980
Ling, Dwight L., *Tunisia from Protectorate to Republic.* Bloomington et al.1967
Liniger-Goumaz, Max, *Die Republik Äquatorial-Guinea.* Hamburg 1984 (frz.Orig. *La Guinée équatoriale.* Paris 1980)
Liniger-Goumaz, Max, *Historical Dictionary of Equatorial Guinea.* Metuchen, New Jersey 1988
Lobban, Richard A., *Historical Dictionary of the Republic of Cape Verde.* Metuchen, New Jersey 1988
Lobban, Richard A., *Historical Dictionary of the Republic of Guinea-Bissau.* Metuchen, New Jersey 1988
Lobban, Richard A., *Cape Verde – Crioulo Colony to Independent Nation.* Boulder 1998
Lobban, R. A. & P. K. Mendy, *Guinea-Bissau.* Lanham, Maryland ³1997
McCann, J. C., *People of the Plow. An Agricultural History of Ethiopia, 1800-1990.* Madison 1995
McFarland, Daniel & Lawrence A. Rupley, *Historical Dictionary of Burkina Faso.* Lanham 1998
Mangat, Jagjit S., *A History of the Asians in East Africa, c. 1886-1945.* Oxford ²1970
Marcum, John, *The Angolan Revolution.* 2 Bde. Cambridge, Massachusetts 1969/1978
Matselbula, J. S. M., *A History of Swaziland.* Cape Town ³1988
Matthies, Volker, *Äthiopien, Eritrea, Somalia, Djibouti.* München ³1997
Maxon, Robert B. & Thomas B. Ofcansky, *Historical Dictionary of Kenya.* Lanham ²2000
Meinardus, Otto F. A., *2000 Years of Coptic Christianity.* Kairo 1999
Morris, Donald R., *The Washing of the Spears: A History of the Rise of the Zulu Nation under Shaka and Its Fall in the Zulu War of 1879.* London 1998
Morris-Jones, Wyndraeth H. (Hg.), *From Rhodesia to Zimbabwe.* London 1980
Mouloud, G., *Les Berbères dans l'histoire.* Algier 1990
Mudenge, S. I. G., *A Political History of Munhumutapa, c.1400-1902.* Harare – London 1988
Ndayel è Nzem, I., *Histoire générale du Congo. De l'héritage ancien à l'âge contemporain.* Louvain-la-Neuve 1998

Njeuma, Martin Z. (Hg.), *Introduction to the History of Cameroon, 19th and 20th Centuries.* London et al.1989

Nze-Nguema, Fidèle-Pierre, *L'état au Gabon de 1929 à 1990. Le partage institutionnel du pouvoir.* Paris et al.1998

Ofcansky, Thomas P. & Rodger Yeager, *Historical Dictionary of Tanzania.* Lanham, Maryland 1997

Ogot, Bethwell Allen, *History of the Southern Luo.* Nairobi 1967

Ogot, Bethwell Allen, *A Modern History of Kenya.* London et al. 1989

Ogot, Bethwell Allen, *Decolonization and Independence in Kenya: 1940-93.* London 1995

Omu, Fred I. A., *Press and Politics in Nigeria, 1880-1937.* Atlantic Highlands, NJ 1978

Oyewole, Anthony & John Lucas, *Historical Dictionary of Nigeria.* Lanham 2000

Pankhurst, Richard, *Economic History of Ethiopia (1800-1935).* Addis Ababa 1968

Pankhurst, Richard, *History of Ethiopian Towns: from the Mid-19th Century to 1935.* Stuttgart 1985

Pazzanita, Anthony G. & Thomas Hodges, *Historical Dictionary of Western Sahara.* London 1994

Pazzanita, Anthony G. & Alfred G. Gerteiny, *Historical Dictionary of Mauritania.* Lanham ²1996

Pelissier, René, *Les territoires espagnols d'Afrique.* 1963

Pelissier, René, *Naissance de la Guiné. Portugais et Africains en Sénégambie (1841-1936).* Orgeval 1989

Person, Yves, *Samori, une révolution dyula.* 3 Bde. Paris 1968-75

Person, Yves, *Samori: la renaissance de l'empire mandingue.* Paris 1984

Pratt, R. Cranford, *The Critical Phase in Tanzania, 1945-68.* Cambridge ²1980

Prunier, Gérard, *The Rwanda Crisis 1959-1994.* London ³1998

Ranger, Terence O., *Voices from the Rocks. Nature, Culture and History in the Matopos Hills of Zimbabwe.* Bloomington 1999

Roberts, Andrew D.,*A History of Zambia.* London – New York 1976

Ross, Robert, *A Concise History of South Africa.* Cambridge 1999

Rubert, Steven C. & R. Kent Rasmussen, *Historical Dictionary of Zimbabwe.* Lanham 2001

Saunders, C., *The Making of the South African Past. Major Historians on Race and Class.* Cape Town – Johannesburg/Totowa, New Jersey 1988

Smith, Robert Sydney, *Kingdoms of the Yoruba.* Madison ³1987

Stahl, Kathleen M., *History of the Chagga People of Kilimanjaro.* London et al. [2]1964

Tayye Gäbrä Maryam, Aläqa, *History of the People of Ethiopia.* Uppsala 1987

Thompson, Leonard, *A History of South Africa.* New Haven – London [2]1995

Thompson, Virginia & Richard Adloff, *Historical Dictionary of the People's Republic of the Congo.* Metuchen, NJ [2]1984

Thompson, Virginia & Richard Adloff, *The Western Saharans.* London et al. 1980

Tordoff, David W., *Ashanti under the Prempehs, 1888-1935.* 1965

Touati, J., *Politik und Gesellschaft in Somalia, 1890-1991.* Hamburg 1997

Toussaint, A., *Histoire de l'Ile Maurice.* Paris [2]1974

Vail, L. (Hg.), *The Creation of Tribalism in Southern Africa.* London 1989

Vatikiotis, Panayiotis J., *A Modern History of Egypt: From Muhammad Ali to Mubarak.* London – Baltimore [3]1991

Verhulpen, E., *Baluba et Balubaïsés au Katanga.* Antwerpen 1936

Verin, Pierre, *The History of Civilization in North Madagascar.* Rotterdam 1986

Walshe, Peter, *The Rise of Nationalism in South Africa: The African National Council, 1912-1952.* 1970

Welsh, Frank, *A History of South Africa.* New York 2000

Wilks, Ivor, *Asante in the 19th Century. The Structure and Evolution of a Political Order.* Cambridge 1989

Wilson, Monica & Leonard Thompson (Hg.), *The Oxford History of South Africa.* 2 Bde. Oxford [2]1966/71

Worden, Nigel A., *Concise Dictionary of South African History.* Cape Town 1998

Zwanenberg, Roger M. A. van & Anne King, *An Economic History of Kenya and Uganda 1800-1970.* London 1977

Frühzeit und ältere Geschichte

Adams, William Y., *Nubia. Corridor to Africa.* Princeton – London 1977

Badein, M. A., *The Acheulian Industries in Africa.* Hamburg 1981

Beckerath, Jürgen von, *Chronologie des pharaonischen Ägyptens.* Mainz 1997

Clark, J. Desmond & Steven A. Brandt (Hg.), *From Hunters to Farmers.* 1984

Clauss, Manfred, *Das Alte Ägypten.* Berlin 2001

Clayton, Peter A., *Chronicle of the Pharaohs.* London 1994

Connah, G., *African Civilizations. An Archaeological Perspective.* Cambridge 2001

Eggebrecht, Arne, *Das Alte Ägypten. 3000 Jahre Geschichte und Kultur des Pharaonenreiches.* München 1984

Ehret, Christopher, *An African Classical Age: Eastern and Southern Africa in World History, 1000 BC to AD 400.* Oxford – Charlottesville, Virginia 1998

Emery, W.B., *Ägypten. Geschichte und Kultur der Frühzeit.* Wiesbaden 1964 (Orig. *Archaic Egypt.* Harmondsworth 1961)

Fagan, Brian & Roland Anthony Oliver, *Southern Africa during the Iron Age. C.500 Bc to AD 1400.* Cambridge 1975

Fantar, M. H., *Carthage. Approche d'une civilisation.* 2 Bde. Tunis 1993

Fischer, Rudolf, *Gold, Salz und Sklaven. Die Geschichte der großen Sudanreiche Gana, Mali, Songhai.* Tübingen 1982

Foley, Robert, *Menschen vor Homo sapiens.* Sigmaringen 2000 (engl.Orig. *Humans Before Humanity.* Oxford et al. 1995)

Frend, William H. C., *The Rise of the Monophysite Movement.* Cambridge 1972

Frend, William H. C., *The Donatist Church.* Oxford ^{3}1983

Garlake, Peter S.,*Simbabwe.* Bergisch Gladbach 1975 (engl.Orig. *Great Zimbabwe.* 1973)

Garlake, Peter S., *Afrika und seine Königreiche.* Stuttgart 1975 (engl.Orig. *The Kingdoms of Africa.* New York ^{2}1990)

Hofmann, Inge, *Die Kulturen des Niltals von Aswan bis Sennar vom Mesolithikum bis zum Ende der christlichen Epoche* (= Monographien zur Völkerkunde Bd.4). Hamburg 1967

Horn, Heinz Günter & Christoph B. Rüger (Hg.), *Die Numider. Reiter und Königreiche nördlich der Sahara.* Köln – Bonn 1979

Hornung, Erik, *Grundzüge der ägyptischen Geschichte.* Darmstadt ^{5}1996

Huss, Werner (Hg.), *Karthago.* Darmstadt 1992

Huss, Werner, *Die Karthager.* München ^{2}1994 (Orig. *Geschichte der Karthager.* 1985)

Huss, Werner, *Ägypten in hellenistischer Zeit 332-30 v. Chr.* München 2001

Ki-Zerbo, Joseph (Hg.), *Methodology and African Prehistory.* Berkeley 1981

Kobishchanov, Yuri M., *Axum.* University Park – London 1979 (russ.Orig. Moskau 1966)

Leakey, Richard E., *Wie der Mensch zum Menschen wurde. Neue Erkenntnisse über den Ursprung und die Zukunft des Menschen.* München 1985 (engl.Orig. *Human Origins.* London 1982)

Leakey, Richard E. & Roger Lewin, *Die Menschen vom See. Neueste Entdeckungen zur Vorgeschichte der Menschheit.* München 1980 (engl.Orig. *People of the Lake. Man, His Origins, Nature and Future.* London 1979)

Levtzion, Nehemiah, *Ancient Ghana and Mali.* London 1973

McKissack, Pat & Frederick McKissack, *The Royal Kingdoms of Ghana, Mali, and Songhay: Life in Medieval Africa.* New York 1995

Mauny, R., *Tableau géographique de l'ouest africain au moyen âge d'après les sources écrites, la tradition et l'archéologie.* Paris 1961

Munro-Hay, Stuart C., *Aksum.* Edinburgh 1991

Oliver, Roland & Brian Fagan (Hg.), *Africa in the Iron Age.* C.400 BC to AD 1400. Cambridge et al. 1999 (Orig.1975)

Phillipson, David W., *The Later Prehistory of Eastern and Southern Africa.* London et al. 1977

Pikirayi, Innocent & Joseph O. Vogel, *The Zimbabwe Culture. Origins and Decline of Southern Zambezian States.* Lanham 2001

Polidori, Robert, *Das antike Libyen.* Köln 1999 (frz.Orig. *La Libye antique.* Paris 1998)

Posnansky, Merrick (Hg.), *Prelude to East African History.* London – Nairobi 1966

Raven, Susan, *Rome in Africa.* London ³1993

Ruprechtsberger, Etwin M., *Die Garamanten. Geschichte und Kultur eines libyschen Volkes.* Mainz 1997

Saumagne, Charles, *La Numidie et Rome.* Paris 1966

Sergew Hable Selassie, *Beziehungen Äthiopiens zur griechisch-römischen Welt.* Bonn 1964

Sergew Hable Selassie, *Ancient and Medieval Ethiopian History to 1270.* Addis Ababa 1972

Service, Pamela F., *The Ancient African Kingdom of Kush.* New York 1998

Shaw, Ian (Hg.), *The Oxford History of Ancient Egypt.* Oxford – New York 2000

Shinnie, Peter L. (Hg.), *The African Iron Age.* Oxford 1971

Shinnie, Peter L., *Ancient Nubia.* London et al. 1996

Stringer, Christopher & Robin McKie, *Afrika. Wege der Menschheit. Die Entstehung, Entwicklung und Ausbreitung des Homo sapiens.* München 1996 (engl.Orig. *African Exodus.* London 1996)

Taddesse Tamrat, *Church and State in Ethiopia, 1270-1527.* Oxford 1972

Timp, Ursula, *Aksum und der Untergang Meroës.* Münster 1972

Török, László, *The Kingdom of Kush: Handbook of the Napatan-Meroitic Civilization*. Leiden – Boston – Tokyo 1998

Török, László, *Der meroitische Staat. Untersuchungen und Urkunden zur Geschichte des Sudan im Altertum*. Berlin 1999

Trigger, Bruce G. (Hg.), *Ancient Egypt*. Cambridge et al. 1983

Vandersleyen., Claude, *L'Égypte et la Vallée du Nil*, Bd.2: *De la fin de l'Ancien Empire à la fin de Nouvel Empire*. Paris 1995

Vercoutter, Jean, *L'Égypte et la Vallée du Nil*, Bd. 1: *Des origines à la fin de l'Ancien Empire*. Paris 1992

Wesler, Kit W. & Philip Allsworth-Jones (Hg.), *Historical Archaeology in Nigeria*. Lawrenceville, New Jersey 1998

Wheeler, Mortimer, *Der Fernhandel des Römischen Reiches in Europa, Afrika und Asien*. München et al. 1965 (engl.Orig. *Rome Beyond the Imperial Frontiers*. London 1954)

Wildung, Dietiich (Hg.), *Sudan. Antike Königreiche am Nil*. München – Paris 1996

Willcox, Alexander R., *The Rock Art of Africa*. London – Canberra 1984

Ziegert, Helmut, *The Tora-Kanaan Cultures of Jebel Marra*. Frankfurt am Main 2001

Der Islam in Afrika

Bovill, Edward W., *The Golden Trade of the Moors*. London ²1968

Brunschwig, R., *La Berbérie orientale sous les Hafsides*. 2 Bde. Paris 1949-50

Crawford, O. G. S., *The Fung Kingdom of Sennar*. Gloucester 1957

Evans-Pritchard, Edward E., *The Sanusi of Cyrenaica*. Oxford 1954

Ewald, Janet, *Soldiers, Traders and Slavers: State Formation and Economic Transformation in the Greater Nile Valley, 1700-1885*. Madison 1990

Forkl, Hermann (Hg.), *Die Gärten des Islam*. Stuttgart – London 1993

Gautier, Émile Félix, *Le passé de l'Afrique du Nord: Les siècles obscurs*. Paris ²1952 (Orig. *Les siècles obscurs du Maghreb. Islamisation de l'Afrique du Nord*. Paris 1927)

Halm, Heinz, *Das Reich des Mahdi. Der Aufstieg der Fatimiden (875-973)*. München 1991

Hasan, Yusuf F., *The Arabs and the Sudan*. Khartoum 1967

Holt, Peter M., (Hg.), *The Cambridge History of Islam*. 2 Bde. Cambridge 1970

Holt, Peter M., *Egypt and the Fertile Crescent, 1516-1922*. Ithaca 1980 (Orig. London 1966)

Holt, Peter M., *The Mahdist State in the Sudan, 1881-98*. London ²1970
Holt, Peter M., *The Sudan of the Three Niles: Funj Chronicle 910-1288/1504-1871*. Leiden – Boston – Tokyo 1999
Kennedy, Hugh (Hg.), *The Historiography of Islamic Egypt (c.950-1500)*. Leiden – Boston – Tokyo 2001
Kurio, Hans, *Berberkönige und Schriftgelehrte. Nordafrikanischer Islam in Tradition und Moderne*. Hamburg 1992
Levtzion, Nehemiah & Randall L. Pouwels (Hg.), *The History of Islam in Africa*. Athens, Ohio – Oxford 2000
Lewis, Ioan M. (Hg.), *Islam in Tropical Africa*. Bloomington - London ²1980
MacMichael, Harold A., *A History of the Arabs in the Sudan and Some Account of the People Who Proceeded Them and of the Tribes Inhabiting the Darfur*. Cambridge 1922 (repr.London 1967, 2 Bde.)
Martin, Bradford G., *Muslim Brotherhoods in Nineteenth-Century Africa*. Cambridge 1967 (repr.1978)
Trimingham, J. Spencer, *Islam in East Africa*. London 1965
Trimingham, J. Spencer, *Islam in Ethiopia*. London – Liverpool 1965
Trimingham, J. Spencer, *The Influence of Islam upon Africa*. London 1968
Westphal, Wilfried, *Sturm über dem Nil. Der Mahdi-Aufstand*. Köln 2002

Schwarzafrika in vorkolonialer Zeit

Westafrika

Alpern, Stanley B., *Amazons of Black Sparta. The Woman Warriors of Dahomey*. London - New York 1998
Diallo, Tirmizio, *Der theokratische Fulbestaat „Fuuta-Jaloo". Ein Beitrag zur Theorie der Staatenbildung in Westafrika des 17. bis 19. Jahrhunderts*. Berlin 1979
Hunwick, J. O., *Timbuktu and the Songhay Empire. Al-Sa'di's Tarikh al-Sudan down to 1613 and Other Contemporary Documents*. Leiden – Boston – Tokyo 1999
Izard, Michel, *Introduction à l'histoire des royaumes Mossi*. 2 Bde. Paris 1970
Last, Murray, *The Sokoto Caliphate*. London 1977
Lange, Dierk, *Le diwan des sultans du (Kanem-) Bornu: Chronologie et histoire d'un royaume africaine*. Wiesbaden 1977
Latham, Anthony J. H., *Old Calabar, 1600-1891. The Impact of International Economy upon a Traditional Society*. Oxford 1973

Law, Robin, *The Oyo Empire, c.1600-c.1836.* Oxford 1977

Luschan, Felix von, *Die Altertümer von Benin.* 3 Bde. Berlin 1919

McCaskie, T. C., *State and Society in Pre-colonial Asante.* Cambridge 1994

Northrup, David, *Trade without Rulers: Pre-Colonial Economic Development in South-Eastern Nigeria.* Oxford 1978

Osswald, Rainer, *Das Sokoto-Kalifat und seine ethnischen Grundlagen.* Stuttgart 1998

Roberts, Richard, *Warriors, Merchants and Slaves: The State and the Economy in the Middle Niger Valley, 1700-1914.* Stanford 1987

Robinson, David, *The Holy War of Umar Tal. The Western Sudan in the Mid-Nineteenth Century.* Oxford 1985

Rodney, Walter, *A History of the Upper Guinea Coast, 1545-1800.* Oxford 1970 (repr.New York 1980)

Ryder, Alan F., *Benin and the Europeans, 1485-1897.* New York 1969 (repr. London 1977)

Urvoy, Y., *Histoire de l'empire de Bornou.* Paris 1949

Zentralafrika

Hilton, Anne, *The Kingdom of Kongo.* Oxford 1985

Karugire, Samwiri R., *A History of the Kingdom of Nkore in Western Uganda to 1896.* Oxford 1971

Langworthy, Harry, *Zambia before 1890. Aspects of Precolonial History.* London 1972

Pachai, Bridglal (Hg.), *The Early History of Malawi.* London 1971

Plancquaert, M., *Les Jaga et les Bayaka du Kwango.* Brüssel 1932

Roberts, Andrew D., *A History of the Bemba. Political Growth and Change in North-Eastern Zambia before 1900.* London 1973

Stokes, Eric & Richard Brown (Hg.), *The Zambesian Past. Studies in Central African History.* Manchester 1966

Thornton, J. K., *The Kingdom of Kongo: Civil War and Transition 1641-1718.* Madison 1983

Vansina, Jan, *Kingdoms of the Savanna. A History of Central African States until European Occupation.* London 1975 (Orig.1966)

Vansina, Jan, *The Children of Woot. A History of the Kuba Peoples.* Madison 1978

Vansina, Jan, *L'évolution du royaume Rwanda des origines à 1900.* Brüssel 2000 (Orig. 1961)

Vansina, Jan, *Le Rwanda ancien: le royaume nyiginya.* Paris 2001

Nordostafrika

Abir., M., *Ethiopia: The Era of the Princes.* London 1968

Abir, M., *Ethiopia and the Red Sea.* London 1981

Asmä Giyorgis, *History of the Galla and the Kingdom of Säwa.* Stuttgart 1987
Gray, Richard, *A History of the Southern Sudan, 1839-89.* Oxford 1961
Marcus, Harold G., *The Life and Times of Menilik II of Ethiopia, 1844-1913.* Oxford 1974
Pankhurst, Richard, *The Ethiopian Royal Chronicles.* Addis Ababa 1968

Ostafrika

Fischer, Rudolf, *Korallenstädte in Afrika. Die vorkoloniale Geschichte der Ostküste.* Oberdorf 1984
Freeman-Grenville, G. S. P., *The East African Coast. Select Documents from the First to the Earlier Nineteenth Century.* Oxford 1962
Nurse, Derek & Thomas Spear, *The Swahili. Reconstructing the History and Language of an African Society, 800-1500.* Philadelphia 1985
Muriuki, Godfrey, *A History of the Kikuyu, 1500-1900.* Nairobi 1974
Pearson, Michael N., *Port Cities and Intruders: The Swahili Coast, India, and Portugal in the Early Modern Era.* Baltimore 1999
Stuhlmann, Franz, *Beiträge zur Geschichte von Ostafrika.* Berlin 1909
Sutton, J. E. G., *The East African Coast. A Historical and Archaeological Review.* Dar es Salaam 1966

Südafrika

Axelson, Eric, *South-East Africa, 1488-1530.* London 1940
Beach, D. N., *The Shona and Zimbabwe 900-1850. An Outline of Shona History.* London 1980
Golan, Daphne, *Inventing Shaka. Using History in the Construction of Zulu Nationalism.* Boulder – London 1994
Miller, Joseph C., *Kings and Kinsmen. Early Mbundu States in Angola.* Oxford 1976
Ritter, Ernest A., *Shaka Zulu. The Rise of the Zulu Empire.* New York ²1957

Das koloniale Afrika

Nordafrika

Boahen, Albert Adu, *Britain, the Sahara and the Western Sudan, 1788-1861.* 1964
Ageron, Charles Robert, *Histoire de l'Algérie contemporaine 1830-1965.* Paris 1966
Ayache, Albert, *Le Maroc: Bilan d'une colonisation.* Paris 1956
Childs, T. W., *Italo-Turkish Diplomacy and the War Over Libya, 1911-12.* Leiden – Boston – Tokyo 1990

Droz, B. de & E. Lever, *Histoire de la guerre d'Algérie*. Paris 1982

Farnie, D. A., *East and West of Suez. The Suez Canal in History, 1854-1956*. Oxford 1969

Ganiage, J., *Les origines du protectorat français en Tunisie, 1861-1881*. Tunis 1969

Kunz, Rudibert & Rolf-Dieter Müller, *Giftgas gegen Abd el Krim*. Freiburg 1990

Marlowe, John, *Anglo-Egyptian Relations, 1800-1956*. London 1965

Miège, Jean Louis, *Le Maroc et l'Europe (1830-1894)*. 4 Bde. Paris 1961-63

Stora, Benjamin, *Histoire de l'Algérie coloniale (1830-1954)*. Paris ²1994

Westafrika

Abraham, Arthur, *Mende Government and Politics under Colonial Rule, 1890-1937*. Freetown 1978

Anstey, Roger, *The Atlantic Slave Trade and British Abolition, 1710-1810*. London – Atlantic Highlands, New Jersey 1975

Asiwaju, A. I., *Western Yorubaland under European Rule, 1889-1945*. London 1976

Austen, Ralph A. & Jonathan M. Derrick, *Middlemen of the Cameroon Rivers: The Duala and Their Hinterland, c.1600-c.1960*. Cambridge – New York – Melbourne 1999

Austin, Dennis, *Politics in Ghana, 1946-1960*. London 1964

Ayandele, E. A., *The Missionary Impact on Modern Nigeria, 1842-1914*. London ²1971

Barry, B., *Senegambia and the Transatlantic Slave Trade*. Cambridge 1998

Becker, C. H. & S.Mbaye (Hg.), *AOF: Réalités et héritages. Sociétés ouest-africaines et ordre colonial,1895-1960*. 2 Bde. Dakar 1997

Bourret, Florence Mabel, *Ghana: The Road to Independence, 1919-57*. Stanford 1969 (Orig.London 1960)

Crowder, Michael, *West African Resistance*. London 1970

Crowder, Michael, *West Africa under Colonial Rule*. London 1980 (Orig. Evanston 1968)

Curtin, Philip D., *The Atlantic Slave Trade: A Census*. Madison 1969

Dike, Kenneth Onwuka, *Trade and Politics in the Niger Delta, 1830-85*. Oxford 1958

Dumett, Raymond, *El Dorado in West Africa: The Gold Mining Frontier. African Labour and Colonial Capitalism in the Gold Coast, 1875-1900*. Athens, Ohio – Oxford 1999

Falola, Toyin & Dare Oguntomisin, *Yoruba Warlords of the 19th Century*. Lawrenceville 2001

Foltz, William J., *From French West Africa to the Mali Federation*. New Haven 1965

Hargreaves, John, *Prelude to the Partition of West Africa*. London 1970 (Orig. 1963)

Hargreaves, John, *The End of Colonial Rule in West Africa*. London 1979

Hargreaves, John, *West Africa Partitioned. Vol.I: The Loaded Pause, 1885-89*. London 1975

Hargreaves, John, *West Africa Partitioned. Vol.II: Elephants and the Cross*. London 1985

Hausen, Karin, *Deutsche Kolonialherrschaft in Afrika: Wirtschaftsinteressen und Kolonialverwaltung in Kamerun vor 1914*. Zürich et al.1970

Heyden, Ulrich van der, *Rote Adler an Afrikas Küste. Die brandenburgisch-preußische Kolonie Großfriedrichsburg in Westafrika*. Berlin 2001

Igbafe, Philip A., *Benin under British Administration. The Impact of Colonial Rule on an African Kingdom, 1897-1938*. London 1979

Jenkins, P. (Hg.), *The Recovery of the West African Past. African Pastors and African History in the 19th Century*. Basel 1998

Kanya-Forstner, Alexander S., *The Conquest of the Western Sudan*. Cambridge 1969

Kimble, David, *A Political History of Ghana. The Rise of Gold Coast Nationalism, 1850-1928*. Oxford 1963 (repr.1971)

Klein, Herbert S., *The Atlantic Slave Trade*. Cambridge 1999

Newbury, Colin W., *The Western Slave Coast and Its Rulers. European Trade and Administration* among the *Yoruba and Adja-speaking Peoples of South-Western Nigeria, Southern Dahomey and Togo. Oxford 1973* (Orig. 1961)

Nuhn, Walter, *Kamerun unter dem Kaiseradler. Ein Beitrag zur deutschen Kolonialgeschichte*. Köln 2000

Peukert, Werner, *Der atlantische Sklavenhandel von Dahomey, 1740-1797. Wirtschaftsanthropologie und Sozialgeschichte*. Wiesbaden 1978

Rudin, Harry R., *Germans in the Cameroons, 1884-1914. A Study in Modern Imperialism*. New Haven 1938 (repr. New York 1968)

Spittler,Gerd, *Verwaltung in einem afrikanischen Bauernstaat. Das koloniale Französisch-Westafrika 1919-1939*. Wiesbaden 1981

Stoecker, Helmut (Hg.), *Kamerun unter deutscher Kolonialherrschaft*. 2 Bde. Berlin 1968

Sundiata, Ibrahim K., *From Slaving to Neoslavery: The Bight of Biafra and Fernando Po in the Era of Abolition, 1827-1930*. Madison 1996

Thompson, Virginia & Richard Adloff, *French West Africa*. 1958

Wyse, Akintola J. G., *H. C. Bankole-Bright and Politics in Colonial Sierra Leone, 1919-1958*. Cambridge – New York – Melbourne 1990

Zentralafrika

Alpers, Edward A., *Ivory and Slaves in East Central Africa. Changing Pattern of International Trade in East Central Africa to the later 19th Century*. Berkeley 1975

Anstey, Roger, *Britain and the Congo in the Nineteenth Century*. London 1962

Anstey, Roger, *King Leopold's Legacy*. London 1966

Ceulemans, P., *La question arabe et le Congo, 1883-1892*. 1958

Coquéry-Vidrovitch, Catherine, *Brazza et la prise de possession de Congo*. Paris 1969

Coquéry-Vidrovitch, Catherine, *Le Congo au temps des grandes compagnies concessionnaires 1898-1930*. Paris 1972

Hochschild, Adam, *Schatten über dem Kongo. Die Geschichte eines der großen, fast vergessenen Menschheitsverbrechen*. Stuttgart 2000 (engl.Orig. *King Leopold's Ghost. A Story of Greed, Terror and Heroism in Colonial Africa*. Boston 1998)

Honke, Gudrun, Gamaliel Mbonimana & Emmanuel Ntezimana, *Als die Weißen kamen. Rwanda und die Deutschen 1885-1919*. Wuppertal 1990

Ingham, Kenneth, *The Making of Modern Uganda*. London 1958 (repr.Westport 1983)

Louis, Wm. Roger, *Rwanda-Urundi, 1884-1914*. 1963

Nordostafrika

Ahmed., A. J. (Hg.), *The Invention of Somalia*. Trenton, New Jersey 1995

Crummey, Donald, *Priests and Politicians. Protestant and Catholic Missions in Orthodox Ethiopia 1856-1890*. Oxford 1972

Daly, M. W., *Imperial Sudan*. Cambridge 1991

Del Boca, Angelo, *The Ethiopian War 1935-41*. Chicago – London 1969

Del Boca, Angelo, *Gli Italiani in Africa orientale. La conquista dell'impero*. Roma 1979

Duncan, John S., *The Sudan. A Record of Achievement*. Edinburgh 1952

Duncan, John S., *The Sudan's Path to Independence*. Edinburgh 1957

Grandin, N., *Le Soudan nilotique et l'administration britannique (1898-1956)*. Leiden – Boston – Tokyo 1982

Hill, Richard, *Egypt in the Sudan, 1820-81*. Westport, Connecticut 1986 (Orig. 1959)

Schneider, Gabriele, *Mussolini in Afrika. Die faschistische Rassenpolitik in den italienischen Kolonien 1936-1941*. Köln 2000

Ostafrika

Baer, Martin & Olaf Schröter, *Eine Kopfjagd. Deutsche in Ostafrika*. Berlin 2001

Barber, James, *Imperial Frontier*. Nairobi 1968

Clough, Marshall. S., *Mau Mau Memoirs. History, Memory and Politics*. Boulder – London 1997

Coupland, Reginald, *East Africa and Its Invaders*. London 1938

Coupland, Reginald, *The Exploitation of East Africa, 1856-90*. London 1968

Edgerton, Robert B., *Mau Mau*. London 1990

Furedi, Frank, *The Mau Mau War in Perspective*. Athens, Ohio 1989

Gwassa, G. C. K., & John Iliffe (Hg.), *Records of the Maji Maji Rising*. Nairobi 1969

Hollingsworth, Lawrence W.,*Zanzibar under the Foreign Office, 1890-1913*. London 1953

Iliffe, John, *Tanganyika under German Rule, 1905-12*. Cambridge 1969

Kershaw, Greet, *Mau Mau from Below*. Oxford 1997

Lewis, Joanna, *Empire State-Building: War and Welfare in Kenya, 1925-52*. Athens, Ohio 2001

Maloba, Wunyabari O., *Mau Mau and Kenya.An Analysis of a Peasant Revolt*. Bloomington ²1998

Müller, Fritz Ferdinand, *Deutschland – Zanzibar – Ostafrika*. Berlin 1959

Müller, Fritz Ferdinand, *Bwana, deine Zeit ist um. Der Freiheit Flamme brennt im Herzen Afrikas*. Berlin 1960

Müller, Fritz Ferdinand, *Kolonien unter der Peitsche. Eine Dokumentation*. Berlin 1962

Mungeam, Gordon Hudson, *British Rule in Kenya*. Oxford ²1968

Nuhn, Walter, *Flammen über Deutschost. Der Maji-Maji-Aufstand 1905/06*. Bonn 1998

Ofcansky, Thomas P., *British East Africa*. New York et al. 1985

Seeberg, Karl-Martin, *Der Maji-Maji-Krieg gegen die deutsche Kolonialherrschaft*. Berlin 1989

Tetzlaff, Rainer, *Koloniale Entwicklung und Ausbeutung. Wirtschafts- und Sozialgeschichte Deutsch-Ostafrikas 1885-1914*. Berlin 1970

Südafrika

Alexander, Jocelyn, Joann McGregor & Terence O. Ranger, *Violence and Memory: One Hundred Years in the 'Dark Forests' of Matabeleland*. Oxford 2000

Axelson, Eric, *The Portuguese in South-East Africa 1600-1700.* Johannesburg 1960

Axelson, Eric, *Portugal and the Scramble for Africa, 1875-1891.* Johannesburg 1967

Barthorp, Michael, *The Zulu War.* London 2002

Bley, Helmut, *South-West Africa under German Rule.* 1971

Bryant, A. T., *Olden Times in Zululand and Natal Containing Earlier Political History of the Eastern Nguni Clans.* London – New York – Toronto 1929 (repr. Cape Town 1965)

Drechsler, Horst, *Südwestafrika unter deutscher Kolonialherrschaft.Der Kampf der Herero und Nama gegen den deutschen Imperialismus.* Berlin 1966

Drechsler, Jorst, *Aufstände in Südwestafrika.* Berlin 1984

Drechsler, Horst, *Südwestafrika unter deutscher Kolonialherrschaft. Die großen Land- und Minengesellschaften (1885-1914).* Stuttgart 1996

Elphick, R. & H. Giliomee, *The Shaping of South African Society, 1652-1840.* Cape Town 1989

Evans, Martin Marix, *The Boer War. South Africa 1899-1901.* Oxford 1999

Guy, J., *The Destruction of the Zulu Kingdom.* London 1976

Hamilton, Carolyn, *Terrific Majesty: The Powers of Shaka Zulu and the Limits of Historical Invention.* Cambridge, Massachusetts 1998

Hammond, Richard J., *Portugal and Africa 1815-1910.* Stanford 1966

Isaacman, Allen F., *Mozambique: The Africanization of a European Institution, the Zambezi Prazos, 1750-1902.* 1972

Krüger, G., *Kriegsbewältigung und Geschichtsbewusstsein. Realität, Deutung und Verarbeitung des deutschen Kolonialkriegs in Namibia 1904-17.* Göttingen 1999

Lockhart, John G., *Cecil Rhodes.* Tennenlohe 1974

Lockhart, John G. & C. M. Woodhouse, *Rhodes.* London 1963

McBride, Angus, *The Zulu War.* Oxford 1992

Marais, Johannes S., *The Fall of Kruger's Republic.* Oxford [2]1962

Newitt, Malyn D., *Portuguese Settlement on the Zambezi.* London 1973

Nuhn, Walter, *Sturm über Südwest.* Bonn 1997

Omer-Cooper, John D., *The Zulu Aftermath. A Nineteenth-Century Revolution in Bantu Africa.* London 1974

Onselen, Charles van, *Studies in the Social and Economic History of the Witwatersrand, 1886-1914.* 2 Bde. Harlow, Essex 1982

Pakenham, Thomas, *The Boer War.* London 1979

Ranger, Terence O., *Revolt in Southern Rhodesia, 1896-7*. A Study in African Resistance. London 1967 (repr.1979)

Rotberg, Robert I., *The Founder: Cecil Rhodes and the Pursuit of Power*. Oxford 1988

Schildknecht, J., *Bismarck, Südwestafrika und die Kongokonferenz*. Hamburg 2000

Schreuder. Deryck M., *The Scramble for Southern Africa, 1877-1895*. Cambridge 1980

Das unabhängige Afrika

Nordafrika

Baker, Raymond W. *Egypt's Uncertain Revolution under Nasser and Sadat*. Cambridge, Massachusetts 1979

Berque, Jacques, *Le Maghreb entre deux guerres*. Paris 1979

Englert, Walter & Hanspeter Matthes, *Libyen. Bilanz einer Revolution, 1969-1999*. Opladen 2000

Ganiage, Jean (Hg.), *Histoire contemporaine du Maghreb*. Paris 1995

Lacheraf, Mostefa, *L'Algérie: Nation et société*. Paris ^{2}1969

Stora, Benjamin, *Histoire de l'Algérie depuis l'indépendence*. Paris 1994

Wright, John, *Libya: A Modern History*. London 1981/Baltimore 1982

Westafrika

Chabral, Patrick, *Amilcar Cabral: Revolutionary Leadership and a People's War*. 1983

Clapham, Christopher, *Liberia and Sierra Leone: An Essay in Comparative Politics*. 1976

Conteh-Morgan, E. & M. Dixon Fyle, *Sierra Leone at the End of the 20th Century. History, Politics and Society*. New York 1999

Ekwe-Ekwe, Herbert, *The Biafra War. Nigeria and the Aftermath*. Lewiston 1990

Ellis, Stephen, *The Mask of Anarchy: The Destruction of Liberia and the Religious Dimension of an African Civil War*. New York 1999

Hadjor, Kofi B., *Nkrumah and Ghana: The Dilemma of Post-colonial Power*. London et al. 1988

Hargreaves, John D., *West Africa. The Former French States*. London 1967

Hargreaves, John (Hg.), *France and West Africa*. New York 1969

Hodgkin, Thomas (Hg.), *Nigerian Perspectives*. London 1975

Kirk-Greene, Anthony H. M., *The Genesis of the Nigerian Civil War and the Theory of Fear*. Uppsala 1975

Kirk-Greene, Anthony H. M. & Douglas Rimmer, *Nigeria since 1970: A Political and Economic Outline*. London 1981

Lentz, Carola, *Die Konstruktion von Ethnizität. Eine politische Geschichte Nord-West-Ghanas, 1970-1990.* Köln 1998

Liebenow, J. Gus, *Liberia: The Quest for Democracy.* Bloomington et al.1987

Liniger-Goumaz, Max, *Guinée Équatoriale. 30 ans d'état délinquant nguémiste.* Paris 1998

Osaghae, Eghosa E., *Crippled Giant: Nigeria Since Independence.* London – Bloomington 1998

Smertin, Yuri, *Kwame Nkrumah.* New York 1987

Tete, Tètè, *Démocratisation à la togolaise.* Paris 1998

Thompson, Joseph E., *American Policy and African Famine: The Nigeria-Biafra War, 1966-1970.* Greenwood, Connecticut 1990

Tuinder, Bastiaan A. ten, *Ivory Coast: The Challenge of Success.* Baltimore 1978

Zentralafrika

Adelman, Howard (Hg.), *The Path of a Genocide: The Rwanda Crisis from Uganda to Zaire.* Somerset, New Jersey 2000

Behrend, Heike, *Alice und die Geister. Krieg im Norden Ugandas.* München 1993

Chrétien, J. P., *Le défi de l'ethnisme. Rwanda et Burundi 1990-96.* Paris 1997

De Witte, Ludo, *Regierungsauftrag Mord. Der Tod Lumumbas und die Kongo-Krise.* Leipzig 2001

Harding, Leonhard (Hg.), *Rwanda – der Weg zum Völkermord. Vorgeschichte, Verlauf, Deutung.* Hamburg 1998

Kiwanuka, Semanula, *Amin and the Tragedy of Uganda.* München 1979

Meinhardt, M., *Politische Transition und Demokratisierung in Malawi.* Hamburg 1997

Mutibwa, Phares, *Uganda since Independence: A Story of Unfulfilled Hopes.* Lawrenceville 1992

Ndalei, G., *Crises, mutations et conflits politiques au Congo-Brazzaville.* Paris 1998

O'Ballance, Edgar, *The Congo-Zaire Experience, 1960-98.* New York 1999

O'Ballance, Edgar, *Sudan. Civil War and Terrorism, 1956-99.* New York 2000

Potyka, Christian, *Haile Selassie. Der Negus Negesti in Frieden und Krieg.* Bad Honnef 1964

Prunier, Gérard, *Rwanda in Zaire.* London 1999

Sindayigaya, Jean-Marie, *Grand-Lacs: Démocratie ou Ethnocratie?* Paris 1998

Titley, E. Brian, *Dark Age. The Political Odyssey of Emperor Bokassa.* Montreal – Kingston 1997

Willame, J. C., *L'odyssée Kabila. Trajectoire pour un Congo nouveau?* Paris 1999

Young, Crawford & Thomas Turner, *The Rise and Decline of the Zairian State.* Madison 1985

Nordostafrika

Clapham, Christopher, *Haile Selassie's Government.* 1964

Connell, Dan, *Against All Odds: A Chronicle of the Eritrean Revolution.* Lawrenceville, New Jersey 1997

Hirt, Nicole, *Eritrea zwischen Krieg und Frieden. Die Entwicklung seit der Unabhängigkeit.* Hamburg 2001

Iyob, Ruth, *The Eritrean Struggle for Independence: Domination, Resistance, Nationalism, 1941-1993.* Cambridge – New York – Melbourne 1995

Janssen, Volker, *Politische Herrschaft in Äthiopien.* Freiburg 1976

Lefort, René, *Ethiopia: A Heretical Revolution?* 1983

Tubiana, Joseph (Hg.), *Modern Ethiopia, from the Accession of Menilek II to the Present.* Rotterdam 1980

Ostafrika

Civille, John R. (with William R. Duggan), *Tanzania and Nyerere. A Study of Ujamaa and Nationhood.* Maryknoll, New York 1976

Dauch, Gene & Denis Martin, *L'héritage du Kenyatta: la transition politique au Kenya (1975-1982).* Aix et al. 1985

Hodd, Michael (Hg.), *Tanzania after Nyerere.* London 1988

Kyle, Keith, *The Politics of the Independence of Kenya.* Basingstoke et al. 1999

Lofchie, Michael F., *Zanzibar: Background to Revolution.* Princeton 1965

Molony, Tom (Hg.), *Nyerere. Student, Teacher, Humanist, Statesman.* Edinburgh 2000

Rosberg, Carl G. & John Nottingham, *The Myth of Mau Mau.* Nationalism in Kenya. New York ²1967

Smyth, Annie (Hg.), *Tanzania: The Story of Julius Nyerere.* Kampala 1998

Wepman, Dennis, *Jomo Kenyatta.* New York ²1988

Yeager, Rodger, *Tanzania. An African Experiment.* Boulder – London 1989

Südafrika

Alexander, Neville, *Südafrika. Der Weg von der Apartheid zur Demokratie.* München 2001

Beck, Ch., *Zimbabwe zwischen Einparteienstaat und Zivilgesellschaft. Die Rolle der Gewerkschaften im Demokratisierungs- und Entwicklungsprozess.* Frankfurt am Main 1997

Beinart, W., *20th Century South Africa.* Cape Town – Oxford 1994

Birmingham, David, *Frontline Nationalism in Angola and Mozambique.* Lawrenceville 1993

Ciment, James, *Angola and Mozambique. Postcolonial Wars in Southern Africa.* New York 1997

Lodge, Tom, *Black Politics in South Africa since 1945.* London et al. [4]1987

Maier, Karl, *Angola: Promises and Lies.* London 1996

Melber, Henning (Hg.), *Namibia – A Decade of Independence, 1990-2000.* Windhoek 2000

Meredith, Martin, *Our Votes, Our Guns: Robert Mugabe and the Tragedy of Zimbabwe.* New York 2002

Schmidt, S., *Die Rolle der Schwarzen Gewerkschaften im Demokratisierungsprozess Südafrikas.* Hamburg 1992

Sundkler, Bengt Gustav Malcolm, *Bantupropheten in Südafrika.* Stuttgart 1964 (engl.Orig. *Bantu Prophets in South Africa.* Oxford 1948)

Sylvester, Christine., *Zimbabwe. The Terrain of Contradictory Development.* Boulder 1991

Thompson, Leonard M., *The Unification of South Africa, 1902-10.* Oxford 1960

Vatcher, William H., *White Laager: The Rise of Afrikaner Nationalism.* 1965

Worden, Nigel A., *The Making of Modern South Africa.* Oxford 1994

Register